KB261408

개정판

노년학 개론
Gerontology

홍숙자 저

도서출판 夏雨

개정판

노년학 개론

초판 발행　2010년 6월 24일　1쇄
　　　　　　2018년 2월 28일　8쇄

지은이　홍숙자
펴낸이　박민우
기획팀　송인성, 김선명, 박종인
편집팀　박우진, 김영주, 김정아, 최미라, 전혜련
관리팀　임선희, 정철호, 김성언, 권주련, 이지율
펴낸곳　(주)도서출판 하우

주소　서울시 중랑구 망우로68길 48
전화　(02)922-7090
팩스　(02)922-7092
홈페이지　http://www.hawoo.co.kr
e-mail　hawoo@hawoo.co.kr
등록번호　제475호

값 17,000원
ISBN 978-89-7699-691-6　93330

노년학 개론

홍숙자 저

개정판을 내면서

노년학은 많은 이들에게 꽤 낯선 학문일 것이다. 고등학교 과정에서 접해 볼 기회도 없었거니와 노년학과정을 개설하고 있는 대학교도 그리 많지 않기 때문이다. 사실상 노화과정과 노인문제에 관한 과학적 연구는 비교적 최근에 시작되었다. 우선 과거에는 인간수명이 짧아 사회적으로 노인의 수가 별로 많지 않았고, 따라서 노인문제가 심각한 사회문제로 등장하는 일이 드물었다. 학문적으로도 인간발달과정을 유아기, 청소년기, 그리고 성인기로 나누어 접근하는 오랜 전통이 있었기 때문에 노년기를 별도로 다루지는 않았다. 인간은 일단 성인기에 접어들면 질적으로 더 이상 크게 변하지 않는 안정적 단계에 진입하게 된다고 보았던 것이다.

그러나 최근 들어 과학기술의 급속한 발전, 특히 의료기술과 시설의 발전은 동서양을 막론하고 모든 나라에서 인간수명의 획기적인 연장과 노령인구의 급속한 증가를 가져왔다. 미처 준비하기도 전에 사회의 고령화가 진전되어 전체 인구의 상당부분을 노인이 차지하게 되었을 뿐 아니라, 이로 인한 노인부양문제, 노인의 육체적·심리적 건강문제, 은퇴와 재취업문제 등 수많은 노인관련 이슈들이 사회적인 문제로 부각되기에 이른 것이다.

또한 인간발달 단계에 있어서 노년기는 단순히 성인기의 연장선상에 있는 것이 아니고 매우 복합적인 육체적·심리적 변화의 시기라는 점이 학문적으로 하나 둘씩 밝혀지기 시작하였다. 노화과정에서 독특하게 나타나는 육체적·심리적인 변화나 질병 등이 밝혀지면서 종전의 학문적 패러다임의 한계가 드러나기 시작한 것이다.

이 같은 사정을 배경으로 노년학은 1920년대에 하나의 독립된 학문 분야로서 우선 서구에서 시작되었다. 그러나 앞서 보았듯이 노인문제는 서구사회에만 한정된 문제는 아니다. 급속한 노인인구의 증가와 사회의 고령화 문제는 이제 모든 나라에 공통된 문제이며, 이러한 면에서 21세기 지구가 직면한 가장 심각한 도전 중 하나라고 할 수 있을 것이다. 이에 따라 선진 사회에서는 각 대학의 사회과학이나 자연과학 분야에서 노년학자와 노인복지관련 전문인력을 배출하고 있으며, 경영학 분야 역시 고령화 사회를 고려하여 은퇴와 실버산업 및 노인 소비자 계층에 관련한 연구와 교육을 확대하고 있다. 또한 의과대학에서는 노인병리학의 중요도가 높아지면서 많은 연구자원을 이 분야에 집중 투자하고 있고 다양한 노인건강 전문가 프로그램을 신설하고 있다.

인간의 노화는 일차적으로 육체적인 변화를 의미하지만 이와 동시에 심리적 변화를 수반한다. 또한 은퇴라든가 재취업 등 사회활동의 축소 내지 변화, 그리고 가정 및 사회 내에서의 위치와 역할의 변화를 동반한다. 노령인구의 급속한 팽창과 핵가족화의 진전은 노인부양의 문제의 사회적 해결을 필요로 하기도 한다. 이 같은 다양한 사항들은 인간의 노화과정 및 노인문제 이해에 자연과학, 사회 또는 행동과학, 그리고 인문과학 등 다양한 학문분야로부터의 접근이 요구된다는 것을 의미한다. 여러 분야에 걸친(interdisciplinary) 노인학의 이러한 특징 때문에 노인학이 다루는 범위는 엄청나게 넓고, 이 같은 학문적 연계성이 상당한 지적 흥미를 자극하기도 하지만, 동시에 용이한 접근을 막기도 한다.

노화는 모든 인간이 겪는 인생의 한 단계이다. 그러나 노화가 만인에게 공통된 것임에도 불구하고 노화에 대처하고 수용하는 방법은 사회마다 다르다. 어느 사회나 전통에 뿌리박고 있는 노인에 대한 독특한 인식과 고정관념이 있기 때문이다. 그리고 만일 그 같은 전통적 인식이나 고정관념이 잘못되어 있을 경우 이는 노인문제의 정당한 이해나 핵심접근을 매우 어렵게 한다. 바르고 정확한 노인이해를 위하여 노화 및 노인문제에 대한 과학적인 연구와 이에 대한 관심이 필요한 이유가 여기에 있다고 하겠다.

이 책은 노화과정과 노인문제에 관심이 있는 학생들과 노인복지나 노인 서비스 분야에서 종사하고 있거나 장차 종사할 분들을 위한 노년학 소개서이다. 본서를 집필함에 있어서는 앞서 말한바 다양한 학문분야에 걸친 학제적 연구로서의 학문적 특성을 살리고자 특히 유의하였다. 노화에 관한 연구가 어느 한 분야만으로 제한되어 모형의 개념이 불분명해지거나 논리적 한계를 가져온다면 잘못된 결과를 초래할 수 있기 때문이다.

따라서 이 책은 노년학에 대한 개관을 서두로 하여 점차 생물·신체학적·심리학적 그리고 사회학적인 측면으로 보다 깊이 초점을 맞춰 나가고 있다. 그리고 이러한 전반부의 제 측면으로 접근한 지식이 책의 후반부에서 중요한 과제로 논의하게 될 노화와 관련된 실제적이고 정책적인 문제들을 이해하고 적용하는 데 도움이 되게 하였다.

제1장과 2장은 본론을 여는 서론으로서 제1장에서는 노년학을 정의하고 노화 및 노인연구의 과정 및 특성을 소개하였다. 이어 제2장에서는 노인인구 추이를 기술하고 고령화 사회의 노인문제를 제시함으로써 현시대의 노화와 노인에 관한 연구의 의의와 필요성을 부각시키고자 하였다. 제3장에서는 노화에 대한 생물학적인 이해와 이에 따른 신체적인 건강의 문제를 취급하였고, 제4장에서는 노화에 대한 심리학적인 이해로서 연령 증가에 따른 지적 능력·학습과 기억·성격의 변화 등을 다루었다. 제5장에서는 사회학적인 안목으로 노화 및 노인과 가족을 이해하고자 하였고, 6장 이하에서는 노화와 노인과 관련된 문제로 예를 들어 노인 복지정책 및 서비스 프로그램, 노인의 부양, 치매가족, 직업과 은퇴, 주택과 실버산업, 노인의 성, 여가와 교육, 노인상담 및 죽음의 문제 등을 논의하였다.

이 책은 필자가 1983년에서 1987년까지 미국 남 캘리포니아 대학교 대학원 에텔퍼시 앤드류스 노년학 연구소(Ethel Percy Andrus Gerontology Center, Graduated School of Gerontology, USC)에서 수학한 이래 과거 20여 년간 노년학을 강의하면서 준비한 것이다. 이 책의 특징이라면 노화 및 노인연구를 노인심리나 복지정책 혹은 가족관계와 같은 어느 특정영역에 치우침이 없이 가능한 한 고르게 영역을 분배하여 다루되 동시에 각 영역의 전문성과 특성을 충실하게 반영하고자 하였다는 점이다.

필자는 이 책을 통하여 보다 많은 사람들이 자신들의 노화를 이해하고 지혜롭게 노년을 스스로 준비할 수 있게 되기를 바란다. 아울러 장차 우리 사회에 급증할 노인산업 및 서비스, 복지, 교육, 의료 등의 분야에 종사할 전문 인력이 보다 충실히 훈련되고 양성되기를 기대한다. 나름대로 애정을 가지고 열심히 썼지만 아직 미흡하고 부족하여 내놓기 부끄러운 마음이 있다. 그러나 노화와 노인에 대한 과학적인 연구서적에 보다 가까이 가게 하기 위하여 작물을 경작하는 겸손한 농부의 심정으로 계속 키우고 다듬어 나갈 것이다.

이 책이 나오기까지 학문적으로나 인간적으로 항상 동기를 부여하시고 신뢰와 격려를 아끼지 않으셨던 경희대학교 유영주 교수님께 깊은 감사를 드린다. 필요한 자료를 제공해 주신 고운숙, 조선경 선생님과 이 책의 출판을 맡아주신 도서출판 하우의 박영호 사장님께도 감사를 드린다. 그리고 반복되는 원고 정리와 교정 작업을 숙련과 유쾌함으로 감당해 준 대학원생 고율희와 정희정에게도 가슴으로부터 감사를 드린다.

끝으로 지난 20년간 필자의 노년학 강의에 체험적인 동력이 되어 주셨던 양가의 부모님과 사랑하는 가족, 그리고 무엇보다도 강의에서 글쓰기까지를 내내 인도해 주신 하나님께 큰 감사를 드린다.

2010년 5월

저자 홍숙자

차례

노화와 노인연구

본 장에서는 노년학이란 무엇이며 노년학과 관련된 학제간의 연구영역에는 어떤 것이 있나를 살펴보고 노년학의 성립과 발전 배경을 밝혀 보고자 한다. 아울러 노년학 연구대상인 노화와 노인에 대한 개념을 정리해 봄으로써 노년학의 개론적인 이해를 돕고자 한다.

1. 노년학 및 관련연구 영역

1) 노년학의 개념

노년학이란 영어로는 제론톨로지(gerontology)인데 이는 성인과 노인 사이에 일어나는 노화과정 현상의 과학적인 연구이며 동시에 노인(elderly)이라는 특정 인구에 대한 연구이다(Schaie and Willis, 1996).

그리스어 어원으로 제라스(geras)는 노년(old age)을, 제론(geron)은 노인(old man)을 의미한다. 따라서 gerontology라는 단어는 노인을 지칭하는 말에서 유래된 것이며 노년학과 관련된 단어로는 노인의학 혹은 노인병학(geriatrics)이 있다.

노년학의 개념을 몇 마디 말로 간명하게 정의하긴 힘들다. 이를테면 허그맨(Hugman, 1994)은 노년학을 '고령화와 노년에 대한 연구에, 인류학, 생물학, 경제학, 지리학, 역사학, 정치학, 심리학, 사회학, 그리고 이외에도 법률, 임상의학, 간호, 물리치료 요법과 사회사업 등의 분야를 함께 동원하는 것'으로서 정의(Pfiner, 1995 재인용)한 바 있다. 이같이 노년학을 복잡하게 나열식으로 정의하게 된 것은 노화가 인간 생애에 있어서 다수의 요인들이 복합적으로 관련되어 일어나는 총합적인 현상이기 때문이다. 따라서 노화에 관한 연구는 여러 가지 다양한 관점에서 접근될 수 있다. 이러한 시각에서 볼 때 노년학은 노화현상 및 노인에 대한 포괄적이고 다각적인 학문적 접근을 시도하는, 일종의 응용과학적 성격을 지닌다고 말할 수 있다.

노년학은 이론과 응용의 두 가지 측면에서 다루어지는데 전자는 노년에 대한 지식 그 자체를 탐구하는 것이며, 후자는 발견된 진리를 실제 생활에 적용하고 활용하는 것을 말한다. 즉 노년학은 순수과학에서 얻은 과학적 지식과 이의 효과적 응용을 통하여, 노인기 삶의 질을 향상시키고 나아가 사회 전체의 복지에 기여하려는 목적을 가지고 있다.

노년학에 대한 실증적인 연구가 본격적으로 이루어지기 시작한 것은 20세기 초반이었지만 노년의 문제는 매우 오랜 역사를 갖고 있다. 노년학의 다학문적·학제간의 연구는 19세기 초반의 생물학적 연구로부터 시작되어 20세기 초반의 심리학적 연구로 이어졌고, 그 뒤를 이어 사회과학적 연구가 이루어졌다.

2) 노년학 관련 연구 영역

노년학은 위에서 언급한 대로 다양한 분야들이 모여 이루어진 학문으로서 관련 연구영역의 특성을 살펴보면 다음과 같다.

(1) 노년생물학(Biological Gerontology)

인간은 왜 늙고 어떻게 늙어 가는가에 대한 물음은, 종래에는 신비하고 결코 명료한 해답에 접근할 수 없는 신학적이고 미신적 영역에 속하는 것으로 간주되어 왔다. 그러나 시간이 흐르면서 점차 그 해답을 생물학적 측면에서 찾아보려는 시도들이 이루어지고 있다. 예컨대 다양한 종의 수명을 제한하는 요인들을 유전적인 특질에서 찾아보려 한다거나 세포 조직 및 생리에 대한 연구, 해부학 및 생물화학적 연구 등을 통하여 보다 활력적인 삶의 부분을 확장시키고 노화를 지연시키려 하는 노력 등이 이에 속한다. 최근의 인간 유전자와 염색체 연구를 지칭하는 '게놈(genome)' 연구는 이 분야의 좋은 실례이다.

(2) 노년심리학(Psychological Gerontology)

노인에 대한 본격적인 심리학적 연구는 1920년경 이후에 나타나기 시작하였고 그 이전에는 거의 아동과 청소년만을 대상으로 한 연구가 주류를 이루었다. 따라서 중·장년기와 노년기를 포함하는 연구는 앞서 아동을 대상으로 하는 장기 연구에서 비롯되었다. 몇 년마다 아동 대상의 신체적·지능적·성격 발달에 대한 관찰과 실험, 그리고 면접을 실시하면서 점차 아동은 성인이 되었고 이들에 대한 축적된 자료들이 성인 발달 연구에 매우 귀중한 자료가 되었다. 당초 이 자료들은 성인의 삶에서 중요한 사건들을 아동기의 중요한 경험과 연결시켜 해석해 보려는 연구에 사용되었다. 아동에서 성인으로 이어지는 특정 주제들 중 가장 최초로 시작되어 가장 오래 지속되어 온 연구주제는 연령 증가에 따른 지능 변화에 관한 논란이다. 그 밖에도 노화과정의 심리학적 주제들에는 감각·기능·성격·학습능력과 연령과의 관계, 연령에 따른 태도의 변화, 지각·감정, 그리고 노인의 노화과정이나 당면 문제들에 대처하는 적응 능력과 방법 등이 있다.

1970년대 후반 미국 NIA(국립노화연구소) 연구 프로그램에 정부 지원이 있은 다음부터 행동 혹은 사회과학 연구에서 인간 노화에 대한 연구가 더욱 자극을 받게 되었고 이로써 노년심리학 연구가 크게 활성화되었다.

(3) 노년사회학(Social Gerontology)

상대적으로 노년학 분야에서 뒤늦게 시작된 노년사회학은 사회에 있는 노인들의 상호작용과 그들로 인한 사회적 현상에 관한 과학적 연구를 목적으로 하고 있다. 노령인구의 증가로 인하여 노인과 관련된 경제적 부담, 취업, 주택생활의 안정, 질병, 심리적 고독감 등의 사회적 문제가 발생하게 되어 점차 사회의 주목을 끌게 되었고, 노인에 대한 각종 조사 및 연구도 뒤따라 생겨나게 되었다. 이 분야는 주요한 사회제도와 관련하여 연령에 따라 어떻게 역할이나 지위가 변하는가를 강조한다. 또 이 변화들에 대해서 취하는 적응이나 행동들의 결과를 시험해 보기도 한다. 일반적으로 노년사회학은 사회가 노인들에게 주는 영향과, 급격히 증가하는 노인들의 수가 사회에 주는 영향에 관심을 갖는 학술분야라고 할 수 있다.

(4) 노인병학(Geriatrics)

노인병학은 노화현상과 노인에 대한 임상적인 문제와 그 기초가 되는 이론적 연구를 포함하는 의학의 한 분야이다. 다시 말해서 노인 환자의 치료와 예방을 도모하고 아울러 보다 적극적인 방법으로써 노인의 활력과 건강한 체력을 유지시키기 위한 연구 영역이다. 예컨대 오늘날 항생제의 개발과 의과수술의 진보는 노인 사망률을 크게 감소시켰고, 물리치료의 발전과 영양 공급은 노인병 환자의 치유와 회복의 가능성을 증대시키고 있다. 또한 금세기 발전하고 있는 암의 조기 발견과 치료는, 노인 질병의 예방을 가능케 하여, 노인이 보다 활력 있고 연장된 노년기의 삶을 영위하는 데 크게 기여하고 있다.

(5) 노년사회복지학(Social Welfare Gerontology)

노인이 행복한 노년기의 삶을 영위하는 데 필요한 경제적·심리적 안녕과 인간관계 및 가족 등에 관한 문제들을 사회복지적 차원에서 밝히려는 학문분야이다. 노년사회복지학에서는 노인복지 향상을 위한 정부의 직접적인 개입을 전제로 하여, 어떻게 장애요인을 제거하거나 미연에 방지하기 위한 대책을 마련하고 효과적인 정책을 수립할 수 있겠는가를 연구한다. 다시 말해서 노인의 적응과 욕구 해결에 필요한, 정책적 프로그램의 개발과 서비스 제공 체제의 구축 등에 관련된 연구를 수행한다.

2. 노년학 성립과 발전

노화과정이란 인생의 한 시기로 제한되는 것이 아니라 한 인간이 태어나는 순간부터 시작되어 그의 전 생애에 걸쳐 진행되는 과정이다. 이러한 전 생애 발달과정의 연구로서 아동발달과 같이 이미 깊은 연구가 이루어진 다른 분야와 비교한다면 노년학은 상대적으로 어린 학문이다. 성인 및 노인연구가 지연된 이유 중 하나는 발달학자들의 가치관이나 이론적 편견을 들 수가 있다. 예컨대 프로이드(Freud)는 성인기 이후의 것들은 유년기의 경험으로서 이해될 수 있기 때문에 어린이가 곧 어른의 부모라는 입장을 취하였다. 따라서 그 동안 발달학자들은 어린이에서부터 청소년기에 대한 연구에 관심을 집중시키는 한편, 정작 어른의 복잡한 행동의 유지나 변화, 그리고 쇠퇴 등에 관해서는 적극적인 연구를 시도하지 않았다. 그들은 성인기 이후에는 아동기에 비해 변화가 그다지 크지 않다고 믿고 있었으며, 초창기에는 아직 성인기의 변화가 노화 때문인지 병 때문인지의 구분이 확실하지 않았기 때문에 질병에 의한 결과를 노화에 의한 것으로 간주하는 경향이 많았다. 성격도 어느 성숙한 나이까지 형성되고 그 이후로는 변화가 없다고 믿었으며, 성(性)이나 지능 등도 모두 이와 같다고 생각하였다.

노인과 노화과정에 대한 연구가 하나의 과학적 분야로서 대두되기 시작한 것은 1940년경이었다. 위생이나 영양, 그리고 의학의 진보가 수명 연장에 지대한 영향을 미치게 되었고, 그 결과 노인인구의 급속한 증가가 노년학이라는 새로운 과학의 발전에 촉진적 역할을 담당하였다. 노인인구의 절대적인 증가는 사회구조의 변화를 불가피하게 만들었으며, 이런 변화가 심리학자나 사회과학자, 의학도들에게 새로운 관심을 야기시키게 되었던 것이다.

1) 노화에 대한 관심의 시작

노화와 노인에 대한 과학적인 연구인 노년학은 장수하는 노인들의 특성을 탐색하는 것으로부터 시작되었다. 초기 문헌 속에 나타난 노화와 죽음의 문제는 대체로 ① 노아 대홍수 이전의 장수자, ② 그리스 신화의 북방인들, ③ 회춘이라는 3개의 기본적인 주제 중 어느 하나에 집중되고 있다(Gruman, 1966).

첫째, 구약성서 창세기에서의 대홍수 이전의 사람들은 현대인들보다 훨씬 오래 살았다는 믿음이 그것이다. 예컨대 이스라엘 민족의 조상인 히브리 족장들은 아담이 930세, 노아가 950세, 그리고 므두셀라가 969세를 사는 등 놀라운 장수기록을 보이고 있다. 또 다른 예로써 일본 북쪽지방의 트로브리안더스(Trobrianders)와 아이누(Ainu)인들은 그들 조상이 뱀처럼 허물을 벗음으로써 스스로 회춘할 수 있었다고 믿었다.

둘째, 고대 그리스 북방정토의 주민들은, 어떤 먼 지방 사람들은 사람이 늙어가면서 얻게 되는 병을 앓지 않고 아주 오래 살았다고 생각하였다. 오늘날에도 100세 이상 장수하는 이들이 상대적으로 많이 사는 장수촌이 학계나 매스미디어를 통해 소개되고 있는데 이른바 남부 러시아의 코카서스 지역, 파키스탄 북부의 훈자지방, 베트남 접경지대인 중국의 바마현 자치구, 그리고 일본 최고의 장수촌 오끼나와 지방 등이 그것이다.

셋째, 중세 유럽인들은 쥬안 폰스 디 리온(Juan Ponce de Leon)이 찾아 헤맸던, 마시면 영원히 살게 된다는 신비스러운 젊음의 샘(fountain of youth) 이야기로 오랫동안 애를 태웠다. 동양에서도 이러한 회춘에 대한 이야기는 많다. 먼 옛날부터 중국에는 불로불사(不老不死)의 선인을 동경하는 '신선사상(神仙思想)'이 발달하여, 젊음의 원천이 되는 여러 가지 신선약이 선전되어 왔다. 이 밖에도 회춘에 관한 주제는 약 2000년 전 고대 중국의 불로초를 연연했다는 진시황제의 이야기나, B.C 3세기 중국 황실이 수명을 연장하기 위하여 체조기술(gymnastic techniques)을 옹호하였던 기록 등에도 나타나 있다(Birren and et al., 1983). 오늘날의 과학자들도 세포계와 유전 등에 잠복해 있을 젊음을 유지하기 위한 비밀의 샘을 발견하고자 지속적인 노력을 경주하고 있다.

2) 과학적인 노년 연구의 시작

(1) 초기 연구

1830년대 이전의 노화문제는 신학적이며 신화적 영역에 속해 있었다. 비이렌(Birren, 1961)은 벨지움의 퀘텔레(L. A. Quételet)를 최초의 노년학자로 간주하고 있다. 1835년 발간한 『인간의 본질과 그 능력개발에 관하여(*On the Nature of Man and the Development of His Faculties*)』라는 저서에서 그는 손의 힘과 몸무게와 같은 인체의 다양한 특성의 평균치와 극단치를 측정하였다. 또한 사망률과 출생률의 변화 기록과 노인심리에 관한 데이터를 제시하였고 영국과 프랑스 극작가들의 연령에 따른 생산성을 분석하기도 하였다. 1800년대 이전에는 인간 수명은 신학의 영역에 속해 있는 것이지 자연과학의 분야가 아닌 것이었으나 Quételet는 과학적인 방법으로 인간 수명을 연구함으로써 기존의 사고와 전통을 깨뜨렸다.

노인연구 영역에서 역시 저명한 프란시스 갈톤(Francis Galton)은 1884년 5세에서 80세까지의 천여 명에 가까운 대규모 남녀 대상자 연구에서 17가지 항목의 신체 특성들을 측정하였다. 이로써 나이가 듦에 따라 인간의 제 특징들에 변화가 생겨나는 이른바 연령 차이(age differences)를 제시하였다.

(2) 후기 연구

20세기 초 노화에 대한 연구가 다양한 측면에서 시작되었다. 노화현상을 생물학적인 측면으로 접근한 미노(C. S. Minot)는 1908년 『연령, 성장, 그리고 죽음의 문제(*The Problems of Age, Growth and Death*)』라는 저서를 발간하였다. 역시 1908년 메취니코프(E. Metchnikoff)는 『생명의 연장(*The Prolongation of Life*)』을, 1922년 퍼얼(R. Pearl)은 『죽음의 생물학(*Biology of Death*)』을 집필하였다.

그러나 이들이 설정한 가정이나 명제들 중엔 독단적이거나 불완전한 것들이 많이 있었고 따라서 그 후 많은 논쟁을 불러일으켰다. 예컨대 Metchnikoff는 요구르트를 먹는 중부 유럽인들이 상대적으로 장수한다 하여 그들의 수명 연장은 장 속 해로운 미생물의 번식을 방지하는 요구르트 때문이라고 주장하였다. 그러나 장 속 미생물은 무조건 해로운 것만이 아니며 오히려 필수적인 것도 있다는 것이 드러났다. 사실상 쥐 실험에서 정상 기능을 위해 필요한 몸 속 비타민을 합성시키는 데에 장 속의 미생물이 절대 필요한 것으로 밝혀졌다.

Pearl은 가계 조상들의 수명에 관한 비교연구에서 장수에는 유전이 하나의 중요한 요인이라고 주장하였다. 따라서 한때 사람들은 그의 연구대로 오래 살았던 조상의 후손들은 역시 장수를 누릴 것이라 믿게 되었다. 그러나 오늘날의 연구에서 인간 수명은 유전 외에 많은 요인들의 상호작용에 의한 것으로 밝혀지고 있다.

심리학자 스탠리 홀(Stanley Hall)은 1922년에 출간한 그의 저서 『노령기 : 인생의 후반부』에서 자신의 은퇴를 경험으로 한 심리적인 안목으로 노인기를 설명하였다. 아울러 그는 질문지로써 죽음에 대한 인간의 종교적 신념과 두려움을 조사 연구하였는데, 사람이 늙어가면서 더 종교적이 되어 가거나 죽음에 대하여 더욱 두려워하지 않는다는 결론을 내렸다. 이는 오늘날의 연구 결과와 큰 차이가 없는 것으로 여겨진다.

Stanley Hall과 동시대 의학자인 오슬러(Osler)는 노인기에 유병률이 큰 고혈압이나 동맥경화증세에 유의하여 노화는 인체의 혈관 상태와 긴밀히 관련되어 있다고 주장하였다.

노화과정을 설명하는 데에 있어서 1920년대 미국이 순환기 계통 연구를 강조하던 반면, 러시아의 파블로브(Pavlov) 등은 중추신경 조직의 중요성을 주장하였다. 그의 연구는 개의 실험에서 정상적인 노쇠과정과 노령과 관련된 질병을 구별하고자 하는 것이었는데, 이 주제는 현대에 이르기까지 노년학에서 하나의 근본적인 문제가 되고 있다. 즉 어떤 이들은 죽음은 단순 노쇠현상의 결과가 아닌 질병으로 인한 것이라고 주장하는 반면, 다른 이들은 질병과 정상적인 노화유형은 구별되어야 한다고 주장한다. 다시 말해서 노화의 정상적인 유형은 유전적 요소에 환경적인 요인이 가미되어 나타나는 복합적인 결과라는 것이다. 따라서 오늘날 많은 연구자들은 유전에 의한 선천적인 불가피한 요소와, 후천적 환경 조작으로 피할 수 있는 요소를 구별해 내는 데에 지대한 관심을 쏟고 있다.

3) 노년학의 발전

노화과정에 대한 연구는 1930년대에 들어 여러 분야에서 그 관심이 더욱 증폭되고 발달되기 시작하였다. 의약 분야가 노인기 질병에 본격적인 관심을 보이기 시작하였고 노인기 만성 질병에 대한 연구가 진행되었다. 1933년 카우드리(E. V. Cowdry)는 그의 저서 『동맥 경화증(*Arteriosclerosis*)』에서 노화와 혈관 관계를 다루었고, 이어 1939년 『노령의 문제(*Problems of Ageing*)』를 출간하여 이 분야의 연구에 박차를 가하였다.

1930년대에 노년학에 대한 다양한 개념들이 정리되었는데 그 중에서도 중요한 것은 첫째, 노화 과정의 문제는 복잡하여 여러 학제간 협력을 통하여 연구되어야 하며, 둘째, 노화는 생물학적인 기본 특성과 주위 환경과의 상호작용 과정에서 이해되어야 한다는 것이었다.

1940년과 1941년 사이에 미국 국립보건소(National Institute of Health)와 같은 영향력 있는 여러 연구소들이 노화 연구에 본격적으로 참여하기 시작하였다. 드디어 1945년 미국 노년학회가 창설되었고 1946년 노년학회지(Journal of Gerontology)가 창간되었다.

노년학 연구는 1950~1970년대가 본격적인 발전기로서 1961년과 1971년 노인에 관한 백악관 회의가 개최되었고 미국 정부와 각 대학에 노인 전문 연구 기관이 설치되기 시작하였다. 미국 국립 보건소 소속의 노화 연구팀이 1974년 독립하여 국립 노화 연구소(National Institute of Aging)를 창설하였다. NIA의 창립과 함께 고령화 과정과 관련문제에 대한 연구비 지급이 대폭 확충되었고 고령화 및 노년층의 욕구와 연관된 연구와 교육이 이루어졌다.

1945년 창립된 미국 노년학회는 현재 건강과 의학 영역에, 생물학, 신체학, 노인병리학을 포함하여 사회복지 및 정책, 심리학, 사회학, 경제학, 상담학 등의 연구 분야와 직접적인 서비스를 제공하는 실제 응용 분야의 전문가들로 구성되어 있다.

1950년 창설된 국제 노년학회(International Association of Gerontology)는 창설된 이래 30여 년간 매 3년마다 국제 노년학 대회를 개최해 오다가 1981년 제12회 함부르크 대회 때부터 현재까지 매 4년마다 대회를 열고 있다. 우리나라는 1978년 제11회 동경에서의 국제 노년학회에 첫 대표를 참가시켰고 1981년 제12회 노년학 대회 때부터 회원국으로 가입하였다.

1989년 일본에서는 「고령자 보건복지추진 10개년 전략」(골드 플랜)을 수립한 바 있으며, 중앙 행정조직에 노인복지 업무를 담당하는 노인보건복지국을 설치하고 있다. 미국에서는 노인청(Administration on Aging)이 노인복지를 전담하고, 1961년부터 매 10년마다 한 번씩 「노인대책 백악관 회의(White House Conference on Aging)」를 개최하고 있다.

UN은 1990년 총회에서 매년 10월 1일을 세계 노인의 날로 제정하고, 20세기의 최대 과제 중 하나인 노인문제의 효과적 해결 방안을 모색하고자 노력하고 있다. UN은 세계 노인의 해의 기본 목표를 모든 노인에게 자립, 참여, 보호, 자아실현, 존엄성을 보장하는 것으로 설정하였으며 각국 정부는 노인 관련 프로그램을 운영함에 있어 이러한 5개 원칙을 구체적으로 반영시킬 것을 권장하고 있다.

2010년 현재 미국과 서구 사회에서는 각 대학의 사회과학이나 자연과학 분야에서 노년학자나 전문 인력을 배출하고 있으며, 경영학 분야 역시 고령화 사회를 고려하여 은퇴와 실버산업 및 노인 소비자 계층에 관련한 연구와 교과과정을 두고 있다. 의과대학에서는 노인 병리학이 중요한 위치를 점하고 있으며 노인 건강 전문가를 양성하기 위한 많은 교과과정을 편성 운영하고 있다.

4) 한국 노년학의 발전

우리나라에서는 1968년 한국노인병리학회가 창설되면서 노년학 연구 활동이 가시화되었다. 1970년대에 이르러 1975년 대한노인회에 '한국노인문제연구소'가 설립되었고 이에 따라 전문지가 발간되고 세미나가 개최되었다. 이 해에 현두일은 「한국에 있어서의 노인부양에 관한 연구」라는 노인부양에 관한 최초의 박사 학위 논문을 내었고 최신덕은 「사회 변환과 한국 가족」이라는 논문에서 가족에서의 노인문제를 다루었다.

1976년 한국 사회사업 대학 부설 '노인복지 연구소'가 설립되었고 이때부터 우리나라 노인 복지에 대한 연구 논문과 단행본이 출간되기 시작하였다. 이 무렵에 출간된 노인 복지 분야 저작물로는 김상규의 1976년 저서 『노인 복지의 체계적 연구』, 1979년 김성순의 저서 『노인복지론』, 1979년 한창영의 논문 『한국 노인 복지의 행정과 법제에 관한 연구』 등이 있다. 드디어 1978년 '한국노년학회'가 창립되었고 1979년 '가정보건 복지 연구소'는 노인 보건 및 건강 실태 연구 보고서를 발표하였다. 1980년대부터 전문 노년학회지인 「한국노년학」이 발간되었다.

1980년대에 들어서는 1980년 국회에서 노인복지법이 통과되었다. 이때에는 1970년대의 연구 주제인 노인부양(김태현, 1981)과 노인복지(김계삼, 1982 ; 아산사회복지재단, 1983 등) 외에도 노인인구(김정순, 1980 ; 윤종주, 1980, 1982 등), 성인병 실태(문옥륜 외, 1982)의 연구와 심리학(윤진 등, 1980) 및 사회학(김동일, 1980)적 연구들이 이루어졌다. 이 밖에 가족관계학, 보건·의료·간호학 및 영양과 식생활에 대한 연구도 활발하였다.

1990년대에 들어와서는 인간의 노화 과정을 설명하는 데 있어서 다양한 분야의 학제간 연구가 무엇보다 중요함을 인식하게 되었고 이로써 1993년 한국노년학회와 대한노인병학회 및 한국노화학회의 연합 학술대회가 개최되었다. 이에 따라 우리나라에서도 노화과정과 노인 특정집단에 대한 과학적인 연구라는 진정한 의미에서의 노년학이 제 위상을 찾게 되었다. 1993년 노인복지법이 개정되었는데 여기에서는 주택과 재가복지서비스 분야에 유료사업이 가능하도록 하여 노인복지 서비스의 질 향상을 위한 법적인 장치를 마련하였다. 현재 노인문제와 관련된 상기 3개 학술단체의 연합모임은 '한국노인과학학술단체 연합회'라는 명칭을 가지고 1992년 UN이 정한 세계 노인의 해인 1999년 6월에 서울에서 제 6차 아시아 / 오세아니아 국제 노년학 대회를 개최하는 등 다양한 분야에서 노화과정에 대한 다각적인 연구를 활발히 진행시키고 있다.

　그간 한국노년학회는 학술세미나의 개선, 학회지의 질적·양적 확충, 학회 기능의 부회장 중심의 분업화, 학술용역사업 및 국제 학술회의 유치 등 여러 영역에서 빠른 발전을 보이고 있다.

3. 노화와 노인의 개념 및 이론

　노화나 노인의 개념을 정확히 정의하는 것은 힘들다. 이를테면 뇌출혈이나 심근경색은 노인에게 많은 병이지만 노화는 아니다. 노화는 불가피한 현상, 바꾸어 말하면 예방하기 불가능한 하나의 과정이라고 할 수 있으며, 이 같은 맥락에서 정의될 수도 있다. 그러나 다른 한편으론 노화에 개인차가 있는 것도 사실이다. 즉 노화 자체를 영원히 피할 수는 없다고 하더라도 그 속도를 조절하거나 부분적으로 예방하는 것이 반드시 불가능한 것은 아니라고 말할 수도 있다. 보는 이의 시각에 따라 예방할 수 있는 것일 수도 예방할 수 없는 것일 수도 있는 것이다. 그러기 위해서는 노화란 무엇인가를 아는 것이 중요하다.

1) 노화의 개념

　노화란 무엇인가? 일본의 金子仁(홍종인 역, 1986)은 대략 다음의 4가지 특성으로 노화를 정의하고 있다.

① 노화는 병이 아닌 일차적인 변화이며 본질적인 것이다.
② 노화는 진행성이며 한 번 시작하면 후퇴하지 않는다. 언제부터 노화가 시작되느냐에 대한 의견 차가 학자들간에 존재하지만, 일단 한 번 쇠퇴가 발생하면 원래 상태로의 회복은 불가능하다. 만일 어떠한 방법으로라도 몸이 원래와 같이 된다면 이는 노화가 아니라 병으로 간주되어야 한다.
③ 노화는 인간의 몸에 해악을 가져 오는 장해성을 가진다. 흔히 노화가 병으로 혼동되는 예는 바로 이 때문이다.
④ 노화는 누구에게나 일어나는 보편적인 것이다. 모든 이에게 노화는 평등하게 나

타나며 다만 그 출현방식이 개인마다 다르다.

베버(Beaver, 1983)는 노화를 시간의 흐름에 따라 유기체의 세포, 조직, 기관조직, 또는 유기체 전체에 일어나는 점진적인 변화로서, 이는 인간의 정상적 성장과 발달과정 중의 한 부분이라고 정의하였다. 이와 유사한 개념으로 해리스와 콜(Harris and Cole, 최신덕 역, 1985)은 노화란 사람들이 일생을 살아나가는 동안에 생물학적으로 성숙된 인간들에게 일어나는 모든 규칙적 변화라고 정의하였다. 그러나 Birren(1959)은 노화는 인간의 정상적인 성장과 발달과정 전체의 한 부분이며 적어도 생물학적 노화, 심리적 노화, 그리고 사회적 노화 등 세 가지 측면에서의 변화과정을 포함하는 것으로 이해되어야 한다고 주장한다.

제 학자들에 의해 정의된 노화의 특징을 정리해 보면 첫째, 이러한 변화는 유기체에 내재되어 있는 필연적인 것으로서 인간이 출생하여 죽음에 이르는 전 과정에 걸쳐서 일어나고 노년기에는 특히 그 속도가 빨라지고 있으며 둘째, 노화는 신체의 구조나 기능에 있어서의 변화뿐 아니라 인간의 적응이나 행동에 있어서의 변화 유형도 포함한다. 즉 노화는 생물학적 변화뿐 아니라 심리적 변화 및 사회적 변화의 과정까지 모두 포함하는 복합적인 과정이다.

2) 노인의 개념

(1) 노인과 노령선

서구나 미국에서는 흔히 노인은 전형적인 은퇴의 나이인 65세에서 시작된다고 말하고 있다. 이는 단순히 연령적으로 65세 이상을 노인이라 말하기보다는 실질적으로는 경제적 활동과 노동 현장에서 은퇴하고 있는 인구 층을 노인이라 지칭하고 있음을 의미한다. 이런 의미에서 기대 수명이 낮은 세계의 몇몇 지역에서는 35~40세의 나이를 노인이라고 칭하기도 한다.

그러나 노인을 구분하는 확실한 기준이 없기 때문에 학자마다 지역과 문화마다 노인개념이나 노령선이 상이하다. 하비거스트(Havighurst)는 노년기를 후기 성숙기(later maturity)인 65세 이후 사망하기까지의 시기로 보고 있으며, 에릭슨(Erikson)도 자아의 8단계 발달과정 중 통합과 절망의 양극 감정이 대립하는 성인 후기인 65세 이상을 노인기로 간주하고 있다.

한편 노년기의 범주를 넓게 55세부터라고 보는 성인학자 뉴 가르텐(B. Neugarten, 1974)은 미국 노인을 역연령에 따라 다음의 3그룹으로 분류하기도 한다(Olson and Defrain, 1994).

① **연소노인**(young-old) : 55~64세로, 아직 사회적으로 일을 하고 있으며 그들의 삶과 사회에서 절정기에 있는 노인
② **중고령노인**(middle-old) : 65~74세로, 퇴직한 사람이 대다수이며 건강상태가 양호하고 취미생활을 할 풍부한 시간을 가지고 있는 노인
③ **고령노인**(old-old) : 75세 이상으로, 더 이상 일을 하기가 어렵고 신체적으로 노쇠하고 질병에 걸린 경우가 많으며 가장 빈곤하며 가장 외롭고 가장 약한 노인

그런가 하면 브로디(Brody, 1977)는 ① 연소노인을 60~64세로, ② 중고령노인을 65~74세로, ③ 고령노인을 75세 이상으로 구분하고 있다.

일반적으로 우리 사회에서는 역연령인 60세를 전후하여 노인으로 규정하는 경향이 있는데 이는 전통적인 환갑 연령이나 정년퇴직의 시기, 그리고 조부모가 되는 시기 등을 고려한 것으로 판단된다. 그러나 우리나라 생활보호법에서는 생활보호 대상자를 65세 이상으로 규정하고 있다.

이와 같이 많은 경우에 있어 일정한 연령적 구분점을 설정하여 그 연령선 이상 전후의 사람을 노인이라고 하고 있지만, 그러나 단지 나이를 기준으로 노인을 구분하는 것에는 문제가 있다. 왜냐하면 개인마다 노화에 상당한 차이가 존재하고, 또 각 개인의 노화를 설명하는 데에 총합적인 신체적·심리적·사회적·가족적 측면 등을 고려해야 하기 때문이다. 또한 노화에 대한 노인 자신의 주관적인 인식이 노인 여부를 구별하는 데에 매우 중요하다는 점도 지적될 수 있다.

1951년 제2회 국제노년학회에서는 노인을 '인간의 고령화 과정에서 나타나는 생리적·심리적·정서적·환경적 및 행동의 변화가 상호작용하는 복합과정에 있는 자'라고 정의하였다. 브린(L. B. Breen, 1976)은 노인을 '생리적 및 생물학적인 면에서 퇴화기에 있는 사람, 심리적인 면에서 정신 기능과 성격이 변화하고 있는 사람, 그리고 사회적인 면에서 지위와 역할이 상실된 사람'으로 정의하고 있다.

그간의 대부분의 학자들의 의견을 정리해 보면 노년을 변화의 한 과정으로 보고 신체적·심리적·사회적 및 문화적 측면, 그리고 본인의 주관적인 측면을 종합적으로 고려하여 개념을 정의할 것을 강조하고 있다.

이와 같이 종합적 측면을 고려하여 연령을 구분해 보면 다음과 같이 다양한 연령 접근이 가능해진다.

(2) 연령의 종류

① **역연령**(Chronological Age) : 달력상의 시간 경과에 따른 나이로서 이른바 '달력 나이(Calendar Age)'이다. 여러 측면의 편의성 때문에 가장 보편적으로 사용되고 있으며, 일반적으로 서구에서는 역연령 65세를, 우리나라에서는 60세를 노인으로 간주한다. 서구에서 노인을 65세 역연령에 적용시킨 것은 1889년 독일의 노령연금법상의 노령연금 수혜 자격 연령이 65세인 것에 비롯한 것이며, 우리나라의 60세인 경우는 전통적인 회갑 연령에 근거한 것으로 볼 수 있을 것이다.

② **생물학적 연령**(Biological Age) : 신체적 활력의 정도를 따지는 나이로서 시간경과에 따른 신체의 생물학적 퇴화과정이 재생산적 과정을 능가하여 종국적으로 유기체적 파괴를 초래하는 연령을 의미한다. 보통 생리적이고 신체적인 기능에 따라 '육체 연령'이라고도 표현하는데, 예를 들어 아기를 황구(黃口), 10대를 소년(少年), 20대를 청년(靑年), 30대를 장년(壯年), 40대를 초로(初老), 50대를 중로(中老), 60대를 기로(耆老)라고 부르는 호칭이 그것이다.

③ **심리적 연령**(Psychological Age) : 시간의 경과에 따라 나타나는 정신 기능이나 정신적 구조의 변화에 따른 나이로서 성격과 심리적 성숙도를 나타내는 연령을 의미한다. 사람이 나이가 들어가면서 모든 정신적 능력이 감퇴된다는 기존의 연구와는 달리 최근의 연구들은 단지 생물학적 연령이 증가한다고 해서 정신적 능력이 감소되지 않는다고 주장한다. 예를 들어 '조숙한 청소년', '의젓한 아이' 등은 심리적 연령을 염두에 둔 표현이다. 공자는 심리적 정신 연령에 호칭을 지어 40세를 흔들리지 않는 주관이 선다고 해서 불혹(不惑), 50세에 이르러야 천명을 안다 해서 지명(知命), 세상의 사리가 알아진다 해서 60세를 이순(耳順), 언동이 궤도를 벗어나지 않게 되는 70세를 종심(從心)이라 했다.

④ **사회적 연령**(Sociological Age) : 사회의 규범과 기대에 따라 개인의 사회적인 입장이나 지위 또는 역할 등에 결부되어 있는 나이로서 예를 들어 승진의 나이, 은퇴 연령, 결혼 적령기, 군 입대 혹은 투표권 행사할 나이 등이 이에 속한다.

⑤ **기능적 연령**(Functional Age) : 개인의 어떤 특정한 직무 수행 능력 정도가 관련되어 있는 나이로서 특히 신체적 및 심리적 기능의 정도를 따지는 연령이다. 이는 산업 노인학(industrial gerontology)에서 문제삼는 연령으로서 예를 들어 올림픽 기계체조 선수 혹은 프로농구팀 선수의 적정 연령, 운전면허 취득 가능 연령, 그리고 대학 교수의 유동적 퇴직(flexible retirement) 연령 등이 이에 속한다.

⑥ **자각에 의한 연령**(Self-Awaring Age) : 이는 개인이 주관적으로 느끼는 나이로서 일반적으로 청년기까지는 역연령과 자각연령 간에 큰 차이가 없으나 중년기 이후 노년기에는 자신의 주관적인 노령의식이 역연령보다 훨씬 젊게 나타난다(J. E. Birren 등, 1977). 다시 말해서 중년기 이후부터 자기 자신이 이 정도 나이가 들었다고 느끼는 연령이 실제 나이보다 젊게 보고되고 있는데 "내 마음은 아직 청춘인데..."라는 노인의 고백이 그 한 예가 될 수 있다.

이러한 자각연령은 주관적이어서 어떤 기준으로 쓰일 수는 없다. 그러나 개인의 자각 정도가 행동에 직접적인 영향을 미치므로 실제적으로는 매우 의미가 큰 개념이라고 하겠다.

(3) 노인에 대한 관념

기존의 많은 연구결과에 의하면 서구나 미국인의 노인에 대한 관념은 대체로 부정적이라고 알려져 있다. 예컨대 미국의 경우 노인은 의존적이며 활동성이 없고, 비생산적이며 보수적이고, 수동적이며 화를 잘 내고 까다롭고 변화를 싫어한다는 등등의 형용사로 표현되고 있는데, 이는 노인에 대한 편파적이고 비우호적인 문화적 태도를 나타내 주는 것이라 볼 수 있다. 이러한 고정관념은 노인이라는 집단 내에 있는 다양성들을 고려하지 않거나, 동일한 특성들을 집단 내 모든 이에게 차별 없이 귀속시키는 것에서 비롯된 것이다.

부정적인 관념의 구체적인 예로서 코간과 쉘톤(Kogan & Shelton, 1962)의 연구는 젊은이들은 노인을 ① 도움을 필요로 하는 존재, ② 죽음에 대한 공포를 갖고 있는 존재, ③ 모든 기쁨을 가족에게서만 기대하는 존재, ④ 만약 기차에 함께 앉게 된다고 할지라도 대화할 가치가 없는 존재로 인식하고 있었다고 보고하고 있다. 반면에 노인들은 똑같은 설문지를 통해 그들 자신을 ① 다른 사람들로부터 긍정적 반응을 필요로 하는 존재, ② 돈의 부족과 불확실한 재정력에 대한 공포를 가진 존재, ③ 깔끔하고 자신 있는 외모의 유지를 위해 걱정하고 있는 존재, ④ 노인에 대한 거부와 관심의 부족에 대해 분노하는 존재라고 반응하였다. Kogan과 Shelton은 이로써 노인을 '사회적인 열세집단(social minority)'으로 결론지었다.

한편 마샬과 월렌스타인(Marshall & Wallenstein, 1973)의 TV에 나타난 노인에 대한 연구에 따르면 일반적으로 노인이란 부정적 관념을 주는 용어로 묘사되어 있고 좀처럼 권력이나 어떤 명예가 있는 위치로는 취급되지 않고 있다 한다. 이런 매스미디어들의 노인에 대한 부정적 고정관념은 젊은 층과 중년층에게 노인에 대한 부정적인 인상을 줄 뿐만 아니라 이로써 연령그룹들간에 노인에 대해 부정적 태도를 갖게 하는 노인차별주의(ageism)를 생성시키고 노인을 사회활동에서 제외시키는 데까지 영향을 미치고 있다(신은숙, 1994).

이에 반하여 한국인의 노인에 대한 전통적 견해는 보다 긍정적인 것 같다. 물론 한국 사회에서도 노인을 비활동적이라거나 보수적이고 수동적이라는 등의 부정적 수식어로 묘사하는 경우가 없는 것은 아니다. 그러나 우리 사회가 노인에게 부여하고 있는 또 다른 측면, 즉 존경과 지혜, 자애로움, 권위 등의 긍정적 수식어가 서구인의 의식 속에는 결여되어 있거나 존재하더라도 상대적으로 상당히 약하게 존재한다.

한국의 부모는 자녀를 양육하고 교육시킨 보답으로 자식으로부터 존경받는 것을 당연시한다. 대부분의 한국 부모들은 노인이 되면서 가족부양의 힘겨운 책임에서 벗어나는 대신 자녀들의 봉양을 받으며 자신들의 여가를 즐기고, 가족원들은 가족의 중대사나 의사 결정에 노부모의 조언을 구한다. 또한 한국인이 아동기에 즐겨 읽는 동화 속의 노인은 거의 언제나 지혜와 자애의 상징으로 등장한다. 즉 한국인의 의식 속에는 노년기를 여유와 휴식의 기간으로, 그리고 노인을 권위와 존경, 지혜의 상징으로 보는 면이 강한 것이다. 이러한 노인에 대한 관념은 인간관계를 중시하고 그 적절성을 강조하는 유교 윤리관의 영향인 것으로 파악되며, 이는 결과적으로 타인에 대한 존경과 조화, 가족관계나 사회관계에 있어서의 질서를 지키며, 위계질서상 연장자를 중히 여기는 습성을 낳는다.

　이와 같은 유교 윤리관 외에도 한국의 전통가치관 속에는 연장자 우선 및 '효' 사상, 그리고 한국 전래의 가족의식에 근거하는 조상숭배사상 등이 뿌리를 깊게 내리고 있으며, 이러한 사상이 노인을 존경하도록 하는 문화적 기초로 자연스럽게 연결되고 있다. 따라서 오늘날 한국의 경제체제나 사회 환경이 서구나 미국의 경우와 매우 비슷하게 닮아가고 있음에도 불구하고 사회제도나 문화적 배경에는 아직도 노인을 공경하고 그들에게 상대적으로 높은 지위를 부여하는 요소들이 보존되어 있다고 할 것이다.

　다음의 퀴즈 문항들은 흔히 노인에게 해당된다고 믿고 있는 일반적인 견해에 관련된 것으로서 앞으로 본서에서 다루게 될 내용들이다.

【참고 1-1】 노인에 대한 ○ X 퀴즈

※ 다음 문항에 대하여 그렇다(○), 아니다(X)로 표시해 보시오.

1. 노년기에 이르면 신체의 다섯 가지 감각(시각, 청각, 촉각, 후각, 미각)은 그 기능이 감퇴한다.
2. 대다수 노인들은 노쇠되어 기억장해, 방향감각장애, 정신착란증 등을 나타낸다.
3. 노년기에 이르면 폐(肺)기능이 약화되는 경향이 있다.
4. 나이 든 사람들은 성 충동을 잃는다.
5. 노년기가 되면 육체적인 힘이 감소하는 경향이 있다.
6. 나이 많은 근로자들은 젊은 근로자들만큼 업무를 효과적으로 수행할 수 없다.
7. 노인들은 젊은이보다 자극(예 : 빨간 신호등)에 대하여 더 느리게 반응하는 경향이 있다.
8. 노인들 대부분은 새로운 변화에 대하여 적응할 수 없다.
9. 노인이 되면 새로운 어떤 것을 배우는 데 시간이 더 오래 걸리게 된다.
10. 나이 많은 근로자들은 젊은 근로자들보다 직장에서 더 많은 사고를 일으켜 산업 재해를 당한다.
11. 노인들 대부분은 자신들이 할 수 있는 어떤 일거리가 있으면 좋겠다고 말한다.
12. 젊은이와 비교해서 미래 노인들의 건강과 사회·경제적 지위는 아마 현재와 거의 같을 것이다.
13. 현재 한국 전체 인구 중 65세 이상의 노인들이 차지하는 비율은 10% 이상이다.
14. 대부분의 노인들은 외롭다.

(퀴즈 정답은 아래에 있음)

자료 : 홍숙자 등 (1996) ; Olson & Defrain (1994).

*(퀴즈 정답 : 모든 홀수는 '그렇다', 모든 짝수는 '아니다'임)

제 2 장

고령화 사회와 노인문제

인구의 고령화란 단순히 노인인구의 증가와 같은 뜻은 아니지만 총인구에 대한 노인인구의 상대적 증가를 의미한다. 세계적으로 의학의 발달과 경제발전, 그리고 의식구조의 변화 및 가족계획사업 등에 의한 출생률의 저하와 평균수명의 연장은, 연소연령층 인구의 감소와 함께 상대적으로 고령층 인구를 증가시키고 있다. UN은 노인인구 비율이 7%에 도달할 때를 고령화 사회(aging society), 14%에 도달할 때를 고령화된 사회(aged society)라고 분류하고 있다. 2008년 통계청 자료에 따르면 우리나라의 65세 이상 노인인구는 전체 인구의 10.7%이고 2018년에는 14%, 2026년에는 최고령사회인 20%에 달할 것으로 예상하고 있다. 이러한 노인인구 증가는 사회 여러 영역에서 노인문제를 표면화시키고 있는데, 이제 인구고령화에 대한 조망과 함께 고령화로 인한 노인문제를 인식하고 그 대처책을 논의해 보고자 한다.

1. 노인인구의 증가

20세기에 들어오면서부터 전세계적으로 노인인구의 증가는 일반적인 현상이 되어버렸다. UN은 전세계 인구의 평균수명이 지난 50년간 남녀 모두 20년씩이나 증가하여 65세 이상 고령층의 비율이 앞으로 2050년에는 15.1%를 차지하는 초고령화 사회가 도래할 것으로 예측하고 있다.

노인인구 비율이 높아지는 현상을 인구고령화라 한다면 이는 '고령화 지수'에 의해서 적절하게 표현된다. 고령화 지수는 15세 미만 인구에 대한 60세 혹은 65세 이상 노인인구의 백분비로서 세계 각국의 평균 기대수명과 고령화지수는 과거 30년간 꾸준히 상승추세를 보이고 있다.

기대수명은 연령별·성별 사망률이 현재와 같다고 가정할 때 앞으로 내가 몇 년 더 살 수 있는지를 추정한 예상 평균수명이다. 통계청(2008)의 생명표에 따르면, 한국인이 기대수명이 80.1세로 2008년에 태어난 아이는 평균적으로 오는 2088년까지 살 수 있다고 추정하였다. 이는 10년 전인 1998년(74.8세) 출생아보다 5.3년 더 사는 수치이다.

성별로는 남자 76.5세, 여자 83.3세로 추정되었고, 각 연령별로는 현재 65세의 경우 남자 16.6년, 여자 21년 더 살 수 있을 것으로 추정됐다. 한국인들의 평균 기대수명은 2008년 현재 OECD(경제협력개발기구) 회원국 평균보다 남자 0.3세, 여자 1.5세 더 길다. OECD 30개국 가운데 한국 남자의 기대수명은 19위, 여자는 7위에 각각 해당한다. 기대수명이 가장 긴 나라는 여자의 경우 일본으로 86세이고, 남자는 아이슬란드로 79.4세이다.

1960년대 이래 한국 사회가 겪기 시작한 지속적인 출산율의 감소는 노인의 절대수 뿐만 아니라 노인인구의 비율도 급속하게 증가시켰다. 우리의 급속한 인구 변화의 과정은 산업화와 도시화라는 사회경제적 발전과 전반적인 가족계획 실시의 복합작용에 의해 가속화되었다. 구체적으로 1962년 경제개발 5개년 계획과 국가적인 차원에서의 가족계획이 실시되었고 우리나라의 인구 변화는 이때부터 본격적으로 시작되었다고 볼 수 있다.

1) 평균수명

[표 2-1]은 우리나라의 연도별 평균수명을 제시하고 있는데 2005년 현재 한국인의 평균수명은 78.5세이고 남성이 75.1세, 여성이 81.9세로 1960년에 남성 55.0세, 여성 57.8세에 비하여 상당한 증가를 보이고 있다. 현재 여성이 남성보다 7년가량 더 오래 살며 이러한 추세는 계속될 전망이고 평균수명은 완만히 연장될 것으로 추계되고 있다.

【표 2-1】 우리나라의 연도별 평균수명

(단위 : 세)

구분 \ 연도	1960	1970	1980	1990	2000	2005	2020
남	55.0	59.8	62.7	67.7	72.3	75.1	78.0
여	57.8	66.2	69.1	76.7	79.6	81.9	84.7
평균	55.3	63.3	65.9	71.6	75.9	78.5	81.4

자료 : 통계청 (1995)
_____ (2008a) 재구성

2) 인구고령화

우리나라의 급속한 인구변천 과정은 노인인구수와 노인인구 비율을 모두 증가시켰다. [표 2-2]의 통계청 자료에 의하면 65세 이상 노인인구비율이 2000년 7월에 이미 7.2%로 고령화 사회에 접어들었고, 2018년경에는 14.3%로서 우리나라도 고령사회에 돌입하게 된다.

【표 2-2】 우리나라 65세 이상 노령인구 추이

연도	2000	2006	2010	2018	2026
총인구	4,701	4,830	4,887	4,934	4,904
노인인구	339	459	536	707	1,022
비율(%)	7.2	9.5	11.0	14.3	20.8

자료 : 통계청 (2006a)

다른 나라에 비하여 우리나라 노인인구의 특성 중 하나를 지적하면 노인인구의 증가속도 중 고령화의 속도가 빠르다는 것이다. 이는 짧은 기간 내에 이루어진 우리나라의 인구 변천이 인구고령화를 가속화시켰기 때문이다. [표 2-3]은 각국의 고령화 속도를 비교해 본 것인데 노인인구 7%의 고령화 사회(aging society)에서 노인인구 14%의 고령화된 사회(aged society)에 도달하는 데 걸린 기간이 프랑스는 115년, 미국은 73년, 그리고 고령화 속도가 빠르다고 하는 일

【표 2-3】 각국의 고령화 속도

국 가	65세 이상의 총인구비율		
	7%	14%	소요년수
프 랑 스	1865년	1980년	115년
스 웨 덴	1890년	1975년	85년
미 국	1942년	2015년	73년
영 국	1930년	1975년	45년
일 본	1970년	1994년	24년
한 국	2000년	2018년	18년

자료 : 보건복지부 (2006b)

본이 24년인 데 비하여 우리는 18년밖에 걸리지 않을 전망이다.

[그림 2-1]은 1960년부터 20년 간격으로 본 우리나라의 65세 이상 노인인구의 구성비를 세계의 평균과 비교해 본 것이다. 세계 평균의 변화 추이가 완만한 데 비하여

【그림 2-1】 65세 이상 노인연구 구성비 추이 비교

(단위 : %)

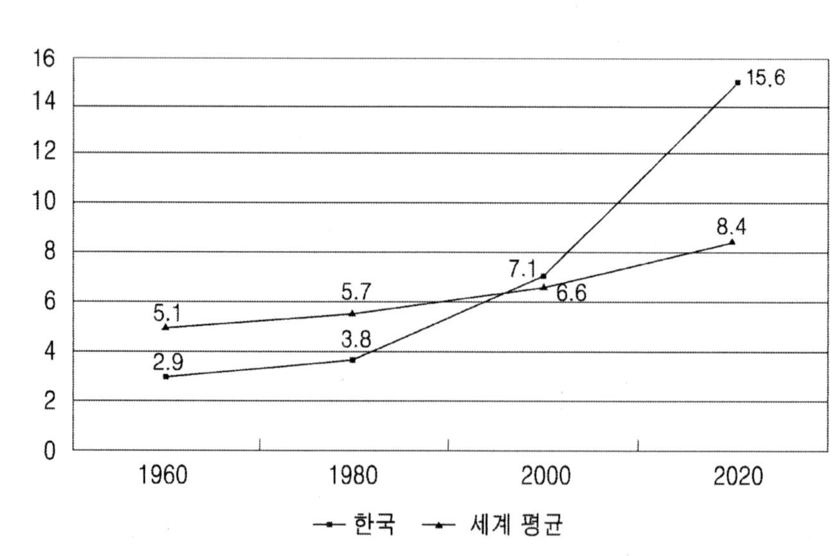

자료 : 통계청 (1995)
김태헌 (2007) 재구성

우리나라의 경우는 급속한 변화 양상을 보이고 있다. 특히 거의 2000년 이후부터는 우리의 노인인구 비율이 세계 평균 수치보다 높게 나타나고 제 2 차 세계 대전 직후 베이비 붐(baby boom) 시대인 1950년대에 태어난 이들이 70세가 되는 2020년경에는 전세계 65세 노인인구가 8.4%를 차지하는 데 비하여 우리나라는 15.6%로서 세계 추세보다 노인인구 비율이 훨씬 앞서게 된다.

(3) 성비 구성

한편 현대의 어느 나라나 전체 인구 중 노인인구 비율이 증가하는 가운데 그 중 여성노인이 남성노인보다 더 장수하는 추세를 보이고 있고 우리나라의 경우도 마찬가지이다. 여성이 남성보다 그 증가율이 크고 더욱이 연령이 고령일수록 여성노인의 비율이 증가한다. [그림 2-2]는 인구 피라미드의 변화로써 우리나라 전 연령층의 성비 변화 추세를 보여주고 있다.

결국 노인문제는 여성노인의 문제라고 이해해도 무리가 없을 것이다. 여성 노인의 문제는 본장 2절에서 보다 자세히 다루고 있다.

이제까지 전세계적인 고령화 추세와 함께 우리나라 노인인구의 절대수 및 비율 증가, 노인부양비와 고령화 지수의 계속적인 증가, 성비의 불균형 등을 살펴보았다. 앞으로

【그림 2-2】 인구피라미드 변화

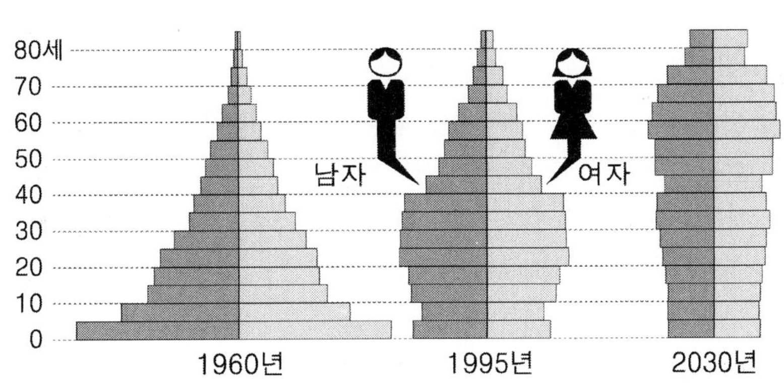

자료 : 통계청 (1995)
______ (2006a) 재구성

2020년까지의 인구추계를 보면 계속 노인인구는 증가 일로에 있을 것이며, 노인문제의 근본 원인은 결국 노인인구가 전체 인구에 비하여 상대적으로 많아져 가고 있다는 데에 있다.

이제 구체적으로 제기되는 노인문제를 몇 가지 측면에서 조명해 보고 그 대책을 살펴보기로 하겠다.

2. 고령화 사회와 노인문제

산업화와 도시화, 그리고 고령화 사회로 특징지어지는 현대 사회에서 노인문제는 필연적으로 제기되는 부산물이라고 할 수 있다. 최근 장수사회의 도래로 인하여 노인문제는 저소득층만이 아니라 중산층 일반노인에게도 해당되는 것으로 확대되고 있다. 일반적으로 노인문제는 농경사회가 산업사회로 전환되면서 싹트기 시작하였으며 현대 의술의 발달로 인간의 평균수명이 연장되면서 노인의 수가 점증함에 따라 심각한 사회문제로 등장했다. 우리나라도 예외는 아니어서 1960년대 이후로 산업화가 촉진되면서 노인문제가 사회화되기 시작했다. 특히 우리나라는 평균수명 증가나 산업화의 급진전 외에도 정년제에 따른 조기 퇴직 경향에 따라 직업 없는 노인층 인구가 급속히 증가하고 있어서 노인복지나 고용의 문제가 사회적 관심사로 부각되고 있다.

1) 노인의 4중고(重苦)

대체로 우리 사회에서 노인문제라 하면 노인의 4苦, 즉 빈곤, 질병, 고독, 그리고 역할 상실을 거론한다. 이 4가지 노인문제는 서로 밀접하게 관련되어 우선 노령으로 인한 노동현장에서의 이탈이 역할 상실로 이어지고, 이로써 빈곤과 질병 및 고독이 수반되는 것으로 이해될 수 있다. 특히 최근 우리나라의 낮은 출산율은 더욱 문제를 심화시키는 요인으로 지적되고 있다.

(1) 경제적 의존 : 빈곤

인구학적인 측면에서 노인인구의 양적인 증가는 노인 자신의 경제력을 요구하게 된다. 한국에 있어서 노인문제의 가장 심각한 것 중의 하나는 경제적인 불안정이다. 65세 이상 노인인구 절반이 넘는 이들이 노후준비를 50%도 못한 것으로 나타났으며 ([표 2-4] 참조), 경제적으로 자립할 수 있는 노인은 10%에 불과하다(민재성, 1993). 이러한 노후 빈곤의 원인을 몇 가지 들어본다면 직장에서의 은퇴, 사회보장제도(연금제도)의 미흡, 그리고 자녀양육으로 인한 과다지출 등을 거론할 수 있다. 특히 사회보장제도가 충실하지 못한 우리 사회에 있어서 가족에 의해 부양되지 못하는 노인들의 경제적 자립능력은 노후생활의 질을 결정하는 결정적 요인이 되고 있다. [표 2-5]는 우리 노인들의 경제적 어려움이 심각함을 보여 주고 있다. 노후 자금 마련 방법은 절반 이하의 노인이 개인의 예금이나 적금으로 충당하고, 연금, 퇴직금, 개인연금 등 노후 생활보장 체계에 의한 방법은 매우 빈약한 상태임을 확인할 수 있다. 퇴직 후와 퇴직 전의 연간 수입을 비교한 소득대체율(Earning Replacement Rate)의 계산은,

$$\text{소득대체율 (ERR)} = \frac{\text{퇴직후 연간 수입}}{\text{퇴직 1년 전 연간 수입}} \times 100 = (\%)$$

로 하는데, 노인의 재정난은 연령이 증가할수록 더욱 뚜렷해지고 있다.

한편 자녀로부터의 경제적 원조가 뚜렷하게 감소함에 따라 근로활동 참가로 인한 노후 소득비율은 급속한 증가추세를 보이고 있다. 따라서 과거 우리나라 노인들의 가

【표 2-4】 노후 준비 정도

(단위 : %)

아직 준비하지 않았다	20~50% 미만	50~80% 미만	80~100% 미만	100%
17.6	35.2	35.0	8.6	3.8

자료 : 통계청 (2006b)

【표 2-5】 노후자금 마련 방법

(단위 : %)

예금/적금	부동산 임대수익	개인 연금	퇴직금	국민 연금	사회, 자녀보조	주식 / 펀드	공무원 연금	보험	유산
43.2	17.8	17.4	10.6	5.5	1.7	1.3	1.3	0.8	0.4

자료 : 통계청 (2006b)

장 주된 노후 소득 원천이었던 자녀로부터의 경제적 원조의 중요성은 점차 약화되고 있는 현실에서, 그 대안적 노후 소득 원천으로서 사적 저축이나 근로소득의 중요성은 보다 증가하고 있다.

이상 거론한 노인의 자기부양 문제 이전에 우리나라 인구의 고령화와 저출산율로 인한 노인부양 문제는 노년부양비의 변화에서도 그 심각성을 알 수가 있다. 노인부양비는 생산인구(15-64세)에 대한 노인인구(65세 이상)의 백분율을 의미하는 것으로 [표 2-6]은 노령화 지수의 증가에 따른 노인부양비의 가파른 증가를 보이고 있다.

【표 2-6】 우리나라 노년부양비의 변화

구 분	1960	1980	2000	2008	2020	2030	2050
노년부양비(%)	5.3	6.1	10.1	14.3	21.7	37.7	72.0
노령화 지수	6.9	11.2	34.3	59.3	125.9	213.8	429.3

주 : 1) 노년부양비=(65세 이상 인구/15~64세 인구) × 100
2) 노령화지수=(65세 이상 인구/0~14세 인구) × 100
자료 : 통계청 (2006b)
______ (2008b)

이러한 노인 자신의 자기부양의 어려움과 자녀세대의 노양부양비의 힘겨움은 노인과 자녀세대와의 심리적 갈등을 야기 시킬 수 있으므로 노년의 경제적 문제는 심리적인 문제를 가중시키는 요인이 되고 있다.

(2) 건강상태 : 질병

일반적으로 노인들은 건강이 악화되어 자신에게 뿐만 아니라 사회적으로 문제를 야기시키기 마련이다. 은퇴로 인한 궁핍한 생활은, 영양실조 혹은 병이 나도 초기에 손을 쓰지 못하고 '늙어서 그러려니' 하며 병을 키우며 사는 경우가 많다. 노인들의 영양문제는 점진적인 생리적 쇠약, 넉넉하지 못한 경제력과 충분하지 못한 영양 섭취, 여러 질병의 복합 증세, 그리고 이 병들을 고치기 위하여 복용하는 여러 가지의 약물들 때문에 더욱 심화된다.

부적당한 영양식이 건강에 악영향을 미치고 동시에 의료비 때문에 초기에 손을 못 써서 영영 불치의 상태까지 몰고 가게도 된다. 이러한 건강의 악화가 또 다른 경제적 위기를 초래해서 그야말로 돈이 없어 병이 나고 병이 깊어지면서 더 큰 돈이 필요해지는 악순환을 초래한다.

[그림 2-3]은 노인의 건강상태 및 기능장애 정도를 보이고 있다. 65세 이상 노인의 31.9%가 일상생활 수행 능력(ADL)에 있어서 한 가지 이상의 지장을 가지고 있으며, 3.5%는 일상생활 수행을 전혀 못하는 노인들이다.

이렇듯 노인들이 신체적 노화 등으로 인한 건강 악화로 고통을 당하고 있어도 수입의

【그림 2-3】 65세 이상 노인의 건강상태 및 기능장애 정도

독립생활 가능 노인 (56.6%)	독립생활 불가능 노인(43.4%)		
	IADL만 제한 노인(11.3%)	ADL 제한노인(31.9%)	
		ADL 일부 제한(28.4%)	ADL 모두 제한(3.5%)

주: 1) N-2,224명
2) ADL : Activeities of Daily Living(일상생활 수행 능력)
3) IADL : Instrumental Activities of Daily Living(도구적 일상생활 수행 능력)
자료 : 한국보건사회연구원, 1998년도 노인생활실태 및 복지욕구조사 ;
정경배 (1999) 재인용

절감으로 인한 빈곤으로 적절하게 건강보호를 할 수 없으므로 문제가 된다. 일반적으로 노인병의 특징은 다른 연령층에 비해 상병률이 높고, 만성적이며, 장기적인 치료를 요하는 경우가 많다. 또한 합병증인 경우가 많아 빈번하고 장기적인 의료적 보호를 요하고 있지만 의료보험 및 의료보호제도는 노인질병의 특성을 고려하지 않고 있어서 실제 진료비 부담이 크게 늘어나는 경향이 있다. 건강보호에 대한 비용 지불의 어려움 외에도 일상생활에 도움이 필요한 허약한 노인이나 장애노인에 대한 간호 보호의 어려움도 지적되고 있다.

46   노년학 개론

【표 2-7】 노인들이 겪는 가장 어려운 문제(60세 이상 인구)

(단위 : %)

	계	경제적인 어려움	직업이 없거나 고용이 불안정	소일거리가 없음	건강 문제	외로움 소외감	가족으로부터 푸대접	사회에서의 경로의식 약화	일상생활 도움 서비스부족	노인복지 시설 부족	기타
2007	100.0	40.1	3.8	5.3	40.7	3.2	0.3	2.1	0.7	2.9	0.9
남 자	100.0	41.8	6.1	6.2	34.7	2.6	0.3	3.0	0.5	3.7	1.1
여 자	100.0	38.9	2.0	4.6	45.2	3.6	0.3	1.4	0.9	2.3	0.8

자료 : 통계청 (2007b)

【표 2-8】 받고 싶은 복지서비스(60세 이상)

(단위 : %)

	계	받고 싶음	소계	간병 서비스	목욕 서비스	가사 서비스	식사 제공	이야기 상대	취업 알선	건강 검진	취미여가 프로그램	정보화 등 각종 교육	기타
2007	100.0	76.8	100	21.5	2.5	8.1	3.5	2.7	12.0	40.4	7.7	1.4	0.2
남 자	100.0	77.2	100	18.3	1.9	5.4	3.1	1.9	17.9	40.8	8.3	3.3	0.3
여 자	100.0	76.4	100	24.0	3.0	10.2	3.7	3.3	7.5	40.1	7.3	0.7	0.2

자료 : 통계청 (2007b)

2007년 통계청의 사회통계조사에 의하면, 60세 이상 노인들이 겪는 어려운 문제로는 건강문제가 40.7%로 가장 높게 나타났으며 받고 싶은 복지 서비스로도 건강검진이 40.4%로 다른 서비스보다 압도적으로 높았다. 이렇듯 노인에게 건강은 가장 큰 문제이자 사회적으로도 문제가 되고 있음을 알 수 있다([표 2-7], [표 2-8] 참조).

(3) 사회심리적 갈등과 고립감 : 고독과 소외

고독과 소외의 문제는 현대 사회의 특징으로 인한 필연적인 결과이며 노소를 막론하고 누구나 경험할 수 있는 문제이지만, 특히 노인들에게는 그 심각성을 더하고 있다. 만일 노인이 한평생 일에 몰두했다가 아무런 사전 준비도 없이 갑자기 은퇴해야

했다면 자신이 사회적으로 배척당하고 거절당했다고 느끼게 된다. 또 개인적인 이유로 인해서 그간 익숙했던 역할을 벗어 놓게 되더라도 여전히 상실과 허탈감 속에서 고독과 소외감을 경험하게 된다. 이러한 역할과 관계의 손실에 겹쳐 경제적으로 넉넉하지 못하고 몸까지 불편하면 더 이상 사회활동을 계속할 수 없을 뿐더러 그 공백시간을 메울 수 있는 여가활동까지도 감당해 낼 능력이 없게 된다. 돈이 없어 클럽이나 단체 활동에서 이탈하고 예전처럼 오락이나 운동경기 혹은 외식 등을 포기해야 하는 데에서 사기가 떨어져 불만을 갖게 되고, 또 무료해 하는 등 사회적 고립을 경험하게 된다. 사회적 고립뿐 아니라 많은 여성 노인들의 경우 이 시기에 품 안의 자녀들이 이미 떠나가 버리고 남편까지 세상을 먼저 떠나게 됨으로써 일생 그들을 그렇게 살게 할 수 있었던 정신적 받침대를 잃어버리고 대신 심리적 고립감에 빠져 들기 쉽다. 특히 우리나라 노인이 고독 및 소외감을 심각히 느끼는 현상은 세대간의 가치가 혼재되어 있는 과도기 때문으로 풀이할 수 있다. 즉 부모는 전통적인 가치로 자녀에게 기대하는 바가 크고 실제 자녀는 그 기대에 부응하지 못하기 때문에 그로 인한 실망과 좌절 및 소외감은 자녀에게 큰 기대 없이 독립적으로 살아가는 서구 사회의 노인들의 경우보다 더 심각하다. 세대간의 가치 차이뿐 아니라 동일세대 내에서도 현대적인 수평관계의 의식 추구와 함께 뿌리 깊은 구세대의 수직관계 가치관이 공존해 있거나, 아직은 의식을 행동으로 연결시키지 못하는 전환기적 이중성을 가지고 있어 전통적 가치관과 현대적 가치관의 병존현상을 경험하게 된다(홍숙자, 1992).

　또한 노인들은 젊은 세대와 적지 않은 갈등도 느끼게 된다. 상호 역할간의 부적응과 여성의 사회진출로 인한 며느리의 시부모 부양에 대한 상황 변화, 노소의 교육수준의 차이 및 이로 인한 가치관의 차이는 세대간의 갈등을 불가피하게 만든다. 이러한 인간관계의 불협화음은 다시 노인으로 하여금 쓸쓸함과 무의미함, 그리고 소외감과 고독감을 경험케 한다. 연령 증가에 따라 배우자 및 자녀와의 애정적 유대에 점점 더 의존하는 경향을 보인다는 점을 감안할 때 노후생활에서 경제적 안정이나 건강 유지 못지않게, 가족간 의사소통과 접촉을 통한 정서적 유대 및 갈등 없는 관계는 어떠한 사회적 관계로도 대체될 수 없는 고독과 소외감 해소에 중요한 요소가 되고 있다.

(4) 역할 상실

산업사회의 생산기술의 기계화는 노령 노동에 대한 수요를 제한함으로써 생산현장에서 젊은 세대와의 경쟁에서 밀려난 노인들로 하여금 평소 자신들이 수행해 오던 역할을 상실하게 만든다. 그리고 이 같은 중요한 사회적 역할의 갑작스런 변화는 자신을 능력 있고 필요한 존재라고 느끼고 있는 이들에게 심각한 정신적인 타격을 가하게 된다. 경제적인 이유 외에도 일하고 경쟁한다는 자체가 생의 만족감을 더해 주는 요인이 될 수 있기 때문이다. 경제학자는 은퇴를 정규적이고 지속적이었던 노동 현장으로부터의 탈퇴라고 말하고, 심리학자는 은퇴를 작업의 손실, 역할의 손실, 수입의 손실이라고 말하고 있다. 비록 신체적으로 건강하고 경제적으로 안정이 되어 있다 하더라고 역할과 관계의 손실은 피할 수가 없다. 이러한 상실감은 친구나 배우자나 가족이 세상을 떠나는 충격까지 겹치게 되면 더욱 심화된다. 남녀의 평균수명 차이로 볼 때, 배우자 사별에 따른 역할 상실은 여성노인에게 있어서 더욱 심각하다.

2) 현대화 요인에 따른 노인문제

코우질(Cowgill, 1986)은 의료기술의 발달, 경제적 기술의 발전, 대중교육의 확장 및 도시화라는 4가지 요인이 현대화 과정의 주요 요인이 되고 이러한 현대화 요인들은 노인의 지위를 저하시킨다고 주장한다. 노인들의 저하된 지위는 궁극적으로 노인문제를 유발시키는 바 1970년대 이후 급속도로 진전된 한국의 현대화는 현재의 노인문제를 심각한 사회문제로 대두시키는 결정적인 계기가 되었다. [그림 2-4]는 현대화 요인에 따른 한국 사회의 노인문제를 도식화해 본 것이다.

3) 여성노인문제

일반적으로 여성이 남성보다 더 장수하며 여성의 사회 참여 욕구가 전반적으로 증대함으로써 여성노인의 복지문제가 거론되는 것은 현대의 어느 국가에서나 마찬가지 현상이다. 여성노인은 대체로 남성에 비해 재혼율이 낮고 혼자 사는 경우가 많으며 경제적으로 더 빈곤하고 가정에서 다른 가족원을 돌보는 책임을 떠맡는 경우가 많다.

【그림 2-4】 현대화 요인에 따른 노인문제

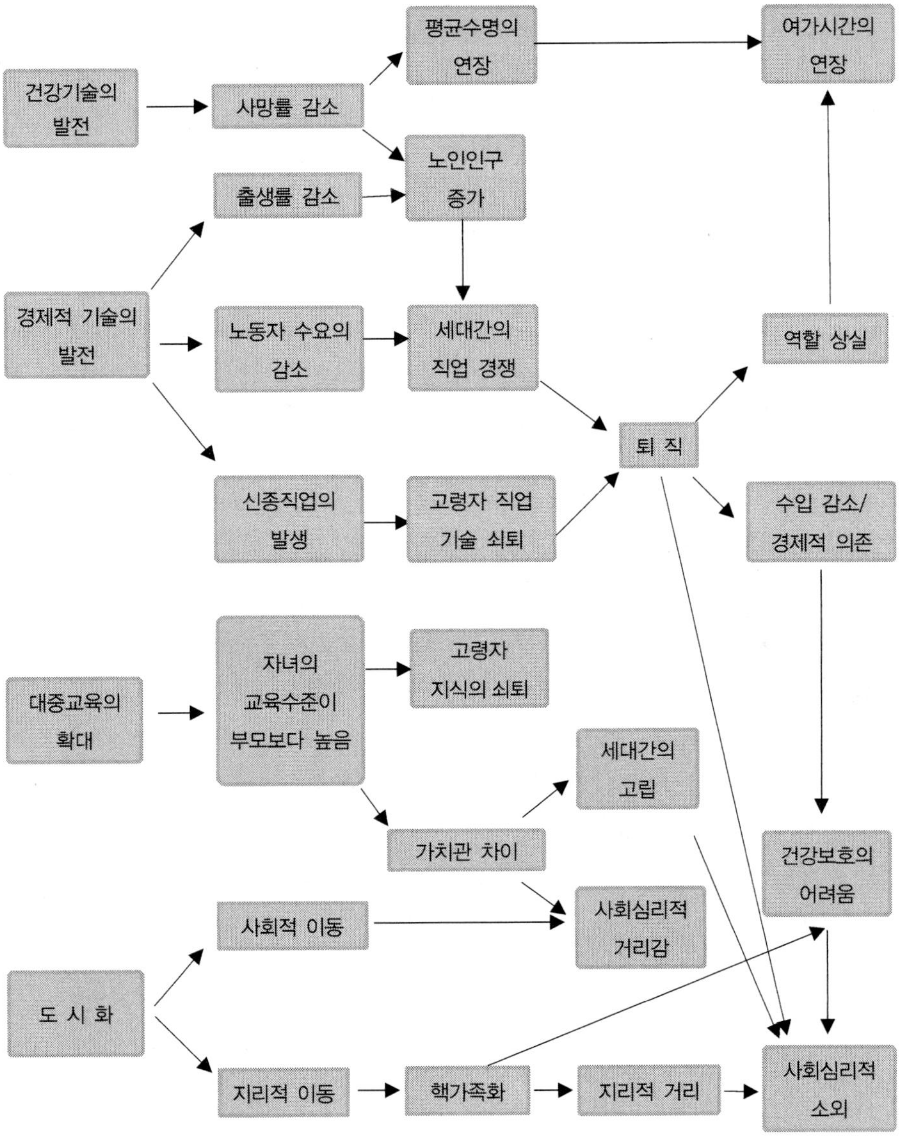

자료 : Cowgill (1974)
Atchley (1991);
최성재 (1995) 재인용

2007년 현재 우리나라 여성은 평균수명이 81.9세로 남성의 평균 수명 75.1세보다 6.8년 더 장수한다(통계청, 2007a). 남녀간의 초혼연령의 차이와 이러한 평균수명의 차이를 감안한다면 여성노인의 경우 평균적으로 10년 정도 미망인 시기를 보내게 된다. 결과적으로 여성노인의 상대적 증가는 곧 미망인으로서의 여성노인의 증가를 의미하게 된다.

노인인구의 유배우율은 연령이 증가할수록 여성이 남성의 것보다 현격하게 감소한다. 이는 사별 후 남성노인에 비해 여성노인은 재혼하지 않고 홀로 사는 경향이 높기 때문이다. 배우자를 상실한 여성노인의 증가는 고부간의 관계, 생계문제와 더불어 가정생활에서 다양한 변인에 따라 많은 연구과제를 제시해 주고 있다. 아울러 앞서 지적한 [그림 2-2]에서의 성별 인구수의 불균형 상태는 노년 인구층에 있어서의 성문제, 혼인상태 및 노후의 고독·외로움 등의 여러 문제들과 연결되어 있다.

[표 2-9]에 나타나 있는 바와 같이 우리나라는 2007년 현재 65세 이상 노인의2/3 정도가 자녀와 따로 살고 있는 단독가구이며(61.8%) 단독가구주 중 여성이 대부분을 차지하고 있다. 농어촌의 노인 단독가구는 이미 74.4%에 이르고 있고, 앞으로 출산율의 저하로 그 비율은 서양 선진국의 수준(대체로 80% 내지 90%)까지 갈 것으로 보고 있다.

【표 2-9】 노인 단독가구의 변화 추이

(단위 : %)

구분	1981	1990	2000	2007
노인 단독가구	19.8	25.8	44.9	61.8 (농어촌 : 74.4%)
노인독거		8.9	16.2	
노인부부		16.9	28.7	

자료 : 차흥봉 (2008) 재인용

전반적인 노년기 경제적인 어려움에 대해서는 이미 앞서 노인의 4苦에서 논한 바 있지만 대체로 많은 노인 여성들이 단독가구를 이루고 살고 있고, 남편과 사별함으로써 생계수단을 상실하게 되고 이로 인하여 경제적 곤란에 직면하게 된다. 만일 이때에 남편에게 경제적으로 의존하던 바를 자녀에게 의존하는 것으로 순조롭게 이전할 수 있다면 문제가 안 된다. 그러나 그렇지 못한 경우 일반적으로 여성이 남성보다 경제활동 참여율이 저조하고, 지위와 보상이 낮은 직업에 종사하며, 고용상태가 일시적이거나 불안정적이라는 점 등을 고려해 볼 때 여성노인의 소득 보장 문제는 남성노인에 비해 더욱 중요성을 띠게 된다. 그간 사회적으로 별 관심이 없었던 이 분야에 대해서 최근 학계와 일선 실무자들이 주목하게 되면서 다양한 여성노인 소득보장책들이 거론되고 있다. 예컨대 직장에서의 성별 임금격차나 지위 차별, 여성 조기 정년 폐지 등이 그것이다. 특히 취업 기회의 확대 방안에 관련해서는 여성노인을 위한 재택근무제, 시간제고용 및 노동시간의 자유선택 등과 같은 다양한 재고용제도를 만들어 가사와 함께 일할 수 있는 여건 조성을 고려하고 있다.

4) 노인문제 대책 : 고령화 정책

인구고령화의 문제는 평균수명이 늘어나는 데 따라 역사적으로 새로이 경험하는 사회적 현상이다. 선진 산업사회와 마찬가지로 우리나라도 이제 이미 고령화의 과정에 진입하였고 익숙하지 않은 일에 치밀하고도 종합적인 대비책을 미리 준비한다는 것이 결코 용이한 일은 아니다. 그러나 무방비가 가져 올 마찰과 부작용을 생각한다면 향후 고령사회에의 대비책 마련만큼 시급한 과제는 그리 많지 않으리라 생각된다. 노인문제의 효율적인 해결을 위한 대책 마련에 대하여 다음의 사항들을 고려해 보고자 한다.

【참고 2-1】 고령자 취업 개발

가 능 한 일	
아파트, 빌딩경비,	사무보조, 경리, 기타 사무직
건물관리, 주차관리, 창고관리	전자제품 조립 등 기타 생산직
일어, 영어, 번역 및 통역	가사관리직 (가정부, 파출부, 보모 등)
건물청소, 매표원	기타 서비스직 (주유원, 판매원 등)
노인대학 강사, 가정학원 강사, PC방 원로지도 강사	인력개발컨설턴트, 창업지원컨설턴트
	결혼상담원
임대관리자, 인사노무관리자, 영업관리인	운송사무원, 신용조사원, 식물관리원
가정도우미, 중소기업 경영, 기술전문가	

(1) 행정기구 강화와 정책입안 체계화

노인문제에 대하여 범사회적 및 범국가적 관심을 모으고 폭 넓고 깊이 있는 연구 및 적절한 장·단기 대책을 수립하기 위하여 노인문제 전담 국가기관을 설치하고 정책 입안의 효율을 지속적으로 체계화시키는 것이 바람직할 것이다. 현재 미국에서는 「노인청(AOA : Administration On Aging)」이 노인복지를 담당하고 있고 1961년 이후 매 10년마다 한 번씩 「노인대책 백악관 회의(White House Conference on Aging)」를 개최하고 있는데, 이같은 선례가 우리에게 좋은 모델이 될 수 있을 것이다. 일본에서는 「노인보건복지국」이 최고 행정조직으로서 노인복지 업무를 주관하고 있다.

우리나라 노인복지를 주로 담당하는 부처는 보건복지가족부이며, 전달체계를 살펴보면 [그림 2-5]와 같다. 현재 노인복지와 관련된 업무는 보건복지가족부의 저출산고령사회정책본부의 노인정책관과 정책총괄관실에서 주로 담당하고 있다. 노인복지법의 제정으로 1981년 보건사회부의 가정복지과에 노인복지계가 처음으로 신설되었고, 1990년 노인복지과로 승격되었다. 이후 노인복지 관련 업무는 지속적으로 확대되고 2005년 저출산고령사회기본법이 제정되면서 2006년 저출산고령사회정책본부를 신설하고 그 아래에 정책총괄관, 노인정책관, 인구이동정책관을 두게 되었다. 노인복지와 관련된 핵심적인 업무는 노인정책관이 맡고 있으며, 그 아래에 노인정책팀, 노인지원팀, 노인요양제도팀, 노인요양운영팀이 있으며, 정책총괄관 아래에 노후생활팀과 고령화친화생활팀도 노인복지와 관련된 업무를 담당하고 있다.

민간전달체계는 복지부의 지도감독하에 외국 민간원조기관과 한국사회복지공동모금회가 한국노인복지시설협회, 한국노인복지관협회, 노인복지기관, 한국재가노인복지시설협회, 노인여가복지시설과 관계를 가지고 노인에게 서비스가 전달되고 있다.

【그림 2-5】 공적 노인복지 서비스 전달체계

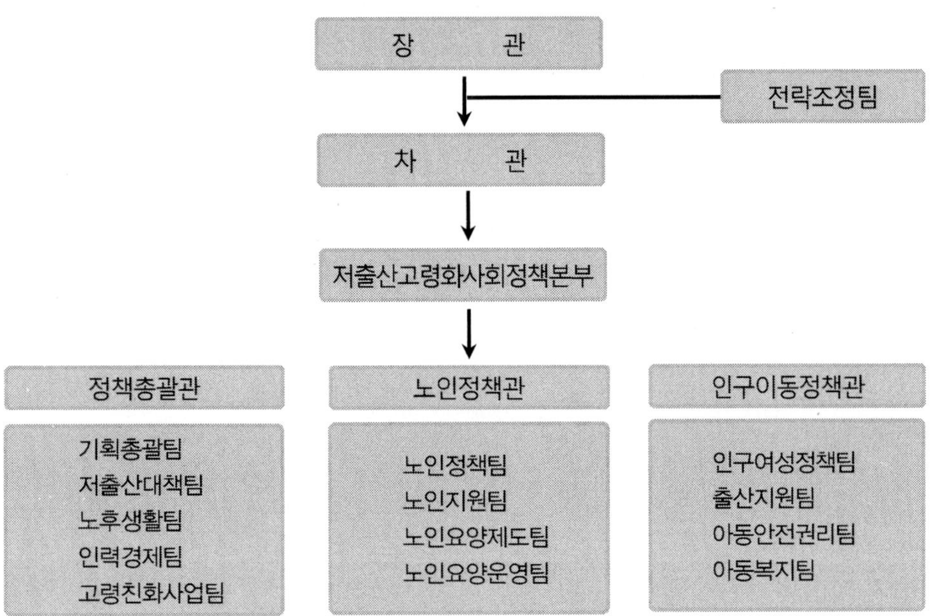

자료 : 보건복지가족부(www.mohw.go.kr)

(2) 정부와 민간의 제휴

노인문제를 정부의 정책만으로 해결하는 데에는 한계가 있다. 따라서 이 문제에 대해서는 가족, 지역사회, 국가의 삼위일체적 배려가 필요하다. 우리나라도 선진국에서처럼 경제력 있는 노인들을 위한 실버산업(주택, 보건의료, 금융보험, 복지기기, 여가활동 분야)을 육성하여 가족과 친척의 노력만으로 해결할 수 없는 노인문제를 공동으로 해결하는 데 도움이 되도록 하는 것이 필요하다. 정부는 1993년 노인복지법의 개정을 통해 주택과 재가복지서비스 분야에 유료사업이 가능하도록 길을 터놓았다. 정부 차원의 공적인 사회복지 외에 민간기업이 실버산업에 참여하게 됨으로써 창조성과 효율성이 높아지고 서비스의 질도 향상될 것으로 기대되고 있다. 아울러 이를 공적 서비스의 질을 향상시키는 자극과 계기로 활용할 수 있을 것이다. 현재 서구 사회에서는 경제력이 없는 노인들에게는 공적 노인복지시설에서 공적 서비스를 제공해 문제를 해결하고, 경제력이 있는 노인들은 민간부문의 유료 노인 복지시설에서 문제를 적극 해결해 주고 있다.

(3) 노인 복지제도 정비

노인의 절대 및 상대적 빈곤의 양적 증대 현상이 가속화되고 있는 상황에서 우선 노년인구의 소득 및 고용 안정을 위한 정책을 정비할 필요가 있다. 구체적인 예로써 일반 노령계층에 대한 기초 소득을 보장하는 방향으로 국민연금제도를 개선하는 것이 무엇보다 필요하다. 우리나라에서 제기되고 있는 노인문제 중에서도 최근에 이르러 노인들의 경제활동에의 참여문제, 즉 취업이라든가 노후 연금제도 등 노인복지에 대한 관심과 논의가 가장 활발히 이루어지고 있음은 다행스러운 일이다.

상대적 저소득층인 노인층의 빈곤을 해결하기 위해서는 어떤 형식으로든 국가의 지원이 있지 않으면 안 된다. 그러나 이미 선진국이 경험한 시행착오를 교훈으로 하여 중앙 및 지방정부의 과도한 재정적자 누적문제, 고령층 수혜자격의 변경 가능성 및 세대간 형평성의 문제 등을 검토 적용해야 할 것이다. 이 밖에도 보건과 사회적 서비스 및 주거 등에 대한 제도적인 보완이 이루어져야 할 것이다. 특히 앞으로 노인 장기요양보험제도가 성숙하게 될 때 장기요양서비스의 수요가 증대하면서 이에 따른 비용도 크게 증가하게 될 것으로 예견된다. 국가와 국민 전체의 부담이 커지게 될 노인장기요양보험의 재정을 어떻게 해결할 것인가 하는 문제에 대해서도 장기적인 대책이 필요하다.

(4) 노인의 사회 참여 방안 강구

할 일이 없는 노년층은 무료함과 스스로에 대한 무기력감으로 빨리 쇠약해질 수 있다. 물론 고령자에게 휴식을 취하게 해야 한다는 견해도 있지만 노년층의 재고용과 취업 알선 정책은 생산적 취업의 활성화라는 경제적인 측면의 이점 외에도, 노인에게 그들의 잠재능력을 충분히 발휘할 수 있는 새로운 역할을 부여한다는 측면에서 의미가 있다. 따라서 소득을 위한 작업현장 외에도 건강 유지와 보람된 시간의 활용으로 이룰 수 있는 여가선용의 의미로서 지역사회 봉사에 참여하며 노인운동 등의 사회활동에 참여하도록 지원할 필요가 있다.

(5) 예방적 은퇴 계획

노인문제와 욕구는 저소득층에만 국한되는 것이 아니라 중산층 이상에도 다양하게 적용된다. 노인문제 해결을 위한 예방적인 접근이라면 무엇보다도 미리 은퇴계획을 세워서 충격과 위기감 없이 노년기를 맞을 수 있도록 중년기부터 노후 준비교육을 각 직장단위나 더 나아가 정부차원에서 다각적으로 실시해야 할 것이다.

이러한 다측면적인 고령화 정책을 통하여 사회보장 차원에서의 노인의 건강, 주택, 소득 및 사회적 서비스에의 접근을 위한 제도적 장치가 마련될 수 있을 것이다. 또한 이러한 대책은 변화하는 시대와 변화하는 노인들의 욕구에 맞게 늘 연구·검토되어지고 궁극적으로는 정책으로 시행되게 하는 사회적 노력이 필요하다. 이상의 다양한 시도들은 지금 직면하고 있는 노인문제의 예방과 사후대책이라는 양면적 접근으로 이루어져야 한다.

제 3 장

노화의 생물학적 이해

노화는 단지 노인들에게만 해당되는 말이 아니다. 갓난아이로 이 세상에 태어나면서부터 우리는 이른바 노화의 과정 속에 던져져 있는 셈이다. 현재 노화 과정의 복잡성을 설명하는 20~30여 개의 노화 이론들이 있으나 정답의 이론은 없다. 그러나 확실한 것은 병과 달라서 노화는 우리 누구에게나 찾아오며 모든 생물이 피할 수 없는 생명의 기본 원칙이라는 것이다. 일반적으로 연령이 증가함에 따라 신체 각 기관의 조정능력이 쇠퇴하고 신체가 외적 자극에 민첩하게 대처하지 못하며 신체의 면역체계가 그 효율성을 잃어가게 되는 것을 생물학적 노화라 일컫는다.

1. 생물학적 노화이론

인류는 창세 이후부터 현대에 이르기까지 인체가 늙어가는 이유에 대한 구체적인 해답을 구하고자 끊임없이 노력해 왔다. 과연 노화의 정확한 본질은 무엇인가? 현대 학자들은 사람들은 왜 늙는 것일까에 대한 수수께끼를 푸는 단서가 인체 내 어딘가에 있다고 보고 과학적으로 생물학적 노화를 설명하고자 한다. 현재까지 대략 20~30여 개의 이론과 이유들이 제시되고 있는데 그들 대부분이 아직은 과학적으로 충분히 검증되지 못한 추측단계에 머물러 있는 형편이다.

생물학적 노화를 설명하는, 최근까지 유력하게 주목받는 이론들을 크게 세포학적 관점과 생리학적 관점으로 구분하면 다음과 같다(K. W. Schaie 등, 1996). 유전 혹은 비유전을 망라하여 노화를 세포의 구조와 기능의 관점에서 설명하는 범주를 세포학적 관점으로, 개체세포에서 벗어난 시각으로 설명하는 범주를 생리학적 관점으로 구분하였다.

1) 세포학적 관점

(1) 유전학적 이론(Genetic Theory)

유전학적 이론은 다른 말로 표현한다면 예정된 노화이론으로서, 노화는 유전학적으로 유기체에 예정되어진다는 주장이다. 이는 다시 크게 DNA 관련이론과 세포 관련 이론으로 구별해 볼 수 있다.

㉠ DNA 관련 이론 : DNA 분자로부터 세포로 유전인자를 전달하는 과정에서 생기는 오류나 손상으로써 노화를 설명한다. 유전인자가 저장된 아미노산 분자 형태의 DNA는 모든 생명체의 가장 기본이 되는 단위로서, 세포 내의 핵 속에 존재해 있다. 세포는 DNA가 가진 유전인자의 안내에 따라 효소와 단백질을 생산해 내고, 이로써 세포기능을 유지하는데 만일 DNA가 손상을 입거나 유전인자가 세포로 전달되는 과정에서 오류가 발생하게 되면 세포는 그 순기능이 불가능해져 결국 죽게 된다는 견해이다. DNA 손상이론, 오류재해이론이 여기에 속한다.

최근 미국에서 발표된 게놈 연구 초안에서 '게놈(genome)'이란 유전자(gene)와 염색체(chromosome)의 합성어로서 유전자의 염기서열과 염색체의 배열을 알리는, 일명 '유전자 지도'를 이르는 말이다. 인체의 각 세포는 그 핵 안에 사다리 모양의 이중나선 구조인 2m 가량의 DNA를 보유하고 있다. DNA 속의 유전자는 화학적 문자 암호인 (예컨대 아데닌 : A, 구아닌 : G 등) DNA 기본단위 염기로 구성되어 있으며, 인간 유전자는 염기 쌍 30억 개 정도로 이루어져 있다. 전체 게놈의 약 3%만이 유전자이고, 나머지는 의미 없는 부분이며, 유전자의 염기 배열이 몸에서 생성하는 모든 단백질의 설계도가 된다. DNA 속의 유전자는 23쌍의 염색체를 부모로부터 각각 한 세트(23개)씩 물려받게 되며, 각각의 세포는 DNA의 지시에 따라 혈액과 근육, 뼈와 장기 등을 이룬다.

인간 유전자 수는 10여만 개 정도로 추정되며, 현재까지 그 기능이 밝혀진 것은 불과 1만여 개에 불과하다. 향후 게놈 연구의 기본적인 접근 방향이라면 아직 밝혀지지 않은 나머지 유전자의 염기서열과 염색체 배열을 해독하여 체내에서 생성되는 단백질을 이해하고 규명하는 것이다. 이로써 질병을 일으키는 단백질의 활동을 제거하거나 방해하는 약을 개발하고, 결함 있는 유전자를 정상적인 유전자로 대체시킬 수 있게 될 것이다.

ⓛ 세포 관련 이론 : 상해에 의한 신체세포 변이의 수적 증가를 노화로 보는 신체적 변이이론과, 세포 분열 및 재생능력의 이상으로써 노화를 설명하는 헤이훌릭이론이 이 범주에 속한다. 그러나 같은 종일지라도 각각의 개체는 아주 다양하게 다른 삶을 가지며, 유전 외에도 외생적인 환경의 영향이 특정 역할을 수행한다는 사실 때문에 본 이론은 논란의 여지가 있다.

현대 과학은 이미 박테리아와 같은 단순한 생명체나 선충류와 같은 작은 지렁이에 있어서 생명의 범위와 관련되는 유전자를 정확히 정의하고 있다. 그러나 인간의 유전자는 매우 복잡하여 그 기능을 이해하고 충분히 설명하기 위한 과학적인 연구가 아직 계속 진행 중에 있다. DNA 손상이론, 오류재해이론, 신체적 변이이론 및 헤이훌릭 이론 등의 유전학적 이론들 중에서 최근까지 지속적인 관심을 받고 있는 헤이훌릭 이론을 보다 상세히 설명하면 다음과 같다.

ⓒ 헤이훌릭 이론(L. Hayflick Theory) : 노화의 기초가 되는 원인 규명 연구를 실시한 1960년대 초 Hayflick은 종의 수명이 이미 유전적으로 결정되어 있다고 보았다. 그는 섬유질과 연결조직 세포 실험에서 세포가 쇠퇴하거나 죽기 전에 일생 50배로 분열된다는 사실을 발견하였다. 특히 늙은 세포는 20~30회밖에 분열하지 않는 데에 비해, 태아의 세포는 분리범위 내 최고의 숫적 증가를 보였다. 그는 세포는 무한정 살지 못하기 때문에 노화의 진정한 원

인은 신체조직이나 기관들의 생물학적 변화 때문이 아니라, 세포분열과 재생능력의 퇴화 때문이라고 주장한다. 세포들이 분열하는 제한능력은 50±10이라 보고, 이를 '헤이홀릭 한계(Hayflick Limitation)'라고 칭한다. 이는 우리 신체에 이미 태엽 감긴 시계처럼 정해진 '세포시계(Cell Clock)'가 내장되어 있다고 보는 견해이다. 피부 주름, 시력과 기억력 감퇴 및 심장병 발병 등이 일어나는 이유를 이렇듯 세포가 지속적으로 분열하지 않기 때문이라고 보는 것이다.

최근 유전공학 분야에서는 세포의 수명을 연장시키고자 하는 세포 수명 가설 연구가 활발히 진행되어, 세포 분열 제한으로 인한 신체적인 노화현상을 극복하는 '테로메라제' 등의 화학물질이 개발되고 있다. 일정한 수명이 있는 정상세포에 테로메라제 유전자를 주입하면 세포가 분열하면서 점점 짧아지는 세포 끝 부분인 '테로미어'의 길이가 길어지면서 세포 분열을 지속시켜 세포가 늙지 않고 생존기간을 연장시킬 수 있게 된다는 것이다.

(2) 소모 및 파괴 이론(Wear and Tear Theory)

이는 노화에 대한 이론 중 가장 오래된 이론으로서 노화는 삶 그 자체의 필연적인 결과이며 인간이 기계와 같다는 생각에서 출발한 이론이다. 오래 전 아리스토텔레스가 유기체를 기계에 비유한 바대로 인간의 몸은 기계처럼 오래 쓰면 낡고 마모될 수밖에 없다는 이 견해는, 예를 들어 일광에 대한 지속적인 노출은 피부에 손상을 입히고, 거친 혈류의 흐름은 시간이 경과함에 따라 혈관 파열을 초래한다고 주장한다. 그러나 오랫동안 힘든 일을 하는 것과 일찍 사망하는 것 사이에 큰 관련성이 없는 것 등으로 미루어 소모이론만으로 노화과정을 정확히 설명하기에는 무리가 있다.

(3) 노폐물 축적 이론(Waste Accumulation Theory)

이는 시간 경과에 따라 세포 내에 노폐물과 해로운 물질들이 형성되고 축적되어 세포들의 정상적인 기능을 수행하지 못하게 한다는 이론이다. 이러한 노폐물은 피부에 주름살을 만들고, 특히 지방색소물질 등은 새로운 세포에 멜라닌 색소를 남겨 그 기능을 저지하는데, 검버섯 혹은 저승버짐이라 칭하고 있는 피부 얼룩이 그 한 예이다. 또 다른 예로는 칼슘대사 장애에서 비롯되는 것으로서, 칼슘이 뼈가 아닌 동맥에 축적되어 뼈는 칼슘 부족으로 약해지고 골절상의 위험이 생기며, 대신 동맥은 경화현상을 나타내게 되어 결국 우리 신체 기능의 노화를 초래한다는 것이다.

(4) 교차결합이론(Cross-Linking Theory)

이는 노화를 설명하는 가장 유력한 최근의 이론으로서 연령증가에 따라 탄력성이 없어지고 가죽처럼 질겨지는 피부의 특성을 관찰하는 데서 시작된 이론이다. 우리 몸의 혈당은 신체의 세포 속이나 세포 사이의 단백질을 끈적거리는 스파게티처럼 단단히 유착시켜 교차결합으로써 서로 엇갈린 격자처럼 연결된 단백질들을 형성한다. 단백질이 이처럼 유착되면 조직과 세포들의 기능을 방해하여 눈의 망막을 흐리게 하고 동맥을 폐쇄시키며, 신장기능을 저지하고 폐 손상을 일으켜 호흡 곤란을 초래한다. 교차결합이론은 정상적이고 건강한 노화와 관련된 많은 퇴화를 설명하고 있는데, 예를 들어 정상인보다 혈당 수준이 높은 당뇨병 환자는 더 빨리 늙고 정상인에 비해 $\frac{1}{3}$ 정도 수명이 단축된다고 보고되고 있다. 현재 당뇨병 치료제로 쓰이는 아미노구아니딘은 실상은 교차결합 방지제이다.

(5) 자유기 이론(Free Radicals Theory)

하—만(D. Harman, 1956)이 제안한 이 이론은 다른 말로 '활성산소이론' 혹은 '유해산소이론'이라고도 한다. 세포는 그들의 신진대사 과정에서 방사선이나 대기오염, 흡연, 감염, 그리고 지나친 운동 등의 외부 자극에 대한 반응으로 자유기(활성산소)를 생산한다. 이 자유기는 세포기능에 중요한 지방질과 단백질을 파괴하는데, 이 변화는 노화의 표징을 보이면서 결국 사망에 이르게 하기까지 계속된다는 것이다. 인체 내에는 자유기를 생산하기도 하고 소멸시키기도 하는 항 산화효소제 SOD와 같은 장치가 공존하고 있는데 연령이 증가함에 따라 생성장치보다 소멸장치 기능이 저하된다고 보고 있다.

커틀러(R. Curtler)는 최근 20여 종의 수명 연구에서 자유기가 노화과정을 촉진시키는 간접적인 증거임을 발견하였다. 마치 금속이 산화되어 녹이 슬듯이 세포도 산소 등과 작용한 산화작용으로 변화된 형태를 노출시키는데, 이는 조직 손상 및 고혈압과 암, 파킨슨씨병, 그리고 심장 질환 등 일련의 병들에서 나타난다. 인체세포가 스스로 만들어 낼 수 있는 항 산화효소제인 SOD는 활성산소를 활성분자와 과산화수소로 분리시킨다. 이 밖에 항산화제로서는 비타민 C, E, 카로틴, 리보플라빈 및 셀레니움 등이 있고 식품으로는 토마토, 마늘, 콩, 녹차 등인 것으로 보고되고 있다.

2) 생리학적 관점

(1) 신진대사이론(Metabolic Theory)

알렌(R. Allen)은 신진대사율은 노화과정을 지배하는 주요한 요인으로서, 신진대사의 감소는 생의 주기를 연장시키고 신진대사의 증가는 생의 주기를 단축시킨다고 주장한다(S. Begley 등, 1990). 이는 수명을 위한 신진대사의 양이 고정되었다 함을 암시하는 것으로서, 파리실험에서 섭씨 30°에서의 상황보다는 섭씨 18°에서 수명이 2배로 증가하였으며, 동면하는 것들을 포함해서 본성적으로 느린 신진대사를 가진 종들은 일반적으로 더 오래 살지만, 반면 보다 활발한 신진대사를 가진 종들은 젊어서 사망한다는 사실에 기초한 것이다. 월포드(R. Walford) 등의 야생동물들 실험에서도 열량제한은 고령에 관련된 질병을 막아 주는 것으로 나타났다(Schaie 등, 1996). 그럼에도 불구하고 현재 적정수준의 열량 제한이 인간의 평균수명을 연장시킨다는 근거는 아직 확신할 수 없는 논점 중의 하나이다.

(2) 호르몬이론(Hormon Theory)

앞서 말한 대로 생리학적 노화이론은 개체 세포 차원에서 벗어난 관점에서 노화의 근본적인 원인을 설명하고자 하는데, 그 대표적인 것 중 하나가 호르몬이론이다. 이 이론은 주로 신체의 활동성을 조절하는 내분비 구조의 일반적인 능력감소에서 노화의 이유를 찾고 있다. 성인 여성의 난소 기능 저하와 그로 인한 50대의 폐경기가 그 한 예인데, 이에 따라 성호르몬 관련 폐경은 질병이 아니라 여성의 노화 과정으로 이해한다.

내분비 구조에서 또 하나의 중요한 호르몬은 갑상선 호르몬이며 이는 신진대사를 조절한다. 일반적으로 내분비 구조는 몸 속의 당분을 조절하는 것처럼 신체 내의 중요한 균형을 통제케 하며, 인체의 체온을 유지하는 항상성(homeostasis) 기능 역시 이에 속한다.

디에치이에이(DHEA)는 신장 바로 위 부신에서 분비되는 호르몬으로 체내에서 분비되는 여러 호르몬들의 재료가 되는 모(母) 호르몬이다. 이는 연령 증가에 따라 감소하는데, 이를 보충해 주면 스트레스와 질병 면역을 강화하고, 기억력이나 활력을 증진시킬 수 있다.

메라토닌은 주로 밤에 분비되는 호르몬으로 시차적응이나 숙면을 위한 보조제로 알려져 있다. 이는 밤에만 분비되기 때문에 '성욕 호르몬'으로 불리기도 한다. 노화의 진전에 따라 그 생성량이 감소하거나, 암환자 등 건강하지 못한 이의 메라토닌 수치가 떨어지는 것으로 보아 노화와 밀접한 상관이 있는 것으로 밝혀지고 있다.

이 밖에 성장호르몬은 저 신장 아동의 키를 자라게 해주는 동시에, 최근 연구들에서는 노화를 방지하는 호르몬으로 밝혀지고 있다.

(3) 면역이론(Immune Theory)

연령증가에 따라 골수나 흉선이 퇴화하고 흉선 호르몬이 감소하면서 면역체계 기능이 저하된다. 이로 인하여 면역체계의 2대 기능인, 감염에 대한 일반적인 방어능력과 면역 감시 역할이 쇠퇴하며 노화속도에 영향을 미치게 된다.

㉠ 방어능력 : 나이가 들면 일반적으로 흉선에서의 항체 생산 능력이 떨어져 외부 감염을 중화 또는 살균하는 항체 자체가 감소되고 이로써 항원-항체 반응을 통한 감염성 면역기능이 저조해진다. 일반적으로 고령의 노인들이 거의 가벼운 면역 부전증인 에이즈(AIDS) 현상을 보이는데(S. Begley 등, 1990), 이는 낯선 침입자에 대해 반응하는 면역체계의 능력이 쇠퇴하여 그런 것으로 이해되고 있다.

㉡ 자가면역(Auto-Immune) : 노화와 함께 외부 침입자에 대항하여 항체가 기능하는 면역 감시 기구의 활동은 저하되고, 자기세포와 외부 침입자를 구분하는 능력도 쇠퇴한다. 그 결과 자가 항원에 대한 인식도가 떨어져 보호해야 할 자신의 세포들을 파괴시키는 자가항체의 생산이 증가되는데, 이러한 변화를 노화라고 보고 있다. 일본의 다카쉬 마키노단(Takashi Makinodan)은 건강한 젊은 쥐의 백혈구 세포를 늙고 병든 쥐에게 주사함으로써, 쥐의 노쇠한 면역체계를 재생시켜 질병에 대한 저항력을 크게 증가시킨 바 있다(Shock, 1977). 이러한 연구 결과를 인간의 노쇠면역체계에 적용시키는 연구가 계속되고 있으

며 이로써 장차 백혈구 은행의 설립 가능성이 제기되고 있다.

(4) 스트레스 이론

스트레스원(stressor)에 대한 신체 적응 반응에 근거하여 셀리에(H. Selye)가 1930년대에 제안한 이 이론은 연령증가에 따라 스트레스 대처 능력이 감소한다고 주장한다. 스트레스원에 대한 반응 초기에는 경고성의 반응 양상을 보여 도전적이 되거나 아니면 정반대의 도피적이 된다. 이때 위장운동이 감소되고 변비, 임파계의 위축 및 교감신경계에 자극이 발생한다. 시간이 경과되면서 일시적으로 저항성이 강하게 나타나기도 하나 결국 저항력이 저하되면서 신체적인 소모가 증대된다.

스트레스는 혈관, 면역계, 내분비계, 소화기계 및 심장계 질환 등 인체 전반에 걸쳐 스트레스성 병리현상을 나타낸다. 최근 연구에서는 스트레스는 뇌에 기억과 학습을 주관하는 해마(hippocampus) 영역에 '글루코 코티코이드(glucocorticoid)'라는 스트레스 호르몬을 방출시켜, 뇌에 부정적인 영향력을 미친다고 보고하고 있다. 즉 과도한 스트레스 호르몬은 뇌의 해마 부위의 노쇠를 촉진시키는 결과를 초래하여 기억력과 학습능력을 저해한다는 것이다(S. Begley 등, 1990). 따라서 본 이론은 스트레스를 줄이거나 피하는 것이 노화를 막는 젊음 유지의 비결이라고 주장한다.

이상 몇 가지 유력한 노화 이론들을 살펴본 결과 인간이 왜 늙는가에 대한 가장 적절한 해답을 얻기 위해서는 생래적인 유전과 외생적인 환경의 영향을 염두에 두고 유전 혹은 비유전을 망라한 세포학적 관점과 생리학적 관점 모두를 고려해야 할 것으로 판단된다. 만일 우리가 기본적으로 노화를 호르몬 활동성의 저하와 신경조직에서의 기능 저하로 간주한다면 여전히 세포학적 질문에 답해야만 한다. 저하의 원인이 되는 호르몬 또는 신경조직의 세포는 무엇인지? 노화 유전자는 무엇인지? 손상된 세포는 무엇인지? 의 물음을 피할 수 없을 것이다. 따라서 적절한 생물학적 노화이론이라면 생리학적 관점과 세포학적 관점 모두에서 노화를 설명할 수 있어야 한다. 세포 사이의 상호작용은 매우 복잡하다. 손상된 세포는 생리학적 기능 저하를 일으키고 그것은 다른 많은 세포에게 손상을 입힐 수 있다. 신체 어느 한 부분에서의 기능 저하는 또 다른 곳에서의 기능 저하를 가능케 하기 때문이다.

2. 노화의 신체 · 생리적 변화

생물학자들은 세포가 현저하게 감소하기 시작하고 신체의 기능이 퇴행하는 자연스러운 신체적 변화를 노화라고 한다. 노화로 인한 인간의 신체적인 변화에는 외견상의 변화나 소화기, 신경계, 순환기 계통의 기능 퇴화와 피부의 탄력성 상실 등을 들 수 있는데, 노화로 인한 육체적인 퇴보는 우주보편적인 현상이다.

1) 외견상의 변화

(1) 피부 및 근육

나이가 든 다음에도 젊은 때와 같이 세포는 재생되지만 그 진행속도가 늦어 소멸해 가는 세포를 따라가지 못한다. 피부에 탄력이 없어지는 것은 세포의 감소로 인하여 피부층이 엷어지는 현상이다. 따라서 얼굴과 몸의 피부에 주름이 잡히고 늘어지며 얼굴의 외형에 변화가 온다. 코와 귀는 더 길고 넓적해지고 턱은 오므라든 것처럼 보인다. 피하지방이나 근육의 변화 혹은 근육의 습관적 사용 등이 탄력이 감소된 피부에 주름살을 만들고 일광에의 장기간 노출로 인하여 피부노화가 심화된다. 전반적인 신체적 활동의 감소는 근육조직을 퇴화시키고 힘을 감소시킨다. 20세를 전후해서 근육발달이 가장 활발하지만 연령증가에 따라 근육 크기와 힘이 감소되어 50세 때의 이두근(二頭筋)의 강도는 20세나 30세 때의 약 절반 수준으로 떨어진다. 특히 노인기에 일정기간 근육을 전혀 사용하지 않는 상태일 경우 근육이 얇아지고 가늘어져 힘을 못 쓰게 되는 근육 위축 현상이 급격히 진전된다.

(2) 체모

노화의 초기 단계로서 체모에 멜라닌 색소가 없어지기 시작하여 정상적으로 40대로부터 탈색현상이 나타난다. 남성의 경우 모근 등의 노화 위축과 남성 호르몬 안드로겐(androgen)의 균형이 깨지면서 모발과 수염의 발육이 억제되어 대머리가 되기도 한다. 이미 중년기부터 머리카락의 밀도가 20%쯤 감소하기 시작하며 남성 머리선이 물러나는데 일반적으로 이와 같은 모발의 양적 감소 및 탈색 현상은 가장 믿을 만한 신체적 노화의 신호로 간주되고 있다.

(3) 신장과 몸무게

대체로 성인기에는 척추가 고정되어 신장이 안정적이나 55세 이후 1인치 가량 신장이 감소되는 경향이 있다. 연령증가에 따라 신장의 약간 감소와 등이 굽기 쉬운 것은 서 있는 자세의 변화나 척추 디스크 수분 감소 및 디스크가 얇아지는 데 기인한다. 골격 조직에 있어서는 뼈에 칼슘 부족으로 구멍이 생기는 골다공증(骨多空症 : osteoporosis)과 골관절염(osteoarthritis)이 생긴다. 운동이 부족한 경우 근육뿐 아니라 뼈에 위축현상이 생기는데 뼈를 구성하는 주성분인 칼슘, 단백질, 인 등이 빠져 나가면서 뼈가 얇아지고 약해져서 쉽게 골절상을 입을 수 있다. 몸무게는 50대 중반을 거치며 증가하다 다시 점차 감소하기 시작하는 경향을 보이지만 노년기에 몸무게가 감소하여도 지방은 성인기 동안 증가하는 경향이 있다(Lloyd & Weiten, 1997).

골다공증과 관절계 변화에 대하여는 뒤에서 보다 자세히 살펴보기로 하겠다.

2) 신경계의 변화

(1) 뉴런 손실

인간이나 원숭이 등 영장류의 고등지능을 관장하는 대뇌의 신경계통은 뉴런(neurons)이라는 신경단위로 구성되어 있는데 뉴런들은 정보를 받고 통합하고 전하는 단일세포들이다. 뇌의 활성 뉴런의 수가 성인기 동안 꾸준히 감소하는데 뉴런이 줄어갈수록 뇌의 무게와 용량은 감소한다. 정신적 노화 과정으로 간주되는 대뇌 신경세포의 상실을 예로 들면서 브로디(Brody, 1970)는 100억 개의 신경세포가 중년기 이전 이미 30세 때부터 매일 2~10만 개씩 감소되고 있다 한다. 그러나 50세 이후의 이런 점진적인 뉴런 손상은 기능적인 중대성을 가지지 않는 노화의 정상적인 한 부분이다. 왜냐하면 뇌에는 뉴런이 수십억 개 있으므로 이런 손실은 극히 소수에 불과하기 때문이다. 현재까지의 연구로는 65세 이상의 사람에게서 관찰되는 인지기능의 병리적이고 점진적인 감소로 초래되는 노인성 치매(senile dementia)는 이와 같은 점진적이고 정상적인 뉴런 감소와는 구별되고 있다.

최근 원숭이 실험에서 밝혀진 일부 연구들에서 뇌의 사고나, 학습 및 기억센터에 항상 새로운 세포가 추가 생성되고 있다는 사실이 보고되고 있으나 아직 인체 실험단계까지는 이르지 못하고 있다.

(2) 뇌세포의 변화

노화와 함께 뇌는 위축되고 중량이 가벼워진다. 병든 뇌세포에서 흔히 발견되는 공포(空胞)는 60세 이상 정상 노인에게서도 발견되기 시작하여 80세 이상 노인들의 3/4이 이런 공포현상을 보이고 있는 것으로 알려져 있다. 또한 파손된 뇌세포 조각들로 이루어져 있는 노인 반점과 단백질로 되어 있는 나선형 사상체(絲狀體 : neuro-fibrillary tangles) 등이 나이가 많은 노인의 뇌세포에서 발견된다. 이와 같은 뇌세포의 변화는 정상적인 뇌에서도 발견될 수 있지만 그것이 다량으로 발견되는 것은 주로 병든 뇌세포에서이다.

(3) 자율신경기능 약화와 신경세포의 황색화(yellowing)

자율신경조직은 외부 환경의 급격한 변화가 없는 한 신체의 각 부분을 잘 조정해 나가지만 연령증가에 따라 점차 반응 속도가 늦어지거나 약해진다. 따라서 신체가 외부 자극에 적응하는 데 시간이 걸리게 되고 때로는 효과적으로 적응하지 못한다.

또한 생후 3개월부터 연령증가에 따라 비타민 E의 부족으로 신경세포에 지방색소와 잡물질이 축적되어 35세 때 전체 신경세포의 84%가 황색화되어 그 기능에 저하가 온다. 따라서 40대 후반부터 점차 노화로 인한 신체적인 변화가 눈에 띄게 된다.

3) 순환기의 변화

순환기계 질환은 여자보다는 남자에게서 유병률이 더 높고 연령(노화)과 과다 체중, 수면 부족, 스트레스가 주요 위험요인으로 지적되고 있다. 순환기의 노화에 가장 근본적인 문제가 되는 동맥경화증은 동맥 내벽이 굳어지고 콜레스테롤과 중성지방, 유지지방산, 인지질 및 칼슘 등이 축적되어 동맥 내강이 좁아지면서 종국적으로 완전히 폐쇄되는 것이 특징이다.

이와 같이 굳어진 동맥벽이 혈액의 펌프질에 신축성 있게 늘어나지 못하므로 혈압이 오르는 고혈압이 된다. 대체로 노화현상이 시작되는 40대부터 활성의욕 감퇴, 피로, 권태, 불면, 식욕 감퇴, 조기 피로감, 두통, 현기증, 변비, 초조함 등의 여러 가지 원인이 합쳐져 혈관 동맥벽에 무리한 압력이 가해지고, 정신적 스트레스나 비만, 유전적 소인, 음주, 흡연, 성격 등 여러 가지 유발 인자가 합병되어 만성적인 동맥압 상승을 초래하게 된다. 고혈압은 모든 성인병, 특히 순환기 계통의 퇴행성 질환의 근본 원인이 되는 만성병으로 현대에 이를수록 유병률은 점차 증가한다. 이는 가장 흔하고도 관리가 잘 안 되는 성인병이라 할 수 있다.

한편 노화가 진전되어도 전체 폐활용량은 그대로인데 실제 호흡에 쓰이는 양이 줄어듦에 따라 숨을 마음껏 내쉬었을 때 폐 내에 남아 있게 되는 폐의 잔존량은 증가한다. 이에 따라 산소 함유량이 떨어진다. 또한 노화로 인한 근골격계의 변화로 등이 굽으면 흉부가 짧아지고 이로써 산소 교환량이 감소되고 폐 잔존 용량은 증가한다. 몸에 산소 공급량이 떨어짐에 따라 운동 후에 숨이 가빠지게 되는데, 이런 현상은 운동 부족으로 인해 더욱 강화되는 경향이 있다.

4) 소화기 및 기타 기관의 변화

노화에 따른 소화기계의 특징은 분비, 흡수, 운동성의 감소라고 볼 수 있다. 나이가 들면 위 근육의 수축 작용이 약화되고 단백질 소화에 필요한 염산의 생산이 감소되며 위 점막의 위축이나 염증 등이 발생한다. 또한 타액의 감소로 구강건조증이 생기며 철분이나 리보플라빈, 염산의 장 흡수가 감소되어 노인빈혈을 야기할 수 있다.

간의 크기는 노화에 따라 50~70세 사이에 20%가 줄어들어 간의 약물 분해 능력을 저하시킨다. 콩팥의 구조나 기능에도 변화가 오지만 그러나 이러한 변화가 콩팥의 효율적인 작동에 큰 영향을 주지는 않는 것으로 알려지고 있다.

또한 아직 정확한 원인은 밝혀지지 않고 있으나 노화과정으로 인하여 방광용적이 절반가량으로 축소되고 이로 인해 배뇨 빈도가 증가한다. 남성노인의 경우 나이가 들면서 신장의 무게와 크기가 감소한다. 신장혈관 경화로 인하여 신장여과율이 청년에 비하여 50% 정도 떨어져 55세 이상 남자의 3/4이 빈번한 배뇨 현상을 가진다.

5) 내분비 기관의 변화

현재까지의 연구에서 내분비 기관들이 노화과정과 깊이 연관되어 있는 것으로 타나나고 있다. 그 중 하나인 갑상선은 노화과정 자체를 촉발시킨다. 월포드(Walford, 1983)는 실험에서 갑상선샘을 어린 쥐의 뇌에서 제거해 버리고 대신 외부에서 갑상선 호르몬의 일부를 주사로 주입시키면 그 쥐는 늙지 않게 됨을 밝혀냈다. 이로써 노화에 갑상선이 영향을 미치고 있음을 증명해 보이고 있다.

흉선 역시 노화과정에 관련이 깊은 것으로 알려져 있다. 이는 신체의 면역체계에 중요한 역할을 하며, 이로 인해 노화 속도에 큰 영향을 미치는 것으로 보인다.

췌장의 변화는 우리 몸에 인슐린 처리 기능을 약화시키는데, 이러한 약화가 정상적 노화과정의 결과인지는 확실치 않다. 40세를 넘은 성인들이 당뇨증상을 보이는 것은 이와 같은 췌장 기능의 약화에 기인하는 경우가 많다. 당뇨병에 대하여는 뒤에서 좀 더 자세히 살펴보게 될 것이다.

송과체의 변화는 밤에 주로 분비되는 메라토닌의 생성량을 감소시켜 암 등의 질병을 유발시키는 바 노화와 밀접한 관련성이 있는 것으로 여겨지고 있다. 현재 노인병리학에서는 늙은 쥐의 송과체를 어린 쥐의 것으로 대체시켜 노화를 지연시키려는 연구가 진행중에 있다.

부신에서 분비되는 디에치이에이(DHEA) 호르몬 역시 나이가 들면서 그 분비량이 감소되어 스트레스나 질병에 대한 면역성이 감소되고 기억력이나 활력 퇴화 등 노화와 연관이 있는 것으로 밝혀지고 있다.

6) 뇌·수면의 변화

(1) 뇌의 변화

나이와 함께 뇌의 크기가 줄어들고, 특히 근육의 자율적 활동을 관장하는 부위의 신경세포가 감소하기 시작한다. 이에 따라 단순 조건반사 능력이 약화되거나 퇴화한다. 마쉬와 톰슨(Marsh and Thompson, 1977)의 뇌파에 대한 연구에 의하면 나이에 따라 저주파 활동이 증가하는데, 이러한 저주파는 뇌의 혈액 공급의 감소에 기인하는 듯하며 건강한 노인의 경우 75세 이후에나 나타난다. 저주파 활동이 뇌의 전체에 퍼지게 되면 IQ 테스트로 측정된 지적 능력의 손상이 수반된다.

(2) 수면의 변화

노인의 수면시간은 젊었을 때와 거의 비슷하지만 수면이 도중 자주 끊어지는 경향
이 있다. 뇌파검사로써 수면의 주기가 초기 1단계에서 제일 깊은 잠인 4단계까지 진
전됨을 알 수 있다. 이 때 4단계에서 다시 1단계로 연결되는 고리역할의 렘(REM :
Rapid Eye Movement) 수면시기가 존재한다. 즉, 4단계 잠이 더 진전이 되면 잠든
상태에서 눈동자가 빨리 움직이고 뇌파가 활발히 활동하는 REM 시기를 거쳐 다시 1
단계로 돌아오게 되는데, 대부분의 꿈이 이 시기에 이루어진다. 웹(Webb, 1982)에
의하면 나이가 듦에 따라 REM 수면의 시간이 차차 줄어들지만 특히 50대 이후부터
REM 수면시간이 급격히 감소하여 그 상태를 80세에 이르기까지 유지시킨다고 한다
([그림 3-1] 참조). 제4단계 수면은 노인, 특히 우울증으로 고생하는 노인들에게서는
없어지게 된다.

【그림 3-1】 일생 동안의 수면형태 변화

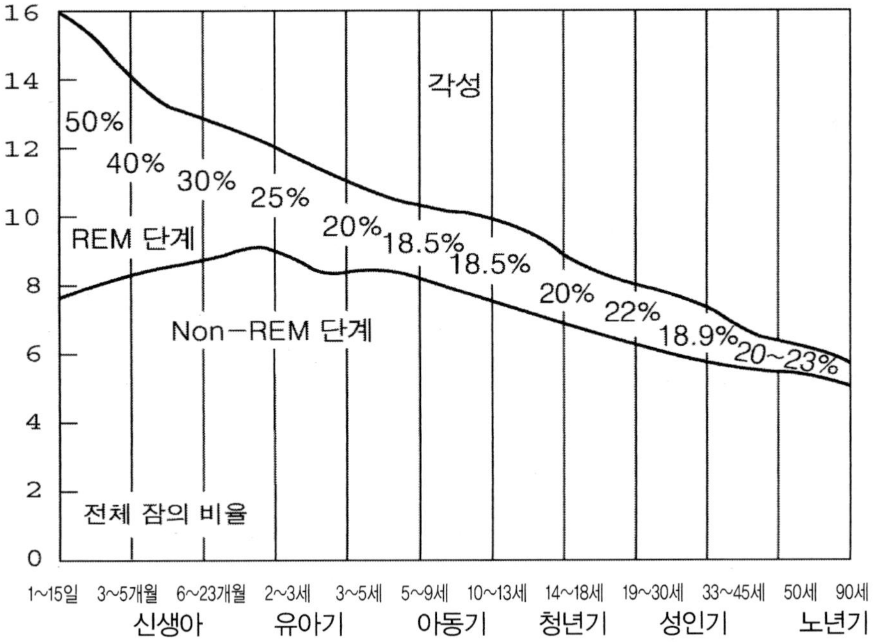

자료 : Roffwarg 등 (1966) ; 윤진 (1987) 재인용

한편 노인이 되면 수면시간이 감소되는 것으로 알려져 있으나 연구결과 단순 수면시간 단축이 아니라 수면장애, 즉 불면증 때문인 것으로 나타났다. 일반적으로 불면증을 호소하는 이들은 우울감, 만성피로, 집중력 저하 등의 증상을 겪는 것으로 알려져 있다. [표 3-1]은 수면장애 극복을 위한 생활습관 지침 내용이다.

【표 3-1】 잠 잘자기 10계명

1. 항상 같은 시간에 잠자리에서 일어난다.
2. 잠자리에 들기 4~6시간 전에는 커피 등 카페인을 복용하지 않는다. 하루에 복용하는 카페인의 총량도 줄인다.
3. 담배 등 니코틴을 피하고 특히 취침 시와 밤에 깼을 때 절대 금한다.
4. 잠을 유도하기 위해 술 마시는 것을 피한다. 초반에는 쉽게 잠이 들다가도 수면 도중 깰 수 있다.
5. 잠자기 전 과식하지 않는다. 반면 가벼운 간식은 수면을 유도한다.
6. 오후 규칙적인 운동은 깊은 수면을 유도할 수 있다. 그러나 수면 3~4시간 전의 격렬한 운동은 오히려 수면을 방해한다.
7. 가능하면 소음, 빛, 높은 실내 온도는 최소화시키는 것이 좋다.
8. 자명종은 가능한 한 잠자리에서 치우는 것이 좋다.
9. 낮잠을 피한다.
10. 잠자리에 들기 전 체온을 올릴 수 있도록 20분 정도 더운물에 목욕한다.

7) 생식기관의 변화와 갱년기 장애

(1) 갱년과 폐경

갱년기란 문자 그대로 인생이 변하는 시기로서 인생의 전환기로 간주된다. 이는 젊어서 습득한 지식과 경험을 바탕으로 자신을 재적응시켜 노년기를 새로이 준비함을 의미하기도 한다. 여성의 경우 40대 후반에서 50대 초반 사이에 생식기관이 위축되고 남성은 그 정도가 여성보다는 덜 심하나 비슷한 상황이 50대부터 60대 사이에 나타나는데 이를 갱년기라 부른다.

인간의 신체는 남녀를 불문하고 체내에서 분비되는 호르몬이 일정한 균형을 취함으로써 건강이 유지된다. 이 균형은 신경계통과의 연락에 의한 '호메오스타시스(homeostasis : 동일한 상태)'라는 조절 기능에 의해 연결되며, 이는 생체 내의 항상성(恒常性)을 유지한다. 그런데 갱년기에 이르면 이 항상성에 큰 혼란이 생기기 시작하여 여성은 생리가 중지되고 생식력이 상실되며 평소의 1/6 정도의 여성 호르몬 에스트로겐(estrogen)이 감소 분비된다.

남성의 갱년기에 대하여 최근까지 논의가 되고 있지만 남성은 상대적으로 여성에 비하여 극적인 경험을 하지 않는 편이다. 대체로 발기 강직도와 성욕 및 극치감의 강도가 감소되어 전반적인 성적 능력이 저하된다. 경우에 따라서는 불면증과 만성 피로감 혹은 짜증이나 히스테리를 경험하기도 한다. 노년기 남성에게 내분비 호르몬의 변화가 발생하는데 이러한 변화들은 점진적이고 신체적 혹은 심리적 스트레스와 관련이 있다고 보고되고 있다.

폐경이란 난소의 기능이 정지되어 더 이상 여성 호르몬이 생성되지 않는다는 것을 의미한다. 여성이라도 난소나 콩팥 옆의 부신에서 분비한 소량의 남성 호르몬을 항상 조금씩 몸에 지닌다. 그러나 폐경 이후에는 여성 호르몬의 절대치가 떨어짐은 물론 남성 호르몬의 여성 호르몬에 대한 상대수치가 증가하게 되어 여성 호르몬이 가져다 주던 혜택에서 소외되게 된다. 폐경을 전후하여 나타나는 여러 가지 증상을 갱년기 혹은 폐경기 증후군이라 일컫는다. 폐경기 호르몬 결핍은 폐경기 증후군뿐만 아니라 관상동맥질환 등의 심혈관계 질환 및 골다공증우울증 등을 일으킨다. 이들은 적절한 호르몬 요법으로 치료될 수 있다.

(2) 갱년기 장애

여성 호르몬인 에스트로겐의 감소로 인한 불편한 증세들로서는 얼굴이 화끈거리고 붉어지거나, 갑자기 덥고, 가슴이 두근거리고, 식은땀을 흘리거나, 눈이 피로해지고 눈물이 나며, 요도나 질이 건조해지는 것 등을 들 수 있다. 이 증세들은 피로, 수면장애, 불안, 자신감의 상실, 우울증 등으로 발전하기도 한다.

이러한 증상들은 2, 3년이 지나면 대부분 적응이 되기도 하고 증상 자체가 소실되기도 하지만 호르몬 장애로 인한 장기적인 합병증인 골다공증이나 심장병 등은 오히려 더 심화된다. 신체 내 다량의 칼슘이 있어도 여성 호르몬 없이는 칼슘이 뼈 속에 붙어 있지 못한다. 식사습관이 전과 동일할지라도 폐경 이후에는 좋은 콜레스테롤인 고밀도 지단백(HDL)은 감소하고, 나쁜 콜레스테롤인 저밀도 지단백(LDL)이 증가하여 심장병의 발병률이 남성과 동일하게 증가한다.

이 밖에 폐경기 전후의 여성에게 숨겨진 질환으로 성기능 장애, 요실금, 청력 손실, 기억력 감퇴 등이 있다. 특히 요실금은 소변을 저장하는 방광의 기능에 문제가 생겨 자신의 의지와 무관하게 소변이 흘러나오는 증상을 말하며, 우리나라 중년 여성의 30~40%가 이 증상을 경험하고 있다.

갱년기 증세와 장기적인 합병증에 대처하는 방법으로는 여성 호르몬 처방이 효과적이다. 여성 호르몬 투여 요법은 최근 갱년기 우울증 치료에 효과를 보이고 있으며 여성 노인성 치매의 예방과 치료에도 시도되고 있다. 그러나 누구에게나 여성 호르몬 대체요법을 다 쓸 수 있는 것은 아니다. 자궁내막암이나 유방암 환자에게는 쓸 수 없고 고혈압, 당뇨병, 담석증, 혈전증, 자궁 양성종양 환자에게는 각별한 주의를 요한다. 부작용으로는 유방이 팽팽해지고 아프거나 배가 아프고 하혈을 할 수 있기 때문에 사용 전 의사의 정확한 검사와 진단, 정기적인 진찰을 받아야 한다. 또한 여성 호르몬의 사용은 적어도 5년 내지는 15년 정도로 장기적으로 사용하는 것이 좋다.

갱년기 증상의 예방을 위해서는 규칙적인 식사와 칼슘 섭취, 체중 관리 및 운동이 필수적이다. 특히 유산소 운동과 산책이나 줄넘기 등 손쉬운 체중부하운동은 골절에 적당한 스트레스를 주어 골다공증을 예방할 수 있다.

[참고 3-1]은 폐경기 호르몬 치료의 장·단점을 정리한 것이다.

【참고 3-1】 폐경기 호르몬 치료의 장 · 단점

장 점	단 점
① 얼굴이 달아오르는 안면홍조 치료와 숙면(熟眠)	① 질 출혈
② 정신적 안정감	② 유방의 통증
③ 건망증 감소	③ 다리부종·우울감 등의 월경전 증후군
④ 빈뇨·요실금노인성 질염 등 예방·치료	④ 체중 증가
⑤ 성교통(性交痛)·성욕장애 등의 성문제 치료	⑤ 유방암·자궁내막암 등에 대한 잠재적
⑥ 피부 노화속도 감소	가능성
⑦ 유방의 탄력성 증가	
⑧ 골다공증 예방·치료	
⑨ 협심증·심근경색증 같은 심혈관계 질환 　50% 감소	
⑩ 수명 연장	

(3) 생식기능과 성생활

폐경에 따른 생식기관의 위축이 현저하게 나타나나 그 이후 연령증가에 따라 생식기관의 구조나 기능상의 변화는 매우 점진적이다. 대다수의 노인들은 70대에도 성행위를 할 수 있는 신체적 능력이 있으나 노년기 성적 행위의 감소는 사회적 규범의 수용도에 따른 기회 부족이나 사회심리적인 요인 등으로 설명될 수 있다. 남성은 꽤 나이가 들었을 때까지도 정자를 생산하고, 여성은 50세를 전후한 폐경기에 이르기까지 난자를 생산한다. 특히 개개인의 건강 정도와 상대 배우자의 건강과 적합성 여부에 따라 노년이 되어서도 젊은이 못지않은 성생활을 즐길 수 있다고 한다. 최근 훠스터 등(D. Foster & et al., 1984)의 연구에서, 보다 젊은 여성과 결혼한 남성의 평균사망률이 상대적으로 낮게 나타난 예는 성생활에 자기 자신의 나이보다는 상대 배우자의 젊음이나 건강의 변수가 크게 작용하고 있음을 보여 주고 있다.

노화와 관련된 성은 제11장 노인과 성에서 보다 자세히 다루고 있다.

8) 골조직의 변화(골다공증)

뼈조직은 일생 동안 생성과 소실이 동시에 이루어져 균형을 유지하게 되는데 연령이 증가함에 따라 특히 갱년기 이후 뼈 소실물이 생성물보다 높아지면 골다공증이 발생한다고 의료계 전문가들은 말한다.

골다공증은 골밀도가 낮아져 뼈에 구멍이 생기면서 작은 충격에도 쉽게 부서지거나 골절상을 입는 골격계 질환이다. 코펜하겐 국제회의(1990)에서는 골괴 저하(low bone mass), 골조직의 미세구조 저하, 골절위험의 필연적 증가 등이 특징인 하나의 질병으로 골다공증을 정의하였고, 임상적으로는 경도의 손상으로도 통상 척추, 둔부 (고)관절, 손목 등에 골절을 유발하는 골손실로 정의하고 있다(노영섭, 1994). 대퇴골, 척추골, 손목골 등에 가장 빈번하게 발생하는데, 대퇴부 골절의 경우는 가장 위험해 발생된 환자 중 5~20%가 1년 내에 사망하며 살아남은 대퇴부 골절환자의 50%도 정상적인 활동을 하기 어렵다.

사람은 누구나 나이가 들면서 뼈의 밀도 즉, 골량이 줄어드는데 여성은 최대 골량의 30~40% 가량, 남성은 20~30% 가량을 손실한다. 상대적으로 노인의 골량이 젊은이보다 감소되어 충격에 뼈가 부서질 확률이 높으며, 65세 이상이 되면 남성의 골량 손실이 여성과 같아진다. 골다공증 발생률은 남성에 비하여 여성이 현저히 높은데 여성은 폐경 후 5년 동안 급격한 골손실을 경험하게 된다. 인종별로도 흑인보다 백인과 동양인의 발생률이 크게 높다. 일상생활에서 골다공증을 조장하는 요인은 흡연과 음주, 활동 부족, 칼슘 섭취 부족 등이 있고 유전적인 요소와 생활태도도 무시할 수 없는 주요 요인이다.

골다공증 예방은 20대 이전 성장발육기에 다량의 칼슘을 섭취하는 것이 효과적이며, 나이가 든 경우에는 여성 호르몬으로 칼슘이 빠져 나가는 것을 예방하는 방법이 있다.

최근의 골 표식자 검사는 골다공증 발병 가능성을 미리 알려 주는 검사로서 혈액과 소변 속에서 뼈 대사에 관여하는 물질의 양을 측정하는 방식이다. 혈액 속에서는 뼈를 만드는 세포에서 나오는 단백질인 오스테오칼신의 양을, 소변 속에서는 뼈가 소실될 때 나타나는 콜라겐 대사물질의 양을 측정하여 골다공증 예방에 활용하고 있다.

9) 감각기관의 변화

노화로 인하여 감각기능의 상실이 나타난다. 나이를 먹음에 따라 신체 감각기관의 외부 자극에 대한 감응 능력은 쇠퇴하며, 이로 인하여 외부에서 일어나는 일에 대한 인식의 기회가 줄고 다른 사람들과의 의사소통에도 어려움이 생긴다. 젊은이에 비해 노인은 이를테면 감각기능의 일부가 빠져 있는 상태에 있다고 할 수 있으며, 이로 인해 뇌질환이 없더라도 방향 감각의 상실이나 정신적 혼돈이 발생할 수 있다. 감각수용의 가장 중요한 변화는 시력과 청력에서 일어난다.

(1) 시각의 노화

① 정상노화와 시력

나이가 들어감에 따라 시력은 점차로 감퇴하는 경향을 보이며 이러한 노안은 자연스러운 노화현상으로, 눈의 모양체가 굳어지고 탄력을 잃어 시력이 떨어지는 것을 의미한다. 비율을 보면 30세경부터 60대 중반까지는 대개 원시가 많아지고, 60대 중반 이후로 근시가 더 많아지는 경향이 있다.

골다공증 예방법

골다공 관련 전문가들이 지적하는 골다공증 예방법을 정리해 보면 다음과 같다.

① **칼슘을 충분히 섭취한다** : 성장기 청소년은 하루 1000㎎, 폐경기 여성과 노인인 1,500㎎ 정도의 칼슘 섭취가 필요하다. 우리나라 폐경 여성의 하루 칼슘 섭취량은 550∼600㎎으로 몹시 부족한 실정이다. 폐경 여성은 칼슘제를 따로 복용하는 것도 좋으며, 특히 우유를 많이 마시는 게 좋다. 우유를 마시면 설사하는 사람은 탈유당 분유를 마시면 된다. 치즈와 요구르트, 달걀, 두부, 굴, 조개 등에도 칼슘이 들어 있다.

② **비타민 D가 필요하다** : 칼슘이 효과적으로 흡수되기 위해선 혈중 비타민 D 농도가 높아야 한다. 그러나 비타민 D는 하루 15∼30분 햇볕에 노출돼 있으면 피부에서 자연히 생성된다. 따라서 따로 비타민 D를 복용할 필요는 없다. 그러나 질병으로 햇볕을 쬐지 못하는 사람이나 피부의 비타민 D 합성능력이 떨어져 있는 노인들은 하루 400IU(국제단위) 정도의 비타민 D를 섭취하는 게 좋다.

③ **과일이나 야채를 많이 먹는다** : 아연과 마그네슘 및 비타민 C를 다량 포함한 과일이나 야채는 뼈의 무기질 밀도를 높이고 뼈 손실을 저하시킨다. 따라서 껍질째 구운 감자, 완두콩, 바나나, 곡물 및 소고기 등을 충분히 섭취하면 골다공증 예방이 어느 정도 가능하다.

④ **체중이 실리는 운동을 규칙적으로 한다** : 걷기, 조깅, 자전거 타기, 등산, 골프 등 뼈에 힘을 받게 하는 운동(체중부하운동)이 좋다. 근력을 강화시키는 운동도 좋다. 그러나 이미 골다공증으로 진단을 받은 사람은 운동을 하면 안 된다.

⑤ **폐경기 여성은 여성 호르몬 에스트로겐을 매일 복용한다** : 전문가들은 호르몬이 유방암 발생률을 높이지만, 무시해도 좋을 정도라고 말한다. 이는 에스트로겐을 복용하지 않았을 때의 위험이 복용했을 때의 위험보다 훨씬 크기 때문이다.

⑥ **금연, 절주(節酒)한다** : 흡연은 여성 호르몬을 분해시키며, 조기 폐경을 유발한다. 또 혈액순환을 방해해 칼슘이 뼈로 흡수되는 것을 방해한다. 술을 마시면 장 점막이 파괴되어 역시 칼슘의 흡수를 방해한다.

노인은 대개 어둠에 적응하는 데 곤란을 겪고, 눈부신 빛에 회복이 더디며 주변시야가 줄어든다. 깊이 지각은 40대 중반부터 감소하기 시작한다(Lloyd, 1997).

또한 수정체의 색깔이 노란색으로 변하는 황화현상(yellowing)으로 색깔 감지능력에 변화가 온다. 이러한 황화현상으로 노랑, 주황, 빨간색 계통의 짧은 파장을 가진 빛의 일부를 흡수하게 되어 보라, 남색, 파란색 계통의 색깔을 구분하는 데 어려움을 느낀다. 즉 연령증가에 따라 노란색 계통의 안경을 쓰고 파란색을 보는 효과를 가진다.

또 다른 시력의 정상노화로서 노인기의 자극잔존현상을 들 수 있다. 연령증가에 따라 시각 정보를 처리하는 능력이 느려지고 자극잔존현상이 생긴다. 즉 순간적으로 꺼졌다 켜졌다 하는 빛을 지속적으로 켜져 있는 것으로 느끼거나, 두 가지 서로 다른 색이 교대로 반짝일 때 두 색의 구별 없이 단지 그 중간색으로 느끼는 현상이 나타난다.

이 밖에도 대비되는 형상에 대한 민감도나 지각의 유연성 및 착시 감지 능력에 변화가 온다.

② 노인기 이상시력

한편 정상적인 노화의 결과가 아닌 노년기 시각 조직의 이상 증세로서 녹내장과 백내장이 있다.

㉠ 녹내장 : 녹내장은 안구 안의 액체가 정상적인 통로를 통해 밖으로 빠져 나가지 못함으로써 안압(眼壓)이 상승되고, 그 결과 안압이 주위 혈관을 조여 신경세포와 섬유조직이 산소 부족으로 죽게 되는 병이다. 증세로는 눈이 침침해지며 눈의 통증과 두통을 함께 경험한다. 점차 시계(視界)가 변두리 쪽으로부터 점점 좁아져 터널과 같은 시계를 보이다가 결국 시력을 잃게 된다. 녹내장은 백내장과 함께 안과 질환의 양대 산맥을 이루는 병으로 상당히 진행될 때까지 자각증상을 나타내지 않아 발병과 동시에 실명으로 이어지는 경우가 흔하다. 선천성 녹내장도 있지만 대부분 40대 이후 중년기에 발생 빈도가 증가한다. 예방법이 없고 일단 시신경이 손상되면 치료가 불가능하며, '눈의 암'이라고도 부른다. 스테로이드 성분을 함유한 안약은 녹내장 유발 가능성이 있다.

ⓛ 백내장 : 또 다른 노년기 시력 이상으로 20세 이후부터 눈에 새로운 섬유질 (fiber)이 첨가됨으로써 수정체의 투명도가 감소되어 시력이 떨어지게 되는 백내장이 있다. 백내장 증세로는 눈동자가 하얘지고 안개 끼듯 침침하며 희미하게 보인다. 햇빛에 눈이 부시고 눈물이 자주 나오며 눈이 쉽게 피로해진다. 나이가 들면서 백내장으로 인하여 시력이 일시적으로 양호해지는 특이현상이 나타나기도 한다. 시력이 현저히 떨어지는 경우 인조 수정체 삽입 수술로써 시력 회복이 가능하다.

(2) 청각의 노화

① 노인성 난청

대개 50대까지는 현저한 청력 감소가 나타나지 않으며, 성인 초기부터 미세한 청각장애가 점진적으로 진전되다가 50대 이후부터 연령증가에 따라 장애 정도가 점차 심화된다. 연구에 따르면 소리의 고저 및 강도에 대한 감지능력은 나이가 많아짐에 따라 저하되지만 소리가 발생하는 시간 간격에 대한 감지능력에는 큰 변화가 없는 것으로 보고되고 있다. 65세 이상 노인의 60% 가량이 노화로 인한 노인성 난청으로서 고음을 듣는 데 문제를 가지며, 이는 대개 50세 이후에 현저하게 나타나는데 여성보다는 남성에게 더 많이 발생한다. 일반적으로 노인성 난청은 귀가 건조해지고 주름이 생기며 소리에 대한 예민성이 둔화되고 언어 구분 역시 둔화되므로 저음으로 천천히 이야기해야 상대방이 알아듣는다.

② 이명현상(타이니터스 : tinnitus)

40대 이상의 노화과정에서 청각신경이 점차 손상되면서 귀에서 소리가 나는 이명현상이 나타난다. 특히 주파수 높은 전화벨 소리나 호각소리에 고통을 느끼는 '타이니터스' 즉, 이명현상이나 정서적인 스트레스는 노인의 청각장애를 더욱 심화시킨다. 따라서 상대방의 입을 보고 노인이 짐작하도록, 밝은 곳 소음 없는 장소에서 적당한 크기의 목소리로, 몸짓과 표정 등 비언어적인 표현을 많이 이용하여 대화하여야 소통이 가능해진다.

성인 인구의 5% 정도가 이명을 경험하며 1% 정도는 만성 이명으로 생활에 지장을 받는다. 이명현상으로 인하여 심각한 불면증과 우울증 등의 정신과적 증상까지 보이기도 한다.

청력 저하가 동반된 이명환자에겐 이명보청기를 사용하여 증상을 감소시키거나 제거시킬 수 있다.

(3) 미각·후각·촉각·통각의 노화

① 미각

성인기 이후부터 혓바닥의 미각 세포인 맛봉오리(bud) 수효가 감소되어 단맛, 신맛, 짠맛, 쓴맛의 기본적인 맛감각의 구별이 서서히 어려워진다. 특히 60세 이후에는 미뢰의 감소, 입과 입술의 탄력성의 소실, 감소된 타액 분비, 혀의 갈라짐 등과 같은 변화로 맛의 민감성이 저하된다(Perlmutter 등, 1985 재인용).

한편 연령증가에 따라 맛에 대한 감지능력은 약화되지만 70세 이전까지는 미각에 현저한 변화가 나타나지 않는다는 주장도 있다(Kare, 1975). 노인이 되면 음식의 맛 자체를 구분하지 못한다고 믿어져 왔으나 최근의 연구는 각종 미각 사이의 구분 능력 감퇴보다는 맛의 강도 감지능력의 쇠퇴와 흡연이 노인 식욕 상실의 주된 요인으로 밝혀지고 있다. 일반적으로 노인은 맛에 대한 감지능력이 약해지므로 조미료를 더 많이 넣은 음식을 좋아하게 되지만 정도 면에서 개인차이가 있다.

② 후각

냄새를 구분하는 능력 또한 나이와 함께 감퇴한다. 코 안의 후각돌기는 소년기 때부터 이미 조금씩 쇠퇴하기 시작한다. 노인이 냄새를 감지하기 위해서는 젊은이들보다 훨씬 짙은 농도가 있어야 하며, 농도를 2배 3배 늘려갈 때 그 강도를 감지하는 능력 또한 감퇴한다. 80세 노인 중 80% 이상이 냄새를 맡는 민감성에 주된 손상을 보이고 있는데 이것은 후각상피세포의 퇴행성 변화와 중추신경경로의 노화 때문이다 (Perlmutter 등, 1985).

최근 노인의 후각장애는 치매의 적신호로 관심을 받으며, 치매성 후각장애는 정확한 발병원인은 모르나 뇌의 노화현상이 일어나면서 후각의 감각기능이 쇠퇴하는 것으로 추정되고 있다.

③ 촉각

노화가 촉각능력에 미치는 영향은 아직 확실하지 않으나 신체 부위에 대한 접촉의 민감성은 45세경까지는 증가하다가 그 이후는 현저히 감퇴하는 경향이 있다. 일반적으로 노인들은 접촉의 강도가 높아야 쉽게 접촉을 느낄 수 있고, 젊은이보다 약한 압박이나 떨림에 덜 민감한 경향을 보인다.

④ 통각

아픈 감각인 통각은 신체적 감각 외에도 인지적·정서적 요소가 작용되므로 연령증가에 따른 통각의 변화에 대해서는 학자들마다 견해가 엇갈리고 있다. 나이에 따라 통각의 민감성이 감소된다는 의견도 있으나 현재까지의 연구에서 동물의 경우에는 나이와 함께 통증을 감지하는 최소 수준의 자극이 올라가는 것으로 밝혀져 있으나 사람의 경우에는 확립된 이론이 없다. 노인들 중 정상적인 통증을 거의 느끼지 못하는 사람도 있으나 이는 통증에 대한 민감도가 감퇴했기 때문이거나, 아니면 체내에서의 엔돌핀(endorphine) 생산에 기인하는 것 같다.

10) 기타

이 밖에 자주 거론되는 노화로 인한 신체·생리적인 변화에는 피부 노화와 체온 조절의 효율성이 있다. 연령이 증가함에 따라 피부의 감각과 탄력도가 떨어져서 주름살이 생기며 살갗이 거칠어진다. 연령증가에 따라 신체 내부적인 균형 유지, 다시 말해서 항상성(homeostasis) 능력이 감퇴되므로 체온 조절의 효율성이 떨어지며 체온 자체도 낮아진다.

이상 제기된 감각기관의 지각능력 감퇴는 노화와 함께 진행되는 가장 보편적인 신체기능 변화들 중의 하나이지만, 개인마다 차이를 보여 연령증가에도 불구하고 감각기관에 아무런 이상을 보이지 않는 노인도 있다.

3. 노인질병과 건강관리

1) 노인질병 관리

(1) 성인병과 사망원인 질병

건강의 질은 연령증가에 따라 나빠지는 경향이 있다. 특히 만성질병을 가진 사람의 비율은 연령증가에 따라 증가한다. 이는 나이가 듦에 따라 생명 유지에 중요한 생명기관 조직의 기능이 일부 상실되는 이유도 있겠지만, 근대화와 산업화의 영향으로 생활양식의 변화나 환경오염·정신적 스트레스 등 성인병의 위험요인이 점차 많아진 데에도 기인한다. 20세기에 들어와서 주된 사망원인으로서는 호흡기나 소화기 계통의 전염성 질환이 감소하고, 순환기 계통과 암 등으로 인한 사망률이 수위를 차지하고 있다.

성인병이라 함은 만성적이며 고질적인 퇴행성 질환(degenerative disease)이 주로 중년기 이후 성인들에게 많이 발생되기 때문에 붙여진 이름이다. 그 증상의 발전이 급격하지 아니하고 초기 고통이 심각하지 않은 이유로 소홀히 여기고 방치하는 동안 병은 악화되기 쉽다. 치료 효과도 근본적인 것이 되지 못하여 오랜 투병 끝에 노년기에 접어들면서 사망에 이르기도 한다.

아래는 성인병의 발생 빈도와 관련되는 요인을 정리한 것이다.

① 중년기 이전에도 과도하면, 성인병이라는 이름의 유래와 같이 중년기 이후 연령이 증가함에 따라 성인병 발생 빈도가 커진다는 것이 분명하다.
② 질환에 따라 특별히 발생 정도에 남녀 차이가 있다. 예컨대 혈관계 질환은 남자에, 당뇨병은 여자에 많은 것으로 알려져 있다.
③ 일부 질환의 발생 빈도는 가족력과 인종적 차이 등 유전적 요인이 작용하고 있다고 볼 수 있다.
④ 복잡하고 경쟁이 심한 사회생활로 인한 스트레스가 정신적 긴장을 초래하여 피로를 가중시키고 결국 질병을 초래하게 된다.
⑤ 영양상태에 따라 그 발생빈도에 차이가 발견되는데 대부분의 성인병은 영양 과잉으로 인한 체중과다의 비만증이 있는 경우 발생률이 높다.
⑥ 그 외에도 일부의 질환에 대해서는 흡연, 음주, 약물, 운동부족, 환경의 유해물

질 및 경제적 조건 등이 관여한다.

(2) 노인질병

① 고혈압

고혈압은 특별한 자각증상 없이 수년 내지 수십년간 진행된다. 상당수의 고혈압 환자들은 허혈성 심장병, 뇌졸중, 심부전, 신부전 등 치명적인 합병증이 발생하고 나서야 비로소 증상을 느끼게 된다. 고혈압의 대표적인 증상은 두통으로 주로 뒷머리 부분이 뻐근하거나 멍하며 심한 경우에는 펑펑 뛰듯이 아플 수도 있고 증세가 대부분 아침에 나타났다가 오후에는 사라진다. 고혈압 환자의 또 다른 특징은 쉽게 피로해지기 때문에 짜증이 잘 나고 신경이 예민해지며 간혹 어지럽거나 가슴이 답답하고 숨이 찬 경우도 있다.

현재 고혈압의 원인이 제대로 규명된 것은 아니지만 유전적 요인에 환경적 요인이 더해져 발생하는 것으로 추정된다. 환경적 요인으로는 염분의 과다 섭취, 비만, 노화, 흡연, 과음, 정신적 스트레스, 여성의 피임약 복용 등이 있다. 특히 흡연은 동맥경화증을 유발하며 담배 속의 니코틴은 혈관을 수축시킴으로써 혈압을 상승시킨다. 또 과다한 음주는 고혈압과 뇌졸중의 중요한 위험인자이면서 약제에 내성을 가져 오기도 한다.

고혈압에 대한 완벽한 치료책이나 예방책은 없다. 그러나 짠 음식을 피하고 담배와 음주를 삼가며, 규칙적인 운동으로 적정체중을 유지하고 스트레스를 줄이면 어느 정도는 예방효과를 거둘 수 있다. 또 정기적으로 혈압을 측정하는 것도 중요하다. 이는 조기에 발견해 치료하면 어렵지 않게 혈압을 조절할 수 있기 때문이다.

WHO(세계보건기구)에서 정하는 혈압수치(mmHg)별 혈압의 분류는 [표 3-2]와 같다.

【표 3-2】 혈압의 분류

(단위 : mmHg)

분　　류	최고(수축기) 혈압	최저(확장기) 혈압
저혈압	99 이하	59 이하
정상혈압	100-139	60-89
경계역 고혈압	140-159	90-94
고혈압	160 이상	95 이상

② 동맥경화

동맥경화는 일반적으로 죽상경화(粥狀硬化)를 가리킨다. 죽상경화란 혈관 내벽에 섬유나 지방질 덩어리가 생겨 혈관이 좁아지거나 막히는 증상을 말한다. 이는 심장의 관상동맥이나 목의 경동맥, 머리의 뇌동맥 등에 잘 생겨 종종 심근경색이나 뇌졸중 등 치명적인 합병증을 일으킨다. 동맥경화는 혈관의 노화와 함께 자연스럽게 진행된다. 그러나 체질이나 연령 또는 각종 위험인자에 따라서 촉진되거나 진행이 빨라지기도 한다. 고혈압 환자의 경우 높은 혈압 때문에 혈관 속의 내피가 상처를 받아 동맥경화가 발생하기 쉬운 것으로 추정된다. 혈액 속에 콜레스테롤이나 중성지방이 정상 수치를 초과하는 고지혈증의 경우, 혈액 속에 기름기인 콜레스테롤이 과다 상태인 만큼 죽종(粥腫)이 생기기 좋은 조건이다. 담배의 니코틴은 혈소판 응집기능을 항진시켜 혈관중막을 이상 증식시키는 만큼 흡연자의 경우 동맥경화가 발생할 가능성이 비흡연자보다 훨씬 높다. 이 밖에도 당뇨병, 운동 부족, 스트레스, 비만 등이 동맥경화의 위험인자로 알려져 있다. 동맥경화는 합병증이 생길 때까지는 자각증상이 거의 없어 조기 발견이 매우 어렵다. 치료법으로는 혈관확장제를 투약해 혈액의 흐름을 원활하게 해 주는 약물요법과 혈관 내의 노폐물을 레이저로 제거하거나 풍선카테터와 같은 의료기를 삽입해 협착부위를 직접 넓혀 주는 방법 등이 쓰이고 있다.

③ 뇌졸중(중풍)

뇌졸중이란 뇌혈관이 터지거나 막혀서 갑자기 의식장애, 편마비, 지각장애, 언어장애, 시력장애, 뇌혈관성 치매 등을 유발시키는 현상으로 일명 '중풍'이라고도 말한다. 인체의 뇌로 가는 혈류량은 나이에 따라 변화한다. 뇌 혈류량은 어릴 때 가장 높다가 청소년기를 거치면서 급격히 감소하며 30세를 넘으면서 폭이 완만해지기는 하나 계속 감소된다. 이와 같은 뇌 혈류량의 감소가 일종의 노화에 따른 뇌의 위축과 뇌조직 내의 대사의 감소에 의한 현상인지 혹은 동맥의 퇴행성 변화에 의한 것인지는 아직 확실하지 않으나, 아주 건강한 사람에서도 나이에 따른 뇌혈류량의 감소가 나타난다는 것으로 밝혀지고 있다.

뇌졸중 역시 예방이 중요하며 전문가들의 권고 사항은 다음과 같다.

㉠ 충분한 육체적 · 정신적 휴식과 정신적 스트레스에 유의하며 혈압 상승을 막는다.

ⓛ 적당한 운동과 비만의 예방, 간염이나 고혈압, 고지혈증, 고혈압증에 주의한다.

ⓒ 저염식, 저설탕, 고단백 섬유질 식이요법과 칼슘의 섭취에 유의한다.

ⓔ 금주, 금연 및 규칙적인 생활습관을 유지한다.

ⓜ 장시간 따뜻한 곳에 있다가 갑자기 찬 곳에 나가지 않으며, 특히 새벽운동을 조심한다. 따뜻한 곳에서 이완된 혈관이 추위에 노출되면 수축 또는 경련을 일으켜 뇌졸중을 유발한다.

④ 골·관절계 질환

노인성 질환 중 골·관절계 질환은 연령의 증가와 함께 골량이 감소되어 골에 구멍이 많아지게 되고, 칼슘 흡수량 저하와 단백질과 지방섭취 저하 및 운동량의 저하로 인한 골의 퇴행성 변화에 따른 것이다. 증세로는 척추의 위골로 요통이나 좌골 신경통이 유발되고, 무릎과 같이 운동량이 많은 관절은 체중의 증가와 함께 붓고 통증이 심하게 된다.

관절염을 일으키는 원인은 백여 가지가 넘지만 가장 흔한 것은 노화로 관절의 연골이 닳아 생기는 퇴행성 관절염이다. 노인병리학자들은 일반적으로 퇴행성 골관절염은 하나의 단순한 질병이 아니라, 노화로 인한 뼈, 관절의 변화나 쇠약 또는 관절기능 감퇴 내지는 결핍의 복합적인 증후군으로 통용되는 것이 바람직하다고 말한다. 퇴행성은 50세 이상 장년층에서 주로 나타나며, 체중을 지탱하는 관절, 즉 무릎, 엉치뼈, 경추, 요추 부위에 많이 생긴다. 특히 우리나라는 좌식생활이 많은 탓으로 무릎관절에 많이 나타난다.

반면 류머티스성은 손목이나 손가락마디, 발목, 팔꿈치 관절에 잘 나타나며 통증도 좌우대칭형으로 나타나는 게 특징이다.

한편 폐경기 이후 여성에게 척추질환이 급격히 증가하는데 이는 골량의 감소로 골다공증이 현저해져서 나타나는 결과로서 호르몬의 변화에 따른 갱년기 질환과 병행되기도 한다. 심한 통증이 허리와 다리로 뻗어나가게 되는데, 이로 인하여 보행마저 힘들어지고 다른 관절의 변형을 초래하기도 한다.

퇴행성 관절염은 휴식을 취할수록 호전되지만 류머티스성은 휴식을 취할수록 나빠지는 경향이 있다. 예를 들어 아침 기상시 관절이 뻑뻑하고 통증이 있다면 류머티스성일 가능성이 크다 하겠다.

관절이 약한 이들을 위한 전문가의 제언은 다음과 같다.

㉠ 관절이 약한 노인들에게 맨손체조나 고전무용, 수영, 걷기는 좋지만 관절에 무리한 충격을 주는 에어로빅이나 조깅, 등산, 구기운동은 삼간다.
㉡ 한 자세로 가만히 오래 있지 말고 가능하면 굽힌 자세보다 편 자세로 있는다.
㉢ 가급적 작은 관절보다 큰 관절을 이용하는 것이 좋다. 예를 들면 가방을 손으로 드는 것보다는 어깨에 메는 것이 좋다.
㉣ 무거운 짐을 들 때는 등을 굽히지 말고 무릎을 굽혔다 펴며 드는 것이 안전하다.
㉤ 일은 한꺼번에 하지 말고 조금씩 나눠 하는 것이 좋다.
㉥ 관절이 붓고 화끈거리는 이른바 급성 증상일 때에는 비닐 랩으로 싼 얼음을 다시 얇은 수건에 싼 다음 찜질해 준다.
㉦ 단순히 아프기만 한 만성 관절염일 때는 핫팩이나 뜨거운 물에 적신 수건으로 온찜질을 해 준다. 찜질은 10분씩 서너 차례 반복하는 것이 적당하다.

⑤ 당뇨

당뇨란 소변에 당이 섞여 나오는 병이다. 우리가 섭취한 음식물은 체내에서 대부분 포도당으로 전환되고 혈액은 이 포도당을 근육이나 간 등의 세포로 운반한다. 이때 췌장에서 생성되는 인슐린은 포도당이 세포 내로 진입하게 하는 열쇠의 역할을 한다. 그러나 인슐린이 제대로 생성되지 못하거나 생성되어도 작용하지 못해 포도당이 제때 세포 내로 이동하지 못하는 것이 당뇨병이다.

당뇨병은 크게 소아형과 노인성 당뇨병으로 구분된다. 노인성 당뇨의 경우 65세 이상에서 발병한 경우보다는 무증상으로 이상을 발견하지 못한 경우가 많으며, 당뇨병 자체보다는 당뇨로 인한 혈관벽의 변화로 합병증이 더 심각한 병이다. 합병증에는 망막증, 신부전증, 신경병증, 관상동맥질환, 뇌졸중, 말초혈관 질환, 족부 궤양, 발기부전, 치매 등이 있다.

당뇨병 환자는 가족력이 있을 뿐 아니라 일란성 쌍생아에게서 함께 발병하는 비율이 높은 점으로 보아 유전적 요인이 크게 작용하는 것으로 알려져 있다. 반면에 당뇨병은 유전성 질환의 하나이기는 하지만 후천적인 환경인자, 즉 식습관, 정력 소모, 의료의 질과 양, 환자의 교육수준 및 예방의학적인 대책 등이 발병에 영향을 미친다.

당뇨병의 유병률은 나이가 많아질수록 증가하며, 특히 40세 이상에서 현저하게 증가한다. 성별 유병률을 보면 40세 이하에서는 여성보다 남성에게 많이 발생하고, 40세 이후에는 남성보다도 여성에게 약 50% 가량 많이 발생한다고 한다(박순영, 1996).

당뇨병에 대한 특이한 예방대책이 없으므로 질병을 일찍 발견하고 철저하게 관리함으로써 질병의 경과를 좋게 하고 사망률을 줄일 수 있다. 운동은 수영과 체조 등 몸 전체를 움직이는 유산소운동이 바람직하고 골프, 등산, 테니스 등 다른 운동은 의사와 상의해 합병증 여부를 확인한 뒤 적절한 운동량을 처방받아야 한다. 또한 사탕이나 청량음료 등 영양분 없이 혈당만 높이는 단순 당질은 피하는 것이 좋다.

⑥ 악성 종양

암종이란 인체 내에서 비정상 세포가 생체기능에 불필요하게 계속적으로 증식하여 인접조직을 파괴하거나 내분비적 또는 화학적으로 장해를 일으키고, 다른 부위까지 암세포가 옮겨 가서 증식하는 전이 능력을 가진 질환군을 말하는 것으로서 악성 종양이라고도 한다.

암 사망률 증가의 가장 중요한 원인은 평균수명의 연장이다. 미국국립보건소(NIH)는 암 사망의 70% 이상이 65세 이상 노인에게 발생한다고 밝히고 있다.

암은 인체 내의 어느 부위에서나 생길 수 있으며 전체 암종의 약 1/3은 조기 진단하면 수술요법, 방사선요법, 화학요법, 면역요법 등을 적절히 적용하여 효과적으로 치료할 수 있다. 또한 약 1/3은 적절히 예방할 때 암 발생을 사전에 막을 수 있으며, 나머지 약 1/3은 예방이나 치료가 거의 불가능하여 현대 의료로서도 불가항력적이고, 단지 발생 후 사망시까지 고통을 덜어주도록 하는 수밖에 없다.

암에 대한 완치요법은 아직 없다고 보고 있으며 조기 발견과 조기 치료가 가장 근본적인 대책일 수 있다. 전문가들은 식생활에서 고지방, 고염, 고단백 식사의 과잉섭취는 자제하고 대신 항암효과가 있는 녹황색 야채나 우유제품, 비타민제를 40대 이후 노인기에 충분히 섭취할 것을 권장하고 있다.

⑦ 호흡기 위장 질환

노인기에는 노인 폐의 기능이 약화되어 호흡이 감소되고 얕고 빠른 호흡을 하게 된다. 인체 내 산소 섭취가 부족하여 환기가 불량해지면 만성 호흡기질환을 야기하고 감기에 이환하는 확률이 증가한다.

　노인성 위장 질환의 경우 오래된 만성 위염 특히 위축성 위염인 경우가 많다. 증상은 심와부 동통과 팽만감 내지는 불편감을 호소하며 식욕부진, 구역 등의 신경증적 증상이 많고 위의 기능저하와 같은 기능장애와 신경증적 질환이 병행되는 경우가 대부분이다. 위장장애에는 무엇보다 식생활이 예방과 치료에 큰 영향을 미친다. 즉 가능한 식사시간과 식사량을 정시에 정량으로 하고 자극성 있는 것을 삼가며 부담을 주는 정신적 스트레스 요인을 제거하도록 노력해야 할 것이다.

⑧ 발기부전 및 전립선 비대증

　인체의 생식질환으로서 발기부전은 다양한 원인에 의해 혈류의 공급이 안 되거나, 공급이 되더라도 정맥으로 혈류가 유출될 때, 스펀지 모양의 음경해면체의 내압이 상승되지 않아 발기상태를 제대로 이루지 못하거나, 오래 지속시키지 못하는 현상을 말한다. 이러한 발기부전의 가장 큰 원인은 당뇨병과 고혈압을 들 수 있다. 최근에 발기부전의 정확한 원인이 규명됨에 따라 심리요법이나 내분비요법을 시행하고, 음압발기유발기 같은 보조기구를 사용하거나 발기유발제, 자가주사법 등을 이용해 효과를 기대할 수 있게 되었다.

　전립선이란 남성에게만 존재하며 방광 아래 도너스 모양의 정자보호기능을 하는 밤톨 크기의 조직이다([그림 3-2] 참조).

【그림 3-2】 전립선

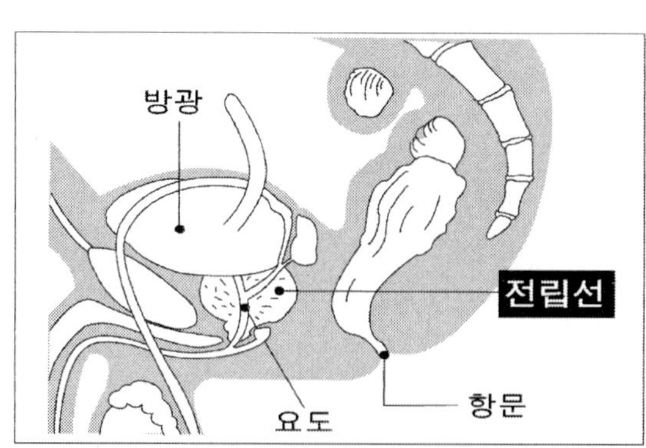

전문가들에 의하면 전립선염은 성생활이 왕성한 청장년층에서 흔한 반면, 일종의 노화현상으로 50대 이후 남성의 1/2 가량이 이 증세를 경험하고 있다고 한다. 30대부터 전립선이 확대되지만 증상은 40대 말쯤부터 나타나는 게 보통이다. 증상은 전립선 비대증이며 이는 전립선이 비대해져 요도를 압박함으로써 생기는 배뇨장애 현상을 의미한다. 구체적인 전립선 비대증상은 다음과 같다.

㉠ 소변 볼 때 소변이 나오기까지 시간이 많이 걸린다.
㉡ 소변 도중 소변이 저절로 끊어졌다가 다시 나온다.
㉢ 소변줄기가 가늘고 힘이 약하다.
㉣ 소변을 다 본 후에도 소변이 남아 있는 느낌이 든다.
㉤ 소변을 참기 어렵다.
㉥ 소변 보는 횟수가 증가한다.

전립선비대증은 일단 발병이 되면 전문가의 처방에 따라 약물치료 및 수술로 치료가 가능하다. 치료는 비대증이 얼마나 심한가에 따라 다르다. 증상이 가벼우면 그대로 두거나 약물치료를 하며, 증상이 중간쯤이면 약물치료를 하거나 커진 전립선을 떼어내며, 중증이라면 반드시 전립선을 제거해야 한다.

진단은 혼자서도 비교적 간단하게 할 수 있다. 다음의 「전립선 비대증 자가진단표」에서 8점을 넘기면 치료를 받아야 하며, 20점 이상이면 중증으로 간주된다([참고 3-2] 참조).

⑨ **치매**

노인성 치매는 노인들의 정신질환 중 가장 특징적인 것으로, 주된 원인별로 뇌혈관성 치매와 알츠하이머스병으로 구분할 수 있다. 뇌혈관성 치매는 혈관성병변 때문에 일어나는 치매를 주 증상으로 한 질환군으로 동맥경화나 뇌혈전, 뇌출혈 등으로 인해 주로 발병한다. 알츠하이머스병은 처음엔 건망증이 심한 것으로 오인되기 쉬울 만큼 기억력이 감퇴한다. 이어서 두통, 현기증, 불면 등을 호소하는 증상과 함께 무분별한 행동 및 언어수사 등이 나타난다. 뇌혈관성 치매가 갑자기 발생하는 반면 알츠하이머스병은 서서히 진행되는 증상을 보인다.

【참고 3-2】 전립선비대증 자가진단표

최근 한 달간 소변을 볼 때 느낌	전혀 없다	절반 이하 (5회 중 1회 이하)	가끔 있다 (5회 중 1~2회)	절반 가량 (5회 중 2~3회)	절반 이상 (5회 중 3~4회)	항상 (거의 매번)
1. 소변을 다 본 뒤에도 소변이 남아 있는 것처럼 시원치 않은 경우는?	0	1	2	3	4	5
2. 소변을 보고 나서 2시간이 지나기 전에 또 소변을 봐야 하는 경우는?	0	1	2	3	4	5
3. 소변을 보다 소변줄기가 끊어져, 다시 힘을 줘야만 소변이 마저 나오는 경우는?	0	1	2	3	4	5
4. 소변을 보고 싶을 때 참기 힘든 경우는?	0	1	2	3	4	5
5. 소변을 볼 때 소변줄기가 약하다고 느낀 경우는?	0	1	2	3	4	5
6. 소변을 보려고 할 때 바로 나오지 않고 아랫배에 힘을 줘서 소변을 봐야 하는 경우는?	0	1	2	3	4	5
7. 잠을 자는 동안 소변을 보고 싶어 몇 번쯤 깨는가?	0	1	2	3	4	5

(진단) 8 ~ 9 : 치료권장, 20 이상 : 중증환자

　　치매에 관한 보다 자세한 것은 제 8 장 치매환자와 가족에서 다루고 있다.

　　결론적으로 노인질병의 예방방법으로는 조기에 병의 위험인자를 발견하여 진단과 치료를 시행하고 정밀검사가 필요한 경우 노인질환 전문의에게 의뢰하여 병의 악화를 막아야 한다. 또한 노인질환이란 40대 성인병과 연관되므로 규칙적인 생활과 적당한 여가선용, 식습관, 스트레스 관리 및 운동의 생활화가 무엇보다 중요하다.

2) 노화와 생활양식

생활양식과 습관은 건강에 중요한 영향을 미친다. 1998년 이래 일본 후생성은 이전까지 사용하던 '성인병'이란 용어 대신 '생활양식(습관)병(Life Style Disease)'이란 용어를 사용하고 있다. 이는 생활양식이 병의 직접적인 원인이 된다는 인식 때문이다. 생활양식이 건강에 미치는 효과는 때로 요인끼리 서로 상승작용을 하며 영향을 주므로, 몇 가지 특정 습관의 반복은 각 습관이 독립적으로 건강에 미치는 효과보다 더욱 심대한 건강 악화를 가져 올 수 있다. 생활양식은 주로 개개인의 일상생활 내용을 지배하는 환경, 즉 식습관, 거주형태, 취침 및 기상시간, 흡연 및 음주기호, 취미 및 생활성향 등에 관한 것을 의미한다.

(1) 노화와 식습관

① 소식(小食)

전문가들은 노화속도와 가장 밀접하게 관련되어 있는 것이 식습관이라고 말한다. 그 중에서도 음식의 양이 가장 중요하다. 과식하면 그만큼 인체의 세포공장이 불필요하게 오래 가동되고 이로 인해 인체 내 유해한 활성산소 생성을 증가시켜 노화를 촉진한다. 과식은 하루에 필요한 에너지를 공급하는 음식의 양보다 더 많은 양의 음식을 섭취하는 것을 뜻한다. 이른바 세간에서 소식하면 건강하게 오래 산다고 하는 것은 우리 몸의 세포가 일하는 시간을 단축시켜 줌으로써 결국 노화를 지연시킬 수 있다는 것을 의미하는 말이다.

과체중이 조기 사망과 관련 있다는 연구들 중 대표적인 것으로, 소식하는 쥐의 노화가 지연되고 수명이 연장되었다는 것을 들 수 있다. 소량의 식사는 노화 지연에 운동의 효과보다 더 큰 영향을 미친다는 보고도 있다. 즉 운동을 전혀 하지 않은 경우에도, 소식하는 쥐가 식사량이 많은 쥐보다 사망률이 저조하게 나타난다는 것이다.

보다 건강하게 오래 살려면 가급적 하루에 꼭 필요한 칼로리를 공급할 정도의 음식 또는 그보다 조금 적은 양의 음식을 섭취하도록 해야 한다. 소식은 적정량보다 30% 정도 적은 양의 음식을 섭취하는 것을 의미하며, 소식하되 영양가는 높고 칼로리는 제한된 균형잡힌 영양식이 필요하다. 전문가들은 식사량의 조절은 인체의 성장이 완성된 20세 이후가 적합하다고 말한다. 1970년대에 들어와서 세계 최장수국으로 인정받고 있는 일본은 대체로 소식주의자들이다.

소식의 노화 방지 효과가 인정되면서 최근 소식 대체 약물 연구도 활발히 진행되고 있다.

② 채식 위주와 섬유질 식사

이미 성장이 끝난 사람들은 육식도 하되 채식을 위주로 하는 것이 좋다. 채소류는 종류에 따라 다소간의 항산화 물질들을 함유하고 있기 때문에 우리 몸 안에 생긴 유해산소를 중화시켜 주는 작용을 하며, 쓸데없이 음식을 과잉 섭취하는 행동도 막아준다. 최근에 이들 채소류에는 비타민 C, 비타민 E, 베타카로틴 등 여러 종류의 항산화 물질들이 풍부하게 들어 있는 것으로 밝혀졌다. 현대 과학자들은 이들 항산화 물질을 추출해 만든 의약품 또는 건강식품을 정기적으로 복용하거나 이들 항산화 물질들이 함유된 채소류를 많이 먹으면 인체 내에서 유해산소의 산화작용을 막아 노화가 촉진되는 것을 막을 수 있을 것으로 생각하고 있다.

섬유질은 스펀지같이 대장 속에 들어 있는 유독물질이나 불필요한 수분을 흡수해서 대변으로 배출시킨다. 또한 섬유질이 대장 안에 적당량 들어 있으면 장에서 머무는 시간이 짧아져 자가중독(自家中毒)을 막아준다. 쉽게 표현하면 대장 안에서 좋지 못한 독극물이나 발암성 물질을 흡수해서 배설시켜 줌으로써 몸 안에 남기 쉬운 유독물질을 신속하게 제거해 준다. 섬유질이 많이 들어 있는 음식을 충분히 먹으면 대변의 양도 많아지고 부드러워져 변비를 예방하고 치질이나 항문의 손상도 미연에 막아준다. 이런 섬유질은 흰쌀보다는 현미에 많고 통밀이나 너무 희게 도정하지 않은 밀가루, 콩이나 잡곡, 나물 등에 많이 들어 있다. 섬유질이 많은 야채를 대량 먹으려면 익혀 먹는 것이 좋다. 콩나물, 말린 무 잎사귀, 나물을 삶아 무쳐 먹으면 우리가 필요로 하는 섬유질을 충분히 섭취할 수 있으며 비타민 C뿐만 아니라 비타민 A와 E도 공급받을 수 있다.

③ 콜레스테롤 조절 식습관

콜레스테롤은 음식 섭취를 통해 체내에 들어오는, 신체에 필요한 영양소이다. 그러나 혈중 콜레스테롤의 80~90%는 간에서 합성되며 식품으로 섭취하는 양은 10% 내외이므로, 꼭 식품을 통해 섭취해야만 하는 필수 영양소는 아니다. 이는 세포막에 존재하는 신체 구성 물질이며 몸 안에서 담즙산, 스테로이드 호르몬 등을 합성하는 지방의 일종이다. 선진국뿐만 아니라 우리나라에서도 사인(死因) 1위를 차지하는 심혈관 질환은 혈중 콜레스테롤 양과 상관관계를 가지며, 혈중 콜레스테롤 농도를 낮추는 것이 심혈관 질환의 유발 요인을 감소시킬 수 있음은 여러 역학자료들에 의해 제시되고 있다.

전문가들은 총 콜레스테롤 수치가 정상일지라도 좋은 콜레스테롤인 고밀도 콜레스테롤(HDL)이 낮거나 중성지방 수치가 높으면 주의가 필요하다고 말한다. 중성지방은 일종의 저장 에너지이며 음식을 통해 섭취해 쓰고, 남은 에너지는 중성지방의 형태로 보관되어 운동할 때 일차적으로 소모된다. 인체 내 중성지방이 너무 높은 경우엔 각종 성인병에 걸릴 가능성이 많으며, 심장질환 위험도 높아진다. 인체 내 중성지방이 높은 것으로 확인되면 우선 술을 절제하고 소식(小食)을 해야 한다.

한편 좋은 콜레스테롤이라고 부르는 HDL은 말초조직이나 혈관 등에 있는 지방을 간으로 이동시킴으로써 결국 지방의 분해에 도움을 준다.

전문가가 권장하는 콜레스테롤 조절 식이요법으로는 총 지방 섭취를 줄이고 식물성과 동물성 지방 섭취의 균형을 유지하며, 콜레스테롤의 함량이 많은 식품은 줄이고 과일, 채소, 해조류의 섭취를 증가시키는 것이다. 아울러 빈번한 외식과 라면, 햄버거, 피자 등 패스트푸드의 과잉섭취를 피하는 것도 중요하다.

④ 식단과 조리법

전통적으로 우리나라 음식은 짜고 매운데, 근래 위암이 많이 발생한 일본의 산간오지에서 짠 반찬을 많이 먹는 경우에 위암이 쉽게 발생한다는 사실이 밝혀졌다. 현재 우리나라 국민의 하루 평균 식염 섭취량은 15~25g 정도이다. 일본에서는 식염 섭취량을 5~10g으로 줄이는 운동을 벌이고 있다.

전문가들은 짠 음식 외에 너무 뜨거운 음식도 피해야 한다고 말한다. 지나치게 찬 음식도 좋지 않지만 뜨거운 국이나 찌개를 빨리 먹으면 입 안은 물론 식도나 위점막에 손상이 생겨 염증이나 암을 유발하기 쉽다. 또한 혈액순환에도 영향을 주어 고혈압이나 동맥경화증 예방에도 바람직하지 않다.

아울러 단조로운 식단으로 같은 음식을 계속 먹는 습관을 점검할 필요가 있다. 이는 균형 있는 영양관리면에서 뿐만 아니라, 미량이라도 동일 식품의 해로운 요소가 인체 내 지속적으로 축적되는 경우를 방지하는 측면에서, 경계해야 할 식습관 중 하나이다.

(2) 노화와 스트레스

노화연구자들은 스트레스가 우리 몸의 면역수준을 낮출 뿐만 아니라 세포 속에서의 화학변화에 영향을 미쳐 많은 양의 유해산소를 생성시키고 결국 노화를 촉진시킨다고 말한다.

① 연령증가와 스트레스

연령증가에 따라 스트레스를 가져 오는 사건의 발생 빈도는 감소하는 면이 있지만, 스트레스의 내용 구성은 긍정적인 스트레스가 줄고 부정적인 스트레스가 늘어나는 경향이 있다. 나이를 먹을수록 스트레스를 견뎌내는 육체적·정신적 능력이 약해질 수도 있다. 그러나 연령요인에도 불구하고 스트레스에 대처하는 능력에는 개인차가 심대하여, 어떤 이는 스트레스로 가득 찬 생활을 즐기면서 적극적으로 대처하는 반면, 어떤 이는 스트레스에 압도되어 버리기도 한다.

② 성향과 스트레스

스트레스를 극복하기 위해 취해야 할 첫 단계는 자기 자신의 성격 경향성, 즉 성향(disposition)을 파악해 두는 것이다. 자신의 성향을 파악해 두면 자기 자신의 평소 스트레스 수준을 알 수 있으며, 부정적 스트레스의 영향으로 생길 수 있는 취약성의 정도도 가늠할 수 있다. 성향이란 흔히 기질이나 기분이란 말과도 유사하다. 심한 긴장 상태에 놓였을 때 어떤 이는 침착하게 조용히 있을 수 있지만 다른 이는 몹시 긴장할 수 있을 것이다.

1970년대 이후 성격 성향과 질병 발생 간에 높은 상관이 있다는 연구들이 발표되어 주목을 끌고 있다. 예컨대 스트레스 관련 성향에는 Type A와 Type B가 있다. Type A의 성향을 가진 이는 매우 야심적이고 경쟁적이며 시간에 쫓겨 서두르는 성급한 사람으로, Type B의 성향에 비해 심장질환에 걸릴 확률이 월등히 높다. 반면 Type B의 성향인 자는 이완되어 있고, 야망도 적고, 시간에 쫓기지도 않는 사람이다(장현갑 등, 1996).

[참고 3-3]은 성격성향 Type A 진단 척도이고, [참고 3-4], [참고 3-5]는 지난 1년간 경험한 스트레스 정도 진단 척도들이다.

【참고 3-3】 성격 성향 진단 : Type A 진단

아래는 당신이 Type A인지 Type B인지를 알아보는 간단한 자기평가 질문지이다.
다음 물음에 대해 당신에게 해당되는 것에 체크하라.

질 문	전혀 그렇지 않다	거의 그렇지 않다	종종 그렇다	거의 항상 그렇다
1. 나는 약속시간에 늦는다던가 또는 일이 느리게 진행되는 것을 참지 못한다.				
2. 나는 줄을 서서 기다리는 것을 싫어한다.				
3. 사람들은 내가 쉽게 흥분한다고 말한다.				
4. 나는 나의 일과 오락을 경쟁적으로 하려고 한다.				
5. 나는 내가 해야 할 일을 미루고 잠시 쉬고 있을 때에 죄의식을 갖는다.				
6. 나는 대화에서 다른 사람들의 말을 가로챈다.				
7. 나는 심한 압력하에 있을 때 쉽게 흥분하고 화를 낸다.				
8. 나는 시간을 정해 놓고 강박적으로 일을 한다.				
9. 나는 내가 하고 싶은 일이 다른 사람에 의해 좌우되는 것을 싫어한다.				
10. 나는 현실적으로 그렇게 할 필요가 없을 때에도 나 자신을 몰아세운다.				

채점기준 : 전혀 그렇지 않다 = 1점
　　　　　거의 그렇지 않다 = 2점
　　　　　종종 그렇다 = 3점
　　　　　거의 항상 그렇다 = 4점
해석 : 24점 이상은 Type A라고 할 수 있다.

자료 : Girdano 등 (1990) ; 장현갑 등 (1996) 재인용

【참고 3-4】 스트레스 정도 진단척도 Ⅰ (일반용)

다음에 실려 있는 생활사건들 가운데 지난 12개월 동안에 경험했던 사건이 있다면 그 사건을 체크하라. 그리고 체크한 사건들의 점수를 모두 합산하라.

생활사건의 순위	점수	생활사건의 순위	점수
1. 배우자의 죽음	100	23. 아들 또는 딸의 결혼	29
2. 이혼	73	24. 고부간의 갈등	29
3. 부부의 별거	65	25. 두드러진 개인적 성취	28
4. 유치장 구류	63	26. 부인의 취직 또는 퇴직	26
5. 가까운 가족구성원의 죽음	63	27. 자녀의 학교 입학 또는 졸업	26
6. 자신의 상처나 질병	53	28. 생활조건의 변화	25
7. 결혼	50	29. 개인 습관의 수정	24
8. 직장에서의 해고	47	30. 상사와의 갈등	23
9. 부부간의 화해(조정)	45	31. 작업시간 또는 작업조건의 변화	20
10. 퇴직, 입사	45	32. 주거의 변화	20
11. 가족의 건강상 변화	44	33. 자녀의 전학	20
12. 임신	40	34. 취미 오락의 변화	19
13. 성생활의 어려움	39	35. 종교활동의 변화	19
14. 새 가족원이 생김	39	36. 사회활동의 변화	18
15. 일의 적응	39	37. 800만원 이하의 저당	17
16. 재정 상태의 변화	38	38. 수면습관의 변화	16
17. 가까운 친구의 죽음	37	39. 가족과 함께 있는 횟수의 변화	15
18. 다른 업무에 배치	36	40. 식사습관의 변화	15
19. 배우자와 논쟁 횟수의 변화	35	41. 휴가	13
20. 800만원 이상의 저당	31	42. 설날(추석)	12
21. 담보 물건의 정당권 상실	30	43. 법률상 하찮은 위반 행위	11
22. 업무상 책임감의 변화	29	총 점 수	( )

점수의 해석 : 0~15 = 다음해 예상 발병률 37%
　　　　　　　150~300 = 다음해 예상 발병률 51%
　　　　　　　300 이상 = 다음해 예상 발병률 80%

자료 : Holmes 등 (1967)

【참고 3-5】 스트레스 정도 진단척도 II (대학생용)

다음은 대학생들의 생활에서 일어나는 인생 사건들을 순위별로 열거한 것이다. 지난 12개월 동안 일어난 사건들을 각각에 체크해 보라.

생활사건의 순위	점수	생활사건의 순위	점수
1. 가까운 가족의 죽음	100	16. 뛰어난 개인적 성취	25
2. 수감	80	17. 학점 취득의 실패	25
3. 대학의 첫 해나 마지막 해	63	18. 시험	20
4. 임신(자기나 자기에 의해)	60	19. 데이트의 증가나 감소	20
5. 심각한 개인적 질병 혹은 부상	53	20. 공부 조건의 변화	20
6. 결혼	50	21. 전공에서의 변화	20
7. 어떤 인간관계 문제	45	22. 수면 습관에서의 변화	18
8. 경제적 어려움	40	23. 며칠간의 휴강	15
9. 가까운 친구의 죽음	40	24. 식사습관의 변화	15
10. 룸메이트와의 언쟁(이틀에 한 번 이상)	40	25. 가족과의 재회	15
11. 가족과의 의견 불일치		26. 여가활동의 변화	15
12. 개인적 습관에서의 변화	40	27. 가벼운 질병이나 부상	15
13. 환경의 변화	30	28. 가벼운 법률 위반	11
14. 작업의 시작 또는 끝냄	30	총 점 수	( )
15. 선배나 교사와의 문제	30		
	25		

점수의 해석 : 100점 이하 = 현재 당신이 직면하고 있는 변화의 양은 높지 않다.

　　　　　　101~250점 = 점수가 250에 가까우면 지난 해 꽤 심한 변화를 겪은 것이다.

　　　　　　251점 이상 = 생활에 큰 변화를 경험한 것이 분명하다. 심한 변화의 영향을 효율적으로 관리하기 위해 특별한 관심을 가져야 하겠다.

자료 : Girdano 등 (1990) ; 장현갑 등 (1996) 재인용

③ 스트레스의 원인

스트레스의 원인에는 비현실적인 자기기대감, 자신감의 결여, 무능력에 대한 공포, 자기관리력의 부족, 실현 불가능한 욕망이나 욕구, 일상생활사의 사소한 문제들, 업무 부담 등에서 오는 과다한 요구, 미래에 대한 두려움, 불만스런 인간관계, 직무만족감의 결여, 직장생활과 가정생활 간의 불균형, 질병 등 다양하다.

④ 스트레스 관리와 대처

스트레스 관리의 기본이 되는 요지는 다음과 같다.

㉠ 일의 우선순위를 정하여 급박하고 중요한 사안과 정도가 덜한 사안을 구별한다.

㉡ 아무리 큰 사건일지라도 월, 주, 일 단위로 통제 및 관리가 가능하게 작게 나누어 시도한다.

㉢ 유머 감각을 키운다.

㉣ 긍정적·적극적 사고방식을 가진다.

㉤ 장래의 비전과 철학을 가진다.

[그림 3-3]은 스트레스를 극복하기 위한 구체적인 책략과 대처방법을 그림으로 정리해 본 것이다.

【그림 3-3】 스트레스 극복을 위한 책략들

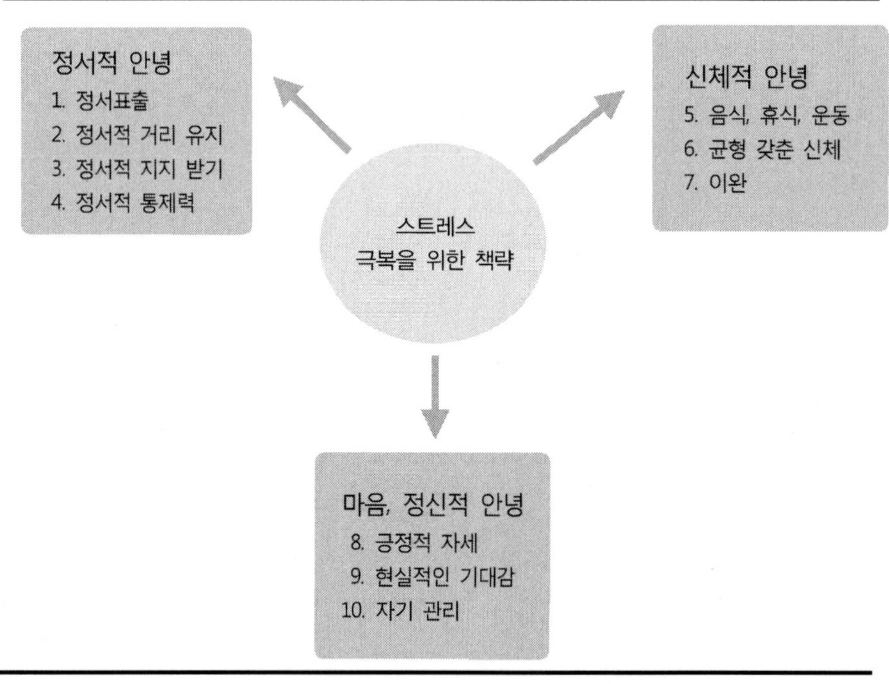

자료 : 장현갑 등 (1996)

(3) 노화와 운동

노화를 지연시키려면 적절한 운동이 필요하다. 운동은 우리 몸의 세포기능을 활성화해 세포의 마모를 막아줌은 물론 유해산소를 청소해 주는 역할을 한다. 운동은 몸의 정상적인 체제를 유지하는 데 도움이 되고 또 노쇠화를 지연시키는 데 도움이 될 뿐만 아니라 많은 노인들의 고질적인 만성 질병인 고혈압, 심장병, 당뇨병, 기타 질병에도 큰 도움이 된다. 계획적인 운동은 스트레스에 의해 발생하는 과대한 아드레날린을 연소시키고, 동맥 속에 콜레스테롤이 쌓이는 것을 막아 주어 스트레스에 의해 발생하는 유해한 영향을 소거시켜 주는 역할을 한다. 운동은 스태미너의 강화와, 일상생활에서 생기는 긴장감 감소 및 피로감과 우울감을 없애 주는 역할도 한다. 유병팔(1996)은 운동을 하면 구체적으로 근육의 양, 근력, 기초대사율, 체지방의 양, 폐기능, 콜레스테롤, 혈압, 골(骨)밀도, 호르몬, 면역력 등 대부분의 신체 영역이 바람직한 방향으로 개선되며, 이것은 노화를 늦추고 수명을 연장시킨다고 주장하고 있다. 그는 또한 포유동물은 몸을 움직이면서 살도록 진화해 왔기 때문에 오랫동안 운동을 하지 않는 것은 비정상적인 것이며, 적절한 운동은 신체기능 저하를 예방하고 질병 발생률을 떨어뜨리는 데 매우 효과가 있다고 말한다.

그러나 운동도 지나쳐서는 안 되며 전문가들은 과도한 운동은 오히려 노화를 촉진시킨다고 말한다. 운동을 무리하게 할 경우 유해산소는 급속히 증가하는 반면 유해산소 제거 효소의 증가는 이에 못 미치게 되므로, 처리되지 못하고 남은 유해산소가 인체에 해를 끼치게 된다. 적절한 운동이 몸에 좋고, 과도한 운동이 몸에 나쁜 것은 바로 이 때문이다.

과도한 운동이 건강에 해로울 수 있다면 어느 정도의 운동을 하는 것이 적절한가. 전문가들은 최근 등장한 「운동처방」을 활용하면 부작용을 줄일 수 있다고 조언하고 있다. 이는 연령과 건강상태, 체력수준, 운동 목적 등을 과학적으로 분석해 약을 처방하듯, 자신에게 적당한 운동종목-강도-시간-빈도 등을 과학적으로 계산해 제시하는 방식이다. 대체로 20대와 30대는 웨이트 트레이닝과 같은 근력운동, 40대는 스트레칭 체조와 같은 유연성 운동, 50대 이후엔 걷기나 등산과 같은 유산소 운동이 바람직하다고 보고 있다. 이렇듯 자신에게 맞는 운동을 1주에 3~4회 정도 하는 것이 적당하다.

인체 노화연구의 발달과 함께 운동의 중요성이 점차 크게 인식되면서 오늘날 선진

구미지역에서는 사회체육의 확산이 시민생활을 보다 윤택하게 하고 건강하게 하는 평생교육의 하나라고 이해하고 있으며 이를 보급하고 있는 추세에 있다.

(4) 노화와 흡연·음주, 약 복용

흡연과 음주, 그리고 각종 의약품의 복용은 노화를 촉진시킨다. 흡연은 많은 양의 유해산소를 생성한다. 흡연하면 조기에 각종 성인병에 걸리고, 더 빨리 사망하게 되는 이유도 사실상 흡연으로 인해 유해산소가 더 많이 생성된 결과, 노화가 촉진되었기 때문인 것으로 풀이되고 있다. 담배와 술, 그리고 각종 의약품을 남용하는 행위는 그만큼 우리 몸 안의 세포공장이 제거해야 할 화학물질들을 쓸데없이 끌어들이는 결과를 자초하는 것이 된다.

또 노인들에게는 약물이 병의 원인이 되는 경우도 종종 있다. 특히 문제의 소지가 큰 것은 신경계, 심혈관계 약물이다. 일부 약물의 경우 두뇌 환경이 교란되는 섬망(delirium) 현상이 나타날 수 있다. 대표적인 증상은 정서불안, 집중력 저하, 간헐적인 환청, 환각, 밤에 잠을 못자고 낮에 자는 것 등이다. 노인들은 약에 대한 의존성이 커져서 약이면 무엇이든 많이 먹을수록 좋다고 생각하는 경향이 있다. 약명을 모른 채 한 번에 다량을 복용하는 예가 자주 있으므로 이에 대하여 각별히 조심할 필요가 있다.

노화의 심리적 이해

1. 노화와 인지변화

노화에 따른 생물학적 변화에 대해서는 여러 부문에서 견해가 일치되고 있으나 심리적인 변화에 대해서는 의견들이 서로 상충하는 경우가 많다. 연령 증가에 따라 나타나는 성인기 동안의 지적 쇠퇴에 관해서도 많은 설명들이 있는데, 다수의 대립하는 이론들이 많다는 것은 의견 일치가 쉽게 이루어지지 못함을 의미하는 것이다. 일반적으로 지능은 중년기 동안 떨어지고, 기억력 감퇴는 노년기에 더 빈번히 일어난다고 믿고 있다. 본 장에서는 이런 통념들에 유념하면서 성인기 동안의 인지능력에 관하여 살펴보고자 한다.

1) 지적 능력의 안정과 변화

심리학자들은 오랫동안 I.Q 검사로 측정되는 일반지능은 성인기 동안 거의 안정적인 것으로 주장해 왔다. 그러나 최근의 연구들은 연령 증가에 따른 지적 능력의 변화를 보고하고 있다. 노인기 지적 능력이 안정적인가 혹은 변화하는가에 대한 세부적인 논의는 다음과 같다.

(1) 측정 방법의 차이

지능의 변화는 그 측정 방법에서부터 많은 어려움이 있다. 즉, 단기 횡단법(cross-sectional method)을 사용한 연구에서는 동시기 집단의 효과(cohort effect)와 학력의 차이 등으로 인해 각 연령 집단마다 지능에 현저한 차이가 나타나지만, 만일 장기 종단법(longitudinal method)을 이용하여 동일 인물을 일정기간 두고 반복 측정해 보면 지능의 저조 현상은 별로 나타나지 않고 있다.

(2) 측정 도구의 문제점

성인 심리학자 Birren(1973)은 지능 측정 도구의 문제점을 지적하면서 성인기에 있어서 가장 바람직한 능력은 성취나 성과(achievement)보다는 적응력(adjustment)이기 때문에 전통적인 지능 검사를 성인에게 실시하는 데는 무리가 있다고 주장한다. 즉, 나이의 진전이 인식 능력에 미치는 영향에 대한 전통적인 연구는 심리측정학자(psychometrist)들이 미래의 학업 성취 능력을 예측하기 위해 개발한 소위 지능 테스트(intelligence test)라는 것을 통하여 이루어지는데, 이러한 지능 테스트는 결과적으로 학업과 관련되지 않는 일반적 지능 측면은 전혀 고려하지 못하는 결점을 지니고 있다. 따라서 이와 같은 방법으로는 성인 지능 변화의 정확한 파악이 어렵다는 것이다.

(3) 유동적 지능(fluid intelligence)과 결정화된 지능(crystallized intelligence)

혼과 카텔(Horn and Cattell, 1967)은 지능을 기초적 인식 과정에 해당하는 유동적 지능(fluid intelligence)과 획득된 지식이나 정밀한 추론기술에 해당하는 결정화된 지능(crystallized intelligence)으로 분류한다.

① 유동적 지능은 모든 유형의 문제 해결에 동원되는 생래적(生來的)인 능력이다. 이는 새로운 업무 또는 예측할 수 없는 문제들을 위한 새롭고 창조적인 해결책들과 병행될 수 있는 능력을 적용하는 지능이다. 연령 증가에 따라 정보의 조직화나 주

의집중, 그리고 미래 예기나 예상하는 데에 어려움이 있기 때문에 노인의 유동적 지능은 감퇴한다고 주장한다.

② 결정화된 지능은 연습과 반복의 결과로 획득되는 능력을 말하며, 이는 과거에 축적된 사회화 경험을 반영한다. 또한 매일 매일의 생활에서 실제적이고 전문화된 지혜의 습득을 의미하기도 한다. 통상 노인의 유동적 지능 감퇴는 대신 결정화된 지능의 향상에 의해 보완되는 경향이 있다. 그러나 65세 이후에는 이러한 보완작용이 이루어지지 않는다고 알려지고 있다.

(4) 언어 기능(verbal function)과 비언어 기능(non-verbal function)

브롬리(Bromley, 1966)나 보트위닉(Botwinick, 1977)은 지능의 부문별 변화를 아래와 같이 보고하고 있다.

① 언어기능에 해당하는 어휘 능력, 이해, 산수, 공통점 찾기 등은 연령 변화의 영향을 비교적 적게 받는다.

② 비언어 부문의 능력이나 정신 운동적인 것, 예를 들면 모양 맞추기, 토막 짜기, 빠진 곳 찾기 등 속도를 요하는 기능(psycho-motor function)은 나이가 들어가면서 그 능력 감퇴가 현저하다고 보고 있다.

(5) 인식방법(cognition style)의 차이

카우슬러(Kausler, 1982)는 개인이 상황 변화에 대응하는 방법은 대체로 그 사람의 인식방법에 의해 크게 영향을 받는다고 주장한다. 즉 ① 대체로 젊은이는 '상황 독립적(field-independent)'이었다가, 중년기부터 점차 '상황 의존적(field-dependent)'이 되며, ② 이러한 인식 방법은 교육, 성역할, 건강, 환경에 의해 크게 영향을 받기 때문에 동 시기 집단 차이가 '상황 독립적'에서 '상황 의존적'으로의 전이(轉移)에 큰 영향을 미칠 수 있으며, ③ 젊은이의 사고 방법은 신축성이 있어서 새로운 정보에 따라 종래의 견해를 바꾸는 데 있어서 신속성이 있는 반면, 노인들에게는 경직성(硬直性) 사고가 일반적이라는 주장이다.

(6) 지능의 종말적 강하(terminal drop)

버-그(Berg, 1987)는 노인의 I.Q. 점수가 사망 몇 년 전에 급속히 저조해진다고 보고하고 있다. 즉 노인집단의 지능 평균점수를 낼 경우 죽음을 앞둔 5년 정도 전부터 지적인 능력의 급강하를 보이는 '터미널 드롭(terminal drop)' 현상으로 노인의 지능 평균점수가 낮아질 수 있음에 유의해야 한다고 말한다.

(7) 환경과의 상호작용 / 기타

볼테스 등(Baltes and Willis, 1982)은 지적 능력의 퇴보가 단지 생물학적인 연령 변화에 기인하지 아니하고 환경과의 상호작용에 의해 그때그때 상황에 따라 감소되거나 증가된다고 보고 있다.

이 밖에 다른 연구들에서도 60세 이후의 노인에게 소폭의 경미한 지능 감소가 시작된다고 말하고 있는데, 이는 노인의 건강이 나빠지고 주의집중력이 감소하는 것과 관련되어 있는 것으로 해석되고 있다(Schaie, 1990 ; Hertzog, 1988).

2) 연령과 기억력

일반적으로 많은 노인들이 그들의 기억력이 예전과 같지 않다고 느낀다. 이같은 기억 저조 자각은 그간의 여러 연구들에서 노인 장기 기억 능력의 감소라는 결과로 전폭 지지되어 왔었다(Baltes and Kleigl, 1992 ; Lloyd, 1997 재인용). 사람의 기억체계를 감각기억, 단기기억 및 장기기억으로 분류하여 실험 조사해 온 종전의 연구들에서는 노인의 기억능력 저하 여부를 다음과 같은 기억과정으로 설명하고 있다.

(1) 기억과정과 단계

① **감각 기억** : 시각, 청각, 촉각, 후각, 미각 등 우리의 오관을 통해 들어오는 환경 정보를 1~2초 동안 보관했다 이내 지워 버리는 기억이다.

② **단기 기억** : 공중전화 장소로 걸어가는 동안 번호를 속으로 반복해서 중얼거려 보는 정도의 기억으로서 약 15초 이내에 소멸되어 버린다.

③ **장기 기억** : 단기 기억을 초과하는 기간의 모든 정보 보존을 말하며 우리가 흔히 기억력이라고 알고 있는 바가 이 장기 기억을 의미한다. 장기 기억 또한 다음의 3단계 과정으로 나뉜다.

㉠ **부호화(encoding) 과정**

장기 보관이 요구되는 정보는 단기 기억 내부에서 의식적으로 사용되는 동안 특별한 방법으로 조합되고 부호화되어 받아들여진다. 노인의 경우 부호화 과정을 거칠 때 학습이나 기억력을 증진시키는 '기억 보조 전략' 사용 능력이 젊은이에 비하여 뒤떨어진다. 또한 부호화의 속도나 신축성, 정보처리의 심도 등이 연령이 증가함에 따라 감소된다.

㉡ **저장(storage) 과정**

부호화된 정보를 보관하는 과정으로서 노소간 기억 저장상의 능력 차이가 없는 것으로 보고되고 있다.

㉢ **소환 / 인출(retrieval) 과정**

필요한 정보를 소환하여 깨어 있는 의식 속으로 다시 들여오는 과정이며 이는 다시 인지와 회상이라는 두 단계로 세분된다. 흔히 인지와 회상은 구분하지 않고 사용하는 예가 많지만 이들은 다음과 같이 구별된다.

ⓐ 인지(recognition) 과정 : 단순히 사실만을 인식하는 것으로서, 주어진 지식에서 하나를 구분할 수 있는 능력을 의미한다. 시험문제의 사지선다형 중 맞는 하나의 답을 선택하는 것은 인지능력에 해당된다.
ⓑ 회상(recall) 과정 : 정보를 정확히 재생시켜 지식의 특별한 일부분을 다시 생각할 수 있는 능력을 의미한다. 문제의 에세이(essay) 작성 등에 회상 능력이 관계한다(Hultsch 등, 1990). 예를 들어 중학교 3학년 때의 담임 이름이 무엇인지를 생각해 내는 데에는 회상능력이 필요한 데 비하여, 중학교 3학년 때의 담임 이름이 A인가, 아니면 B인가의 물음에서는 단지 인지능력으로 A 혹은 B를 구분할 수 있다.

많은 연구 실험들에서 인지보다는 회상에서 연령 증가에 따른 능력 감퇴가 보고되고 있다(Craik 등, 1992 ; Schaie, 1996 재인용). 이러한 인지와 회상 능력 간의 연령 차이는 대상자의 언어능력 정도에도 나타났다. 즉 언어능력 수준이 높은 집단에는 연령차이가 없는 반면, 언어능력 수준이 낮은 집단에는 노소의 연령차이가 나타났다 (Hultsch 등 1990).

(2) 일상기억(memory in everyday context) 능력

그러나 이상의 연구들은 연구방법 자체의 제한점을 가지고 있다는 비판을 받고 있다. 다시 말해서 이제까지의 많은 연구들이 인위적인 실험적 과제 수행에 기초한 것이므로 이 연구들에서 밝혀진 기억력의 감퇴가 실제적인 중요성을 갖는다고 말하긴 어렵다는 것이다.

최근의 기억 연구들은 실험실 밖에서의 일상생활과 관련된, 보다 의미 있고 실제적인 내용들 쪽으로 옮겨 가고 있다. 그 결과 신문이나 T.V. 쇼, 일상대화, 과거의 활동들, 개인적인 계획 등에 관한 기억력은 연령이 증가함에 따라 완만한 감소 추세를 보이는 것으로 밝혀졌다(Kausler, 1985). 그런데 이러한 일상에 대한 기억력 감퇴는 그다지 큰 것은 아니며, 일반적인 것도 아니라고 말한다. 솔트하우스(Salthouse, 1991)는 연령과 관련된 단기 기억력 감퇴는 노인의 열등한 기억과제 수행과 인식기능상의 변화 저변에 깔려 있는 중요한 요소가 되고 있다고 말한다. 그러나 여전히 정신적으로 활동적인 노인들은 전혀 기억 손상으로 고통받고 있지 않다.

한편 노인은 최근의 일은 쉽게 잊지만, 먼 과거의 일들은 생생하게 회상하고 있다는 생각은 잘못된 인식이다. 실제로 노인이 과거의 기억들을 더 많이 생생하게 가지고 있다는 것이 증명되지 않은 상태이며, 다만 오래 전 일에 대한 기억들은 생각보다 덜 정확하게 재조직되어 있을 가능성이 있을 뿐이다(Rabbit 등, 1988).

(3) 기억 보조 전략

사람의 학습이나 기억력을 증진시키는 기억 보조 전략에는 정보를 범주별로 분류하거나, 언어적 기억 보조 기술을 이용하거나, 기억하려고 하는 사물의 생생한 이미지를 머릿속에 그려 보거나 하는 몇 가지 유형 등이 있다. 젊은이들은 기억 테스트에 있어서 거의 무의식적으로 이러한 기억 보조 전략을 사용하는 반면 노인들은 그렇지 못하다. 예를 들어서 여러 개의 평범한 단어를 읽어 주고 다시 기억하게 하면 젊은 대학생이 노인보다 월등히 좋은 성적을 올린다. 다음으로 젊은이의 무의식적인 기억 보조 전략 동원을 방해하기 위해 매 단어를 다음 단어를 보여 줄 때까지 크게 반복해서 읽게 한 후 동일한 실험을 하면 젊은이의 성적이 눈에 띄게 떨어져서 노인과 거의 같은 수준이 된다. 혹은 실험에 들어가기 전에 노인과 젊은이 모두에게 이러이러한 기억 보조 전략을 사용하라고 귀띔해 주고 실시한 실험에서는 노인과 젊은이는 큰 점수 차가 보이지 않았다.

결론적으로 노인의 기억력 감퇴에는 장기 기억과정 중 부호화 과정이나 재생과정, 그리고 기억 보조 전략의 요소들이 영향을 미치고 있다. 아울러 실험실이 아닌 구체적인 생활환경 속에서는 단기 기억상의 전반적인 기억 감퇴가 나이와 함께 진행되고 있음을 알 수 있다.

기억력은 또한 노인의 정신건강 측면에 있어서 기질성 정신 장애 즉, 두뇌 손상으로 인한 알츠하이머스병 등이 있을 때 급격히 감퇴한다.

최근에는 기억이 물질적으로 이루어진다는 사실이 확인되고 있다. 즉 기억이 일어날 때 신경세포에 물리화학적인 변화가 일어난다고 보고 있다. 예를 들어 스트레스가 기억에 나쁜 영향을 미치는데, 이는 스트레스 때 분비되는 '코티졸'이라는 호르몬이 기억중추인 뇌의 해마부위를 위축시켜 기억력을 감퇴시킨다는 의견이다.

3) 학습과 문제해결 능력

(1) 학습

동시에 여러 가지 입력 정보를 다룰 수 있는 능력은 연령 증가에 따라 감소한다는 많은 증거들이 있는데, 이러한 변화는 나이가 들면 부적절한 자극들을 여과해 내는 능력이 감소되기 때문으로 풀이된다(Lloyd, 1997).

인지영역에서 우선적인 변화는 속도(speed)에서 나타나고 있다. 여러 연구들에서 중년기부터 점차 연령 증가에 따라 학습하고, 문제를 해결하며, 기억을 상기하고, 정보를 처리하는 속도가 감소한다고 보고하고 있다(Drachman, 1986). Birren 등(1995)은 이런 경향의 본질은 연령에 따른 신경학적인 기능의 변화 때문인 것으로 추측하고 있다.

연구에서는 아직까지 몇 살부터 학습 능력이 감퇴되기 시작하고 또 어떤 속도로 감퇴되어 가는지 뚜렷이 밝혀진 바가 아직 없다. 전통적인 학습이론과 관련하여 연령

증가 요인을 다음과 같이 살펴볼 수 있다.

① **고전적 조건화**(classical conditioning) : 단지 단순한 습득 반사인 고전적 조건화의 경우 노인은 젊은이에 비해 시간도 더 걸리고 또 반응도 약한 것으로 나타나고 있다.

② **조작적 조건화**(operant conditioning) : 특수 행위를 보상하거나 처벌함으로써 행위를 바꾸려 하는 조작적 조건화는 나이와는 관계없이 언제나 효과적인 것 같다.

③ **언어 학습 능력**(verbal learning) : 언어 학습 능력 검사 점수는 개인차가 많으나 나이가 60살이 넘으면서 낮아지는 경향이 있다. 한편 추론하고 문제를 풀어내는 기술은 나이 많은 노인도 교육을 통해 배울 수 있다.

(2) 문제해결(problem solving) 능력

문제해결 능력은 나이가 들면서 감소되는 것으로 나타나고 있는데 이러한 감소의 원인은 아직 명확히 밝혀지지 않은 상태이다. 다음의 문제해결 변화 여부는 가려볼 수 있는 세부적인 측면에 대한 논의이다.

① 삐아젯(Piaget, 1983) 인식발달론에 따른 감퇴

Piaget은 청년기에 들어 완성된 인식 능력 즉, 형식적·조작적 사고(formal operational thought)가 그 후의 전 생애에 그대로 적용되는 것으로 믿어 그의 단계적 발달이론을 청년기 이후에까지 확대하려는 시도를 하지는 않았다. 이러한 Piaget류의 인식발달 이론을 원용한 노인의 인식 능력 검사 결과는, 대부분 문제해결 능력이 나이와 함께 감소하는 것으로 나타나 있어 일부 학자들은 인식 능력의 발달이라는 것이 일정 나이에 이르면 다시 감퇴하는 것이 아닌가 생각하고 있다(Hooper 등, 1972). 그러나 이러한 연구결과에도 불구하고 노인기에 인식능력의 감퇴현상이 보편적이라는 결론을 내리기에는 무리가 따른다. 우선 Piaget류의 연구에서 그 대상자의 표본 내용이 정상 노화 과정상의 능력 감퇴로 보기에 어려움이 있고, 그 밖에 측정도구나 방법론상의 부적합성이 지적되고 있다.

또한 개인의 인식능력은 개인과 그가 처한 상황과의 상호작용에 의해 영향을 받는다고 볼 수 있다. 즉, 현대와 같이 기술 사회에서 노인들이 그 사회적 역할을 상실하게 되면 역할 상실이 지적 능력의 감퇴로 이어진다는 주장은 인식발달론의 주장과는 구별된다.

② 개념 구성 및 재조합 능력과 사물의 분류 경향

사람이 복잡한 문제를 풀어가는 데 있어서는 우선 문제의 성격을 기초적인 개념의 조합으로 파악한 다음 간단하고 효과적인 답을 가질 수 있는 새로운 유형으로 개념을 재조합하는데, 이러한 개념 구성 및 재조합 능력은 노인의 경우 감퇴하는 것으로 알려져 있다.

시시렐리(Cicirelli, 1976)에 의하면 노인은 사물을 추상적 범주에 의해서가 아니라 기능에 따라 분류하는 경향이 있다. 즉, 평범한 여러 개의 가사 용구의 사진을 제시하고 분류하도록 했을 때 젊은이는 물건들을 부엌세간, 가전제품 등 추상적 범주별로 분류하는 경향이 높은 반면 노인은 기능별로 구분하여 프라이팬을 가스스토브와 같은 부류에, 또 담뱃대와 성냥을 같은 부류에 분류하는 경향이 높아진다. 즉, 항상 같이 어울려 쓰이는 물건을 한 분류에 포함시킨다. 코간(Kogan, 1982)은 사물의 기능적 분류가 노인의 지적 능력 감퇴의 결과라기보다는 사물의 범주적 측면보다는 기능적 측면의 인식이 생활에 직접 필요한 데서 오는 생활 적응의 결과라고 주장한다.

③ 전략의 미숙함

스무고개 등 수수께끼를 풀어갈 때 질문의 논리적 치밀성이나 질문의 전략적 우선순위 결정이 젊은이에 비해 뒤떨어지는 것으로 알려져 있다. 그러나 데니(Denney, 1979)의 연구에서, 약간의 사전적 지시나 교육이 주어지면 문제풀이에 있어서 전략의 미숙함이나 개념 형성의 미비 등이 금방 해소되었다고 보고하고 있다. 이를 통해 볼 때 노인의 지적 능력의 본질적 감퇴는 없는 것으로 보인다.

결론적으로 대부분의 문제 해결 능력은 노인에게 인지적 처리의 속도가 늦어진 것을 상쇄할 수 있는 충분한 시간이 주어진다면 쉽게 보완될 수 있을 것으로 판단된다. 더욱이 인지기능에 있어 나이와 관련된 감소의 많은 부분은 노인의 지식의 증가로 상쇄될 수 있을 것이다(Lloyd, 1997).

4) 창조성과 지혜

(1) 창조성

창조성은 종종 지능과 관련지어져 왔으며 인간은 노화됨에 따라 점차 창조적이지 못한다는 관념이 널리 자리잡고 있다. 레-만(H. Lehman, 1962)의 노화와 창조성에 관한 고전적인 연구는 창조성의 곡선은 정확하게 유동적 지능의 곡선을 따른다고 주장하였다. 즉 인생의 창조성은 30대 전후가 최대를 이루고 그 후 10년 단위로 쇠퇴하게 된다는 것이다. 그러나 최근의 연구들은 노년기에도 지적 수행능력이 잘 유지되고 있음을 강조하고 있다(Simmonton, 1990). 이러한 사실은 인문과학이나 자연과학, 그리고 예술분야의 작품 연구에서 증명되었다. [그림 4-1]은 79세 이상 되는 738명의 남성을 대상으로 매 10년마다 일생동안의 전문적 작업량을 그래프로 나타낸 것이다. 많은 전문가들이 40대에 대부분의 작품을 만들었지만 여러 영역의 생산성은 60대와 심지어 70대를 거치면서도 꽤 안정적으로 유지되었다. 작품의 양보다 질에 초점을 맞춘 다른 연구자들은 '대작(masterpieces)'은 거의 모든 연령층에서 같은 정도로 이루어졌음을 발견하였다.

【그림 4-1】 연령에 따른 전문직 생산성

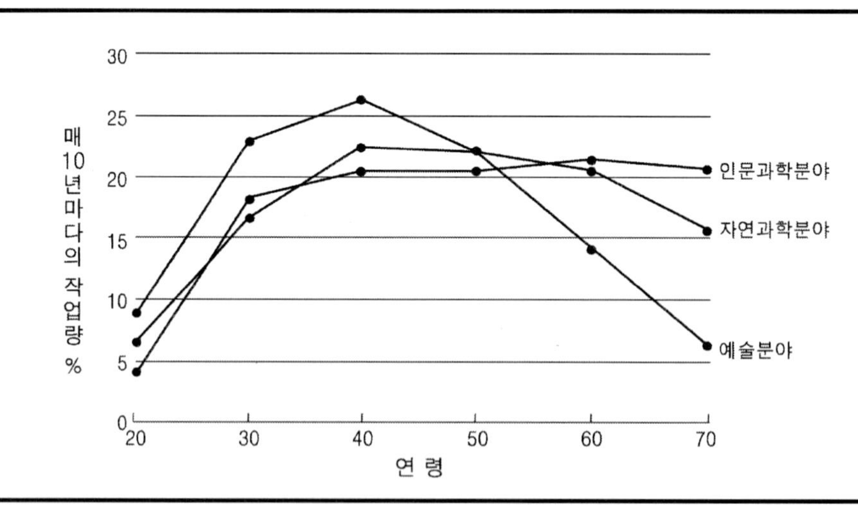

자료 : Dennis (1966) ; Lloyd & Weiten (1997) 재인용

우리에게 잘 알려진 위대한 인물들의 경우를 보면 그들의 위대한 작품의 일부는 생의 마지막 몇 년 사이에 완성되었다. 예를 들어 미켈란젤로는 '최후의 심판'을 66세에 끝냈고, 70세에 성베드로 성당의 돔을 완성했다. 괴테는 82세에 '파우스트'를 끝내고, 베르디는 74세에 오텔로를, 80세에 폴리스태프를 작곡했고, 갈릴레오는 눈이 먼 74세에 진자 추의 운동 법칙을 발견하였다.

조직을 이끌어 나가는 정치사회의 지도자들 중에도 나이 든 사람들이 많이 있다. 로마 카톨릭 교황, 미국의 주요 법인 단체의장들, 미국 최고법원의 판사, 프랑스 대통령, 미 육해군의 수장 등의 지도자 자리는 그 임기의 절반 이상의 기간 동안 60이 넘은 사람들이 차지하였다. 그리고 위스턴 처칠이나 마오쩌뚱, 로날드 레이건 등 70대나 80대 초반의 지도자들도 있다. 나이 든 지도자들은 젊은 사람들처럼 서두르지 않고 어떻게 큰 조직의 활동을 조직화시켜야 되는지 알고 있다.

[그림 4-2]는 인간의 지적 성장을 나타낸 것이다. 에너지를 적절히 사용했을 때 지적 성장의 잠재성이 더욱 증가됨을 정상적인 경우와 비교해 볼 수 있다. 이 그래프는 17~30세 때에는 수학, 문학, 음악 등을 통해 상상력이, 27~47세 때에는 예술, 과학, 행정 등을 통해 창조력이, 43~82세 때에는 철학 등을 통해 추상력이 최고점에 도달할 수 있음을 나타내고 있다.

【그림 4-2】 인간의 나이에 따른 지적 성장량

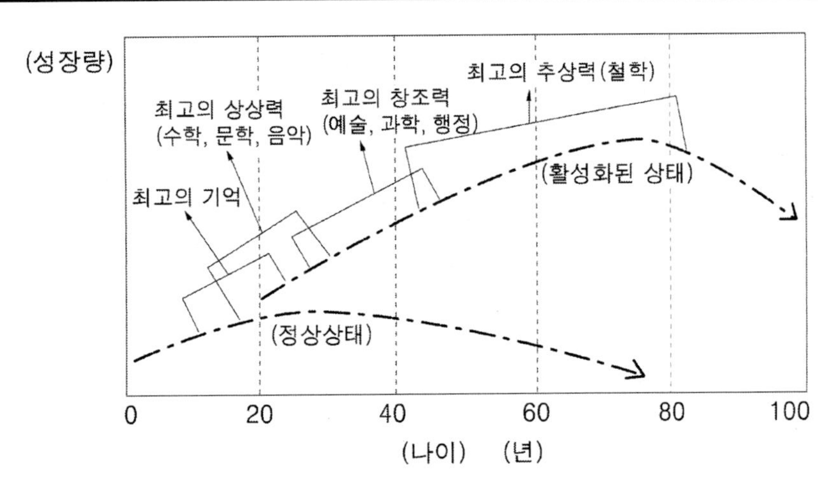

자료 : 한성수 (1985)

(2) 지혜

한편 사람의 생산성과 문제 해결 능력만을 중시하는 문화적 배경 하에서는 지혜의 획득을 다소 경시하는 경향이 없는 것은 아니나, 일반적으로 지혜는 동서고금을 막론하고 나이와 함께 증가하는 것으로 여겨지고 있다. 학자들은 지혜를 인간발달과 상태의 본질에 관한 전문적인 지식으로서 이해하고 있기 때문에 이러한 지혜의 획득과 유지는 연령 증가에 따라 보다 용이해질 수 있다고 본다. Erikson(1982)은 나이가 들어서 임박한 죽음을 받아들이고 인생의 의미를 찾아내는 데서 지혜는 비로소 개발되게 된다고 설명하고 있다. 앞서 인간의 지적 능력에서 제시된 유동적 지능과 결정화된 지능에서 Cattel과 Horn은 전자를 생래적이고 기초적인 기능적인 지능으로, 후자를 후천적인 학습과 경험에 의해 보다 진보 개발될 수 있는 실용주의적인 지능으로 구분하였다. 기능적이고 유동적인 지능은 연령 증가에 따라 손실·퇴화 가능성이 있는데 반하여 실용주의적이고 실체적인 지능은 오랜 기간의 연륜과 경험으로 인한 지식의 축적으로써 성장가능성이 있다고 볼 수 있다. 지혜는 이러한 실용주의적인 지적 능력의 측면에서 성인발달 모델의 하나로 간주되고 있다. 따라서 Baltes 등(1990)은 인생문제에 관한 지식을 포함하여 인생의 근본적인 실용주의적 영역에서 훌륭한 판단과 충고를 가능하게 하는 전문적인 지식을 지혜라고 정의하고 있다(Moody, 1994 재인용). 이때 인생문제에 대한 지식이라 하면 전 생애 발달, 인간의 본성과 행위, 인생의 과업과 목표 및 사회적·세대적 관계 등의 변화와 상태에 관한 지식과 아울러 인생의 불확실성(uncertainty)과 예측 불허성(unpredictability) 등에 관한 지식을 일컫는다. 따라서 지혜란 과거의 규칙적인 경험이나 습관에 의하여 굳어진 것이 아니라 독특하고 새로운 인간문제에 대하여 예외적으로 적합하고 훌륭한 판단을 할 수 있는 능력이며, 이 능력은 연령 증가에 따라 증가할 가능성이 커진다고 결론지을 수 있다.

2. 노인 성격 특성과 심리적 적응

심리학자들은 인간은 상황마다 나름대로의 독특한 방법으로 반응하지만 여러 다른 상황에서 반응하는 방법 사이에 하나의 유사성을 이루는 일관된 성향이 있다고 말한다. 이러한 일관성이 바로 성격 혹은 개성(personality)이며 이로써 사람과 사람 사이의 차별이 가능해진다.

1) 성격의 안정과 변화

우리는 일반적으로 성인의 개성을 안정되고 지속적인 것으로 간주하는 경향이 있는 데 반하여, 이와는 정반대로 인간 성격 변화의 가능성을 인정하기도 한다. 예컨대 젊었을 때 고집 있고 강인한 사람이 인생 후반기에 평화롭게 남을 도와주는 생활을 하거나 젊었을 때 나약하고 변화가 심한 이가 인생의 후반기에 자신 있는 사람이 되기도 한다. 어떤 이는 교통사고 또는 알콜 중독증 혹은 종교적인 신앙심을 경험하게 되어 몰라볼 만큼 변화된 모습을 보이기도 한다. 그렇다면 연령과 관련된 성격 변화의 본질은 무엇인가? 사람의 성격이 일생을 통해서 안정적으로 유지되는가, 아니면 현저하게 변화하는가? 나이를 먹어 가면서 발생하는 인격상의 변화에 어떤 보편적 경향들이 있는 것일까?

이들 물음에 대한 논의를 정리해 보면 다음과 같다.

(1) 성격의 안정성

심리학자들은 성인기에 성격이 얼마나 안정적으로 유지되는가에 대한 질문에 대해 두 가지 상반된 견해를 보이고 있다. 그 하나는 인성 특성을 객관적으로 평가한 대규모의 종단연구에서, 성격의 장기적인 안정성을 증명한 것이다. 이 종단연구에서 나온 전체적인 결론은 성격이 20~40세를 거치며 아주 안정적으로 고정되는 경향이 있다는 것이다(Costa and McCrae, 1994). 예를 들어 코스타와 맥크레(Costa and McCrae, 1988)는 첫 번째 조사시 21~76세였던 938명의 남성과 여성을 6년간 종단연구 하였는데, 6년 후 이들에게서 5개의 성격 특성들에 대한 자기평가의 안정성이 매우 높다는 사실을 밝혀냈고, 이 점은 남성과 여성 사이에 큰 차이가 없었다. 아울러 Costa와 McCrae는 같은 6년 간격으로 조사 대상자의 배우자가 내리는 평가를 조사하였는데 배우자 평가의 안정성은 조사 대상자 자신의 자기 평가안정성과 거의 비슷하였다.

[표 4-1]은 Costa와 McCrae의 연구에서 밝혀진 성격의 다섯 가지 특성 모델을 제시하고 있다. 연구자들에 의하면 인간의 모든 성격은 표의 왼쪽 부분에 명시된 5가지 기본 특성으로부터 연유하는 것이며, 성격의 상위 서열로서 이 5가지 기본 특성이 표의 오른쪽 부분에 기재된 하위 서열의 나머지 종속적인 성격 특성들을 결정짓고 있다고 주장한다.

【표 4-1】 Costa와 McCrae의 5가지 성격 특성 모델

기본적인 특성(상위서열)	종속적인 특성(하위서열)
신경과민성 (Neuroticism)	걱정하는, 불안해 하는, 죄책감을 가지는, 자의식이 강한
외향성 (Extraversion)	말이 많은, 사교적인, 재미 추구의, 애정적인
개방성 (Openness to experience)	담대한, 관심 많은, 상상력이 풍부한
유쾌함 (Agreeableness)	공감적인, 신뢰하는, 협동적인, 온정적인
자의식 (Consciousness)	윤리적인, 의존적인, 생산적인, 목적 있는

자료 : Costa and McCrae (1988) ; Lloyd & Weiten (1997) 재인용

이에 앞서 우드러프와 비-렌(Woudruff and Birren, 1982)은 25년간의 단기 횡단법과 장기 종단법을 겸용한 19세부터 44세 중년기에 이르기까지의 성격 검사 실시에서 기간 경과에 따라 비교적 성격이 일정하게 유지되고 있음을 보여 주었다.

Neugarten(1973) 역시 성인 중기 성격 특성에 대한 광범위한 연구에서 연령 증가와 상관없이 성격이 유지된다고 강조하고 있다.

한편 Neugarten(1977)의 단기 횡단법 연구에서는 자기중심성, 의존성, 내향성, 독단성, 경직성, 자아개념 등이 연령 증가에 따라 변화하는지를 연구해 본 결과 일관성 있는 아무런 패턴을 찾아낼 수 없었으며, 다만 내향성(introversion)만이 인생 후기에 증가하는 양상을 보이고 있으나, 이는 외부에서 관찰될 수 없는 내적인 과정이라 말한다. 또한 시간에 대한 전망이 달라져 지금까지 살아온 날들보다는 앞으로 남아있는 살아갈 날들을 계산하게 된다고 한다.

(2) 성격의 변화

성격의 안정성 여부에 대한 두 번째 견해는 연령 증가에 따른 성격이 변화한다는

것이다. 칼 융(Carl Jung)은 인생의 후반부에 자기발견과 자기발달의 지속적인 과정인 개별화(individuation)가 나타난다고 주장한다. 개별화는 상반되는 특질들 간에 균형을 맞추는 것으로서 개인에게는 내적·외적 현실을 취급하는 두 가지 기능이 있으며, 어느 시기이든 이 두 가지 기능 중의 하나가 지배적이 되며 또 다른 하나는 억압된다. 그러나 자아가 완전히 표현되기 위해서는 억압된 측면의 기능이 표출되어 두 가지 기능 모두의 통합을 이루어야 하는데, 주로 나이 들어 성인기에 이 통합된 발달이 이루어진다고 보고 있다.

인생의 8단계 이론으로써 성격 변화론을 주장하는 에릭슨(Erikson, 1963)은 심리사회 발달 단계상 40~45세 이상에 해당하는 장년기와 노년기에 자아탐닉 대 생성감 및 절망 대 자아통합이 개발된다고 말한다.

르빈슨(Levinson, 1978)은 각 사람의 생애 구조(life structure)는 중년기의 초입에 과도기적 국면과 안정된 국면이 번갈아 교체하며 또한 내적 혼란을 경험하는 중년기 위기를 맞게 된다고 말한다. 구-드(R. Gould, 1978) 역시 그의 성인 발달론에서 인간은 일련의 전환(transformation)을 거치면서 자아개념이 변화한다고 주장한다.

헬슨 등(Helson & et. al., 1987)은 Mills 대학의 여자 대학원생의 연구에서 21~27세 간에는 성격 변화가 전혀 발견되지 않았지만 27~43세 간에는 지배성(dominance)과 독립성(independence)이 증가하였다고 밝히고 있다. 이에 따라 휘트본 등(S. Whitbowne and et al., 1992)은 성인 성격의 여러 요인들이 변화한다는 증거가 점차 많아지고 있다고 주장한다.

결론적으로, 일단 형성된 성인의 성격은 상당 정도 안정되고 지속적인 것으로 나타나는가 하면, 그럼에도 불구하고 인간은 환경적인 제 여건에 의해 합성되어 구별되어지고 변화에 대한 잠재성이 중요하게 작용한다고 볼 수 있다(Schaie 등, 1996). 한편 성인기 성격의 안정성 여부에 대한 연구자들의 견해가 서로 상반되게 나타나는 이유 중 다른 하나는 연구자들이 같은 결과를 다른 관점으로 보기 때문일 수도 있다. 즉 어떤 연구자들은 컵에 물이 반이나 차 있다는 결론을 내리는 반면 다른 연구자들은 반이나 비었다고 말할 수 있다. 이런 논쟁에 관하여 로렌스 퍼-빈(Lawrence Pervin, 1994)은 성격을 안정적이고 동시에 변화하는 것으로 규명하고 있다. 즉 정서적 안정성과 외향성, 독단성 등은 비교적 안정적인 데 반하여 여성성이나 남성성 등은 연령 증가에 따라 체계적으로 변화하는 경향을 보인다는 주장이다.

2) 노인 성격 특성과 심리적 욕구

(1) 노인의 일반적 속성

성격 변화를 연구하는 이들은 개인의 일관된 성향은 그의 전생애를 통하여 비교적 일정하게 유지된다는 주장을 한다. 그러나 다른 이들은 나이가 들어감에 따라 새 역할이 주어지며 경험이 쌓이는 등 환경의 영향을 받아 새로운 성격 형성이 이루어진다는 주장을 하기도 한다. 주로 성인학자들이 주장하는 후자의 경우는 인생 초기의 성격이 중년기까지 변화 없이 유지된다 해도 성인 후기인 노년기에 이르면 다소 변화될 가능성이 높다고 주장한다. 노인은 신체적으로 약화되고 은퇴로 빈곤해지기 쉬우며 사회·심리적으로 고립과 소외를 경험한다. 더욱이 이러한 변화들에 대한 적응 능력 역시 저하되며, 결국 욕구 불만이 생기고 이에 반응하는 노인기 특유의 성향이 생성될 수 있다.

연구자들에 의하면 노인은 다음과 같은 성격 특성을 가지고 있다.

① 우울해지는 경향

대체로 노인이 되면 우울해지는 경향이 있다. 이는 늙으면 젊은이보다 스트레스의 양은 줄어들지만 스트레스의 내용이 부정적인 것이 많아지기 때문이며, 아울러 퇴직으로 인한 정체성 상실, 직장 동료들과의 단절에서 생기는 상실감, 쓸모없는 사람이 되었다는 무력감, 다른 이에게 삶을 의존하는 데 따르는 좌절감, 외로움, 그리고 나이가 들면서 REM의 시기가 감소하여 깊은 잠 없이 얕은 잠에서 쉽게 깨는 경향 역시 노인기 우울 증세와 무관하지 않다. 그러나 개인의 적응 능력 정도에 따라 전혀 우울 증세를 보이지 않는 노인도 있다.

② 의존성의 증가

노인은 신체적·경제적·사회적 능력의 쇠퇴로 인하여 발달단계상 자연스럽게 의존성이 증가한다. 구체적인 노인의 의존성에는 경제적·신체적·정신적·사회적·심리적·정서적 의존성이 있으며 아직 사회보장제도가 미흡한 우리나라의 경우 이 모든 영역에서 대체로 자녀의존적인 경향을 보인다. 배우자 생존시에는 배우자에게 의존하며, 세대간의 상호작용으로 노소세대가 지속적인 영향을 주고받지만 연령증가에 따라 점차 자녀에 대한 의존성이 증가한다고 볼 수 있다.

③ 회상의 경향

노년기에 이르면 특히 생의 시간이 얼마 남지 않음과 죽음이 가까워옴을 지각할수록, 지나온 생을 뒤돌아보고 회상하는 경향을 나타낸다.

④ 내향성의 증가

노인이 되면 내향적인 성격으로 바뀌면서 내면 자아에 몰두하는 경향을 띠게 된다. 나이가 들면서 내향성이 증가한다는 데에는 거의 모든 학자가 의견 일치를 보이고 있다. 성인 심리학자 Neugarten은 남녀 모두가 그들의 노인기에 에너지가 외부 세계에서부터 내부 세계를 향해 이동하고 있다고 주장하면서 대체로 노인들은 그들의 지난 생을 재평가하고 내면의 세계에 눈을 뜨는 내적 성찰을 가지게 된다고 말한다.

⑤ 과거 지향적인 경향

젊은이는 생각에 융통성이 있고 새로운 것을 수용하고 변화를 시도하는 것에 주저하지 않는 반면에 노인은 한 번 굳어진 생각을 바꾸기 어렵고 새것을 수용하기보다는 옛것에 집착해 있기가 쉽다. 사람마다 개인차가 있어서 젊은이 못지않게 그 생각에 신축성이 있는 노인들도 많이 있지만 대체로 나이가 들면 과거 지향적이 되어 버리고 새로운 것에 마음 열기를 주저하는 경향이 있다.

⑥ 조심스럽고 신중함

많은 세월을 지나오면서 시행착오를 거듭하고 연륜이 가져다 주는 신중함이 몸에 배이게 되는 시기가 노인기이다. 노인은 돌다리도 두들겨 보고 가는 조심성을 보인다.

⑦ 생성감 표현

나이가 들면서 무언가 유산으로 남기고자 하는 경향이 생긴다. 그것은 '스승 닮은 제자'일 수도 있고, 정작 자신은 못 써 보고 죽어도 자식에게 남겨 주고 싶은 '일생동안 번 돈'일 수도 있고, '가계를 잇는 핏줄'일 수도 있다. Erikson이 제시하는 장년기 이후의 발달 과업인 생산성은 바로 생성감을 의미한다 하겠다.

⑧ 애착심

노인이 될수록 주위의 친숙한 것들에 대한 애착심이 증가한다. 친숙한 물건들은 노인으로 하여금 지나온 과거를 회상하고 마음의 안락과 만족을 느끼게 하며, 비록 세상과 세월은 많이 변하였지만 자신과 자신의 주변은 변하지 않고 일정한 방향으로 유지되고 있다는 느낌을 갖게 한다. 이러한 버리지 못하고 간직하고자 하는 노인심리는 일상생활 곳곳에서 젊은 세대와 오해와 충동의 소지를 가진다. 노인을 모시고 사는 이들이 살던 집에서 이사하는 일에 각별히 신경을 써야 하는 이유는 노인은 쓰던 물건을 쉽게 버리지 못하는 것과 마찬가지로, 정 들여 살던 집에서 다른 집으로 옮겨 가는 것에 대하여 거부감을 가지기 때문이다. 노인은 주거이동에 대하여 편리하고 새로운 곳으로라기보다는, 낯선 곳으로라는 느낌을 더 강하게 가진다.

⑨ 성 역할의 변화

나이가 들면 성역할 지각에 변화가 생긴다. 노인기가 되면 그간 내재되었던 반대성의 속성이 표출하게 되면서 그 동안 일생 지속되었던 성 역할이 남성 혹은 여성 어느 한 쪽으로 치우치지 아니하고 양성화(androgynous)되는 경향을 보인다. 이에 대해서는 뒤에서 다시 자세히 언급하기로 하겠다.

⑩ 시간 조망의 변화

Neugarten의 단기 횡단 연구(1977)에 의하면 노인이 되면 시간에 대한 조망이 달라져 시간계산 방법에 변화가 온다. 즉, 태어나서 현재까지의 시간을 셈하던 역연령(calendar age)의 계산법에서, 현재에서 사망까지 앞으로 남아있는 시간을 계산하는 경향을 보인다. 예를 들어 현 72세의 노인이라면, '내가 만일 80세까지 산다면 앞으로 살 날이 8년 남았소.'라고 말함으로써 자신의 나이를 역으로 계산한다.

(2) 노인의 심리적 욕구

노인의 심리적인 특성으로 심리적 욕구를 제시할 수 있다. 그들이 가지는 욕구는 ① 정신적으로나 경제적으로 안정감을 가지길 원하고, ② 아직도 무언가 할 수 있음을 보이기 위해 알고자 하고 배우고 싶어하며, ③ 친구나 자녀들과 정서적이고 감정적인 유대 관계를 가지기 원하고, ④ 건강하고 더 오래 살기를 원하며, ⑤ 자신들의 존재가치를 인정받고 싶어한다.

몸과 마음이 약해지고 상실감 속에 처한 노인기에는 특히 자기유용감에 대한 자기 확신이 무엇보다 중요하다. 노인 자신이 아직은 누군가에게 필요한 존재라는 사실을 끊임없이 확인받고 싶어하기 때문에 다 큰 자녀들이 의논해 오고 물어 주기를 고대한다. 고부간의 갈등에서 시부모 쪽이 받는 큰 상처 중 하나는 며느리가 시어머니에게 이런저런 물음이나 자초지종의 설명 없이 혼자 알아서 일을 처리하는 경우이다. 시부모는 자신과 의논하거나 일의 과정 등을 통보받기를 원한다. 또한 노인은 자신이 부담스럽고 귀찮은 존재가 되고 있다고 느낄 때 큰 상처를 받는다. 그들은 차라리 자녀 주머니에서 나오는 용돈을 안 받고라도 자녀에게 부담을 주는 존재가 아니었으면 한다.

3) 노년기 성역할의 양성화(Androgynous)

노년기 속성 중에서 특히 노년기 양성화 경향은 남녀 모두 상대방의 성향과 특질을 취하기 시작함으로써 남녀 동화(同化)현상이 일어나는 것이다.

① 칼융(Carl Jung, 1933)의 이론

남녀는 모두 남성 성향(masculinity)과 여성 성향(femininity)을 같이 소유하고 있는데, 일생 동안 남성성을 주로 사용해 버린 남성은 노년기에 여성 성향이 대신 많이 남아 있게 되고, 이와 같은 논리에 의해 여성 역시 노년기에는 특히 정신 영역에서 평소의 자기 자신과는 반대되는 남성의 성향을 함께 가지게 된다.

② 그트만(David Gutmann, 1975)의 이론

남녀의 기본적인 개성 차이는 자녀 양육의 필요성에서 진화되어 나온 결과라고 본다. 그에 의하면 이러한 남녀 차는 원래 연약한 유아기와 소년기의 자녀를 보호하기 위한 것으로서 젊은 부모 사이에서 가장 두드러지게 나타났다가 노년기에 이르면 현저히 감소한다고 한다. 유아 양육의 기간 중 남성은 어떠해야 하고 여성은 어떠해야 한다는 전통적 견해에 의해 북돋아지는 아버지로서의 또는 어머니로서의 행위는 유아의 육체적·정서적 안정의 욕구를 충족시켜 주기 위한 것이라는 것이다. 일단 남성이나 여성으로 태어나면 상대 성의 성향을 완전히 결여하고 있는 것이 아니고 단지 부모로서의 역할을 수행하는 동안만 반대 성향을 억누르고 있다가 자녀가 장성하여 출가하게 되면 남편과 아내는 그들 가운데 내재되어 있는 양성 모두를 마음껏 표현하기 시작하게 된다. 즉 남자는 권력보다 사랑에의 관심이 커지고 마음 놓고 의타적이 되며, 아내에게 고분고분해지고 자유분방한 감각적 쾌락을 추구하며, 음식, 미학적 쾌락, 사람들과의 교제 등을 즐기게 된다. 반면 여자는 보다 공격적이고 저돌적으로 변하며 권위주의적이 되고 남을 돌보고 이해하기보다는 스스로 우뚝 서기를 좋아한다. 즉 남녀 모두 상대성의 성향과 특질을 취하기 시작함으로써 남녀 동화 현상이 일어나는 것이다.

4) 노년기 심리적 적응

모든 사람들은 하나의 형태로 동일하게 늙어 가는 것은 아니다. 그들은 활동성 수준이나 개인의 성격과 심리적 차원에 따라 노년을 매우 다양한 형태로 적응해 나가고 있다.

(1) 노년기 활동성 수준과 심리적 적응

① 활동이론(activity theory)

일반적으로 성공적 노화 또는 노년기 생활만족도를 '바람직한 상태에 대한 도달 정도'라고 정의할 때, 노인을 대상으로 연구하는 노년학의 주요한 두 주류는 활동이론과 은퇴이론으로 규정되고 있다. 관련 학자들은 성공적인 노화적응과 활동성 수준 간의 관계에는 서로 상반된 두 개의 큰 이론적 견해가 대립하고 있다고 말한다. 그 중 하나가 레몬 등(Lemon and et al., 1972)이 주장하는 활동이론인데, 이 이론에 의하면 노인의 활동성이 높게 유지될수록 그 노인은 행복하다고 한다. 즉 개인들이 젊었을 때 행사하던 활동과 역할을 유지할 수 있는 능력 정도가 성공적 노화 여부를 결정 짓는다는 것이다. 이들은 사람이 늙어감에 따라 종전에 수행해 오던 역할을 상실해 버리거나 또는 다른 역할을 떠맡게 되는 것은 어쩔 수 없는 일이지만 노화과정에 성공적으로 적응해 나가고 있는 노인들을 보면, 그 활동의 총량은 줄어들지 않고 있다고 주장한다. 따라서 노화의 결과로 어떤 한 가지 역할이 상실되면 그와 비슷한 또 다른 활동으로 대체되어야 한다는 것이다(Atchley, 1980). 이때 이들이 말하는 역할 수행에는 활동의 양과 사회활동의 질의 두 가지 측면이 있는데, 논자에 따라 그 강조점이 달라지기도 한다. 즉 버지오(Burgio, 1987)는 사회적 상호작용의 양이 성공적인 노화의 일관된 예측변인이 되지 못한다고 하면서 질적인 상호작용을 대신 강조하고 있다.

② 은퇴유리이론(disengagement theory)

이와 같은 '활동이론'과는 정반대로 커밍과 헨리(Cumming & Henry, 1961)는 노인의 사회 사교활동에 관한 기능적 접근의 하나로서 노년의 '은퇴/ 유리이론'을 제시하고 있다. 여기에서 말하는 노년의 사회적 유리라는 것은 '노인의 사회로부터의 이탈 (withdrawal by the eldery from society)'과 '사회의 노인으로부터의 이탈(withdrawal by society from the eldery)' 모두를 의미한다. 이 이론에 의하면 성공적 노화는 사회적 지위와 역할의 유지를 통해서가 아니라 그러한 직위나 역할로부터의 이탈을 통해서 이루어진다. 따라서 행복한 노인이란 이러한 사회적 이탈 과정을 순순히 받아들이고 나아가서는 그러한 이탈을 적극적으로 바라는 사람인 것이다. 만일, 어떤 사람이 이러한 이탈 과정을 수용하지 않으려 한다면 그는 사회의 기능적 요구를 성공적으로 수행하지 않고 거부하는 것이 되며, 따라서 그의 후반 인생에 적응해 나가는 데 큰 어려움을 겪게 될 것이라는 것이다. 몇몇의 연구들은 사람이 늙어가면서 그들의 사회활동 범위는 점점 줄어가지만 이러한 과정에서 여전히 매우 높은 사기를 유지하고 있다라는 실증적 결과를 보임으로써 이와 같은 노년의 사회적 유리 이론을 지지하고 있다(Lowenthal & Boler, 1965 ; 홍숙자, 1992 재인용).

(2) 성격과 심리적 적응(라이카ー드 등의 성격 적응)

라이카ー드 등(Reichard and et al., 1962)은 은퇴한 남성 87명을 대상으로 은퇴 후의 성격 및 적응 유형을 다음의 5가지로 분류하고 있다. 이들의 연구는 앞서 소개한 활동 혹은 은퇴 이론의 활동성 수준만 가지고는 노후생활의 적응에 관한 성공 여부를 결정지을 수 없다는 논리 하에 다른 세 가지 적응 유형을 추가시키는 것으로 이해할 수 있다. 이에 대하여 윤진의 노화와 성격 적응 연구(1985)를 참고로 다음과 같이 정리할 수 있다.

① 분노형(The angry man)

이 유형은 자신의 과거를 절망감과 실패감으로 돌아보며 실패의 원인을 불행한 시대, 경제 사정, 부모, 형제, 자녀 등 외적인 면으로 투사한다. 따라서 원망과 질책을 타인이나 자신의 외부로 돌리고 타협을 거부한다.

② 자학형(The self-haters)

이 유형 역시 젊은 시절 인생의 목표를 달성하지 못하고 늙어버린 데 대하여 비통해 하며 불행의 원인을 자기 탓으로 돌리고 자신을 질책한다. 이들은 늙어간다는 사실을 인정하지 않으려 하며 나이가 들수록 점차 우울증이 깊어지고 부적응과 무가치함을 경험하게 된다.

③ 은둔형(The rocking-chair man)

이 유형은 은퇴와 더불어 일생 지녔던 무거운 짐을 벗어 던지고 복잡한 대인관계와 사회적 책임감에서 벗어난 것을 홀가분하게 생각하는 부류이다. 이들은 노년기의 조용한 생활이 젊은 시절에 해 보지 못한 것을 보상해 줄 수 있는 좋은 기회라고 생각하고 손자를 돌보거나 꽃을 가꾸며 편안한 노년을 보낸다. 이는 Cumming과 Henry(1961)의 은퇴이론에 근거하는 적응유형이다.

④ 무장형(The armored)

이 유형은 늙음과 함께 오는 소극성과 무력감, 신체적 능력의 저하를 막아보기 위해 적극적으로 활동하는 이들이다. 늙어가는 데 대한 불안을 방어하기 위하여 젊어서와 같은 사회적 활동이나 기능을 계속 유지하고 활동의 양이나 활동의 질에서 보람을 느끼고 생애 만족감을 느끼는 유형이다. 이는 Lemon 등(1972)의 활동이론에 근거하는 적응유형이다.

⑤ 성숙형(The matured)

이 유형은 자신들의 삶이 잘 보상받았다고 느끼고 과거에 대하여 후회하지도 않으며, 현재에도 별 상실감이 없이 살아간다. 이들은 늙는다는 것을 당연하게 여기고 자신은 최선을 다해 살아왔다고 생각하기 때문에 비교적 정신적인 갈등이 없으며 많은 활동과 인간관계를 통해 참된 만족감을 찾는다.

위의 5가지 유형 중 마지막 세 가지 유형은 비교적 노년에 잘 적응하여 성공적인 노후를 보내는 분들이며 처음의 두 유형은 잘 적응하지 못하는 분들이다. 흔히 '성공적인 노화'란 생애 초반기에 자신의 잠재력을 얼마나 실현시켰고 인생의 목표를 얼마나 달성했느냐 라는 객관적인 기준에 달려 있다고들 생각한다. 그러나 나이가 들어가는 모습은 자신의 성격(personality)이나 심리적인 자원과 깊은 관련이 있다. 즉 자신의 심리적 욕구가 무엇인지, 그리고 그 심리적 욕구를 만족시킬 만한 능력이 어느 정도인지에 성공적인 노화는 달려 있다. 무엇보다도 중요한 것은 자신의 내면적인 요구와 현재 자신이 처해 있는 상황을 얼마나 잘 조절하고, 그러기 위해서 얼마나 적극적인 노력을 하느냐에 노년기의 성패가 달려 있다고 볼 수 있다.

이상에서 논해 본 노년기의 적응 양상은 개개인마다 천차만별로 다르다. 노년기를 만족해하는 이, 불만족스러워 하고 모욕스럽게 느끼는 이, 더 활동적으로 참여하는 이, 아주 은퇴 및 은둔해 버리는 이, 새로운 도전을 기다리는 이, 구습에 얽매이고 고수하려는 이, 스스로 측은감을 가지고 좌절하는 이, 낙천적이고 긍정적인 이 등 여러 유형이 있다. 다양한 생활 방식을 폭 넓게 수용하면서 동시에 개개인의 기호에 따라 자신들을 더욱 발전시키고 성취시켜 나가는 것이 성공적 노화에 이르는 첩경이라고 하겠다.

[참고 4-1]은 최근 전국 경로당과 노인 대학 등 노인사회에서 널리 불려지고 있는 노인민요이다. 민요에 담긴 내용은 우리나라 노인들의 지혜로운 노인기 적응 방법을 나타내 보이고 있다.

【참고 4-1】 민요로 알리는 노인기 적응

멍청하지 말고 오래 삽시다.

1. 늙은이가 되면 설치지 말고 미운 소리, 우는 소리, 헐뜯는 소리, 그리고 군소릴랑 하지도 말고 그저 그저 남의 일엔 칭찬만 하소. 묻거들랑 가르쳐 주기는 하나 알고도 모르는 척 어리숙하소. 그렇게 사는 것이 평안하다오.

2. 이기려 하지 말고 져 주시구려. 어차피 신세질 이 몸인 것을 젊은이들에게는 꽃 안겨 주고 한 걸음 물러서서 양보하는 것 원만하게 살아가는 비결이라오. 언제나 감사함을 잊지 말고, 언제 어디서나 "고마워요!!"

3. 돈-돈-돈의 욕심 버리시구려. 아무리 많은 돈 가졌다 해도 죽으면 가져갈 수 없는 거라오. "그 사람은 참으로 좋은 분이었다." 그렇게 사람들의 입에 오르게 살아있는 동안은 많이 뿌려서 산더미 같은 덕을 쌓으시구려.

4. 그렇지만 그것은 겉 이야기. 정말로는 돈을 놓치지 말고 죽을 때까지 꼭 잡아야 하오. 남들에게 구두쇠라 들을지언정 돈이 있음으로써 나를 돌보고 모두가 받들어 모셔 준다는 것, 우리끼리 말이지만 사실이라오.

5. 옛날 일들일랑 모두 다 잊고 잘난 체 자랑일랑 하지를 마소. 우리들의 시대는 다 지나갔으니 아무리 버티려고 애를 써 봐도 이 몸이 마음대로 되지를 않소. "그대는 훌륭해! 나는 틀렸어." 그러한 마음으로 지내시구려.

6. 내 자녀 내 손자 그리고 이웃 누구에게서든 우러러 뵈는 좋은 늙은이로 살으시구려. 멍청하면 안되오. 그렇기 위해 두뇌도 세탁하고 멋진 삶으로 무엇인가 한 가지의 취미도 가져 아무쪼록 오래오래 살으시구려.

자료 : 노인생활정보 (1996)

3. 노화와 정신건강

지적·정신적 건강 면에서의 병리 중 일부는 육체적인 이유에서 올 수도 있고 또는 환경적인 요인에서, 그리고 육체적·환경적 요인의 상호작용에서 올 수도 있다. 일반적으로 노인성 정신장애는 그 원인에 따라 기질성 정신장애와 기능성 정신장애로 구분한다. 기질성 정신장애는 실제 뇌의 내부 변화에 병리요인을 가지고 있는 반면, 기능성 정신장애는 뚜렷이 어떤 기관에 이상이 있어서 발생하는 것인지가 밝혀져 있지 않은 정신이상 증세를 의미한다.

1) 노화와 기질성 정신장애(organic brain disorder)

대체로 기질성 정신장애는 ① 기억 손상, ② 지능의 손상, ③ 판단 능력의 손상, ④ 시간적·공간적 감각의 손상, ⑤ 과민한 감정 등의 증세를 보인다. 이러한 장애는 중년 혹은 노년 초기부터 발병되는 경향이 있다.

① 알츠하이머스(Alzheimer's) 병

1906년 Alzheimer가 처음 기술한 병으로 노인성 치매의 원인 질병으로서 가장 흔하고 현재로서는 이 병의 정확한 원인이 밝혀지지 않은 상태이다. 두뇌의 화학작용과 구조의 변화에 이 병은 발병 후 1~10년에 걸쳐 사망까지 점진적으로 약화된다. 고령이 가장 중요한 원인이며 여성유전 다운증후군이나 두부외상 등도 위험한 요인이다. 병의 시작은 탐지해 내기 어려우며 종종 일상적인 단어를 잊어버리고, 기운이 쇠잔해지고, 화를 내다가 나중에는 심각한 문제들이 발생하기 시작한다. 말하기와 이해하기, 그리고 복잡한 일을 수행하는 데 어려움을 겪게 되지만 익숙한 활동을 하는 것에 문제가 있는 것으로 보이지는 않는다. 때로는 사람의 감정에 무관심해진다. 이는 점차 심한 기억상실증으로 발전하게 되는데 특히 최근의 일들에 관해서, 예를 들면 시간, 날짜, 계절, 그가 어디 있는지를 잊어버린다. 또 가까운 사람을 알아보지 못해 가족과 친구들을 곤혹스럽게 한다. 때론 환상, 망상, 편집증적인 증세를 보이기도 한다. 결국 완전한 식별력을 잃어 대소변 조절기능을 상실하고 죽음으로 끝나게 된다. 전문가들은 지속적인 두뇌활동이 알츠하이머 병을 어느 정도 예방할 수 있다고 말한다.

② 혈관성 치매(vascular dementia)

중풍으로 오는 혈관성 치매는 뇌의 여러 부위에 경색이 생김으로써 인지기능이 황폐화하는 질환이다. 주 증상은 정신운동 둔화, 기억장애, 우울증, 무감각 등이다. 고혈압이나 동맥경화증이 있는 사람에게 잘 발병한다.

혈관성 치매증의 대표적인 다발성 경색성 치매(multi-infarct dementia)는 시작이 급성이고 경과는 계단식으로 악화되는 것이 특징이다. 다발성 경색치매를 일으키는 뇌졸중은 큰 동맥의 폐색보다는 세동맥의 폐색으로 인한 뇌졸중이 더 중요하다. 다발성 경색성 치매의 흔한 원인은 동맥성 고혈압이다.

혈관성 치매는 30대부터 알콜과 흡연을 주의하면서 규칙적인 운동으로 그 예방이 가능하다. 일단 발병시 초기 치료가 중요한데, 이는 기억력이 눈에 띄게 저하될 때 약물로써 응고혈을 녹이면서 원인 질환을 치료하면 진행을 어느 정도 막을 수 있기 때문이다.

③ 파킨스씨병

파킨스씨병은 뇌의 흑색질이라는 특정 신경세포가 파괴되어 생기는 만성 질환이다. 이로 인해 도파민이라는 신경 전달 물질이 부족해져 여러 가지 신체 이상 증상을 초래한다. 그러나 환자의 지적 능력은 대부분 정상으로 유지된다. 드물게 10대나 젊은 층의 환자도 있지만 대개 50~70세의 노인들에게서 많이 발생하여 노령인구의 증가에 따라 환자 발생이 크게 늘 것으로 전망된다. 환자 수는 인구 1천 명당 한 명꼴 정도의 비율을 차지하며 통상 60대 이상 인구의 1% 가량이 이 병에 걸린다. 병의 정확한 원인은 아직 밝혀지지 않아 현재로선 완치할 수 없는 병으로 알려져 있다.

파킨스씨병의 1차적 증상은 무표정, 느린 동작, 손 떨림, 관절의 경직, 꾸부정한 자세이며, 2차적 증상은 어지럼증, 침 흘림, 삼키기 장애, 소변 장애, 변비 및 발이 붓는 것이다. 따라서 1차적 초기 증상을 보이는 이들은 약물 사용으로 병의 진행을 막을 수 있으므로 조기 진단 검사가 권장되고 있다.

2) 노화와 기능성 정신장애(functional mental disorder)

뚜렷이 어떤 기관에 이상이 있어서 발생하는 것인지가 밝혀지지 않은 정신이상 증세를 기능성 정신장애라 한다. 노년기 기능성 정신장애에는 정신분열증, 정동장애, 망상형 장애, 건강염려증 및 우울증 등이 있다. 대체로 정신 분열증은 노년에 처음 발병하기보다는 젊어서 시작되어 노년기까지 일생 지속되어 온 만성적인 경향이 있다. 정동장애는 갱년기 우울증이나, 감정주기의 기복이 극심한 조울증세와 같이, 사고보다는 감정에 장애를 보이는 것이다.

이하에서는 노년기에 자주 거론되는 기능성 정신장애로서 과대망상증, 건강염려증 및 노인우울증에 대하여 살펴보기로 하겠다.

① 망상형 장애(paranoid disorder)

노인마다 개인적인 차이가 있겠지만 노인기에는 사람과의 접촉으로부터 멀어지는 소외감이나 청각장애 등으로 인하여 다소 과대망상의 경향이 나타나기도 한다. 이것은 감각 기능이나 기억 능력이 떨어지는 것을 보상하고 메워 보려는 노력의 하나라고 볼 수 있다. 사회적 환경을 바꿔 주는 것이 종종 좋은 치료 효과를 가져 온다.

② 건강염려증(hypochondria)

건강염려증이란 어떤 확실한 원인은 발견되지 않아도 자신이 중병에 걸렸다는 생각에 집착하면서 이에 대한 공포를 갖게 되는 장애이다. 전문의의 안심에도 불구하고 최소 6개월 이상은 지속적으로 고통을 초래하여 환자의 개인적·사회적·직업적 기능의 심각한 장애를 일으킨다. 특히 노인의 경우 이렇다 할 병은 아니고 신체 기능의 쇠락이나 호르몬 분비 변화 등에서 오는 자연적인 노쇠 현상을 경험할 수가 있는데, 이에 대하여 노인은 예민하게 반응하고 걱정한다. 대체로 건강염려증 환자들은 신체적 감각을 확대하거나 과장한다. 건강염려증은 회복됐다가도 금방 재발하는 특징이 있고, 한 번 증상이 시작되면 수개월에서 수년까지 지속되기도 한다. 많은 사례에서 스트레스를 받을 때 재발하는 것으로 알려져 있다. 서로를 믿게 하는 집단치료가 바람직하다. 동시에 가족에게 이 장애의 특징이나 경과에 대해 잘 설명해 주고 가능한 한 관심을 가지고 이해해 주며 정기적이고 꾸준한 의사교류가 필요하다.

③ 우울증(depression)

우울증은 일생 중 어느 시기에도 발생할 수 있다. 그러나 특히 후기 성인기에 가장 빈번하게 발생하는 기능적 정신질환이 바로 이 우울증이다. 노화 자체에 그 이유가 있다기보다는 삶 속에서 발생하는 특정 사건들, 특히 개인이 처해 있는 여건의 격변으로 사회적 역할의 효과적인 수행을 어렵게 하는 사건들이 우울증의 이유인 것으로 밝혀지고 있다. 한편 신체 생물학적으로 우울증은 세로토닌이나 노에피네피린과 같은 호르몬이 감소되는 등 여러 가지 복합적인 원인에 의해 나타나는 현상이다.

우울증 종류에는, 우울할 만한 일이 있어서 우울해지는 반응성 우울증과 그럴 만한 일이 없는데도 우울해지는 내인성 우울증이 있다. 내인성 우울증은 증상의 정도가 상대적으로 심해서 자살의 위험이 높은 것이 특징이다. 우울증에는 심리적인 증상 이외에 신체적인 증상을 함께 보이는데, 예컨대 머리가 무겁고 식욕이 저하되고 피곤하며 변비 혹은 설사가 나타난다. 노인들의 경우에는 이유 없이 여기저기가 아프고 체중이 감소하며 흡연과 음주의 양이 늘어나는 경향을 보인다. 심하면 정신분열증 환자처럼 헛것을 보거나 환각증세를 나타내며, 생의 의욕을 잃고 자살을 감행하기도 한다.

한편 계절성 우울증은 가을이나 겨울에 시작되어 여름에 완전히 회복되는 것으로, 매년 반복되며 체중이 늘고 햇빛의 양에 의해 기분의 변화를 느낀다. 계절성 우울증과 햇빛과의 관계는 빛의 양이 적어지면 인체 내에 있는 성선(性腺) 호르몬인 멜라토닌의 분비가 억제를 받아 생활리듬이 깨지고 우울증을 유발하게 된다. 계절성 우울증을 극복하기 위해서는 가능하면 밖에 나와 햇빛을 많이 받고 집안에 있어야 하는 경우에도 가능한 한 창문 쪽에 앉아 있는 것이 좋다. 계절성 우울증 환자의 증상은 늘 졸립고 심한 무력감 또는 피로감을 느끼며 우울증이 나타나고, 식욕이 나며 체중이 증가하는 것 등이다. 이 밖에도 불안이나 사회생활의 어려움, 성욕 상실, 기분 변화, 생리 불순 등이 나타나기도 한다.

모든 형태의 우울증은 치료가 가능하다. 치료는 우울증의 원인을 찾아내 그 갈등에 대처할 수 있는 능력을 키워 주는 심리치료와 항우울제, 항불안제 등 약물치료를 병행한다. 이들 약물은 세로토닌의 활동을 조절하며 뇌에 작용한다. 즉 경미한 우울증은 숙달된 심리학자나 상담가 등의 지지치료로서 통찰력 있는 충고로 회복이 가능하지만 좀 더 심한 중증인 경우에는 강한 치료법으로서 다양한 약물과 심리치료 혹은 충격 요법을 함께 사용한다. 아울러 가족은 환자의 스트레스를 공감하고 분담할 수 있어야 하며 충분한 대화를 가지는 것이 중요하다. 운동을 하고 샤워를 간단히 하면 기분이 상쾌해지는데, 이것은 운동을 통해 세로토닌, 노에피네피린, 엔도르핀 등의 호르몬이 증가하기 때문이다.

[참고 4-2]는 우울증을 예방하고, 극복하기 위한 전문가들이 제안하는 생활태도와 마음가짐에 대한 것이며, [참고 4-3]은 정인과 등 (1996)의 「한국형 노인우울 척도 (KGDS : Korean Geriatric Depression Scale)」이다.

【참고 4-2】 우울증의 예방과 극복

1. 집안에만 있지 말고 밖으로 나와 햇볕을 많이 쬔다. 흐린 날이라도 하루 30분 이상 밖에서 지내는 것이 좋다. 실내에 있을 때는 조명을 밝게 한다.

2. 물은 200ml 컵으로 하루 8잔 이상 마신다.

3. 무리해서 일하지 않는다. 하루 계획은 느슨하게 짜며, 일이 부담되면 내일로 미룬다. '꼭' '틀림없이', '절대로', '~해야만 돼' 등의 생각을 하거나 단어를 쓰지 않는다.

4. 뜨거운 물에 오랫동안 몸을 담그고 목욕을 한다.

5. 허리와 목을 곧게 펴고 자세를 바로 하며 자주 심호흡을 한다. 잔뜩 웅크리거나 축 늘어진 자세를 피한다.

6. 초콜릿처럼 지나치게 달거나 카페인이 많은 음식은 피한다.

7. 취미생활을 즐긴다. 수동적인 것보다는 능동적으로 무엇인가를 해보는 취미가 좋다. 예컨대 운동, 정원 가꾸기, 그림 그리기, 연주하기, 노래하기, 요리하기 등이 좋다.

8. 적당한 영양을 공급한다. 식사를 맛있게 잘 하는 게 중요하며, 하루에 비타민 B 복합제와 비타민 C를 두 번 정도 복용한다.

9. 타인이나 자신에게 적개심이 들면 "나는 ~를 용서한다"고 크게 말한다.

10. 에어로빅, 수영, 조깅, 자전거 타기 등 유산소 운동을 꾸준히 한다.

11. 애완동물과 함께 지낸다.

12. 유머책을 읽거나 코미디 비디오를 많이 본다.

13. 우울한 기분이 들면 해소하려는 적극적 노력을 한다. 생각을 그만두고 춤, 노래, 청소, 산보, 운동 등으로 우선 몸을 움직인다.

14. 우울증 환자는 증상 발생 전 나타나는 특별한 신호가 있는 경우가 많다. 그 신호를 잘 파악했다가 신호가 올 때 의식적으로 긍정적이고 낙관적인 생각을 한다.

【참고 4-3】한국형 노인 우울 척도(KGDS : Korean Geriatric Depression Scale)

다음은 노인 우울의 가능성을 진단하는 간단한 자기평가 질문지이다.
다음 문항을 읽고 자신에게 해당되는 부분에 체크하시오.

항목	내 용	반응
1	쓸데없는 생각들이 자꾸 떠올라 괴롭다.	예
2	아무 것도 할 수 없을 것처럼 무기력하게 느낀다.	예
3	안절부절하고 초조할 때가 자주 있다.	예
4	밖에 나가기보다는 주로 집에 있는다.	예
5	앞날에 대해 걱정할 때가 많다.	예
6	지금 내가 살아있다는 것이 참 기쁘다.	아니오
7	인생은 즐거운 것이다.	아니오
8	아침에 기분 좋게 일어난다.	아니오
9	예전처럼 정신이 맑다.	아니오
10	건강에 대해서 걱정하는 일이 별로 없다.	아니오
11	내 판단력이 여전히 좋다.	아니오
12	내 나이에 다른 사람들 못지않게 건강하다.	아니오
13	사람들과 잘 어울린다.	아니오
14	정말 자신이 없다.	예
15	즐겁고 행복하다.	아니오
16	내 기억력은 괜찮은 것 같다.	아니오
17	미쳐버리지나 않을까 걱정된다.	예
18	별일 없이 얼굴이 화끈거리고 진땀이 날 때가 있다.	예
19	농담을 들어도 재미가 없다.	예
20	예전에 좋아하던 일들을 여전히 즐긴다.	아니오
21	기분 좋은 편이다.	아니오
22	앞날에 대해 희망적으로 느낀다.	아니오
23	사람들이 나를 싫어한다고 느낀다.	예
24	나의 잘못에 대하여 항상 나 자신을 탓한다.	예
25	전보다 화가 나고 짜증이 날 때가 많다.	예
26	전보다 내 모습(용모)이 추해졌다고 생각한다.	예
27	어떤 일을 시작하려면 예전보다 힘이 더 많이 든다.	예
28	무슨 일을 하든지 곧 피곤해진다.	예
29	요즈음 몸무게가 많이 줄었다.	예
30	이성에 대해 여전히 관심이 많다.	예
합계	총 30	

(진단) 14 ~ 18 : 경도
  19 ~ 21 : 중등도
  22 이상 : 심각함

자료 : 정인과 등 (1996)

제 5 장

노인과 가족

1. 노년기 가족

1) 노년기 가족의 의미

인간은 태어나면서부터 사회의 가장 기본적인 구성단위인 가족에 소속하게 되고, 가족과 함께 생활하면서 사회적 상호작용을 하게 된다. 가족은 사회적 관계의 친밀성 면에서 다른 어떠한 관계에 선행하는 일차적 집단으로서 모든 가족구성원의 개인적 안정에 기초가 된다. 유영주(1989)는 전국적 규모의 표본조사를 통하여 산업화에 따른 한국 가족의 기능을 ① 성과 애정, ② 친척관계 유지, ③ 자녀의 사회화 및 교육, ④ 정서적 지지 및 안식처, ⑤ 경제적 협력, ⑥ 종교 및 도덕적 기능으로 제시하였다. 이 중 정서적 지지 및 안식처의 기능은 노인이 되어갈수록 가족에게 심리적으로 의존하려는 경향이 강해진다는 면에서 노년기에 더욱 중요성을 띠게 된다. 사회와 직업으로부터의 은둔과정은 점차 노인의 관심과 접촉의 범위를 축소시키고 노인으로 하여금 사회와 직업상 관련되는 사람들보다는 가족과 자녀에게로 관심을 집중하게 만든다. 노인들의 사회적 관계의 중심은 가족이 되고, 그들의 가치체계에서 가장 중요한 우선순위를 차지하게 되며, 가족원과의 지속적인 접촉을 통하여 사회정서적인 지지와 위기 상황에서의 도움을 받게 된다. 이 같은 맥락에서 리앙(Liang, 1980)은 다른 어느 집단으로부터의 만족감보다도 자신의 가족으로부터 얻는 만족감이 노인의 성공적인 노화나 만족감에 중요한 영향을 미친다고 말한다.

특히 가치문화적인 특성상 강한 가족유대감과 효, 그리고 부모와 자녀의 결속 및 친족관계의 유지 등을 중시하는 한국 사회에서는 노인이 일체감과 유대감을 가지며 노년기 삶을 영위하는 데 있어서 가족은 특별한 의미를 갖는다. 홍숙자(1992)는 제 사회적 유대감 중에서 가족간의 유대감이 특히 한국 노인의 생활만족도에 큰 영향을 미친다고 밝히고 있다. 원만한 가족관계는 노인뿐만 아니고 노인을 부양하는 나머지 가족 구성원의 생활만족도에도 지대한 영향을 미친다. 중년부부의 노부모 부양부담감을 연구한 김경신(1998)은 노부모 부양부담감이 부양자가 이 시기의 가정생활에 만족할수록, 가족이 중요하다고 인식할수록 낮아진다고 보고하고 있다.

많은 이들이 서구나 미국에서는 대다수의 노인들이 가족을 떠나 요양원에 들어가 살고 있다고 생각하는 경향이 있으나, 이는 오해이다. 물론 나이가 많은 노인일수록 요양원에 들어가 살고 있을 가능성이 높아 95세 이상의 거의 반 정도는 요양원에서 살고 있지만, 미국 센서스자료(1993)에 의하면 전 국민의 5.1%인, 즉 20명 중 한 명만이 요양원에 살고 있다. 이는 공적 부양제도가 실시되고 있는 서구에서도 노년기의 부모에게 가장 중요한 지원체계는 가족임을 시사해 주는 것이다. 다시 말해서 동서양을 막론하고 가족은 노인부양의 원천이 되고 있다. 가족만큼 노인의 욕구충족을 위해 보호와 서비스를 제공해 주는 다른 어떤 제도나 기관은 없다는 것이다. 뱅슨과 그의 동료들(Bengston 등, 1995)은 가족이야말로 몸 약한 노인들을 장기간 보살피는 데 있어 가장 중요하고 효과적인 지원체제이며, 여타의 공식적이거나 혹은 제도적 장치들은 가족 구성원의 자원이 고갈되었을 때 비로소 효과를 나타낼 뿐이라고 말한다.

성공적 노화에 있어서 가족이 지니는 중요성은 반대로 훼손된 가족관계가 노인들에게 끊임없는 좌절의 원천이 될 수 있음을 의미한다. 불만족스러운 배우자와의 관계와 갈등, 노인세대와 젊은 세대와의 세대 차이, 자녀들과의 긴장관계, 손자녀로부터의 소원함, 배우자 사별로 인한 고독감, 그로 인한 경제적 어려움 및 거주의 문제 등은 대부분의 노인을 속수무책의 곤경 속에 처하게 한다. 가족생활의 개인화가 심화되고 세대간 연계가 단절될 때, 노년기 적응에 문제가 생길 수밖에 없게 되는 것이다. 한마디로 노년기에서의 가족은 생애만족의 근원이기도 한 동시에 불행의 원인 제공자가 되기도 한다.

2) 노인가족의 분류 및 특성

(1) 노인가족의 분류

노인가족이란, 노부부 및 기혼자녀와 손자녀가 함께 사는 3대 가족, 노부부와 미혼자녀의 2대 가족, 혹은 노부부만이 동거하거나, 사별 후 노인 어느 한 쪽만이 가구를 이루는 가족 등등을 포괄적으로 부르는 이름이다. 이광규(1982)는 동거하는 자녀를 중심으로 하여 가족을 부부가족(핵가족), 직계가족, 확대가족 및 공동가족으로 분류한다. 부부가족은 부부와 미혼자녀의 2세대로 구성된 가족으로 핵가족이라고도 하는데, 현대 산업사회의 가장 전형적인 가족형태이다. 직계가족은 자녀 중 1인이 혼인 후에 부모와 동거하는 가족으로 2세대, 또는 3세대(자녀를 출산한 경우), 또는 4세대가 될 수도 있다. 직계가족은 부부가족과 더불어 우리나라의 전통적이고 전형적인 가족형태이다. 확대가족은 동거하는 자녀가 기혼자녀 1인에 한하지 않고, 모든 아들 또는 모든 딸이 결혼 후 동거하는 가족으로 중국 등에서 볼 수 있는 가족형태이며, 오늘날 이와 같은 가족형태는 아주 드물다. 3세대 이상의 가족 구성원이 있는 점에서는 직계가족이나 확대가족이 같지만 확대가족은 핵가족이 두 개 이상으로 구성된 점에서 직계가족과는 다르다. 그런데, 가족을 핵가족과 확대가족으로 이분하면 확대가족은 사실상 직계가족의 의미로 사용되는 경우가 많다. 공동가족은 확대가족에서 부모가 사망한 후에도 형제들이 가족을 해체하지 않고 동거생활을 계속하는 경우의 가족형태이다. 이러한 가족형태는 모계사회에서 볼 수 있는 가족형태이다(최성재, 1987).

위의 내용에 근거하여 현대 우리 사회의 노인가족을 크게 3가지로 대별해 본다면 ① 노부부와 기혼자녀 및 손자녀가 동거하는 3세대 확대가족(이광규는 이를 3세대 직계가족이라고 함), ② 노부부와 미혼자녀가 동거하는 2세대 노인핵가족, ③ 노부부만이 생활하는 1세대 노인핵가족(배우자 사망 후의 독신노인 포함)으로 구분할 수 있을 것이다.

한편 듀발(Duvall, 1971)은 가족생활주기(family life cycle)를 이용하여 노인가족을 설명한다. 즉 한 가족이 형성, 확장, 축소 및 소멸되는 변화의 과정을 가족생활주기라고 하는데, 그에 따르면 가족생활주기 8단계는 ① 신혼기 가족, ② 자녀출산기

가족, ③ 학령전 가족, ④ 학령 아동기 가족, ⑤ 청소년 자녀 가족, ⑥ 자녀 진수기 가족, ⑦ 중년기 가족(부부만 남는 시기에서 퇴장까지), ⑧ 노년기 가족(퇴직 후 사망까지)이다. 이 중 자녀들을 가정 밖으로 내보내기 시작한 자녀 진수기 가족(⑥단계)부터, 조부모 중 한 명이 사망하기까지(⑧단계)의 단계를 노인가족기로 보고 있다.

(2) 핵가족화와 동거 형태

구조기능론자(T. Parsons et al., 1955 ; W. J. Goode, 1963 등)들은 산업화가 진행됨에 따라 가족의 크기와 규모는 축소되어지는 경향이 있어서 산업화와 더불어 가족은 직계가족 또는 확대가족의 형태에서 부부가족 또는 핵가족으로 변화하게 된다고 본다. 그들에 의하면 산업화 사회의 핵가족화와 친족망의 약화 등은 산업화가 가져오는 여러 특성이 확대가족보다 핵가족의 특성과 더 잘 조화를 이루기 때문이다. 산업화와 더불어 핵가족이 증가하게 된 원인은 확대가족의 제1세대와 제2세대의 분리현상에서 찾아볼 수 있다. 즉, 확대가족에서 자녀측의 사정이나 노부부측의 사정에 의해서, 또는 서로간의 편의를 위한 합의에 의해서 노부부세대와 자녀세대가 분리되었기 때문이다. 젊은이들 중에는 부모와의 동거를 기피하는 경향을 보이기도 하며, 때로는 노인 쪽에서 자녀와 함께 살면 불편하다는 이유로 자녀와 별거하는 것을 선호하기도 한다. 이렇게 분리되면 3세대의 확대가족이 노인단독세대가족(노인독신 또는 노인부부가족), 노인부부가족(노인 + 미혼자녀), 기혼자녀부부가족(기혼자녀부부 + 손자녀)의 형태인 핵가족 형태로 된다.

지난 30여 년간의 한국 가족구조는 핵가족이 점차 증가하는 반면, 확대가족이 꾸준히 감소해 왔다.

서울시 자치구별 중고생 생활실태 및 의식조사(1996)에 따르면, 절반가량의 청소년이 장차 부모와 함께 살기를 원하지 않는 것으로 나타났고, 자녀세대뿐만 아니라 부모세대 역시 장차 자녀들과 별거하면서 독립할 의사를 강하게 나타낸 연구 결과들(김경신, 1988 ; 이희자, 1996)도 있다. 중앙정부의 공보실(1999)에서는 65세 노인 300명 중 67.8%가, 20~25세의 전국 성인 남녀 1,000명 중 75.8%가 자신의 노년기에 자녀와 별거하기를 원하는 것으로 나타났다. 과거 우리나라에서는 노인이 일반적으로 장남과 동거하는 것을 가장 선호한다고 알려져 왔으나, 점차 여러 선행 연구들은 이러한 장남 동거 선호 경향에 큰 변화가 있음을 보여 주고 있다.

이러한 결과로서 추정해 본다면 앞으로 노인과 자녀가 별거하는 경향은 더욱 커질 것이며, 동거하더라도 장남과의 동거는 줄고 차남 이하나 딸과의 동거가 점차 늘어날 전망이다.

그러나 일단 노부모의 건강이 악화되거나 사별을 하게 되면 대다수의 노인들은 자녀와 함께 살기를 희망하는 것으로 나타나고 있다. 또 자녀 쪽에서도 부모 중 어느 한 분만 살아계셔서 혼자 살게 되면 심적으로 부담을 느끼게 되어 모시고 사는 편이 낫다는 입장을 보이고 있다. 그리고 최근에는 젊은 부부의 필요에 의해 노부모와의 동거를 선택하는 경우도 늘어나고 있다. 통계청 가구표본조사에 의하면 부모나 자녀와 함께 사는 2세대 가구 중 자녀 없이 노부모와 함께 사는 부부가 점차 증가하였고, 이들은 거의 대부분 맞벌이 신혼부부로 나타났다. 즉, 육아와 가사부담을 시부모에게 의존하려는 것으로 해석할 수 있다.

앞서 제2장 노인인구 편에서 정의한 바대로 노인단독가구란 60세 이상 노인이 자녀나 친척과 동거하지 않고 단지 독신이나 부부로만 만 1개월 이상 독립된 가구형태로 생활하고 있는 가구를 의미한다. 이는 자녀와 별거하고 있는 노인가구를 말하는데 한국 노인들의 동거형태의 가장 특징적인 변화라면 자녀와의 동거율은 계속 감소해 온 반면 별거율은 증가하고 있다는 점을 들 수 있다. 즉 노부부 또는 노인이 혼자 독립하여 사는 가구의 수가 최근 매우 빠르게 늘어나고 있다.

부부가 모두 건강한 경우 노인단독가구는 나름대로의 장점을 많이 지니고 있다. 젊은 노부부가 자녀를 양육하고 교육시키던 날들의 부담에서 벗어나, 부부 중심의 새로운 생활을 마음껏 영위할 수 있게 되기 때문이다. 그러나 갑자기 건강이 악화되거나 사별을 하게 되는 경우에는, 다른 사람들의 도움을 얻기 힘들므로 많은 문제점에 봉착하게 된다. 즉 노인단독가구의 증가는 노인간호문제, 경제적 부양, 노인의 보호 등 여러 측면에서 사회적 서비스에 대한 요구가 증대됨을 의미한다고 할 수 있다.

많은 이들이 한국 가족의 3세대 가족을 선호하는 가치는 앞으로 상당기간 동안 계속 될 것이고(한남제, 1994), 따라서 산업화가 진행되더라도 확대가족은 살아남을 것이라는 데 이견을 같이하고 있다(안병철, 1997). 그러나 비율 면에서는 부부가족인 핵가족의 비율이 점차 늘어나고 3세대 이상의 확대가족 형태는 줄어들고 있으며, 이 같은 추세는 앞으로도 지속될 것으로 예상된다.

산업화와 도시화가 진전되면서 노인들의 주거환경은 이렇듯 자식들과의 동거에서, 점차 노인들만의 별거체제로 옮겨 가고 있지만, 이와 동시에 별거체제 자체에 약간의 변화도 수반되고 있다. '거리를 둔 친밀(intimacy at a distance)'이라는 용어를 사용한 로젠 메이어와 그의 동료들(Rosenmayer and et al., 1963)은 노인의 가족관계 연구에서 노인들은 자녀들과 별거하는 것을 원하지만 동시에 가까이 살면서 친밀한 관계를 유지하기를 원한다는 사실을 발견하였다. 실증적 연구들에서도 핵가족은 노인과 물리적으로 분리되어 독립가구를 형성하고 생활하고 있지만, 친밀하고 빈번한 접촉을 유지하는 것이 일반적이었다. 이렇듯 핵가족이 생활공간적으로 분리되어 있으면서도 빈번한 접촉과 긴밀한 관계를 유지하고 있는 가족관계를 가리켜 리트윅(Litwak, 1959)은 '수정확대가족(modified extended family)'이라고 명명하였다. 수정확대가족은 따라서 주거장소간의 거리에 관계없이 핵가족 안에서와 같은 친밀하고 상호원조적인 관계가 유지되는 가족형태를 말한다고 할 수 있다. 그러나 수정확대가족은 자녀와 부모가 물리적으로 별거하는 원칙 위에서 상호관계만을 중점을 둔 개념이므로, 핵가족, 확대가족 등과 같은 공간 분류 기준에 속하는 것은 아니다.

2. 노년기 가족관계

노년기에는 사회적 관계가 감소됨에 따라 가족관계가 더욱 중요해지는 경향이 있다. 따라서 장성한 자녀들과 자주 접촉하고, 세대간의 상이한 이해관계를 알고 수요하며 동시에 친족과의 관계도 활성화시켜 그들로부터 정서적·사회적 지지를 받고 위기상황에서의 도움을 주고받도록 하는 것이 매우 중요하게 된다. 일반적으로 노년기의 가족관계는 노부부관계, 성인자녀와의 관계 및 조부모와 손자녀와의 관계로 대별할 수가 있다. 본 절에서는 노년기의 인간관계 지원자로서 가족 외에 친척과 친구 및 이웃을 포함시켜 설명하고자 한다.

1) 노년기 부부관계

자녀를 모두 떠나보내고 부부만이 함께 보내게 되는 기간이 점차 길어지고 있다. 20세기 초까지만 해도 모든 결혼의 과반수가 마지막 자녀가 출가하기 전에 어느 한 쪽의 사별로 인하여 지속되지 못하였으나, 평균수명의 증가와 가족단위의 축소는 자녀가 다 집을 떠난 후 '양육후기', '탈부모기(post parental period)'의 기간을 상대적으로 연장시켰다. 전에는 대부분의 노부부가 자녀와 함께 살았기 때문에 노부부만의 문제가 크게 부각되지 않았지만, 현대는 점차 핵가족화로 인하여 노부부만 사는 기간이 늘어나면서 노년의 부부관계는 노후 삶의 만족도를 결정짓는 가장 중요한 요소 중 하나로 등장하게 되었다.

(1) 노년기 부부역할 전환

① 빈 둥우리 적응

일반적으로 노년기 가족이란 가족주기상 자녀양육기를 지나 결혼이나 자립을 위해 자녀수를 진수시키기 시작한 이후의 가족으로부터, 은퇴를 지나 부부 중 어느 한 쪽이 사망하는 시기까지의 가족을 의미한다. 한국보건사회연구원(1998) 조사에 의하면 자녀들이 독립한 수 빈 둥우리의 기간이 1974년 이전의 15년 정도에서 1007년에는 25년으로 늘어나, 최근 20년 사이에 10년이나 연장된 것으로 나타났다. 현재 평균 15.5년은 노부부가 함께 살고, 그 뒤 9.5년은 보통 여성 노인 독신으로 보내고 있어 결국 자녀를 떠나 노인만이 사는 기간이 25여 년이 되는 것으로 밝혀졌다.

대부분의 사회학자들은 자녀들이 독립하여 떠나버리는 시기를 '빈 둥우리', '빈 보금자리(empty nest)'에 비유하거나 '양육후기' 혹은 '탈부모기'라 하여 부모역할로부터의 은퇴기로 파악하고 있다. 또한 부모들이 그들의 자녀가 취업이나 결혼을 통하여 독립된 삶으로 진출하게끔 지도한다는 의미에서 '진수기(launching stage)'라고 칭하기도 한다.

지난 수세대에 걸쳐 조기 출산의 유행이 있었고, 적은 수의 자녀를 짧은 기간 내에 몰아서 낳는 경향이 일반화되어서 요즘의 노년기 부부는 40대나 50대의 중년에 이미 할머니, 할아버지 호칭을 듣는 경우가 많아지고 있다. 과거보다는 비교적 이른 나이에 시작되는 이 시기는 자녀를 모두 떠나보내고 오직 두 부부가 남편과 아내로서의 상호작용을 하는 핵가족을 이루게 되며, 자녀 양육의 역할에서 벗어나 자녀와 마찬가지로 부모 자신도 독립해 서야 하는 시기가 된다. 즉, 자녀양육기에 일방적 의존으로 특징지어지던 부모 자녀와의 부모 자녀와의 관계가 점차 상호 의존적인 부모와 성인 자녀의 관계로 변화되면서 서로가 독립되어 각자의 삶을 침해하지 않으면서도 돕고 격려해 주는 보다 성숙한 관계로 발전되어야 하는 시기인 것이다. 평소 자녀에게 의사 결정의 자립심을 키워 준 이에게는 이 과업이 쉽게 실행될 수 있겠으나 자녀에게 너무 집착해 온 부모, 특히 어머니에게는 힘들고 어려운 일이 될 수가 있다. 빈 둥우리에 관한 연구들은 이 시기에 아직 자신의 사회적인 역할을 가지고 활동하는 남성보다는, 여성의 경우 자녀의 독립으로 인한 부정적인 영향을 많이 받는 것으로 보고하고 있다.

한편 자녀들이 가정을 떠나가는 변화의 시기라고 해서 빈 둥우리 시기가 반드시 부정적인 효과만을 가지는 것은 아니다. 여기에도 양면성은 존재한다. 하우세넽과 맥케(Housenecht and Macke, 1981)는 이 시기의 긍정적인 부부관계 측면을 다음과 같이 지적하고 있다. 즉 ㉠ 자녀들이 떠난 후 부부간의 응집력과 애정이 증가하는 경향을 보이며, ㉡ 자녀 양육으로 인한 재정적인 지출이 줄게 되어 여유가 생긴 경제력을 부부만의 새롭고 향상된 생활방식을 위해 활용할 수 있고, ㉢ 독립한 자녀에 대해 만족해 하는 부모로서의 성취감을 이 시기에 맛볼 수도 있다고 지적한다. 이 외에도 Neugarten(1970) 등의 여러 학자들이 이 시기의 긍정적인 연구들을 보고하고 있다. 아마도 자녀의 출가가 부모의 생활에 큰 타격을 가져오리라는 생각은 어머니가 바깥 직장 없이 가사만을 돌보며, 여성의 역할을 단지 아내와 어머니로서만 파악하는 전형적인 전통가정 관념에 빠져 있던 데에 기인할 수도 있다. 그러나 점점 더 많은 여성들의 관심과 사회적 실체가 가정이나 자녀 또는 배우자 외의 보다 넓은 기반 위에서 찾아짐에 따라 자녀의 떠나감이 곧 정서적 위기를 가져올 가능성은 점차 감소하고 있다.

이 시기에는 부모 자녀 모두 독립적이면서 서로 도울 수 있는 균형 있는 부모됨의 적응 외에도 자녀 양육 활동이 감소됨에 따라 앞서 언급한 바 대로 부부관계 역시 변화하여 이로 인해 역할의 유동성이 불가피해진다. 따라서 자녀 양육을 위해 살았던 수고와 열정을 이제 다르게 사용할 새로운 부부관계적응이 요구된다. 이 시기에는 그 외에도 젊은 세대와 노부모 세대의 중간 세대로서 세대간의 통로와 교량 역할을 해주며 1인 다역의 복합적인 역할을 수행하고 가족결속력을 강화시키기 위한 적응도 필요하다. 독립시켜 내보낸 자녀들과 노부모의 양쪽 모두에게 도움과 힘이 되어 주는 중간 세대의 과제를 수행하고, 친척과 정규적으로 왕래하고 접촉하며 서로 돕고 공감대를 형성함으로써 가족간의 강한 유대를 유지 발전시키는 역할의 조정과 적응이 필요한 때이다.

② 은퇴 적응

자녀들이 떠나가고 노동현장으로부터 자의 혹은 타의로 은퇴를 하게 되면 부부역할에 큰 변화가 일어나게 된다. 이는 우선 결혼 이후 두 부부가 겪어 본 적이 없는 새로운 경험들이다. 남편은 가정 밖에 나가서 경제를 해결하고, 아내는 가정에서 가사를 전담한다는 전통적인 남편과 아내의 역할에 중대한 변화가 일어나게 되는 것이다. 남편의 활동이 가정 안으로 좁혀지고 절대적으로 남는 여유시간으로 가족과의 활동을 즐기며 가정의 일에 관심과 애정을 가지는 반면, 부인은 능동적이고 대담해지며 전통적으로 남편의 소관으로 되어 있던 역할까지 감당할 수 있게 된다. 대체로 여성들의 경우 나이가 들수록 사회적 친화력이 증가하고 필요로 하는 곳이 많아져 분주해지지만, 반면 남성들은 소극적이 되고 아내 의존 경향이 증가한다. 따라서 이 시기에 누가 무슨 일을 맡을 것이냐를 새로이 점검해야 하는 과제가 주어진다.

자녀 양육과 생활비에 대한 것이 은퇴 이전의 관심이었다면, 이 시기에는 상대방 서로에게 보다 많은 관심을 돌리게 된다. 부부관계의 상호작용이 증가하여 상대방과 더 친밀해질 수가 있고, 반면에 더 친밀해진 것 때문에 긴장과 갈등의 기회도 더 많아진다. 예컨대, 남편의 가사참여율 증대는 부부간의 상호적인 관계에 따라 받아들이는 데 차이가 있다. 원만한 부부관계를 유지해 오던 경우에는 남편의 가사참여 활동의 증대가 부부의 평등성이나 일치성을 높인다는 긍정적인 효과를 가지겠지만, 평소 성별 분업이 강하게 유지되던 부부관계는 오히려 부정적인 결과를 초래한다. 남편에게는 퇴직으로 인한 가사 참여가 가족 내에서의 자신의 권력과 위신의 하락으로 인식될 가능성도 있고, 부인에게는 지금까지 자신의 고유영역으로 인정되었던 가사일에 대한 남편이 참여는 '성가신 간섭'을 의미하게 되어 부부 상호간에 불협화음을 일으킬 수도 있다.

시간이 경과하면서 전에는 가족을 여러 면에서 주도하고 이끌었던 독립적인 가장이, 정도의 차이와 개인 차이가 있겠지만 많은 경우, 이제는 성인이 된 자녀의 경제적·신체적 혹은 정서적인 지원을 받으며 의존자가 되어 전과는 다른 생활방식을 갖게 된다. 아내는 더 이상 식구들을 위해 직접 식단을 짤 기회나 필요가 거의 없어지게 되거나, 가사 전반의 일에서 풀려나게 된다. 따라서 은퇴로 인한 역할로부터의 해방이 전과는 다른 생활방식을 가지게 하여 남편과 아내의 역할이 상이하게 발전되어 나간다.

따라서 이 시기의 노인들은 좀 더 변화 있고 유동적인 역할 분담을 위하여 가정 내에서의 자신의 일과 역할을 재정의해 볼 필요가 있다. 전통적이고 습관적이었던 그간이 아내와 남편의 역할을 고수하기보다는 새로운 역할의 분담과 그 수행을 통하여 상호 보충적이며 인정과 격려를 해 주는 방향으로의 변화를 모색해야 할 것이다. 아울러 정치모임이나 지역사회 또는 종교모임 등에 보다 적극적으로 참여함으로써 그동안 가정 안에서의 자녀 양육자로서의 역할로부터의 변화를 시도하는 등, 은퇴기 부부의 새로운 대안적인 역할을 개발할 필요가 있다.

(2) 노년기 부부관계 특성

① 질적인 부부관계의 지속성

스위-니(Sweeney, 1982)는 노년기 부부관계를 다음의 세 가지 유형으로 분류한다. ㉠ 매우 행복하고 더 할 나위 없이 사랑하는 부부, ㉡ 불행하지만 습관과 두려움 때문에 결혼생활을 지속시키는 부부, ㉢ 서로 행복하지도 불행하지도 않으면서 그 상황을 받아들여 결혼생활을 유지시키는 부부 등이다. 이와 관련하여 아취리 등(Atchley and et al., 1979)은 자녀가 떠나간 노부부만의 시기에 생활만족도는 부모 자녀 관계 외에 부부관계에 의해서 다음과 같이 크게 영향을 받는다고 주장한다. 즉 ㉠ 아이들 때문에 어쩔 수 없이 한 집에서 살아왔던 부부라면 아이들의 출가와 함께 이혼으로 직행할 수도 있을 것이며, ㉡ 부부 사이가 서로를 깊이 아끼는 관계였다면 새로 얻어진 부부만의 사생활이 두 번째의 밀월처럼 여겨질 수도 있고, ㉢ 깊은 애정은 없지만 큰 충돌도 없이 남편은 남편대로, 아내는 아내대로 생활해 온 부부라면 여전히 서로의 독립된 생활을 유지해 나갈 수도 있을 것이다. 따라서 자녀 출가 이후의 부부관계는 결혼생활의 다른 어떤 기간에 비해 그 생활방식(life style)이 다양해질 수 있다. 브루베니커(Brubaker, 1991) 역시 일반적으로 질적인 부부관계는 지속성의 특성을 가진다고 말한다. 즉 신혼 초기에 잘 지내왔던 부부는 그들의 결혼생활 노년기에도 부부가 생기 넘치는 상호관계를 유지하고 있으며, 초기의 부정적인 부부간 상호관계를 가진 이는 대부분 계속해서 불만스러운 관계를 지속하게 된다는 주장이다.

② 노년기 결혼만족도

노인에 대한 그릇된 견해 중의 하나가 노년기에 부부의 결혼만족도가 감소된다는 것이다. 그러나 Brubaker(1985)는 25종류의 노부부 관계 관련 연구들을 정리한 결과 이것으로부터 세 가지 공통된 부부의 결혼만족도 유형을 발견 제시하고 있다. 즉 ㉠ 결혼생활의 중반에 질적인 부부관계의 쇠퇴를 경험하다가 그 이후로 개선되어 가는 U字형, ㉡ 세월이 지날수록 신혼 때부터 노년까지 점점 결혼생활의 질적인 쇠퇴를 보이는 下向(내리받이)형, ㉢ 결혼 초기의 적응이 중년기의 안정된 결혼생활과 연결되어 이 관계가 노년까지 일관되게 유지되는 유형 등이다. 이들 부부는 자녀가 집에 남아있을 때나 집을 떠날 때, 그리고 그들이 은퇴할 때까지 행복해 한다.

이와 같이 노년기 부부관계 만족도에 대한 단기 횡단적인 연구에서 긍정 혹은 부정적인 상반된 결론들이 나오고 있다. 따라서 은퇴 이전의 결혼상태나 경제적 요인 및 계층, 그리고 지역 등에 따라 노년기 결혼관계에서 하나의 결론을 일반화하기에는 무리가 있다. 그럼에도 불구하고 그 중 제일 다수의 연구들이 U字형의 경향을 보이고 있다. 즉, 결혼 초기에는 결혼만족도가 높게 시작되다가 가족 확대기에 여러 복잡한 문제들로 인하여 낮아지고, 다시 가족 축소기인 중년기에서 노년기에 걸쳐 결혼생활만족도가 높아진다는 것이다.

로이드(W. Lloyd, 1997) 역시 노년기에는 부부가 서로에게 관심을 보일 시간을 더 많이 가질 수 있으므로 결혼만족도가 증가한다고 말한다. 노년기 결혼만족도 증가는 이 밖에도 부모로서의 부담이 감소되고 직업에 대한 부담이 없어진다는 이유 등으로 설명이 가능하다. 그것이 어떤 경우이던 대개의 노년부부들은 새로 생긴 자유를 누리거나 여행이나 새로운 여가생활을 시도하게 되며, 이로써 부부친밀감 증대의 기회를 제공받게 된다.

콜린스(Collins, 1981)는 성공적인 노년기 부부일수록 계속 성장하고 변화할 능력을 가지고 있으며, 갈등 없이도 전통적인 남녀의 부부 역할을 이어받고 상대를 사랑하며 또한 자기 자신을 사랑하게 된다고 말한다.

심리정서적인 면에서 노년기 부부는 애정과 우정, 그리고 사랑으로 서로에게 큰 도움을 주게 된다. 즉, 젊어서의 남편과 부인으로서의 상호도구적(instrumental) 역할로부터, 노년기에는 정서적이고 심리적인 관계의 심화에 이르게 된다. 사회와 일에서 은퇴하고 자녀 양육에서까지 물러선 노년기 부부는 대신 배우자에게 정서적·심리적으로 더 한층 의존하면서 더 많은 시간을 배우자와 같이 한다. 따라서 이 시기에는 부부간의 동반감이 더욱 증대한다. 그러나 노년기에 무엇보다 중요한 것은 함께 해로하며 매일 서로가 쌓아가는 감정적인 유대이다. 노인부부는 상대의 자존심을 상학 하지 않도록 조심하며 서로 격려하고 인정해 줌으로써 생산적인 관계를 유지시킬 수 있다. 서로가 서로에게 필요한 존재로서 아낌을 주고받으며 관심사를 같이 하고, 공동의 화젯거리가 고갈되지 않도록 관계를 키워 가는 일이 중요하다. 특히 퇴직한 배우자가 긍정적인 자아감(self-concept)을 가지도록 격려하고 지지해 줄 때, 이 확인되고 지지받는 관계로 인하여 노년기 결혼관계의 부부생활만족도가 증대될 수 있다.

(3) 노년기 부부적응

노년기 부부가 얼마만큼 자신의 생활과 상대 배우자에 적용하며 만족해 하는가의 문제는 성공적인 노화와 크게 관련된다. 오랫동안 서로의 경험을 공유하며 함께 어려운 난관을 극복해 온 부부들에게 노년기의 조화로운 부부간의 적응은 생의 마지막 단계에서 개인의 만족이나 자아통합감을 갖게 하는 주요인이 될 수 있다. 최근 노인들의 배우자, 특히 남편과 이혼을 호소하는 상담이 점차 증가하고 있고, 그 실증적인 예로써 통계청 자료(1998)에 따르면 결혼 후 20년 이상 된 부부의 이혼이 지난 1986년 4.5%에서 1995년 현재 9.1%로 10년간 거의 2배로 증가하였다. 이로써 노부부관계의 재정립과 상호작용의 필요성이 과거 그 어느 시기보다 높아지게 된다. 노년기 부부적응을 위한 구체적인 내용들은 다음과 같다.

① **현실이해와 수용**：노년기 자체의 부정적인 제 상황들을 있는 그대로 이해하고 수용, 인정해야 한다. 노년기는 바쁘게 살아온 지난날과는 달리 서로의 건강이 약화되고 활동범위가 축소되며 활동력이 감소하는 시기이다. 따라서 체력이나 건강의 쇠퇴에서 오는 노화를 인식하며, 은퇴와 수입의 감소로 인한 육체적·사회적 활동의 축소를 이해하고 받아들이는 것이 무엇보다 중요하다. 이러한 사실의 수용은 노년기 부부적응의 기초가 될 수 있다.

② **역할 재조정**：종래의 전통적인 남녀의 역할보다 융통성 있는 부부 공동의 협력체제로 가사일을 해결해 나가는 것이 필요하다. 즉 부부 서로간에 일의 협력 및 분담, 책임한계 등에 대하여 역할을 재조정하는 것이 필요하다. 가능한 한 부부 공동의 관심사항에 관한 의사결정을 부부가 한 단위로 협력체제 하에 행사하도록 한다. 남녀간의 역할 차이가 줄어들고 매사에 부부 협력이나 합리적인 분담이 이루어지면 동등감이 생기고 이로써 행복감을 느끼게 된다. 만일, 은퇴 전 젊어서의

역할형(role pattern)을 끝내 못 버리고 은퇴 후에도 고집하게 되면 노년기에 적합한 새로운 생활 습관이 정착되지 않으므로 적응이 어려워진다.

③ 부부관계의 재정비 : 젊어서 남편과 부인으로서의 상호 도구적 역할로부터 노년기에는 보다 정서적이고 심리적으로 친밀한 관계가 되도록 노력한다. 사랑과 애정, 동료감을 중요시하며 상대의 자존심이 상하지 않도록 서로 격려하고 인정해 준다. 정기적으로 사랑을 표현하고 충분히 대화한다.

④ 부부 상호작용의 활성화 : 아내는 남편의 신체적·생리적 노쇠현상에 대한 불안감을 이해해 주고, 남편은 아내의 폐경 등 상대의 변화되고 어려운 상황에 긍정적인 태도로 임하여 성적(性的)·정서적으로, 또한 개인적으로 문제를 수요하고 타개해 나가도록 도우며, 갱신된 부부 만족의 시기가 되도록 노력한다.

⑤ 부부공동의 활동과 독립된 영역 발전 : 부부가 함께 즐기는 활동에 참여하고 함께 휴식하며 집안일을 수리하는 등 공동의 작업을 시도한다. 반면에 남편이 그 자신의 일에 파묻힐 때 아내 역시 따로 즐기고 몰두할 수 있는 독립된 일감이나 취미생활을 가지도록 한다.

⑥ 노년기 부부 성(性)적응 : 노년기에는 자녀 양육, 세탁, 청소, 시장 보기, 음식 만들기 등의 일이 대폭 감소함에 따라 신혼기 때와 같이 부부간에 오붓한 시간을 가질 수 있으며, 성생활도 보다 자유로울 수 있다. 노화로 인한 성 생리를 이해하고 이에 대처해야 한다. 노화가 성행위에 미치는 몇 가지 생리적인 요인들이 있지만, 이제까지 많은 연구들은 노년기 성적 만족도는 생물학적이기보다는 사회·심리적인 요인에 의해 더 크게 영향을 받는다고 말하고 있다(Lammana & et al., 1991). 사회적인 저지나 억제, 정신적·신체적 피로감이나 실패의 두려움, 배우자에 대한 무료함이나 오해, 무관심 등은 성생활에 부정적인 영향을 준다. 즉 연령이 증가함에 따라 성행위는 점진적으로 감소하지만, 성기능을 경감시키는 원인은 정서적·심리적 측면이라고 할 수 있다. 생리적으로 남성노인은 성적 반응주기가 길어지고 골반 삽입운동과 사저의 정도가 약해지며 오르가즘 강도도 저하된다. 한편 여성노인은 질 벽의 탄력성이 약화되고 질 분비액이 적어지며, 성교시 쉽게 자궁의 피로를 경험한다. 여성노인이 남성의 성행위 변화를 이해하지 못하면 배우자의 느린 사정이나 정규적이지 못한 성행

위로 인하여 실망감을 갖게 된다. 따라서 노화로 인한 성행위의 생리적 변화에 대하여 정확히 알고 이를 수용하고 대처할 때 노인의 성생활은 정서적으로 만족스러운 것이 될 수 있으며, 이로써 원만한 성적 적응이 가능하다.

노년기 성과 적응에 대해서는 제11장에서 보다 자세히 다루고 있다.

(4) 노년기 이혼과 재혼

[그림 5-1]과 [그림 5-2]는 남성과 여성의 황혼이혼 및 재혼의 증가 추이를 보여 주고 있다.

【그림 5-1】 남성의 황혼이혼과 재혼

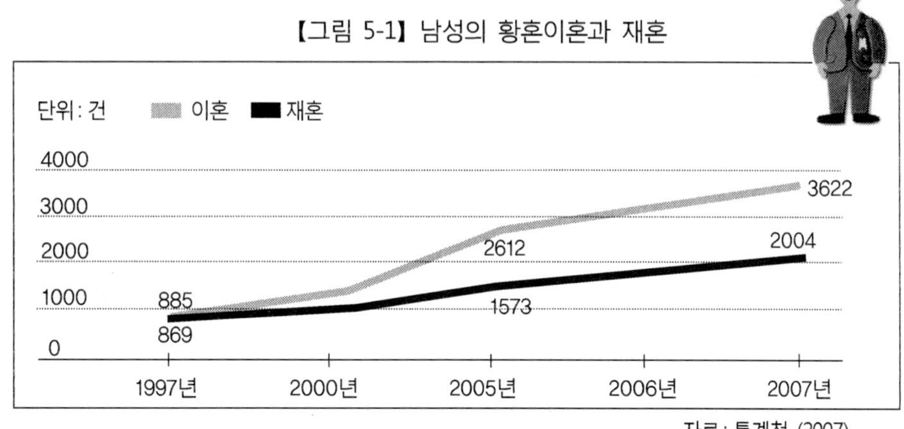

자료 : 통계청 (2007)

【그림 5-2】 여성의 황혼이혼과 재혼

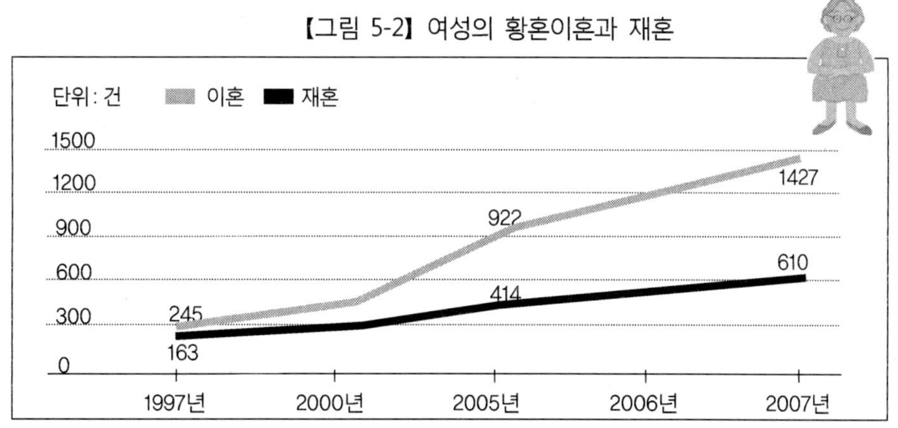

자료 : 통계청 (2007)

① 노년기 결혼관계의 해소(노인이혼)

노년기 결혼관계는 배우자와의 사별이나 이혼에 의하여 해소된다. 여성노인의 수명이 남성노인보다 8년가량 더 길고, 여성노인의 재혼이 남성에 비해 용이하지 않은 점을 고려할 때 노년기 결혼관계 해소로 인한 호로됨의 문제는 특히 여성노인에게 심각한 문제가 된다.

최근 들어 크게 부각되고 있는 노녀기 이혼의 문제는 시대적인 가치관의 흐름을 실감케 하고 있다. 통계청 자료에 의하면 1986년에는 결혼 20년 이상 된 부부의 이혼율이 전체 이혼율 중 4.5%를 차지했으나, 2007년에는 19.2%로 5배가량 늘어났다. 즉 이혼한 부부 5쌍 중 한 쌍이 황혼이혼의 경우라는 것이다. 일본의 경우도 최근 들어 노년이혼이 급증하고 있어 '나리타의 이별'이란 말까지 새롭게 등장하고 있는데, 이는 막내의 결혼식을 마치고 자녀를 신혼여행 보낸 후 노부부가 나리타공항에서 헤어진다 해서 생겨난 말이다. 2차 대전 이후 일본에서 일어난 베이비 붐대의 세대인 단카이 세대에서 새로 바뀐 연금법으로 인해 황혼이혼이 증가하고 있는 추세이다.

결혼생활의 만족도로부터 그 결혼의 안정성을 예측할 수 있으리라고 기대하기 쉬우나, 반드시 그런 것만은 아니다. 여러 가지 면에서 나무랄 데 없어 보이는 결혼이 별거나 이혼으로 끝나는가 하면 암울해 보이는 결혼이 잘 유지되는 경우도 종종 있기 때문이다. 스패니어와 루이스(Spanier and Lewis, 1980)에 의하면 결혼의 질은 배우자의 사회적·개인적 자신 정도, 생활태도에 대한 만족도, 결혼생활에 있어서 보상(rewards)과 긴장(tension)의 균형 정도 등에 의하여 결정된다고 한다. 반면 결혼의 안정도는 결혼 외부로부터 오는 요인들, 즉 다른 애인이 생긴다든가 중요한 일신상의 진로 결정을 해야 하는 등 마음을 빼앗는 일이나 기타 외생적인 압력들에 의해 크게 영향을 받는다.

이 분야 관련자들은 노인 이혼의 경우 80% 이상이 여성들이 이혼을 청구하는 사례라고 한다. 이는 젊었을 때는 남편과 자녀의 뒷바라지에 인내와 희생을 무릅쓰고 살아오다가 자녀 성장과 진수 후에 경제적으로 안정을 이루면서 여성이 자신의 삶을 찾고 싶다는 심리에서 생겨나는 추세인 것으로 사료된다.

연구들에 따르면 노인이혼을 포함해서 전반적으로 이혼인구가 급격히 늘어나고 있는 현 추세는 다음의 몇 가지 원인들로 설명될 수 있을 것이다.

㉠ **가족의 재정적인 능력과 여성의 경제력 향상**: 전반적인 가족의 수입과 생활수준의 향상 및 여성의 고학력 교육수준과 여성취업의 기회 확장

㉡ **가치관 변화**: 남녀평등 사상에 따른 개인주의 및 의무나 책임감 의식의 저하, 남성과 여성에 적용되던 전통적인 성도덕 관념상의 이중잣대 의식의 약화

㉢ **요구와 기대감의 확대**: 상호 헌신 및 역할분담, 협조적인 자녀 양육이나 재정적 자원상의 실제적인 요구와 기대 증가

㉣ **이혼에 대한 주위인의 태도 완화**: 이혼을 수치나 오욕으로 보는 부정적인 견해가 바뀜

㉤ **사회적 유대, 법적 제한, 종교적 제한의 약화**: 가족이나 주위 사람들의 제약이나 종교기관의 태도, 그리고 법률적 요건의 완화 및 '잘잘못을 가리지 않는 이혼(no-fault divorce)' 개념이 생겨남

㉥ **결혼의 문화적 의미의 변화**: 결혼이 하나의 영구적인 약속이라기보다는 순간순간적인 합의이며, 이혼은 또 한 번의 기회로서 흡족한 대인관계를 위한 재순환적인 기능(recycling mechanism)의 역할을 한다고 봄(F. Funstenberg, 1982).

위의 일반적인 이혼 이유 중 결혼의 문화적 의미의 변화는 특히 현재 미국이나 서구 사회가 겪고 있는 양상으로서, 점차 많은 젊은이들이 혼전 성을 즐기고 동거 및 무자녀 선호 경향을 보이는 추세에 있다.

이상의 이혼원인들은 직접 혹은 간접으로 노인의 결혼관계 해소에 영향을 미치고 있음이 사실이다. 이 시대의 노인들은 과거 우리나라의 사회적인 여건상 삶의 질보다는 생존하기에 우선순위를 두고 그들의 젊은 시절을 보냈으며, 노후에나마 가족에게서 즐거움을 찾고 부부공감대를 형성하며 여생을 보내기를 기대하고 있는 세대들이다. 노인 이혼을 보는 견해는 다양하지만, 가족학자들은 이혼과 결혼을 일탈만으로 볼 수 없다고 말한다. 독신생활이 결혼의 대안일 수 있듯이 불행한 결혼의 청산 역시 새로운 성숙한 가정에 대한 가능성의 대안일 수 있을 것이기 때문이다.

② **노인재혼(황혼기 결혼 : December marriage)의 의미와 특성**

노인인구가 증가하고 인간의 수명이 점차 연장되면서 긴 세월을 홀로 보내야 하는 사별 혹은 이혼한 무배우 노인들의 문제가 가족 내에서와 사회에서 제기되고 있다.

재혼이란 두 사람 중 한 사람은 이전에 결혼한 적이 있었던 두 사람간의 법률적·사회적 결합으로서 정의된다. 특히 노년기의 재혼으로서 '황혼기의 결혼(December marriage)'이라는 새로운 용어는 독신 노인여성 문제에 대한 하나의 해결책으로서 미국이나 서구 사회에서는 매우 긍정적으로 받아들여지고 있는데, 이는 노년기에 결혼하기로 작정한, 특히 노인여성으로부터 비롯된 단어이다. 사실 그 동안 우리 사회 노인들의 재혼은 젊은이들의 결혼에 밀려나 소외되어 온 것이 사실이다. 그러나 우리 옛말에 '효부는 시아버지에게 시어머니를 구하여 드린다'라는 말이 있고, '제 아무리 이름난 효자라고 하더라도 악처보다 못하다'라는 말이 있다. 이것은 독신노인들에게는 매우 실감나는 말들이다. 인간은 누군가와 어울려 함께 살아가야 하는 동물이다. 독신노인이 아무리 경제적인 여유가 있고, 자식이나 손자들과 같이 생활한다고 하더라도 젊은이들과는 가치관의 차이로 인하여, 또한 신체적 활동의 부자유 등으로 많은 고독과 소외감을 느끼게 된다. 박재간(1984)은 노인에게 있어서 재혼이라는 것은 고독한 세계에서의 탈출을 의미하며, 잃어버렸던 인간관계의 회복이라고 말한다. 노년기는 육체적으로 기능 감퇴가 진행되어 대인접촉이 어렵고 정신적으로 소외감을 느끼며 고독해지는 시기이므로, 누구보다도 배우자와의 상호작용을 통하여 보다 안정적이고 행복한 인생의 마지막 단계를 보내는 것이 중요하다.

그러나 노인 재혼에는 부정적인 견해 혹은 현실적인 장애가 따른다. 노인 자신이나 주위 사람이 가진 과거 전통적인 사회관습이나 이목, 성, 도덕관, 노인 자신이나 부양하는 기혼자녀의 미흡한 재정적인 여건, 가족간의 재산이나 상속에 관한 갈등, 계부모-자녀관계에 대한 염려 또는 솔직히 노인 자신이 재혼 의사를 드러내 표현하지 못하는 점 등이 그 구체적인 예가 될 수 있다. 재혼 노인 대상의 보다 심층적인 연구에서는 노부모의 재혼 후 자녀들이 계부모에 대한 불만을 표시하는 경우가 많다고 보고되고 있다(임춘희 등, 1997).

일반적인 노인 재혼의 특성을 아래와 같이 정리할 수 있다.

㉠ 성립과정에서 노인 당사자가 상대방을 만나고 선택을 하되, 자녀들의 찬성에 의해 성사된다.

㉡ 보통 자유혼보다는 중매혼이 주를 이루고 배우자 선택시 무엇보다도 사람됨됨이를 중요시한다. 이는 일반적으로 재혼관계의 질은 사회인구학적인 요인들보다는 개개인의 성격과 더 관계가 있다는 사실에 부합하는 의사결정으로 여겨진다.

ⓒ 남성노인의 경우 이혼녀보다는 사별한 여성과 무자녀 여성을 선호한다.

ⓔ 젊은이의 초혼에서는 자녀들이 부모의 동의를 얻어야 하지만, 노인의 재혼에서
는 반대로 부모가 자녀의 동의를 얻어야 한다.

ⓜ 최근에는 재산문제로 인한 자식들과의 마찰을 고려해 정식 결혼보다는 동거를
택하거나 재산의 일정액을 배우자에게 준다는 것을 미리 못 박는 일종의 계약
결혼을 하기도 한다. 일부 전문가들은 이 같은 '계약결혼'이 윤리적 문제를 안
고 있음에도 불구하고 현실적인 대안의 하나로 제시하고 있다.

③ 노인 재혼의 이유

일반적으로 노인 재혼의 가장 중요한 이유로 외로움 해소와 동반자의 필요성을 보
고하고 있으며(Traving, 1994 ; 이정덕 등, 1997) 그간의 연구들은 다음과 같이 노인
재혼의 이유를 구체화시키고 있다. ㉠ 누군가와 생을 함께 하기 위한 동반감, ㉡ 지
속적인 친밀감의 유지와 애정을 위한 사랑, ㉢ 성적 요구 해소와 즐거움을 위한 건강
상의 문제 해결, ㉣ 지속적 자기 노출과 표현을 위한 의사소통, ㉤ 병시중이나 간호
를 위한 건강상의 문제 해결, ㉥ 재정적인 의존이나 경제적인 문제 해결, ㉦ 자녀로
부터 자립하고자 하는 독립심

임춘희와 박경란(1997)은 위의 재혼이유에 남녀간 차이를 보고하였다. 남성노인의
경우 단지 외로움이나 고독감뿐만 아니라 독신생활의 불편함이나 따로 살았던 자녀
부부와 새로 함께 살아야 하는 동거생활의 불편함 등으로 인해 재혼을 서두르게 되
는, 다소 급박한 상황적 요인이 크게 작용한다. 반면 여성노인은 현실적으로 재혼이
절박하진 않으나 노후의 경제적인 의지 대상이 필요하고, 함께 살던 아들 부부와의
생활 불편이나 상대방의 적극적인 구애 등으로 인하여 재혼하는 것으로 나타났다.

따라서 재혼이 단지 성적인 욕구만으로 설명될 수는 없을 것이다. 노인의 재혼을
인생의 마지막 부분에 자신을 필요로 하는 사람을 만나 유용한 존재로 행복하고 보람
있게 보내겠다는 의지로 이해한다면 '황혼기의 재혼'은 귀중한 의미를 가지게 된다.
따라서 우리나라에서도 점차 개선 증진되는 노인복지기관을 통해서 노인부부 상담이
나 재혼교육 프로그램과 같은, 늙어 홀로 된 이들의 노혼(老婚)을 수용해 주고 추진
시켜 주는 사업이 펼쳐져야 되리라 본다. 이를 위해서 우선되어야 할 것은 장노년기

의 남녀 교제에 대한 개방적인 태도와 긍정적인 인식의 전환이다.

④ 노인 재혼의 적응

재혼이 홀로된 노인에게 외로움 해소나 동반자와의 관계 회복 측면에서 긍정적인 노년기 삶의 한 대처방안이 될 수 있음에도 불구하고 조기동(1993)에 의하면 재혼 후 1년 내에 헤어지는 경우가 무려 30%나 되는 것으로 나타났다. 그 이유로는 성격이나 생활문화 차이, 종교 신념 차이, 경제적인 부담, 지나친 간섭 등이 제시되는데, 이외에도 연구들은 죽은 배우자를 이상화시키는 데에서 오는 부작용이나 주위 친구나 친척들이 새 배우자를 불청객으로 여기는 데에서 오는 부적응, 그리고 여성노인의 경우 재차 사별을 예기한 심리경제적인 불안감과 대비의 필요성 등을 요인으로 지적하고 있다.

그간의 연구조사에서 밝혀진 60대 이후 노인의 재혼 성공요인을 살펴보면 다음과 같다.

   ㉠ 신랑과 신부가 장기간 동안 서로 알고 지낸 경우
   ㉡ 자녀와 친구들의 허락을 받은 경우
   ㉢ 서로가 은퇴와 노화의 양상에 잘 적응하고 있는 경우
   ㉣ 서로를 위한 거처를 마련한 경우
   ㉤ 경제적 어려움이 없고 생활하기에 충분한 수입이 있는 경우
   ㉥ 상대방이 전혼(前婚)의 성공적인 결혼 경험이 있는 경우
   ㉦ 새 배우자를 찾는 데 소요된 기간이 오랜 경우
   ㉧ 새 배우자 선택 과정의 지식과 기술을 가진 경우 등을 들 수 있다.

이러한 연구결과들에 근거하여 노인 재혼의 적응을 위한 마음가짐과 구체적인 관련 사항들을 정리해 보면 다음과 같다.

   ㉠ 노년기의 재혼이 남성노인의 경제적인 능력과 여성노인의 수발능력의 교환이라는 단지 도구적인 측면에서 현실적 욕구 충족의 수단으로서만 인식되어서는 안 된다. '황혼기의 결혼'의 성공 혹은 실패 여부는 다른 어느 젊은이들의 결혼의

경우 못지않게 부부 상대방에 대한 애정과 존중, 그리고 보살핌 등을 서로에게 얼마만큼 잘 표현하느냐에 달려 있다.

ⓛ 초혼의 경우 그 이상으로 결혼의 안정성에 유념하여 재혼부부 독신일 때의 자기중심적인 사고와 태도에서 벗어난다. 결혼 상대자로서 상대방을 수용하는 보다 융통적이고 적극적인 자세가 필요하고, 이로써 상대방과 정서적인 유대관계가 점진적으로 형성되도록 노력해야 한다.

ⓒ 부부관계의 질을 향상시키기 위하여 일상적인 역할 유지보다는 평등한 관계로서의 역할 분담과 동시에 상호 의존성을 유지한다.

ⓔ 재혼에는 부적응하거나 균형을 이루지 못하여 다시 이혼할 가능성이 있으므로 더욱 적극적인 부부간의 대화를 시도하고 이를 위해 공동의 화제나 취미를 갖는 것이 바람직하다.

ⓜ 부부 외에 자녀와의 적응도 중요하다. 전혼 자녀와는 가끔 방문하고 계자녀들과는 정기적으로 친밀감을 형성하면서 부모됨의 역할을 수행하고 재혼가족을 유지해 나간다.

ⓗ 사별 혹은 이혼으로 인해 잃어버렸던 부부관계를 다시 유지하게 되었으므로 관계의 지속과 향상을 위하여 기존의 노부부와 보다 많은 노력이 필요하다. 구체적으로 노인 재혼을 위한 준비교육 프로그램이나 부부관계 강화 훈련 프로그램 등 다양한 기회를 활용하여 재혼생활에 대한 지식이나 정보를 제공받고 지지와 격려를 받도록 한다.

ⓢ 과도기적인 방안으로서 자녀들이 입회한 가운데, 재산문제나 생활비 또는 아플 때의 대책 등을 구체적으로 기록한 재혼계약서 작성도 고려한다.

2) 노부모와 성인 자녀 관계

(1) 애정적 유대감

부모 자녀 관계는 개인의 일생을 통하여 가장 오래 지속되는 관계 중 하나인데, 부모 자녀 간의 유대감을 측정하는 방법에 따라 양적 및 질적 관계로 구분할 수 있다. 전자는 접촉 빈도나 물리적 거리감, 서비스 교환 등 객관적 유대감이고, 후자는 애정이나 친밀감, 감정의 교환 정도 등 주관적인 유대감이다. 거의 대부분의 연구가 객관적인 유대감은 노인의 생활만족도와 거의 관련이 없다고(Hoyt et al., 1980 ; Arling, 1976) 말한다. 그 이유는 양적 유대의 증대에 임하는 부모나 자녀 쌍방의 태도가 부정적일 수도 있기 때문인 것으로 밝혀지고 있다. 즉 자녀들의 입장에서 양적 접촉은 부모에 대한 책임과 의무감에 기초한 것일 수도 있고 따라서 형식적이고 의례적인 것이 되기 쉬운 반면(Rosow, 1967), 부모의 입장에서는 자신을 의존적인 존재로서 부정적으로 자각하게 되고 이것이 그들의 생활만족도를 감소시킨다는 것이다.

노년의 사회적 관계가 주로 가족, 특히 자녀를 통해 이루어진다고 할 때 노부모와 성인자녀 간의 애정을 중심으로 한 상호 호혜적인 관계의 질을 형성하는 것은 노년기 생활만족도와 삶의 질을 향상시키는 데 결정적인 영향을 미칠 수 있다. 연구들(최정혜, 1992 ; 조병은, 1990)은 노인에게 있어 성인자녀의 애정적·정서적 지원은 도구적·경제적 부양보다 만족도에 더 크게 영향을 주며, 노인이 느끼는 가족과의 갈등도 정서적 차원과 가치관 차원의 갈등이 재정적 차원의 갈등보다 더 크다고 한다. 따라서 자녀와의 유대관계와 결속도는 노인에게 필수적 부양과 정서적 안정감을 주기 때문에 장남이나 다른 자녀와의 유대관계가 밀접하고 결속도가 강할수록, 자녀의 정서적 지원을 많이 받을수록 노인은 가족생활에 만족할 것으로 추정된다.

벵슨과 카틀러(Bengtson & Cutler, 1978)도 부모가 자녀와 얼마나 가깝게 느끼고 있으며 부양을 비롯해서 전반적인 가족생활에 얼마나 만족하는가 하는 주관적인 평가가 노인의 생활만족도에 중요한 정(正)의 영향을 미치는 것으로 보고하고 있다.

장선주(1989)는 노부모와 성인자녀와의 관계는 서로 비슷한 처지를 가졌을 때 관계의 질이 높아지고 가족원들이 서로를 좋아하게 된다고 보고한다. 이때 비슷한 가치를 갖는다는 것은 기대가 일치됨을 의미하며, 고정자(1989)는 정서적인 느낌으로서의 동일시, 가치합일, 친밀성 등이 애정의 필요한 요건이라고 말한다.

한편 노부모의 애정적 유대관계에 대한 지각은 경제적 변인에 크게 영향을 받는다는 연구(홍달아기, 1998)가 있다. 이 연구는 수입이 어느 정도인가와 생활비 부담을 누가 하는가가 성인자녀에 대한 애정에 영향을 미침을 밝히고 있는데, 결국 경제적 욕구가 충족되지 않으면 애정 정도도 증진될 수 없음을 보이는 것이라고 하겠다. 이는 물질적으로 어느 한 쪽이 의존하는 비호혜적인 관계에서는 의존적 입장에 있는 쪽의 애정이 낮게 나타난다는 연구(Thompeon & Walker, 1984)와 일치한다. 또 자신의 자원이 감소하는 것이 갈등의 요인이 된다(Quin, 1983)는 결과도 있어서 생활비를 본인이 부담하는 것에 따른 갈등이 애정을 감소시키는 요인으로 작용하는 것으로 해석된다. 따라서 노인에게 경제적인 안정을 갖게 하는 것은 성인자녀와의 정서적 관계를 개선시키고 강화시키는 데 중요한 변인이 됨을 알 수 있다.

한편, 아담스(Adams, 1968)는 성별에 따라 애정에 대한 지각이 다르게 나타나는 바, 여성노인은 남성노인보다 자녀와의 애정적 유대가 강하며, 특히 노모와 딸의 유대가 강하다고 말한다.

(2) 세대간의 이해관계

어느 문화권에서나 비교적 보수적인 부모세대와 이에 비하여 진보적인 자녀세대간에 얼마간의 세대 차이나 이로 인한 갈등은 존재하기 마련인데, 이러한 세대 갈등은 노년기의 적응에 상당한 영향력을 미칠 수 있다. 우리나라에는 해방 이후 서구 문화와의 접촉이 많아지면서 전통적인 가치나 규범이 크게 변하게 되었다. 전통사회에서 "효"는 가족생활을 규정하는 절대적인 가치이자 규범이었지만, 현대 한국 사회에서는 이 같은 문화적 전통의 영향력이 현저하게 약화되었다.

이렇듯 서구식 물질문명과 개인주의 사조로 인하여 종래 우리 사회의 그간을 이루었던 효의 전통이 퇴색되기 시작하면서 개인주의적이고 자유 평등 의식이 상대적으로 강한 자녀세대와 전통가족의 가치관을 지닌 부모세대 간의 가치대립이 더욱 첨예화하는 경향이 있다. 이에 따라 비교적 연령이 많은 세대들은 부모에 대한 자녀의 복종을 당연시하고 있으나, 젊은 세대들은 이러한 가부장적 권위에 반발을 보이고 있다(김동일, 1984 ; 유호신, 1985). 부모는 자녀를 자기들의 분신으로 취급하고 동일시하는 가능성이 높다. 전통적인 한국 문화와 근대화된 서구 문화가 병존하면서 노인들과 젊은 이들 간에 문화적 갈등이 깊어지고 있는 것이다.

부모 자녀 간의 관계에 대한 의식이 변화하고 있는 현실은 그들간의 접촉의 빈도를 통해서도 알 수 있다. 오늘날에도 노인들의 거주형태는 자녀와 함께 동거하는 형태가 가장 높은 분포를 보이고 있지만, 부모와 자녀가 별거하는 추세가 상대적으로 증가하고 있으며, 이에 따라 부모와 자녀들과의 접촉빈도가 점차 감소하고 있다. 노인들의 선호도 상당 정도 변화하여 점차 많은 노인들이 자녀들과 따로 사는 것을 희망하는 것으로 나타난다. 직계가족 형태가 과거에는 문화적 의무였다면 점차 선택사항으로 변화하고 있는 것이다. 오늘날 남아있는 직계가족에 있어서도 그 외형적 구조는 전통적 유형과 동일하지만, 그 내부의 가족원과의 관계와 정서 등은 상당 정도 변화하였다. 대표적인 현상 중 하나로서 우선 노인의 지위와 의사결정권이 낮아졌다. 비교적 화목한 관계를 유지하고 사는 확대가족의 경우 좋은 관계의 유지를 위해 부모가 권한을 양도한 듯한 측면이 가족 내 권력관계 등에서 자주 발견된다. 비록 직계가족 형태이지만 동거 성립 계기, 동거 경력, 세대간 결합의 성격이나 가족의식 등 내부 구조를 살펴보면 필요에 의한 선택적 동거의 성격을 띠고 있는 것이다(한경혜, 1995).

또한 세대간의 갈등뿐 아니라 동일 세대 내에서도 현대적인 수평관계의 의식추구와 함께 뿌리 깊은 수직관계 가치관이 공존해 있거나, 아직은 의식을 행동으로 연결시키지 못하는 전환기적 이중성을 가지고 있어서 전통적 가치관과 현대적 가치관의 병존현상을 경험하게 된다(홍숙자, 1992). 임의섭(1986)도 이러한 상황을 '전통성과 근대성이 혼재하는 문화적 이중구조'로서 '비동시적인 것의 동시적 공존현상'으로 표현하였다.

세대간의 발달관계에 있어서 신체적·심리적·사회적 기대감에 의해 양과 종류가 다른 이해관계가 생기는데, 이로 인해 노부모와 성인자녀 간에 다양한 긴장이 야기될 수 있다(Bengtson & Culter, 1976). 노부모와 자녀 간의 호혜성이 결여되면 애정과 접촉에 영향을 주며, 부모와 자녀 간의 역할 전환과 부양기대감에 따라서는 갈등이 표출된다. 부모들의 높은 부양기대(filial expectation)는 부모 자신의 안녕과 성인자녀와의 관계에 영향을 미치는 바, 실-바흐(Seelbach, 1978)는 보다 높은 부양기대를 성인자녀에게 갖는 부모들은 그들에게 좀 더 많은 것을 기대하므로, 세대간의 갈등과 긴장을 가져 온다고 보았다. 산업사회 특성상 생산성이 떨어진 노인의 지위가 가족 내에서 상대적으로 하락하고 세대간의 가치체계나 기대감의 차이로 인하여 갈등과 소외, 고독의 문제가 생긴다.

이상의 세대 차이나 가치체계의 변화 혹은 부양기대감의 차이 외에도 노인의 의존성은 갈등을 초래하는 중요한 원인 중 하나이다. 노인들은 육체적·재정적 한계 때문에 의존할 수밖에 없는 상황이 되고 이때 가족은 일차적인 후원자가 된다. 노인의 감정적 의존도가 높아짐에 따라 가족이나 친지의 필요성은 더욱 커진다. 즉, 자녀의 성장기에는 부모와 자녀 간의 가족관계는 상호의존적이었으나 부모가 점점 고령화가 될수록 부모의 재정적·육체적·정신적 의존도는 높아지게 된다. 그리고 노인은 스스로 이것을 두려워하여 자신의 자아평가에 있어 갈등을 겪게 된다. 비단 노인 자신뿐만 아니라, 노인 부모에 대한 심리·사회·경제적 지원을 담당하고 있는 자녀들 역시 부모의 높은 의존도로 인하여 관계에서 갈등과 긴장을 경험하게 되고(Shanas, 1973), 이로 인해 결국 가족생활이나 개인의 만족도 저하를 초래한다.

(3) 노부모와 성인자녀와의 상호 교류

① 상호 교류

노부모가 은퇴로 인해 가족으로 돌아가 여생을 보내게 될 때 개인주의와 독립성을 중시하는 문화 사회에서도 노부모는 성인자녀로부터 경제적·정서적인 도움을 받고 있는 것이 일반적인 경향이다. 부유층 노인들은 자녀로부터 선물이나 기념품을 즐겨 받는가 하면 가난한 부모는 경제적인 제반 도움을 기대한다. 이때 부모 자신이 자식에게 짐이 되지 않을까 하는 우려와 얹혀사는 부담감과 무용감을 느끼게 될 때 정신적·신체적인 갈등과 불화가 심화될 수 있다. 따라서 노년기의 부모는 자녀로부터 경제적·정서적인 도움을 받을 뿐 아니라 부모 자신들 역시 자녀를 위해 가사일 보조라든가 손자녀 돌보기, 혹은 지혜를 더해 주는 정신적인 상담자의 역할을 해줌으로써 자녀에게 유용한 존재가 되어 주고 있다는 긍정적인 자세를 가질 필요가 있다.

1980년대 들어와 인간의 상호작용의 원천이 호혜성에 있다고 간주하여 대인관계를 대가와 보상의 개념으로 분석하는 사회교환이론이 노부모와 성인자녀관계에 적용되기 시작하였다. 사회교환이론(social exchange theory)적인 입장의 학자들은 비용과 혜택의 관점에서 '형평(equity)'과 '배분적 정의(distributive justice)'의 원리로서 부모 자녀와의 관계와 생활만족도를 설명하려 한다. 즉 부모 자녀 관계는 자녀들이 어린 시절 그 부모로부터 받은 은혜를 어른이 되어 자신의 노부모에게 보답하는 관계인 바 이를 하나의 '장기적인 교환'으로 볼 때 자식 등이 부모를 잘 보살피고 의무를 수행한다고 노부모가 느낄 때 그들은 '형평성' 혹은 '분배의 공정성'을 경험하게 되고 이 공평한 관계가 노부모의 생활만족도 및 정신적인 안녕에 기여하게 된다는 것이다. 그런데 급격한 산업화의 물결 속에서 서구식 가치관을 접하고 있는 현시대의 자녀들은 그들 부모의 기대에 못 미치는 보답을 하기 쉽다. 그들은 서구 가치인 개인주의와 서구식 부모 자녀 관계를 지향하게 되어 자신들이 어려서 받은 바 은혜를 노부모에게 보답하는 대신 자신의 자녀들에게 베풀게 되는데, 이런 경우 부모들은 자신들과 자녀들과의 관계에 분배의 공정성이 결여되어 있다고 보아 불행감을 느끼게 된다(홍숙자, 1992).

이와 같이 부모와 자녀 관계를 교환관계라는 시각에서 볼 때 노부모 부양에 따르는 부담감과 동시에 노부모 부양에서 얻는 보상감 역시 거론하지 않을 수 없다. 부양부담감이란 자녀가 노부모를 부양하는 과정에서 발생하는 사생활 부족, 육체적 부담, 긴장감, 경제적·심리적 부담감 등을 의미한다. 이에 반하여 보상감이란 성인자녀가 노부모를 부양함으로써 노부모와의 관계가 증진되며, 노부모로부터 육아나 가사의 도움을 받거나 노화에 대한 지식을 습득하면서 인간적으로 성숙해 가는 것, 자식으로서의 도리를 다한다는 떳떳함, 가족들로부터 부모를 잘 모신다는 인정을 받는 것 등을 포함한다(서소영 등, 1998). 따라서 노부모 부양이 부담만은 아니고, 도전이며, 성취의 경험을 누리는 기회일 수도 있다. 조병은과 신화용(1992)은 맞벌이 주부가 노모로부터 많은 보상을 느낄 때, 지신의 안정과 복지를 위해 노모의 존재가 중요하다고 인식하며 따라서 노모에 대한 효의식이 높게 나타나는 것 같다고 하였다.

일반적으로 세대간의 상호작용은 경제적 교류, 정서적 교류, 서비스적 교류를 포함한다. 경제적 교류는 생활비, 용돈, 선물 교환 등 재정적인 원조이며, 정서적 교류는 부모 자녀 간의 접촉, 감정적 상호교환으로 인한 신뢰감, 공평감, 애정, 존경심 등이다. 서비스적 교류는 식사 준비, 설거지, 청소, 손자녀 돌보기 등 일상생활의 도움을 주고받는 것을 의미한다.

② 상호교류 실태

㉠ **심리·정서적 교류**: 기존의 연구에서 노인들이 자녀들에게 가장 원하는 것은 경제적인 것보다는 심리적·정서적 교류나 부양이라는 점을 지적하고 있는데, 민무숙(1994)은 그의 연구에서 자녀와 어머니 간에 주고받는 도움의 관계에 있어서 가장 쌍방적 관계는 정서적 영역임을 밝히고 있다. 즉 정서적 교류는 노인뿐만 아니라 자녀에게 있어서도 매우 중요한 호혜적인 특성을 가진 상호교류로서, 특히 어머니가 자녀에게 어떠한 정서적 도움을 주고 있는가는 자녀에게 부양부담도를 높이기도 하고 낮추기도 하는 의미 있는 변인으로 나타났다. 이는 경제나 서비스와는 달리 정서적 원조는 심리적 교류를 상당히 포함하고 있으므로 일방적 관계가 형성되기 어렵기 때문일 것이다. 따라서 자녀와 함께 사는 노모를 대상으로 상대방에 대한 이해라든가 대화기술 등의 교육을 많이 시행하

는 것을 제안하고 있다.

ⓛ **경제적 교류** : 경제적 교류는 자녀와 노모 간에 가장 일방적인 영역으로 나타났
으며, 이는 자녀가 경제적 원조를 많이 할수록 부담감이 높아짐을 시사하는 바
라 하겠다. 노부모와 성인 자녀와의 교류에 영향을 미치고 있고 그 다음으로
의존감인 것으로 보고하고 있다. 따라서 노부모와 성인자녀 간의 경제적 교류
는 활발하다고 해도 갈등과 의존감을 수반하기 때문에 각자 서로의 경제력을
갖는 것이 현명하다고 할 수 있다. 또한 경제적 교류는 배경변인 중 종교가 있
는 경우와, 자녀와 동거하는 경우에 의미 있는 결과를 보여 결국 사회활동을
하면서 자녀와의 접촉이 빈번한 노인이 자녀와의 경제적 교류도 높음을 보여
주고 있다.

ⓒ **서비스적 교류** : 자녀와의 서비스적 교류는 여자노인이 남자노인보다 높게 나타
나, 일반적으로 가족과의 일상적인 교류는 여자노인 쪽이 더 빈번함을 알 수
있다. 이는 남자노인이 가정 내에서 소외될 수 있음을 의미하는 것이기도 하
다. 또한 수입이 높을 때와 배우자가 있을 때 자녀와의 서비스적 교류가 더
높게 나타나고 있다. 노인이 지각한 교류간의 상관관계를 보면 경제적 교류
가 활발할수록 서비스적 교류도 활발함을 보여 노부모는 자녀로부터 경제적
도움을 많이 받을수록 서비스적 도움을 많이 제공하고 있음을 알 수 있다(홍달
아기, 1998).

한편 건설교통부(1996)는 수도권 신혼부부 526쌍을 대상으로 한 주거선호 성향에
관한 연구에서 현재 부모와 함께 살기를 원하는 비율(34.1%)이 부모와 동거하는 비율
(14.8%)을 크게 웃도는 것으로 보고하였다. 이는 부모와 동거하면 신혼부부의 경우
주택자금 마련에 도움을 받을 수 있을 뿐 아니라, 맞벌이 부부는 자녀의 육아문제를
해결할 수 있다는 이점이 있기 때문인 것으로 풀이된다. 만일 여기에 부모와 자녀와
의 동거로부터 오는 정서적인 상호 원조까지 감안한다면 이른바 경제적 교류 및 서비
스적 교류, 그리고 정서적 교류까지 갖춘 상호교류의 상황이 되는 셈이다.

외국의 경우 신구세대간의 유대를 강화하는 복잡한 활동에 대한 모델을 적용한 보
스톤 지역의 연구결과를 보면(Rossi & Rossi, 1990), 세대간의 관심과 상호작용, 그
리고 세대간의 주고받는 원조가 크게 강화되었음을 보고하고 있다. 또한 가구와 가족
에 대한 전국조사(Eggebeen & Hogan, 1990)에서와 건강과 은퇴 조사 연구(Soldo &

Hill, 1994)에서도 노부모와 성인자녀 간에 다량의 다양한 원조를 주고받고 있으며 서로 상호 교류하며 돕고 살고 있음을 보여 주고 있다.

이로써 우리가 알 수 있는 바는 노부모는 자녀로부터 원조를 받기만 하는 의존적인 존재가 아니라 그들 가족에 원조를 제공하기도 하는 상호교류자이며, 상당수의 노인이 가족, 특히 성인자녀에게 도움을 주고 있다는 사실이다.

3) 고부관계

고부관계는 결혼에 의해 시작되는 가족 내 인간관계의 한 측면으로 혈연의 연결 없이 법적·인위적으로 맺어진 관계이다. 세대 갈등 주에서도 고부 사이에서 서로 상치되는 가정 내의 위치와 견해 및 이해의 차이로 인해 일어나는 충돌을 고부갈등이라고 말한다. 고부 사이에 서로 일치하지 않는 견해와 이해의 차이로 인해 발생하는 고부갈등은 한국 가족에서 고질적인 문제로 지적되고 있다.

(1) 고부갈등의 변화

가부장적 부계가족에서 가장 강력한 관계가 부자관계라면 가장 취약한 관계는 고부관계이다. 시모와 며느리는 부계 가족 내에서 동일한 조건과 유사한 입장에 처해 있으면서도 그러나 각기 여성의 3종지도(三從之道)의 주체들인 셈이다. 이들은 아들 혹은 남편을 따르는 입장에서 보충 혹은 절충적인 것이 아닌 경쟁자의 입장에 처해 있게 되므로 이들 사이의 갈등은 불가피한 것일 수 있다. 전통적인 한국 가족에 있어서 고부간 갈등은 종종 며느리 측의 희생으로 끝나게 되는 경우가 많았다. 전통사회의 철저한 위계질서와 상하관계 하에서는 자녀세대의 자율성과 독립성이 인정되지 않았다. 가부장적인 사회에서 고부는 같은 여성이면서도 지배−피지배의 수직적인 관계였으며 고부갈등은 시어머니의 요구나 간접, 지시, 학대 등에 대한 며느리의 절대적인 복종과 인내로 대처해야 하는 것으로 인지되었다.

그러나 가족구조와 기능이 변화하고, 전통적인 가족주의와 서구의 개인주의 가치관이 공존하는 현대로 오면서 고부관계의 성격과 권력관계도 상당한 변화를 겪고 있다. 이제 전통적인 가족윤리를 통한 고부갈등의 해결은 더 이상 효력을 발휘하기 어렵게 되어 가고 있다. 예를 들어 가족에서의 노인의 역할 축소와 고부갈등으로 인한 노인의 심리적 해체 상태에서 고통을 호소해 오는 노모들의 불만은 고부관계의 변화를 반영한다고 볼 수 있다. 유영주(1986)는 현대 가족의 고부관계 변화는 ① 부모세대로부터 자녀세대의 경제적 독립으로 인한 며느리의 가계 권리권 확보, ② 유교적 가족윤리의 약화, ③ 며느리의 교육 수준의 상승 등으로 인한 시어머니의 절대적 권위 약화 때문이라고 지적한다. 한편 이창기(1986)는 현대 가족의 고부갈등을 가치적 갈등 혹은 역할 갈등으로 보기도 하며, 한남제(1986)는 특히 고부간의 세대 차이에서 오는 갈등, 즉 며느리의 높은 교육수준과 시모의 낮은 교육수준 간에 생기는 가치갈등이라고 말한다.

고부간의 문제는 당사자들의 질적인 삶을 방해할 뿐 아니라 부부관계를 비롯한 다른 가족관계에도 부정적인 영향을 미침으로써 가족 전체의 안녕을 저해하는 주된 요인이 된다. 고부갈등에 관한 실증적인 연구에 의하면 고부갈등은 여성의 심리적 건강과 밀접한 연관이 있는데 고부갈등이 빈번할수록 며느리의 심리적 안녕 수준은 낮았다. 뿐만 아니라 고부갈등은 부부싸움을 유발하기도 하고, 결혼만족도에 부정적인 영향을 주며 이혼의 원인이 되기도 한다.

한편 고부관계는 며느리의 연령과 결혼지속년수가 증가하면서 그 특성이 달라지기도 한다. 예컨대 중년의 며느리는 며느리 자신의 신체적 노화, 폐경 등과 함께 스스로의 중년기 위기를 경험하게 되며, 시어머니는 고령화가 가속되어 자녀에 대한 신체적·정신적 의존도가 증가한다는 점을 고려해 볼 때 샌드위치 세대로서의 중년 며느리의 어려움은 증폭될 수 있다. 그리고 오늘날 평균수명의 연장으로 중년 며느리와 시어머니의 관계는 과거 어느 때보다 더 오래 지속적으로 상호 영향을 주고받게 된다는 특성을 갖는다.

고부관계는 본래 시어머니와 며느리의 관계를 의미하지만, 이제는 단순히 시어머니와 며느리와의 1 : 1의 관계를 넘어 노부모와 성인자녀 간의 관계로 확장되었다고 볼 수 있으며 따라서 이들 관계상의 불협화음은 세대간 갈등의 의미를 지니고 있다.

전통사회가 근대화되면서 부계 가족의 제도로 많이 변하여 갔지만, 그 구조상에는 큰 변화가 없었기 때문에 고부문제는 여전히 심각한 가족문제로 남아있다. 최근에는 오히려 유교 윤리의 약화로 인하여 인내를 덕으로 삼던 여성들의 심리적 갈등을 억제하는 힘이 약해졌기 때문에, 고부관계는 구조적 측면에서부터 그 해결의 실마리를 풀기 이전에는 부계 사회 내의 여전한 큰 과제로 남게 되었다(유영주, 1986).

(2) 고부갈등의 원인

고부갈등은 우리나라 여성들의 경험하는 대표적 스트레스 원인 중의 하나로서 고부간에 역할과 기대의 차이나 가치관과 의견 차이 등으로 긴장이 누적되어 야기되는 것으로 이해할 수 있다. 우리나라의 고부갈등 요인을 살펴본 이기숙(1985)은 ① 시어머니의 경우: 며느리가 친척간에 우애에 소홀하고 시모의 말을 무시하며, 시모의 일에 사사건건 간섭하고 참견하는 등 며느리의 이기적 태도로 인한 갈등이 많고, ② 며느리의 경우: 상대적 비교로 인한 갈등, 시모의 이기적 태도로 인한 갈등, 소외감과 대화 결여에서 오는 갈등, 친척 및 관습의 차이와 손자녀 양육으로 인한 갈등 등이 많다고 지적한다.

일반적으로 고부갈등의 원인은 가사권이나 권력구조, 역할구조, 애정구조 및 세대 차이에 의한 측면으로 분석하고 있다.

① 가사권 / 권력구조 측면

고부갈등은 본질적 원인을 '주도권 싸움'으로 진단할 수 있다. 이는 가사운영권에 대한 상호갈등에서 고부문제가 많이 발생하고 있다는 사실로 뒷받침된다. 과거에는 시모가 사망할 때까지 며느리는 그의 지배하에 살았다. 그러나 요즈음의 젊은 세대는 비록 결혼 후 시모와 동거하더라도 주부권은 자기가 소유하려는 태도를 보이는 반면, 시모로서는 자기가 소유해 온 가정 운영 및 가계 관리의 권한을 활동이 가능한 한 계속 행사하고자 한다. 최근 도시가족에서 며느리가 가계 관리권을 소유하는 비율이 점차 높아짐은 절대적 권한을 행사하던 시모의 지위가 자부에 대한 의존적·협력적 관계로 전환되고 있음을 시사한다.

② 역할기대 / 수행측면

기혼 여성의 3대 역할이면 어머니로서의 역할, 아내로서의 역할, 그리고 며느리로서의 역할을 들 수 있다. 과거 전통가족에서 시부모 봉양과 며느리 역할이 가장 중요한 역할이었다면 현대의 기혼 여성은 아내의 역할이나 자녀에 대한 어머니로서의 역할에 상대적인 비중을 더 두게 되었다. 뿐만 아니라 현대의 며느리들은 보다 과학적이고 합리적인 가사 처리를 주장하는 반면, 시모는 경험과 전통을 중시함으로써 양자 사이의 역할기대와 역할수행상에 차질이 생기고 갈등이 일어나게 되는 경향이 있다.

③ 애정구조 측면

시모와 아들과의 모자관계는 모성 본능에서 오는 강한 집착을 내포하는 데 반하여, 서구의 평등과 개인주의 사상에 영향을 받은 젊은 세대는 부부 중심을 선호한다. 현대 교육을 받지 못한 과거의 며느리들 역시 시모의 아들 독점욕으로 인한 강력한 질투의 대상이 되어 왔다. 시모들의 아들에 대한 기대와 집착은 성취동기의 강약, 자신의 신혼 초의 시집살이 정도, 그리고 성격 등에 따라 다를 수 있겠지만, 개인적으로 고생을 많이 하였거나 또는 경제적으로 공헌이 많았을 경우 더욱 심화될 수 있으며, 이로써 고부갈등은 불가피해진다. 고정자(1998)는 지난 11년 동안(1974~1985) 고부 간에 권력구조적인 측면의 갈등이 감소한 데 비하여 애정구조적인 측면의 갈등이 증가해 온 것으로 보고하고 있다.

④ 세대 차이 측면

고부관계는 윗세대와 아래세대라는 세대간의 차이를 가지기 때문에 이로 인한 세대간 이해관계의 상충과 상호 기대하는 바에 괴리가 발생한다. 기대에 어긋나는 행동과 생활방식 외에도 연령차이나 세대 차이로 오는 가치관과 의식구조의 분리는 시모와 며느리의 가정생활 전반에 상당한 차이를 초래하며, 이로써 갈등과 대립이 심화될 수 있다.

고정자 등(1993)은 1963년부터 1991년까지 39편의 고부 관련 논문을 분석한 결과 고부갈등 원인의 변인을 다음과 같이 밝히고 있다. 즉 시모의 경우 연령이 높고, 동거가장이며, 도시에 거주할 경우 갈등이 빈번하게 야기되며 그 정도가 높았다. 반면 며느리의 경우는 연령이 높을수록, 직업을 가지고 있고, 학력이 높고, 동거기간이 짧을수록 갈등이 높았다. 갈등의 주원인은 며느리의 학력이 높을수록 성격 차이에서 오는 것으로, 시모의 경우는 시모의 소외감에서 비롯되는 것으로 나타났다.

(3) 대처자원의 활용

고부갈등은 대처자원에 따라서 다르게 나타난다. 며느리가 시어머니와의 갈등을 예방하고 이에 대처하며 갈등을 해결하기 위하여 사용할 수 있는 자원은 여러 가지가 있다. 홍숙자 등(1996)의 고부갈등 대처자원을 정리해 보면 다음과 같다.

① 개인적 자원

고부관계에서 갈등에 영향을 미치는 유용한 개인적 자원으로는 우선 자기통제력을 들 수 있다. 자기통제력은 개인이 자신의 생활환경을 통제할 수 있다는 믿음이다. 며느리의 자기통제력이 높을수록 시모와의 갈등수준은 낮게 인지되며 결과적으로 심리적 복지수준을 높이는 것으로 나타났다(Chung, 1992 ; 송현애, 1993). 또한 의사소통과 갈등 해결 능력은 스트레스 상황에 대처하고 그러한 상황을 관리하는 또 다른 중요한 자원이 된다. 따라서 노년기에 있어서 자녀와의 의사소통은 관계의 질을 예측하는 변수로 나타나고 있다(Quinn, 1983). 신일진(1991)의 연구에서도 노부모-성인자녀 간의 효율적 의사소통은 문제 해결 능력에 도움을 주며 갈등을 감소시키는 것으로 밝혀졌다.

② 사회적 지원

고부갈등의 완화나 해결에 유용한 또 다른 자원은 사회적 지원이다. 사회적 지원은 정보적 지원, 정서적 지원, 자존감 지원, 동료감 지원, 물리적 지원 등으로 이루어지는 다차원적인 개념이다. 고부갈등에 직면했을 때 주위 사람들로부터의 충분하고도 긍정적인 사회적 지원을 받았을 경우 며느리의 심리적 복지나 생활만족은 높아가는 것으로 나타난다(Chung, 1992 ; 이경희, 1988). 그러나 사회적 지원이 며느리 당사자에게 긍정적인 의도로 지원되었다 하더라도 당사자에게는 유용한 자원이 아니라 또 다른 스트레스 원으로 작용될 수 있으며, 제삼자에게 지원한 요청이 와전되어 오히려 갈등의 악화를 가져올 수 있으므로 긍정적이고 효과적인 사회적 지원의 활용이 필요하다.

③ 주관적인 평가와 신념

고부갈등에서 스트레스원과 긴장에 대해 어떻게 인지하여 의미나 평가를 부여하는가는 며느리가 위기를 극복하고 심리적 복지를 높이는 데 영향을 미칠 것이다. 고부

갈등에 대한 주관적 평가와 상황에 대한 신념 등은 고부갈등의 해소에 영향을 미친다. 노부모를 부양하면서 성인자녀가 느끼는 개인적 감정과 부정적 감정은 실제로 제공되는 도움의 양이나 의존성보다 노부모 관계에 대한 지각 정도에 더 강하게 관련이 있다(Cicirelli, 1983). 즉 주변환경에 대한 상황적 평가나 인식의 차이에서 고부갈등이 다르게 나타날 수 있음을 시사한다. 고부관계에서 며느리가 갈등을 자신의 행동 탓으로 지각할수록 심리적 복지수준이 더 높았으며, 사주팔자 또는 자신이 처한 상황이나 환경 등 인간외적인 요인으로 탓할수록 심리적 복지수준이 낮게 나타났다(정혜정, 1993).

④ 대처행동

대처행동 역시 며느리가 고부갈등에 반응하여 적응하는 데 영향을 미치는 요인이 된다. 대처행동은 개인이 스트레스원이나 긴장을 감소시키기 위해 취하는 태도 및 행동이다. 즉 대처행동은 스트레스원에 대처하기 위해 구체적으로 무엇을 행하는가를 가리키는 것이며, 스트레스원에 반응하며 적응수준을 높이기 위하여 자원과 평가요인을 활용하는 것으로서, 행동적 요소뿐만 아니라 인지적 요소까지 포함되는 개념이다.

(4) 고부관계 적응 및 향상 방안

① 고부관계 적응

변화를 거듭하는 현대사회 가정에서 전통윤리라고 할 수 있는 효 개념의 가치는 변모하고 있으며 이에 따라 새로운 가족윤리가 요청되고 있다. 더불어 살아야 하는 고부의 존재와 위치는 어느 한 쪽이 다른 쪽에 일방적 가치를 강요하는 것을 불가능하게 만든다. 가족 구성원들간의 주도권 싸움이 아닌, 상호존중이 중요시되는 현대 가정에서 가족의 민주화를 우선시하여 양 세대간에 적절한 양보와 타협과 수용을 이루어내는 것이 필요하다. 특히 고부관계에 있어서 남편(아들)은 어머니와 아내 사이에서 교량역할을 성숙하게 수행해 나가야 한다. 고부관계 적응을 위한 구체적인 노력을 그간의 연구들에서 제안한 사항들을 토대로 하여 정리해 보면 다음과 같다.

□ **며느리의 노력** : ㉠ 자신이 시집오기 전에 시어머니가 해놓은 업적을 인정해

준다. ⓛ 시댁 쪽의 친척들과 사이좋게 지내도록 노력한다. ⓒ 음식을 준비할 때 시부모의 식성과 기호를 고려한다. ⓔ 시부모의 친구들을 자주 집에 모신다. ⓜ 가능한 자주 시어머니와 상의하도록 노력한다. ⓗ 시부모나 시댁 쪽의 경조사, 기념일, 축하해야 할 일들을 기억한다. ⓢ 시부모 앞에서 남편을 깍듯이 존중해 주고 가능한 애정표시를 삼간다. ⓞ 시부모의 일용품이나 선물을 대신 구입할 때에는 사전에 의논하고 상대방의 취향을 상세히 타진하여 결정한다. ⓩ 노인 성격 특성과 욕구를 헤아려 시부모의 입장을 이해하려고 노력한다. ⓣ 갈등 발생시 지혜로운 대화로써 시부모님께 자신의 입장을 표현하고 이해와 타협점을 모색한다. ⓚ 시부모의 생활습관을 존중해 드리고 적절한 역할을 마련해 드린다. ⓔ 노부모의 주머니 사정에 성의 있는 관심을 보이고 정기적으로 용돈을 드린다.

□ **남편(아들)의 노력** : ⓐ 시집 식구들 앞에서 지혜롭게 아내의 방패막이가 되어 준다. ⓛ 장인 장모에게 친부모에게 하듯 효도한다. ⓒ 처가의 애경사를 빠짐없이 기억한다. ⓔ 부모 앞에서 아내와 처가 식구들을 비판하지 않는다. ⓜ 부모와 아내 사이에서 방황하거나 회피하지 않는다. ⓗ 아내가 시댁일로 마음이 답답할 때 그 이유를 끝까지 들어주고 이해시키고 위로한다. ⓢ 부모 앞에서 아내를 존중해 준다. ⓞ 부모 앞에서 부부싸움을 하지 않는다. ⓩ 부모님이나 아내가 궁금해 하는 일에 충분히 설명을 제공한다. ⓣ 부모님의 불만과 문제점을 경청하고 이해시키고 위로한다. ⓚ 시댁일로 분주한 아내에게 감사하고 수고한다는 말을 자주 한다. ⓔ 부모님과 아내에게 적절한 역할과 소일거리를 만들어 드린다. ⓟ 가끔 고부관계를 단합시키기 위해 어머니와 아내 모두에게 미운 짓을 한다. ⓗ 시부모와 아내 사이에 문제가 생겼을 때 한쪽 편을 들지 않고 성숙한 중립적 입장을 견지하되 융통성 있게 반응한다.

□ **시(부)모의 역할** : ⓐ 이웃 또는 친척의 다른 며느리들과 비교하지 않는다. ⓛ 일마다 간섭하지 않는다. ⓒ 집안의 크고 작은 일을 며느리와 의논한다. ⓔ 권위보다는 편의에 따라 가사분담을 한다. ⓜ 딸처럼 애정과 신뢰를 가지고 상대방의 의견을 존중한다. ⓗ 며느리와 속마음을 털어놓을 수 있는 기회를 만든다. ⓢ 적당한 때 며느리에게 일반적인 가사운영의 주도권을 이양하고 자신은 취미생활이나 자원봉사 및 종교생활을 통한 마음의 안정과 새로운 역할을 가진다. ⓞ 평생교육이나 사회교육에 피교육생으로 참여하여

가족생활 향상을 도모한다. ㉢ 아들 내외의 가정관리 문제에 참견하거나 그들의 사생활을 침해하지 않는다. ㉣ 손자녀 양육문제에 필요할 때 조언을 해줄 수 있으나 가능한 아들 내외에게 맡긴다. ㉤ 독립된 생활영역 및 생활공간을 가진다.

② 고부관계 향상 방안

이상에서 고부관계의 적응을 위한 시부모와 며느리, 그리고 아들의 노력을 고려해 보았다. 이제 관계 향상을 위하여 다양한 방법이 모색될 수 있겠으나, 그 중 교육에 의한 향상 방안을 살펴보고자 한다.

고부관계 향상을 위하여 노인관련 혹은 젊은 세대 관련의 제반 지식을 구체적으로 아는 것이 중요하며, 아울러 앞에서 제시한 대처자원의 개발 및 활용이 요구된다. 이에 못지않게 중요한 것은 고부갈등에 대한 주관적 평가와 상황에 대한 신념이 보다 긍정적이고 적극적이며 합리적이게 하는 안목의 조정 내지는 인식의 전환이 필요하다. 이러한 목적들에 근거하여 현재 고부관계 향상을 위한 다양한 교육 프로그램들(홍숙자, 1995, 1996)이 전반적이고 개괄적인 내용 내지는 국부적이고 특정 영역 중심의 내용 등으로 구분되어 개발·시행 중에 있다.

고부갈등 해결을 위해서 우선 젊은 세대는 노인기의 성격 특성과 심리적 욕구, 그리고 노화에 대한 지식을 습득하는 것이 필요하다. 아울러 부모세대는 며느리들이 겪는 발달단계상의 심리와 신체적인 어려움에 대해 알아야 하며, 젊은 세대를 인정, 격려하고 칭찬해 주며 상호 협조관계를 유지하려 하는 노력이 필요하다. 그 구체적인 관계 향상 방안은 다음 3가지 측면으로 접근해 볼 수 있다.

㉠ **지식과 계몽**：노인 혹은 젊은 세대의 심리와 역할 변화 및 가치관의 차이를 알게 함으로써 갈등요인에 대한 이해를 도모한다.

㉡ **자원개발**：자기조절(통제력)을 키우고 사회적 지지를 이해시켜 이를 활용하게 한다.

㉢ **특정기술의 습득**：대화법과 갈등해결법을 숙지하고 충분히 실습시켜 실생활에 적용하게 한다.

4) 조부모와 손자녀 관계

(1) 조부모와 손자녀 관계

점차 인간 수명이 증가함에 따라 가족 내에 4세대나 5세대까지 모두 생존해 있는 경우가 늘어나고, 가족 중 나이가 제일 많은 세대가 아닌 중간세대가 조부모가 되는 수가 많아지게 되었다. 많은 여성들이 조부모가 되는 50대는 아직 그녀들의 활동이 왕성한 중년기에 불과할 뿐이다. 평균 기대수명이 길어지고 자녀출산율이 감소하는 최근의 인구학적 추세는 부모 역할과 조부모 역할이 동시에 이루어지지 않고 단계적으로 이어지게 하고, 조부모 역할 수행기간을 연장시키고 있다. 이에 따라 장·노년기의 삶에 조부모 역할과 조부모와 손자녀 관계의 중요성이 커지고 있다.

조부모와 손자녀와의 애정 깊은 관계는 손자녀의 전 인생주기에 걸쳐 심리적 발달에 중요한 영향을 미친다. 또한 조부모는 손자녀를 통하여 생의 연속성을 느끼고 손자녀에게 인생을 통한 경험과 지혜를 제공함으로써 생산감을 가진 노년기 통합을 이루게 한다. 조부모와 손자녀 간 친밀한 유대감의 중요성은 독립과 개인주의의 가치가 지배적인 서구 사회에서도 크게 부각되고 있다. 문화인류학자 미드(Mead, 1972)는 미국의 핵가족제도를 비판하면서 전통사회의 노인 세대는 경험이 많은 지혜로운 세대이기 때문에 조부모세대를 모르거나 심리적으로나 물리적으로 조부모와 떨어져 자라난 아동은 그만큼 문화적 손실을 본다고 지적하고 있다. 즉 한 문화의 전승과 발전에 차질을 가져 온다는 것이다. 이와 같은 Mead의 주장은 조부모와 손자녀의 관계에 대한 실증적 연구들에 의하여 지지되고 있다. 우선 손자녀의 측면에서 조부모와의 친밀한 관계는 손자녀의 전생애 단계에서 중요한 심리적 발달을 촉진시키고 손자녀에게 노년기에 닥치는 사회심리적 긴장을 미리 접하게 하는 기회를 제공한다(Kornhaber, 1985). 또한 조부모와 손자녀 간의 밀접한 유대관계는 가족원들을 결속시키고 가족역사의 계승을 용이하게 하며 가족에의 소속감을 굳게 해 주어 가족원들의 정체감에 기여한다. 이러한 가족문화에의 강한 소속감과 결속력, 그리고 과거와 현재, 미래로의 연결은 개인들의 심리적 측면뿐만 아니라 생활 모든 면의 복지와 관련을 갖는다(Antononovsky, 1986 ; 서동인, 1991 재인용).

뉴우가르텐과 외인스타인(Neugarten & Weinstein, 1984)은 조부모됨이 노인들의 만족감에 크게 기여하고 있다고 지적하면서 그 구체적인 예를 다음과 같이 제시하고 있다.

① 손자녀와의 접촉을 통해 젊음과 정열을 다시 느끼게 되는 생물학적인 갱신감을 가진다.
② 조부모로서의 새로운 정서적인 역할 내지 성취감을 가진다.
③ 손자녀에게 경험과 연륜에서 터득된 지혜와 지식을 가르치거나 인격 성장 등을 지도하는 교사가 되어 준다.
④ 손자녀를 통해 노인 자신이나 자기 자녀들이 이루지 못한 목표 성취감을 맛볼 수가 있다.

하게스타드와 스프라이처(Hagestad & Spreicher, 1981)는 노인 자신들의 손자, 증손자들이 한창기에 서로 상호작용하며 사는 모습과 자기 자녀들이 믿음직한 성년이 되어 그 아들·딸들을 양육시키는 모습 등을 보면서 노부모들은 다세대 삶의 유대를 젊은 부모들보다 더 강하게 느끼는 경향이 있다고 말한다.

한편 구조상으로는 핵가족화 되고 있으나, 기능 면에서 확대가족의 원리가 적용되고 있는 우리나라에서는 아직도 친족유대가 긴밀하고 가족원간의 응집력이 강하다. 따라서 조부모와 손자녀 관계는 상대적으로 서구보다 더 밀접하게 유지되고 있다고 할 수 있다.

그러나 조부모와 손자녀 관계의 부정적인 측면도 제시되고 있다. 즉 노인 자신과 성인자녀의 자녀 양육에 대한 의견과 가치관이 다를 때 갈등이 생기고, 피차 긴장과 실망감을 경험하기도 한다. 또한 노인이 손자녀에게 중요한 존재가 되지 못한다는 부정적인 느낌을 가지거나 독립심과 자율성을 높이 사는 현대 사회의 철학 때문에 손자녀와 조부모 사이가 소원해지고 거리감이 생겨나기도 한다. 손자녀 입장에서 가족 밖의 인간관계가 증가함에 따라 조부모와 함께 시간을 보내는 것을 점차 선호하지 않게 되고, 손자녀가 성인기로 들어서면서 조부모의 영향력이 크게 감소된다.

조부모 입장에서는 상대적으로 이른 나이에 조부모가 된 경우 '할머니'라는 호칭 자체에 부담을 느낄 수 있다. 또한 그들이 자녀 양육의 책임으로부터 자유로워지려는 순간에 손자녀에 대한 양육 내지는 부담이 부과되는 경우 갈등과 관계의 부정적인 양상이 초래될 수도 있다. 즉 상대적으로 젊은 노부모 측에서 전통적인 노부모 상을 거부하고 손자녀 돌보기보다는 자기 개인의 삶을 가지겠다는 확고한 의지를 가지거나, 노인들의 일상이 단순히 자녀 중심으로 진행되어서는 안 된다는 태도를 견지할 수 있기 때문이다.

샤린 등(Cherin and Furstenberg, 1986)은 조부모기를 손자녀와의 관계 변화를 중심으로 다음과 같은 3단계로 구분하여 제시하고 있다.

① 제1단계 : 첫손자가 태어나서 청년기에 이를 때까지의 단계로서, 이 기간 동안 조부모들은 그의 손자들과 동반적인 관계를 이루고 아기 돌보기, 집안일 돕기, 그리고 기타 직접적인 원조를 제공한다.

② 제2단계 : 틴에이저인 손자들이 조부모를 포함한 그들의 가족으로부터 벗어나는 단계로서 이 단계에서는 조부모와 손자들이 역할을 뒤바꾸어 틴에이저인 손자들은 자주 심부름이나 잡일로 조부모를 돕는다.

③ 제3단계 : 손자들이 성인기에 도달하여 그들 자신의 가족을 이루는 단계이다. 이 시기 조부모들은 손자들에 대한 역할을 포기해야 하며, 단지 제한되고 상징적인 의미의 역할을 지닌 증조부모가 된다.

(2) 조부모 역할 유형

조부모 역할 내용은 누구의 관점에서 보느냐 또는 어느 연령층의 손자녀를 대상으로 하느냐에 따라 달라질 수 있다. 서구에서는 일찍이 조부모들이 손자녀를 위해 무엇을 하는지에 대하여 많은 연구들이 이루어져 왔다. 현재 선진 서구사회의 다수의 노인들은 전통적으로 조부모들이 담당해 왔던 역할을 그대로 수행하고 있다. 즉 많은 노인들이 가정 내의 최고권위자, 조언자, 대리부모 등의 역할을 하고 있고, 가족의 파수꾼으로서의 위상을 지키고 있으며, 이혼 자녀나 약물 복용 자녀 손자녀를 돕거나 책임지고 있다. 연구들에서 공통적으로 밝혀진 조부모 역할 내용을 정리한다면 대리부모 역할, 가계의 역사를 계승하는 역할, 정서적 지지자의 역할, 훈계자의 역할, 손자녀를 위한 수단적 역할, 종교 교육자의 역할과 성역할 조언자의 역할 등을 들 수 있다.

● 조부모됨의 유형

구체적으로 베노크레이티스(Benokraitis, 1993)는 조부모됨의 5가지 유형을 다음과 같이 제시하면서 이 유형들은 조부모의 연령, 물리적 근접성 및 성인자녀와의 관계 등의 요소에 영향을 받는다고 말한다.

① **소원한 유형(Remote)** : 소원한 관계에서 조부모와 손자녀는 가끔씩 만나고 단지 의식적이고 상징적인 관계를 유지한다. 이 관계에서는 조부모와 손자녀는 멀리 떨어져 살고 서로를 자주 볼 수가 없다. 세대간 질적인 관계는 이루어지지만, 지속적이지 못하고 서로 깊게 관련되지 못한다. 조부모 쪽에서 이 형식적이고도 소원한 관계를 그들 손자녀와의 적절한 관계라고 인식하는 가운데 유지되고 있다.

② **동료적인 유형(Companionate)** : 조부모 손자녀 관계에서 가장 보편적인 유형이 동료적인 것이다. 이 유형은 조부모와 손자녀가 만족스러운 여가와 활동을 즐긴다는 특성을 지니며, 조부모가 손자녀와 놀아주고 여러 활동에 함께 참여해 준다는 의미에서 Neugarten 등(1964)은 '재미추구형(Fun seeker)'이라고 묘사하였다.

③ **적극 참여 유형(Involved)** : 조부모들이 손자녀를 키우고 돌보는 데에 적극적인 유형이다. 노부모는 자발적이고 활발하게 손자녀 양육에 개입하고 실질적인 권위를 행사한다. 손자녀의 부모 이혼시에 조부모는 혼자된 딸 혹은 아들과 함께 손자녀를 돕기 위하여 이주하기도 하고 딸이 직장을 가진 경우 손자녀를 전적으로 돌보기도 한다.

④ **조언하는 유형(Advisory)** : 조부모가 손자녀에게 다양한 조언을 해 주는 지혜의 저장소 역할을 하는 유형이다. 이 유형에서 특히 조부는 조언자로서 뿐 아니라 재정적인 도움을 제공하기도 한다.

⑤ **대리 부모 유형(Surrogate)** : 부모 대신 손자녀를 대리 양육하는 유형으로 손자녀 모친의 사회 진출 등 산업사회에서 점차 증가할 가능성이 있는 유형이다. 이 유형은 조부모들의 선택사항이라기보다는 부모의 병이나 이혼 등으로 인한 보호해야 할 손자녀의 필요성 때문에 이루어지는 유형이다.

Benokraitis의 분류와 유사하지만, 조부모와 손자녀 관계에서 적극성 여부에 따라 구분을 달리한 Neugarten과 Weinstein(1964)의 조부모 유형은 다음과 같다.

① 손자녀의 양육방법 등에는 관여하지 않고 자신은 오직 주어진 조부모 역할만 수행하는 **공식적인 유형**, ② 여가시간을 손자녀들과 놀아주는 것을 낙으로 삼는 **기쁨 추구 유형**, ③ 부모를 대신하여 유아의 교육을 담당하는 **대리 부모 유형**, ④ 가족 안

의 최고 권위를 유지하고 젊은 세대의 복종을 요구하며 가정 내의 지혜의 원천임을 내세우는 **지혜원천 유형**, ⑤ 공식적인 가족모임 이외에는 별로 가족관계에 관여하지 않는 **원거리 유형** 등이다.

한편 콘하버와 우드워드(Kornhaber and Woodward, 1985)의 연구에서는 ① 조부모와 유대관계가 긴밀한 일부 대상들에서 조부모의 역할 내용은 문화적인 의미와 가족 역사를 제공하는 **역사가의 역할**, ② 생활의 기초를 가르치고 지혜를 전수하고 또한 손자녀의 성역할 정체감을 형성케 하는 **훈육자의 역할**, ③ 손자녀에게 노화과정, 미래의 가족관계와 조부모 역할을 보이는 **역할 모델로서의 역할**, ④ 손자녀에게 재미있는 이야기를 해주면서 상상력을 제공하는 **마술사의 역할**, ⑤ **대리모 역할** 등으로 나타났다.

반면에 10대 손자녀를 가진 조부모를 상대로 한 Cherlin and Furstenberg(1986)의 연구는 두 세대가 서로 필요할 때 도움을 청하거나 서로 심부름을 해 주거나 집안일을 거들어 주는 등의 서비스의 교환과 조부모가 손자녀를 훈육하고 손자녀의 문제를 같이 토론하는 등 충고자로서 손자녀에게 영향을 미치는 역할 내용을 밝히고 있다. 이 연구는 조부모와 손자녀 관계를 일방적인 관점에서 벗어나 상호적 관점으로 접근했다는 점에서 큰 의미를 가진다(서동인, 1996 재인용).

그런가 하면 벵슨(Bengtson, 1985)과 트롤(Troll, 1983)은 직접적으로 관찰되는 조부모의 행동적 기능 외에 조부모 역할의 상징적 의미를 지적하고 있다. 즉 조부모는 실제적이라기보다는 가능한 지지체계로서 외부 세계로부터 가족을 보호하고 역할 전이의 어려움을 완화시켜 주는 기능을 수행한다. 조부모가 실제로 참여하지 않더라도 존재한다는 사실만으로도 가족을 위기에서 지탱하게끔 충격 흡수의 기능을 한다는 것이다. Bengtson(1985)은 또한 조부모역할에 관한 연구를 종합하면서 조부모 역할에 대한 규범적 지침이 모호하기 때문에 조부모의 역할 수행은 시대와 개인의 상황에 따라 다양해질 수 있다고 말한다.

한편 우리나라에서는 조부모와 손자녀 관계나 조부모됨의 역할에 관한 포괄적인 연구가 아직 이루어지지 않고 있으나, 조석미(1980)는 조부모로서의 역할에 대한 노년층의 의식구조 조사에서 우리나라의 노인들이 노년기의 중요한 과제로서 노부모 역할문제를 들고 있음을 보고하고 있다. 조부모 역할에 대한 책임감 및 영향력에 대하여도 노인들이 강한 신념을 가지고 있음을 나타내고 있다고 하였다.

노부모의 역할 수행 내용과 수준을 친조모·외조모 여부에 따라 조사 연구한 서동인(1991)은 조모의 기능을 훈계자 역할, 물질적 제공자 역할, 대리모 역할, 가계역사 전수자 역할, 손자녀 지지자 역할, 생활 간섭자 역할 등으로 밝히고, 이 중 훈계자 역할의 수행이 가장 높으며 친조모·외조모에 따라 조모 역할 기대가 달라 친조모에게는 훈계자 역할이, 외조모에게는 대리모 역할이 기대된다고 보고하였다.

● 조부모의 부모로서의 역할

이제까지 조부모됨의 일반적인 역할 유형을 국내외 연구 조사 결과를 통하여 소개하였다. 한편 젠더렉(Jenderek, 1994)은 조부모가 행하는 부모로서의 역할에 대한 심층연구를 실시하였다. 그는 조부모가 손자녀를 부모처럼 돌보게 되는 이유를 ① 경제적으로 자녀를 돕기 위하여, ② 손자녀가 탁아기관에 맡겨지는 것을 원치 않아서, ③ 손자녀의 모친이 전일근무제 직장인이라서, ④ 손자녀의 모친에게 정서적인 문제가 있어서, ⑤ 손자녀의 부친이 전일근무제 직장인이라서 등으로 밝히고 있다.

부모의 역할이란 법적인 시각에서 볼 때 일반적으로 아동의 법적이고 신체적인 보호를 의미한다. 이 중 법적 보호란 자녀의 양육에 관련된 결정, 즉 자녀교육, 의학적 보호 및 훈육 등에 대한 부모의 권위를 의미하고, 신체적 보호란 아동의 일상에 대한 보호와 책임을 의미한다. 따라서 조부모의 부모로서의 역할은 법적 및 신체적 보호의 복합적 개념으로서 다음의 세 가지 범주로 구분할 수 있다.

① **법적 보호자로서의 조부모** : 법적 보호자로서의 조부모란 조부모가 손자녀의 법적 신체적 책임자가 되는 것으로서 손자녀와의 법적 관계란 조부모의 보호자로서의 양육을 의미한다. 이 경우 대개 조부모들은 손자녀 가족 내의 심각한 문제 때문에 그들의 손자녀에 대해 법적인 보호자의 관계를 갖는다. 이 관계는 얻으려고 노력한 것이 아니라 손자녀의 가정 내 상황이 내버려 둘 수 없는 지경이 되었을 때 손자녀를 돌보는 것을 자청하는 것이다. 손자녀의 가정 내 상황은 손자녀 부모 중 특히 모친 쪽의 감정적인 문제, 정신적인 문제, 약물 및 알콜 문제 등으로 인해 발생하게 되며, 이러한 손자녀 부모의 무능력이나 방치, 관심 결여가 조부모의 개입을 불가피하게 만든다.

② **Day-care자로서의 조부모** : 임시로 손자녀를 돌보는 베이비시터가 아니라

장기간 동안 매일 손자녀를 돌보는 조부모를 의미한다. 이 경우 조부모는 그들의 손자녀를 신체적으로 돌보는 책임을 갖지만, 법적 책임은 없다. 조부모들은 대개 역기능적인 손자녀의 가족을 돌보게 되는데, 예를 들어 손자녀의 부모 모두가 직장을 갖는 경우 조부모는 낮 시간 동안 날짜와 시간을 정하여 통학상의 교통편이나 학원 오가기 등 손자녀의 신변에 책임을 지고 돕는다.

③ **동거자로서의 조부모** : 결혼한 자녀가 아직 독립해 나가지 않았거나 손자녀와 함께 살 여유가 없을 경우 조부모가 대신해서 손자녀들을 보살피는 경우이다. 대체로 조부모가 경제적으로 안정되고 조부모와 손자녀 관계가 애정적일 때, 그리고 다른 사람이 손자녀를 돌보는 것보다 자신이 돌보는 것이 더 낫다고 생각할 때 이 유형을 선택한다. 이 때 동거자로서의 조부모의 법적 보호자로서와 Day-care자로서 손자녀를 돌본다. 연구에서는 동거자로서의 조부모가 전자의 두 경우보다 더 많은 스트레스를 경험하게 된다고 밝히고 있다. 그 이유는 첫째, 동거하는 조부모는 다른 두 유형보다 더욱 책임이 크다는 것, 둘째 법적 보호자로서의 조부모는 손자녀에 대하여 법적·신체적 책임을 지고, Day-care 조부모는 신체적 책임만 지는 것에 반하여 동거자로서의 조부모는 돌보는 것에 대한 책임의 범위가 불분명하다는 점 때문이다.

이상의 조부모의 부모로서의 역할은 아직 우리나라에서는 사회문화적인 맥락상 심각한 문제가 되고 있지 않으나, 서구에서는 점차 관심이 증대되고 있는 문제이다.

이제까지의 조부모와 손자녀 관계를 정리해 본다면 조부모는 손자녀에게 자신이 일생동안 쌓아온 지혜와 경험을 제공함으로써 생의 의미와 생산감의 성취라는 만족을 찾을 수 있고, 손자녀 또한 조부모를 통해서 인격 성장을 지도받고 지혜를 전수받으며 심리적인 안정을 유지할 수 있게 된다. 또한 노년기에 닥치는 사회심리적 긴장을 미리 접할 수 있다. 따라서 우호적이고 밀접한 조부모-손자녀 관계의 형성은 조부모와 손자녀 모두에게 유익하며 중요한 의미를 갖는다.

현대의 조부모상은 전통적인 조부모상과 구별되며, 보다 교육수준이 높고 독립적이며 젊고 활기차다. 아울러 그들은 여전히 가족의 친밀을 유지하는 유대나 접착제인 '가족의 경비견(family watch dog)'으로 묘사되며 가족의 의식과 가치에 대한 안정성과 지속성을 제공한다. 따라서 조부모는 간섭이나 참견으로 오해받지 않는 선에서 바람직한 손자녀와의 접촉과 유대를 계속 발전시키도록 힘써야 하며, 손자녀 역시 조부모의 가치와 존재를 귀히 여기는 등 쌍방의 노력이 필요하다. 비록 물리적인 거리감이 있다 하여도 정규적으로 서신이나 사진, 목소리가 담긴 테이프, 선물, 전화통화 등으로 끊어지지 않는 접촉을 유지하도록 힘써야 하며, 이와 같이 조부모와 손자녀가 긍정적인 자세로 임할 때 전체 가족관계는 보다 강하고 풍성해질 수 있다.

5) 친척·친구·이웃관계

(1) 친척 및 형제관계

노인 인구가 점진적으로 증가하고 있는 가운데 현재와 같은 자녀 출산 추세는 노년기 부모와 자녀들과의 관계나 교류의 기능을 감소시키는 대신 친척, 특히 형제자매간의 동료애와 심리정서적 교류와 지원의 중요성을 더하게 할 것으로 전망된다. 따라서 노년기의 형제자매 관계는 노인의 소외와 고독감 해소에 긍정적인 역할을 담당하여 노후 삶의 질에 의미 있는 영향력을 행사할 수 있을 것이다. 연구들은 일반적으로 노인들은 그들의 형제들과 활발한 상호작용을 가지며, 노년기에 형제간의 애정이 증가한다고 보고하고 있다(Gold, 1987).

그간의 연구를 통하여 노년기 형제관계 특성을 다음의 몇 가지로 정리할 수 있다.

① 형제관계는 제 가족관계 중 가장 평등한 관계이며, 세대간 결속력을 공유하기 때문에 독특한 감정이입을 가진다(Avioli, 1989).
② 형제관계는 고정적이고 영구적이고 지속성이 있다(Poon, 1989).
③ 아동기와 성인기를 경유한 가족정체감의 공유는 노년기 형제간의 긴밀한 유대와 상호의존성의 가능성을 증가시킨다(Goetting, 1986).
④ 형제관계는 연령 증가에 따라 경쟁적이거나 질투나 분노의 부정적인 감정이 감소하고 친밀성과 일치감, 감정적 지원과 심리적 참여 등의 긍정적 감정이 증가한다(Gold, 1989).
⑤ 노년기의 형제자매는 유용한 사회화 도구이다. 아동기는 물론 노년기에 이르기까지 사회화는 형제자매 관계의 중요한 속성이며, 노년기 형제자매는 특히 사별과 은퇴시에 성공적인 노화의 역할 모델이 된다. 즉 형제는 다른 형제의 비교표준으로서 행위하고, 규범과 가치에 대한 옳고 그름의 안내자로서 기능한다

(윤희, 1994).

한편 지원의 측면을 연구한 결과들은 노년기 형제자매간의 심리정서적인 지지나 지원이 높다고 보고한다. 도구적 지원이라면 간병이나 부양, 가사협조, 집수리, 교통 편의 제공 등을 들 수 있다. 이러한 지원은 특히 배우자 상실이나 성인자녀가 없는 경우에 더욱 빈번히 발생한다.

(2) 친구 및 이웃관계

사회관계 중 친구나 이웃의 존재는 다른 사회적 역할을 상실해 가는 노인에게 있어서 하나의 좋은 대체물이 될 수 있다. 따라서 사람들은 노년에 이를수록 친구나 이웃과의 결속을 유지하고자 노력하는 경향이 있다. 친구와 서로 아끼고 친밀한 접촉을 하고 있는 노인들이 그렇지 못한 이들보다 더 생활에 만족하고 있다는 연구결과들은 원만한 친구관계이자 사회적인 지지뿐 아니라 자아의 가치실현 및 자긍심 유지에 기여한다고 말한다. 노인이 친구를 만나는 기회는 주로 이웃이며, 그 밖의 지역사회 모임이나 경로당, 종교모임, 그리고 학교 동창이나 어린 시절부터의 지우 등이 된다.

사회지지망으로서 친구와의 우정과 가족과의 관계를 관련시켜 본 버지오(Burgio, 1987)는 노인이 자각하는 친구와의 호혜성(reciprocity)이 노년기 전반적인 생의 만족감에 영향을 미치는 반면, 가족관계로부터의 유대감이나 이해, 호혜적인 느낌은 노후 생활만족도에 영향력을 행사하지 못한다고 하여 노년기의 친구의 역할을 강조하고 있다. 블라우(Blau, 1973) 역시 노인들에게 가족 및 손자들과의 접촉보다는 우정을 가진 친구의 많고 적음이 그들의 사기 고취에 큰 몫을 하고 있다고 주장한다. 재미교포 노인의 적응문제를 다룬 박재홍(1986)은 가족과의 관계 변인보다는 이웃에 사는 친구가 많을수록 노년기 적응을 더 잘한다는 실증연구 결과를 보이고 있다. 이러한 결과들은 가족원간의 상호작용이 항상 편하고 만족스러운 것만이 아닌 반면, 가족 밖 친구 및 이웃과의 만남과 상호작용은 의무적이 아닌 상호 선택적인 것이기 때문인 것 같다. 즉 친구관계는 동등한 위치에서의 자발적인 연합이므로 서로에게 도움이 되지 않으면 자동적으로 소멸되는 경향이 있다. 즉 부정적인 관계는 소멸되고 긍정적인 관계만이 살아남는 것이다(Gleen & Mclanhan, 1981 ; 홍숙자, 1992 재인용).

한편 한(Han, 1987)의 연구에서는 성에 따라 생활만족도에 미치는 친구관계의 영향이 다르게 나타남을 보이고 있다. 즉 남성노인의 경우 친구와의 우정은 가족 혹은 지역사회와의 상호작용보다 더 강하게 생활만족도에 영향을 미치고 있다. 노년기 남성은 은퇴 초기에 가족 속으로 깊이 몰두하는 시기가 있다가 그 후로 점차 가족 밖 친구 또는 지역사회 쪽으로 상호작용의 방향이 바뀌는 전환의 시기를 가지는데, 특히 한국의 남성 노인들에게 이러한 가족 밖 사회 참여는 자신들의 자아존중감을 높여 주고 아울러 생활만족도를 만족시켜 주고 있다고 한다. 이는 전통 한국 문화에서 남성의 역할은 주로 집 밖에서 행사되고 이에 따라 친구관계나 지역사회 참여가 사회화 회복에 기여하기 때문인 것으로 해석된다. 또한 친구와의 강한 연합이나 관계 확립을 통하여 여성에 비하여 상대적으로 정립되지 못한 은퇴기 남성의 가족 내 역할을 보상할 수도 있을 것이다. 또한 친구와의 강한 연합이나 관계 확립을 통하여 여성에 비하면 상대적으로 정립되지 못한 은퇴기 남성의 가족 내 역할을 보상할 수도 있을 것이다.

접촉빈도 면에서도 남자 노인이 여자 노인보다 친구와 다서 빈번하게 접촉하고 있는 것으로 나타나며, 친구가 있다고 응답한 비율도 높게 나타나고 있다. 그러나 여성들은 전통적으로 남성보다 쉽게 친구, 특히 동성의 친구와 친밀한 관계를 견고히 유지할 수 있다. 그러므로 여성이 남성보다 더 친밀하면서도 의미 깊은 동년배 관계를 형성한다고 한다.

노년기 친구 및 이웃관계 특성을 정리해 보면 다음과 같다.

① 노년기 친구관계는 자발적 선택에 의해 발전되는 성취관계이다. 친구관계는 수평적 관계를 형성하며, 이들은 상호 선택성과 상호 필요성에 따라 평등하게 자발적으로 교류한다. 즉 친족은 관계의 성립이 생득적이고 관계의 성격이 의무적인 것에 반해, 친구는 획득적·정의적이다(Adams, 1970).

② 친구관계는 연령과 성에 있어서 동질적이다. 이들은 비슷한 가치와 취미, 생활방식, 그리고 경험을 소유할 확률이 높으며, 따라서 직업 은퇴와 배우자 상실 등을 겪는 노인들에게 중요한 심리적 자원으로서 기능한다(Blau, 1973). 친구는 변경된 역할 또는 새로운 역할을 개인들이 학습하고 사회화하는 데에 가장 유용한 자원이 된다.

③ 친구는 자아가치의 재확신과 자아검증을 위한 수단으로 기여한다(Mancini, 1980). 즉 친구는 노인을 부정적 자기평가로부터 보호하며, 자신을 능력 있고 아직도 이 사회

에서 필요한 사람으로 여기게 하는 힘으로 작용한다. 이는 노인의 일상적 사기를 높이는 데 있어 친구와의 상호작용이 매우 유효함을 의미한다.

노년기 친구나 이웃으로부터 가장 빈번히 제공되는 지원의 유형은 감정적 친밀성과 동료애이다. 친구는 친밀감이나 충고, 그리고 편안함 등 감정적 지원을 제공한다. 이로써 노년기 친구 및 이웃관계는 정신적 건강과 높은 사기에 관련되고, 긴장과 걱정을 완충해 주는 작용에 영향을 미친다. 특히 노인 미망인에게 친구의 감정적 지원 기능이 배우자 상실의 충격을 완화하는 데 매우 유효한 것으로 밝혀지고 있다(Crohan 등, 1989).

제 6 장

노인복지 정책

　우리나라에서는 전통적으로 개인의 복지에 관한 사항을 개인과 그 가족이 전적으로 담당하는 체제를 유지해 왔다. 그러나 노인 인구의 급격한 증가, 노년기에 따르는 의존성 심화 등 사회적·시대적 변화는 우리로 하여금 과거와 같은 가족의존형 복지 체제의 지속을 어렵게 만들고 있다. 우선 노인 자신과 가족의 불비로 인한 사회적 비용이 엄청나게 늘어나고 있다. 즉 노인의 문제를 가족의 부양과 지지에만 의존하던 체제로부터 이제는 노인문제에 대한 정부와 사회의 직접적인 개입과 정책 집행이 시급하게 요구되는 시점에 이르고 있는 것이다.

　노인을 위한 사회복지정책은 그 성질에 따라 크게 사회보장과 사회적 서비스 프로그램으로 대별해 볼 수 있다. 예컨대 노인을 부양하는 가족의 경제적 기능 중 일부를 국가의 사회보장 체제로 이전시키며 가족의 노인 보호 기능 중 일부를 비가족원에 의해 공급되는 서비스로 보완토록 하는 것이다. 사회보장의 목표를 인간다운 삶의 보장이라고 한다면 노인을 위한 사회보장제도는 모든 노인의 최저생활과 기본적인 삶을 보장한다는 점에서 매우 중요한 의미를 지니고 있다. 노인의 경제적 지위와 삶의 질을 향상시키기 위하여 국가차원에서 마련한 여러 제도들을 보면 기본적인 보장으로 소득보장, 의료보장, 주택보장을 들 수 있다.

　우리나라의 사회복지 정책의 역사는 서구에 비하여 아주 일천하며, 특히 노인을 대상으로 한 정책들은 충분히 개발되어 있지 못한 실정에 있다. 본 장에서는 우선 노인 복지 개념 정의와 노인관련 법규를 살펴보고, 노인을 위한 복지정책으로서 사회보장 제도인 소득보장, 의료보장 및 주택보장과 사회적 서비스 프로그램을 검토해 보고자 한다. 아울러 우리나라 노인 복지시설의 현황과 문제점 및 복지행정에 대하여 살펴보기로 하겠다.

1. 노인복지 정책과 노인관련 법규

학자마다 노인복지를 다양하게 정의하고 있는 바, 일반적으로 노인복지란 노인의 삶의 질을 향상시키기 위해 정부와 사회의 주도하에 이루어지는 공적 및 사적인 제반 활동이라 할 수 있다. 구체적으로는 노년기의 4중고 등 주요 문제를 해결하는 동시에 노인의 자기유용감과 심신의 건강 유지를 위한 주변 여건 조성, 저소득 노인의 기초 생활 보장, 건강관리, 재가복지서비스 및 여가 선용과 사회 참여 기회의 확충 등을 위한 국가사회적인 대책이라 볼 수 있다.

노인복지 정책의 목표는 노인이 인간다운 생활을 영위하면서 소속된 가족 및 지역 사회에 적응하고 통합되도록 필요한 자원을 제공하여 활기찬 노후생활을 보장하는 것이다.

1) 노인복지법

노인복지법은 제정 이후 2007년 현재까지 총 2회의 전문 개정과 16회의 일부 개정이 이루어졌다.

1981년 노인복지법이 제정된 당시는 '선 가정보호, 후 사회보장'의 원칙을 고수하였다. 따라서 경로효친의 미풍약속에 따른 건전한 가족제도의 유지 및 발전을 언급하고 있다. 한편 국가에 대해서는 강제적 의무 규정이 아닌 단지 선언적·임의적인 성격을 지닌 노인복지법이었다.

1989년 1차 전문 개정법에서는 제도의 대폭적인 보완이 이루어졌다. 예컨대 노령수당의 지급, 노인취업 기회의 확대, 노인복지시설의 종류와 기능 명시 등 구체적인 노인복지 증진 방안이 제시되었으나, 아직 선언적이며 임의적 조항이 남아있었다.

 1993년 일부 개정법에서는 민간기업이나 개인이 유료 노인복지시설을 설치, 운영
할 수 있도록 이른바 실버산업의 민영화를 촉진시켰다.
 1997년 2차 전문개정법에서는 기왕의 노령수당이 무갹출 노령연금으로서의 경로연
금으로 전환되었다. 그 외에 노인의 날(10월 2일), 경로의 달(10월), 노인 사회 참여
와 취업 활성화, 치매노인 연구와 관리, 중증 질환자를 위한 노인전문요양시설과 유
료 노인전문 요양시설 및 병원 설치에 관한 내용 등이 포함되었다.

2) 기타 노인관련 법규

 [표 6-1]은 노인복지 관련 법령의 주요 내용을 정리한 것이며, 이하 절에서 보다
상세히 설명하고자 한다.

【표 6-1】 노인복지 관련 법령

관련 법령	주요 내용
• 노인복지법 • 국민연금법 • 기초노령연금 • 국민기초생활보장	• 노인복지 일반 • 1차 안전망으로서의 공적 연금 • 공적 연금 적용 제외 저소득층 보호 • 65세 이상 무의탁자(빈곤선 이하 계층의 최종안전망)에 대한 보호(생계보장·의료보호·자활보호·장제보호 등)
• 노인장기요양보험법	• 사회보험제도에 의한 장기요양급여(재가급여, 시설급여, 특별현금급여)
• 사회복지사업법	• 사회복지 일반 • 법인의 설립 및 시설의 운영 등
• 국민건강보험법	• 생계보호 노인에 대한 의료보호 • 시설수용 노인에 대한 의료보호
• 상속세법	• 노부모 봉양가정에 대한 세제혜택 부여(상속세 인적 공제·주택상속 공제)
• 소득세법	• 노부모 봉양가정에 대한 세제혜택 부여(소득세 인적 공제·경로우대 특별공제)
• 주택건설에 관한 규칙	• 노인정 설치 의무화

본 장에서는 노인복지 정책을 크게 사회보장제도와 사회적 서비스 프로그램으로 대별하여 사회보장제도로서 저소득층 노인에 대한 기초소득 보장과 의료보장 및 주택보장을 살펴보기로 하겠다.

2. 노인과 사회보장

일반적으로 사회보장제도라 함은 질병·장애·노령·실업·사망 등의 사회적 위험으로부터 모든 국민을 보호하고 빈곤을 해소하며 국민생활의 질을 향상시키기 위하여 제공되는 사회보험·공공부조·사회복지서비스 및 관련복지제도를 말한다.

1) 소득보장

은퇴나 실직 등으로 정규 수임원이 막히고 인플레이션이나 물가고로 인하여 경제력이 약화된 노년기에는 소득에 대한 보장이 큰 관심거리가 아닐 수 없다. 현재 우리나라의 정년퇴직 연령은 대부분이 55세로서 정년제를 연령차별로 간주하여 불법화하는 미국이나, 연령차별 금지를 본격적으로 제도화하지 않으면서도 연금수급개시연령에 도달할 때까지 고령자의 고용이 확보될 수 있도록 조치를 취할 의무를 사용자에게 부과하는 일본에 비해 상대적으로 빠른 편이다. 한국 노인들의 재정적인 어려움이나 자녀에 대한 경제의존도가 심각한 것은 이 같은 조기 퇴직에 기인하는 바도 적지 않다.

일반적으로 노인 소득보장의 방법에는 크게 세 가지로 나누는데, ① 기본적 혜택으로서 모든 노인에게 기본적인 생활을 보장해 주는 방법, ② 기여제로서 본인이 젊어서 기여한 바에 기준하여 혜택을 보장해 주는 방법, ③ 소득산출제로서 노인 소득의 기회를 제공하는 방법이 그것이다.

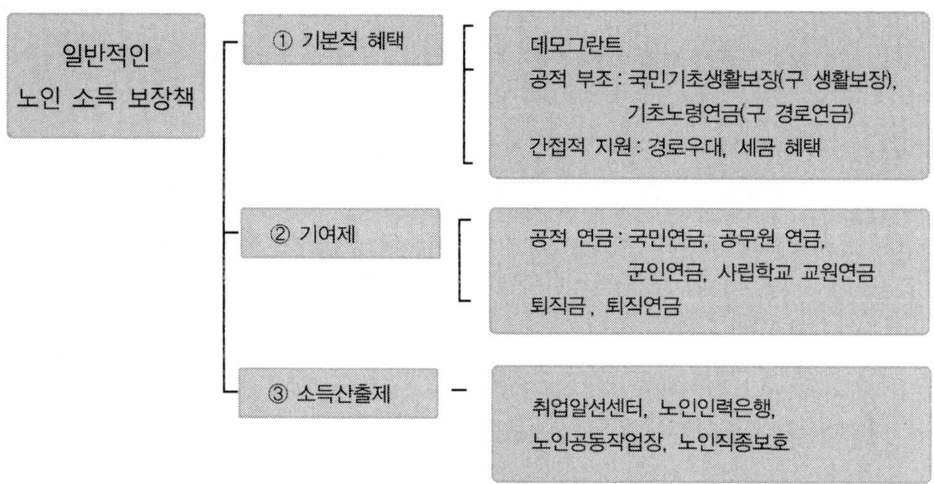

(1) 기본적 혜택

젊어서 기여한 바에 관계없이 노인의 소득을 보장해 주는 방법으로서 현재 선진국에서 시행되고 있는 데모그란트나 생계보호목적의 공적 부조 등이 있다.

① 데모그란트

일정한 연령의 모든 사람에게 일정한 금액을 정기적으로 지급하거나 무료로 의료 서비스를 제공하는 소득보장법을 데모그란트라고 한다. 현재 선진국에서는 65세 이상의 모든 노인에게 일괄적으로 돈을 지불하는 제도를 택하고 있는 나라들이 많이 있는데, 세계적인 고령화 추세의 가속으로 국가 재정에 과중한 부담이 되면서 이 방법에 대한 논란이 야기되고 있다.

② 공적 부조

공적 부조란 개인이 아닌 국가나 지방자치단체의 지출금에 의해 운용되며, 사적 부조에 대응하는 개념이다.

㉠ 국민기초생활보장(구 생활보호) : 1961년에 제정되어 40여년간 시행되어 오

던 그간의 '생활보호제도'는, 최저생활보장과 자활조성을 목적으로 하여 부양 책임자가 없는 65세 이상 극빈 노인을 위한 것으로서, 부양 책임자가 있다 하더라도 부양능력이 없을 때 적용되었다. 그 사업 내용으로는 생계, 자활, 해상, 장제, 의료 및 교육보호가 있었다.

이를 바탕으로 국민기초생활보호법이 2000년 10월부터 시행되고 있으며, 이는 빈곤선 이하 계층 노인의 소득보장을 위한 최종 안전망이라 할 수 있을 것이다. 다시 말해서 저소득층의 최저생계비를 국가가 보장하고 무료 의료 혜택을 주는 제도이다. 국민기초생활보장법은 우선 국민적 최저생활보장에 대한 국민의 권리를 '수급권'이라는 용어를 사용하여 규명하고 있다. 수급권자의 자격 규정도 자산수준이 최저생계비 이하이고, 부양 의무자가 없거나 있어도 부양능력이 없거나 부양받을 수 없는 모든 국민이 대상자가 되도록 바뀌었다.

최저생계비 수준 이상의 국민생활을 보장하기 위한 한 차원 높은 공적 부조 제도인 이 제도는 '생산적 복지'라는 명제하에, 구 생활보호제에 비교하여 자활 프로그램을 강화시키고 '주거급여'를 신설하고 있다.

ⓛ 기초노령연금(구 경로연금) : 1988년 국민연금제정 당시 국민연금 수급대상에서 제외된 노인층 구제를 목적으로 1998년 시행된 경로연금제도는 2009년 현재 기초노령연금으로 개명되어 시행되고 있다. 이는 국가의 재정적 제약 때문에 연금의 효율성 증대를 위해 현재 65세 이상의 생활보호 대상자를 포함한 저소득층과 중산층 사이의 일부 노인에게만 제한적으로 지급하고 있다. 기초노령연금은 소득이나 재산 조건에 한계를 두고 있고 재산 조사를 통하여 지급되고 있기 때문에 공적 부조의 성격을 일부 지니고 있다.

③ 간접적 지원

우리나라에서는 실제 현금이나 물품을 지급하지는 않지만, 간접적으로 지출을 감소시켜 주는 효과를 지니는 지원방법이다.

㉠ 경로우대제도 : 1980년부터 시작된 프로그램으로서 현재 65세 이상 노인들에게 지하철이나 철도 등 공영의 대중교통 수단과 공원과 고궁, 사찰, 박물관 등의 공공시설 입장 할인 혜택을 제공하고 있다([표 6-2] 참조).

【표 6-2】 경로우대제도의 내용

구 분		내 용
공영	철도	통근열차 : 운임의 50% 할인 무궁화호 : 운임의 30% 할인 새마을열차 및 KTX : 운임의 30% 할인 (단, 토·일요일 공휴일 제외) 수도권전철, 도시철도 : 운임의 100% 할인
	고궁, 능원, 국·공립 박물관 국·공립 공원 및 미술관	입장료 100% 할인
	국·공립 국악원	입장료 50% 이상 할인
민영	국내 항공기	운임의 10% 할인
	국내 여객선	운임의 20% 할인
	타 경로우대업종 (목욕, 이발 등)	지역에 따라 자율적으로 실시

자료 : 보건복지부 (2006b). 지역에 따라 자율적으로 실시

ⓒ **세금 혜택** : 노인이 소유한 일정 한도의 재산에 대해서 세금을 감면해 준다거나, 노인이 동거하는 가족에게 적용되는 상속세와 소득세 공제의 혜택 등이 그 예이다. 노부모를 모시고 있는 국가공무원에게는 일정액의 부모 부양 수당을 지급하고 있다. 그 밖에 노부모와 2년 이상 동거하고 있는 세대주에게는 아파트 입주권을 우선적으로 분양하거나, 개인 주택을 구입하거나 수리하는 자금을 일부 지원해 주고 있다.

(2) 기여제

노인이 젊어서 기여한 바에 기준하여 노후에 소득을 보장해 주는 방법으로 이른바 국민연금 등의 공적 연금과 퇴직금제도가 이에 속한다.

① 공적 연금(사회보험)

공적 연금은 기여제의 '사회보험' 구조로 되어 있으며, 국가나 공익단체가 주축이

되어 가입자 부담의 원칙하에 노동자가 일을 하면서 납입한 보험료를 일정한 시기에 지급하는 방법이다. 가입은 일반보험과 달리 국가가 개입하므로 의무 가입이라는 강제성을 띠고 있으며, 보험료는 임금의 일정부분에 해당하는 금액을 매월 정기적으로 분납한다. 임금이 개인마다 다르므로 납입액수는 달라진다. 연금제도는 기업체에서 운영하면서 퇴직자에게 직접 급여를 주는 형식이거나, 또는 보험회사에 의뢰하여 퇴직 후 개인에게 지불하는 형태를 띠고 있다.

현재 우리나라는 특수직역에 따른 공무원, 군인, 사립교직원 연금과 국민연금을 포함해서 명목상 4대 사회보험이 전국민에게 적용되는 사회보장국가의 틀을 형성하게 되었다.

ㄱ **특수직역연금** : 1960년대 초반과 1970년대 중반에 시행된 공무원, 군인, 사립학교 교원들과 같은 특수직업 종사자를 위한 공적 연금이다.

ㄴ **국민연금** : 국민연금은 노령, 장애, 사망 등으로 소득활동을 못하게 될 때 본인이나 그 유족에게 연금을 지급하는, 가장 대표적인 국가 차원의 장기적인 노후 소득보장제도이다. 1988년 첫 시행 이후 1999년까지 10여 년간 적용 대상자를 사업장 가입자에서 농·어촌과 도시 가입자로 확대시켜 1999년 4월 이후 전국민 연금화가 실시되고 있다. 이는 특수직 연금 가입 대상자에 포함되지 아니한 18~60세까지의 모든 근로자를 포함하며, 고소득층보다 저소득층이 상대적으로 더 유리한 보험금을 타게 함으로써 노후 생계의 균등을 보장하고자 한다. 1998년 개정된 국민연금법에서는 연금 수혜 연령이 2013년부터 60세에서 5년마다 1세씩 점차 늘어나며, 노령연금의 최소 수혜자격 가입기간이 15년에서 10년으로 단축되었다. 2007년 개정에는 연금 수급률의 점진적 하향 조정과 성별 평등 강화, 출산과 군복무의 크레딧 등이 추가되었다.

(A) **1988년 제정 당시의 국민연금법의 주요 내용 :**

a. 국민연금의 급여 종류는 노령연금, 장애연금, 유족연금, 반환일시금 등 네 가지 종류가 있다.

b. 노령연금의 종류로는 기본 노령연금(가입기간이 20년 이상, 60세 도달자), 감액 노령연금(가입기간이 15~19년인 자), 재직자 노령연금(가입 기간이

20년 이상, 60~64세인 자), 조기 노령연금(가입기간이 20년 이상, 55~59세인 자), 특례 노령연금(1988. 1. 1. 현재 45~59세, 가입기간이 5년 이상인 자) 등이 있다.

c. 국민연금에 소요되는 비용은 가입자의 기여금(보험금)과 사용자의 부담금으로 충당한다. 국민연금은 국민연금관리공단에서 갹출료를 징수한 다음 연금으로 지급한다.

(B) 1998년 개정된 국민연금법의 주요 개정 내용 :

a. 연금을 받게 되는 연령이 현재 60세이지만 2013년부터는 5년마다 1세씩 점진적으로 높아져 2033년에는 65세가 된다.

b. 40년 가입자를 기준으로 할 때 연금 급여 수준이 소득월액의 70% 수준에서 1999년부터 60%로 낮아진다. 그러나 그 이전 불입분에 대해서는 기득권을 인정한다.

c. 사업장 가입자의 경우 보험료(소득월액의 9%)를 각각 근로자 3%, 사용자 3%, 퇴직금 전환금 3%씩 부담하던 것을 1999년 4월 1일부터 본인과 사용자가 각각 4.5%씩 분담한다.

d. 노령연금을 받는 데 필요한 최소 가입기간이 1999년부터 15년에서 10년으로 단축된다.

e. 최초 가입시 50세 이상인 사람은 가입기간이 5년 이상이면 특례 노령연금을 받을 수 있다.

f. 분기별로 석 달치씩 받던 연금이 1999년부터 월 단위로 지급된다.

g. 공공부문에 투자된 국민연금 기금에 대한 이자율은 5년 만기 국채수익률 이상 수준에서 정부가 국민연금 기금운용위원회와 협의해 정한다.

노령연금의 액수는 낸 보험료와 가입기간에 따라 크게 달라진다. 또 국민연금가입자나 연금을 타던 사람이 사망한 경우 유족들은 유족연금을 받을 수 있다.

(C) 2007년 개정된 국민연금법의 주요 개정 내용 :

a. 연금수급률의 점진적 하향 조정 : 가입기간 40년인 평균소득자를 기준으로

가입자 평균소득월액의 60%에서 2008년부터 50%로 낮추고 2009년부터는 매월 0.5% 포인트씩 낮춰 2028년부터 40%가 되도록 조정한다.

b. 남녀 성별간의 평등 강화 : 유족연금을 받을 수 있는 배우자의 조건과 유족 연금 수급연령을 남녀간 차별 없이 일치시킨다. 또 이혼한 배우자가 분할 연금 수급 중 재혼을 하더라도 계속 받을 수 있으며, 분할연금을 받다가 자신의 노령연금 수급권도 발생하는 경우에 두 가지 급여를 모두 받을 수 있다.

재혼으로 가족의 성원이 되는 계자녀도 부양가족연금 계산 대상에 추가한다.

c. 출산 크레딧 : 2008년 1월 1일 이후 둘째 자녀 이상을 출산한 경우 별도의 연금 보험료를 납부하지 않아도 연금을 받을 때 12개월의 가입기간을 추가로 인정한다.

　※ 2자녀 : 12개월 / 3자녀 : 30개월 / 4자녀 : 48개월 / 5자녀 이상 : 50개월

d. 군복무 크레딧 : 2008년 1월 1일 이후 현역 또는 공익근무로 6개월 이상 근무하면 별도의 연금보험료 납부 없이 6개월을 가입기간으로 추가 인정한다.

e. 지급된 연금급여의 압류 금지 : 국민연금 급여가 수급자의 통장에 입금된 뒤에도 일정금액(2008년 기준 120만원) 이하인 경우 압류할 수 없다.

f. 보험료 부과기준인 '소득' 개념 명확화 : 그동안 논란이 있었던 소득의 개념을 법률에 명확히 규정하여 법적 분쟁 및 민원발생 소지를 제거했다. 근로소득은 대통령령이 정하는 비과세소득을 제외한 금액이며, 사업·자산운용소득은 필요경비를 제외한 금액으로 한다.

g. 가입기간 계산 기준 개선 : 보험료는 자격을 취득한 다음 달부터 납부한다. 단, 자격취득일이 매월 1일이거나 임의계속가입자로 가입한 경우, 가입자 본인이 희망하는 경우에는 자격을 취득한 달부터 보험료를 납부한다.

h. 개인사업장 사용자의 소득신고 시기 변경 : 매년 2월 말 소득신고시기를 개인 사업장 사용자에 대하여는 국세청 소득신고 시기와 일치시켜 매년 5월 말로 변경한다.

I. 근로자 제외 기준 개선 : 법인의 이사 중 근로소득이 지급되지 않은 경우에는 사업장근로자가 아닌 지역가입자로 적용한다. 또 비상임 이사 중 근로

소득이 있으면 사업장가입자로 적용하되, 상시근로가 아니면 사업장근로자에서 제외한다.

j. 실제소득에 보험료 부과 : 보험료와 연금액 산출 등에 적용하던 '표준소득월액' 등급체계를 폐지하고 '기준 소득월액'제를 도입한다. 이에 따라 보험료는 실제 소득(천원 미만 절사)을 기준으로 부과하며 10원 미만은 절사한다. 소득 상 · 하한선은 현재와 동일하다.

k. 사업장 보험료 체납 시 가입기간 인정혜택을 근로자로 한정 : 사업장 보험료 체납 시 가입근로의 권익보호를 위해 체납사실통지로 원천공제된 통지월의 1/2을 체납사업장 사용자 및 소속 근로자에게 가입기간으로 인정하였으나, 근로자로 한정하고 기여금을 개별 납부하고자 하는 경우에는 월별 납부기한으로부터 3년 이내에 납부할 수 있도록 한다.

l. 임의계속가입자 자격상실시 연금보험료 납부 특례 : 임의계속가입자 자격을 상실해도 3년 내에는 납부할 수 있도록 징수권 소멸 시효에서 제외시킨다.

② **퇴직금**

이는 우리나라 사실상 보편적인 노후 소득 보장 수단이 되고 있다. 퇴직 전 근로자의 기여를 인정하여 퇴직과 동시에 해당액을 연금 또는 일시불로 지급하는 방법으로서 현재 5인 이상 상시 근로자들을 고용하고 있는 모든 사업장에게 의무적으로 적용된다는 점에서 공적 소득 보장 프로그램으로 간주된다. 근로기준법에 명시되어 있는 퇴직금의 법적 근거는 고용주가 피고용자의 근속연수 1년마다 30일분(1개월분) 이상의 임금분을 퇴직금으로 지급해야 한다는 내용이다. 이는 장기 근로자에 대한 근속 포상의 의미와 함께 일종의 실업보험이나 후불제 임금제도로 이해할 수 있으며, 실제 노인의 퇴직 후 소득 보장으로서 큰 역할을 담당하고 있다.

(3) 소득산출제

노인의 소득을 돕는 방법으로서 노인의 유휴 인력을 활용하여 여가시간을 이용한 소득 획득의 기회를 제공하는 프로그램이다. 종류에는 ① 노인 구직자와 구인처를 연결시켜 주는 노인 취업 서비스, ② 현재 대한노인회의 각 지부에서 운영하고 있는 노인능력은행, ③ 정부지원을 받아 일정 작업장을 설치하여 노인들이 함께 일하고 보수를 받게 하는 공동 작업장, ④ 노인 직종 보호 프로그램 등이 있다.

정부는 노인의 취업상담과 알선을 통한 소득 증진 기회 부여를 위해 1981년 노인 인력은행을 설치하였다가 1996년 종래 운영해 오던 노인인력은행을 '노인취업알선센 터'로 확대 개편하였다. 노인전문인력은행에는 통역·번역, 노인강사, 경영·창업 컨설 팅, 건설자문 등의 전문직종에 전직 경험이 있는 노인들이 등록하게 되며, 그들의 전 직 경험을 살릴 수 있는 시간제 일(part-time job)에 중점을 두고 구인자와 구직자 를 효율적으로 연계할 수 있는 체계 구축이 추진된다.

고령화 인구의 복지정책에 폭 넓은 사회복지적 배려가 요구되겠지만, 무엇보다도 취업의욕이 높고 아직 노동능력이 있는 노인에게 고용의 장을 제공해 주는 것이야말 로 긴요한 노인소득 보장책이 아닐 수 없다. 따라서 노인 직종 계발이나 재취업 지원 법의 개정, 고용 차별 금지의 제도적인 보장, 그리고 단순 미숙련 인력을 위한 직업 훈련 기회의 확대 및 정년의 연장 등은 소득 산출 프로그램의 구체적인 내용과 과제 일 수 있다.

[표 6-3]은 2000년 현재 고령자 적합 직종을 유형별로 정리한 예로서 기존의 젊은 이들이 기피하는 단순노동의 성격을 띠는 것으로부터 고령자의 경험을 살릴 수 있는 전문기술 직종까지 포함시키고 있다.

【표 6-3】 노인 일자리사업의 유형

구 분		정 의	일자리 예시
공 익 형		지방자치단체의 고유사업영역(환경, 행정, 교통 등) 중 노인에게 적합한 일자리	거리환경지킴이, 자연환경지킴이, 지역행정지킴이, 불법주차단속·계도 등
교 육 복 지 형	교 육 형	피교육자를 대상으로 교육·강의 하는 일자리	숲생태해설사, 문화재해설사, 교육강사(전통문화지도사, 1·3세대 연계 등), 건강관리(상담)사 등
	복 지 형	사회복지서비스를 지원하는 일자리	독거노인, 중증노인 및 장애인 등 소외계층 보호, 노-노(老 - 老)케어, 노인주거개선사업단, 노인안전지킴이, 노인교통안정봉사단 등

자립지원형	인력파견형	수요처 임금을 지급 받을 수 있는 일자리	공원관리원, 청사관리원, 주유원, 식당보조원, 판매원, 운전원, 급식지도원, 주례사, 가사도우미, 청소원, 주차관리원, 학교 내 학습장 관리 등
	시장형	소규모 사업을 공동으로 운영 및 창업하여 자체수익을 일부 창출하는 일자리	간병인사업단, 지하철택배사업단, 세탁방, 도시락사업, 재활용품점, 번역·통역사업, 유기농사업, 실버용품점 운영, 전통공예, 문화상품 제작판매 등

자료 : 보건복지부 (2006b).

[표 6-4]는 우리나라 노인의 소득보장 프로그램을 정리한 예이다.

【표 6-4】 우리나라 노인소득 보장 프로그램

종 류	구분	내 용	해당 프로그램
공적 프로그램	직접	• 피보험자의 보험료를 기준으로 급여를 지급하는 공적연금제도 • 재정은 본인, 고용주, 국가의 3자 기여방식으로, 관리는 국가 담당 • 자산조사에 의한 급여기준 설정 • 최저수준 이하의 개인(가족)에게 최저생계비 미만의 수입만 국가가 보조	• 사회보험 − 국민연금 − 공무원연금 − 군인연금 − 사립학교 교원연금 • 기초노령연금 • 공공부조 : 국민기초생활보장(구 생활보호)
	직접	• 일정범주에 속한 국민에게 조세에 의하여 현금이나 서비스를 제공 • 경제적 효과보다는 사회적 통합 효과 추구	• 노인교통수단
	간접	• 노인복지증진과 경로효친사상 양양 및 노인의 지출 경감 • 노동에 의한 소득으로 소득유지에 도움	• 경로우대 • 고용증진 − 고령자인재은행 − 고령자고용권장

사적 프로그램	직접	• 재직기간 퇴직금 지급재원을 적립하고 퇴직 시 연금 또는 일시금으로 지급 받음 • 개인이 임의로 사적인 보험제도에 가입	– 노인공동작업장 – 노인능력은행 • 퇴직금, 퇴직연금 • 개인연금 • 일반연금보험
	간접		일반화된 것이 없음

자료 : 정옥분 외 (2008).

2) 의료보장

노인은 다른 연령계층에 비하여 건강상태는 나쁘고 질병 경과가 대체로 장기간에 걸쳐서 악화되는 경향을 보이며, 이에 따라 노인의 의료 이용과 의료비 지출이 상대적으로 크게 증가하는 경향이 있다. 또한 노인인구가 절대적·상대적으로 증가하고 있으므로 노령화로 인한 의료비의 증가 속도는 점점 더 빨라질 것으로 예측되고 있다.

(1) 국민건강보험제도(의료보험 방식)

의료보험방식은 보험의 원리에 의해 앞으로 일어날지 모르는 질병이나 부상에 대비하여 국민 모두가 평소에 조금씩 보험료를 부담하여 운영하는 것이다. 따라서 국민건강보험제도는 일정한 자격 요건에 해당하는 사람은 누구든지 가입하여야 하며 사보험인 생명보험이나 교육보험과 다른 성격의 것이다.

노인을 위한 의료보험은 가족의 의료보험 프로그램을 추가시켜 발전시킨 것이며, 선진국의 경우에는 65세 이상의 노인만을 대상으로 별도의 의료보험 체계를 마련하고 있다. 노인에게 퇴직 전에 가입한 의료보험을 연장하여, 퇴직 후에도 보험료를 지불함으로써 의료보험의 계속적인 혜택을 받을 수 있도록 하거나, 새로 가입하는 보험료를 싸게 납입할 수 있도록 적용하는 경우가 있다.

현재 우리나라의 의료보험제도는 공무원 및 사립학교 교직원 의료보험, 직장의료보험 및 지역의료보험 등 세 종류가 2007년 7월 이후 국민건강보험으로 통합되어 실시되고 있다. 따라서 의료보험 통합 이후, 기존의 의료보험증들이 '건강보험증' 하나로 통합되었다. 국내에 거주하며 보수나 소득이 있는 모든 국민은 이 법의 적용 대상이며 누구나 가입할 수 있다. 수혜자는 피보험자이거나 피보험자의 부양가족이어야 한다. 재정 충당은 5인 이상 상시 근로자를 고용하고 있는 사업장 근로자의 경우 소득 비례 정율제로 근로자와 고용주 양측의 동등한 기여에 의해서 재정이 마련된다. 한 편, 농어민과 자영업자(5인 이상 사업장의 고용주를 포함하여)의 경우 등급별 정액제 로(소득과 재산에 따라 3~30등급) 피보험자와 정부의 동등한 기여에 의해 재정이 마 련된다. 국민건강보험은 보건복지부의 감독 하에 의료보험조합과 의료보험공단이 합 쳐진 국민건강보험공단에 의하여 관리된다.

노인의료비의 본인 부담률이 과중하여 대폭 경감 내지는 단계적인 감소 정책이 관 련학자들에 의해 건의되고, 부담금 대상자의 범위 확대가 요청되고 있다.

① 현물급여

급여는 현물 또는 현금 등 두 가지 형태로 제공되며 이 중 현물급여는 요양급여와 건강검진으로 분류된다.

- 요양급여는 질병, 부상이 발생하거나 출산을 한 경우에 요양을 제공받는 것이며 구체적으로는 진찰 · 검사, 약제 · 치료재료의 지급, 처치 · 수술 · 기타 치료, 예 방 · 재활, 입원, 간호, 이송 등이 포함된다.
- 건강검진은 건강예방행위로, 건강검진을 통해 질병을 조기에 발견 및 치료함으로 써 국민건강 보전과 국민의료비 절감을 위한 2차적 예방사업이다.
- 건강검진은 직장가입자, 세대주인 지역가입자, 40세 이상인 지역가입자 및 그 피부양자를 대상으로 건강검진을 2년마다 1회 실시하고, 사무직 근로자를 제외 한 직장가입자에 대해서는 연 1회 실시한다.

② 현금급여

현금급여에는 요양비, 장제비, 본인부담액보상금, 장애인보장구급여비, 본인부담상 한제가 있다.

- 요양비는 가입자 또는 피부양자가 긴급, 기타 부득이한 사유로 인하여 요양기관 에서 제외되는 의료기관 등에서 질병, 부상에 대하여 요양을 받거나 출산을 한 경우에 지급된다.
- 장제비는 가입자 또는 피부양자가 사망한 경우에 그 장제를 행한 자에게 지급

하는 급여로서 25만 원이 지급된다.

- 본인부담액보상금은 부담금이 30일에 120만 원을 초과한 경우, 그 초과금액의 50%를 보상하는 제도이다.
- 장애인보장구급여비는 장애인복지법에 의하여 등록된 장애인 가입자 및 피부양자에게 보장구에 대하여 보험급여가 실시되고 있다.
- 본인부담상한제는 6개월간의 진료비를 합산하여 환자 법정본인부담금이 300만 원을 넘는 경우, 초과진료비를 보험자가 전액 부담하는 제도를 말한다. 이는 고액·중증질환에 대한 부담 감소를 목적으로 시행되는 제도이다.

(2) 의료급여제도

국민건강보험제도가 사회보험 형태라면, 의료급여는 공공부조제도인 만큼 국민기초생활보장 대상자 및 의료 빈곤자에게 그 급여가 제공되고 있다. 2001년 개정된 의료급여법은 종전의 국민기초생활보장법의 특별법인 의료보호법이 개정된 것이다. 재정은 중앙과 지방 정부의 기여와 수혜자가 지불한 의료비로 마련되고, 지방정부 후원 하에 운영된다.

의료급여의 수급자격과 종별 구분 및 재정충당 비용은 [표 6-5]와 같다.

【표 6-5】 의료급여 수급 종별과 재정

종류	1종	2종
수급 대상	• 국민기초생활보장수급권자(근로무능력세대) • 이재민, 의사상자, 국가유공자, 무형문화재 보유자, 북한이탈주민, 광주민주화보상자, 입양 아동(18세 미만), 행려환자, 차상위 수급권자 (희귀난치성질환자)	• 국민기초생활보장수급권자 (근로능력세대) • 차상위 수급권자 (만성질환자, 18세 미만 아동)
재정	전액 국가 부담	일부 본인 부담

자료 : 보건복지부 (2006b).

(3) 노인장기요양보험제도

2007년 4월 노인장기요양보험법이 국회를 통과하고 2008년 7월부터 본 보험제도가 시행되어 치매·중풍 등으로 고통 받던 노인과 그 가족들이 복지의 혜택을 누릴 수 있게 되었다.

노인장기요양보험제도는 고령이나 노인성 질병 때문에 일상생활을 혼자 수행하기 어려운 노인 등에게 신체활동 또는 가사활동지원 등의 장기요양급여를 사회적 연대원리에 의해 제공하는 사회보험제도이다. 이 제도는 대상자의 심신상태와 부양여건에 따라 시설 또는 가정 등 다양한 형태의 서비스 공급자를 포괄하며, 대상노인에 대한 현물서비스 제공과 함께 예외적으로 가족요양비, 휴식서비스(Respite Care)와 부양가족 지원서비스도 포함하고 있다.

본 제도의 도입배경에는 인구노령화로 인한 치매와 중풍 등 수발보호의 수요가 급증하고, 이로 인해 노인수발비용의 부담이 과중해지고 있으며, 불필요한 입원으로 노인 의료비가 증가하고 있고, 저출산과 핵가족화 및 여성의 사회활동 확대가 가족수발의 한계를 드러내고 있기 때문이다.

① 장기요양 급여의 종류

노인장기요양법에 명시되어 있는 장기요양 급여의 종류에는 재가급여, 시설급여, 특별현금급여의 3가지가 있다.

(ㄱ) 재가급여

- **방문요양** : 장기요양요원이 수급자의 집을 방문해서 목욕, 배설, 화장실 이용, 옷 갈아입기, 머리감기, 취사, 생필품구매, 청소, 주변정돈 등을 도와주는 급여
- **방문목욕** : 장기요양요원이 목욕설비를 갖춘 차량을 이용하여, 수급자의 가정을 방문하여 목욕을 제공하는 급여
- **방문간호** : 장기요양요원인 간호사는 의사, 한의사 또는 치과의사의 지시에 따라 가정 등을 방문하여 간호, 진료의 보조, 요양에 관한 상담 또는 구강위생을 제공하는 급여
- **주·야간보호** : 수급자가 입소하면 이송서비스, 목욕서비스, 급식서비스, 기본간호서비스, 기능회복훈련서비스, 치매관리지원서비스, 응급서비스, 정서지원, 오

락프로그램서비스 등 제공

- **단기보호** : 수급자가 180일정도 입소 시켜 목욕서비스, 급식서비스, 기본간호서비스, 신체활동지원서비스, 신체기능유지서비스, 시설환경관리서비스, 치매관리지원서비스, 응급서비스, 개인 활동 지원서비스 등 제공
- **기타 재가급여** : 수급자의 일상생활·신체활동 지원에 필요한 용구를 제공하거나 가정을 방문하여 재활에 관한 지원 등을 제공하는 급여(휠체어, 전동·수동침대, 욕창방지매트리스 · 방석, 욕조용 리프트, 이동욕조 등 대통령령으로 정함)

(ㄴ) 시설급여

요양시설, 노인요양공동생활가정(그룹 홈)등 장기요양시설에 장기간 입소하여 신체활동지원, 심신기능유지 · 향상을 위한 교육 · 훈련 등을 제공하는 장기요양급여

(ㄷ) 특별현금급여

- **가족 요양비** : 장기요양기관이 현저히 부족한 지역(도서·벽지)에 거주 하는 자, 천재지변 등으로 장기요양기관이 실시하는 장기 요양급여이용이 어렵다고 인정된 자, 신체 · 정신 · 성격 등의 사유로 가족 등이 장기요양을 받아야 하는 자
- **특례요양비** : 수급자가 장기요양기관으로 지정되지 않은 장기요양시설 등의 기관과 재가 또는 시설급여에 상당한 장기요양급여를 받은 경우 장기요양급여 비용의 일부를 지급
- **요양병원 간병비** : 노인복지법상의 노인전문병원 또는 의료법상 요양병원에 입원할 때 장기요양에 소요되는 비용의 일부를 지급

② 장기요양이 필요한 기능 상태와 수준

1 등급 (최중증)	전적으로 타인의 도움이 필요한 상태
	- 하루 종일 침대위에서 생활하는 자, 스스로 움직일 수 없는 와병상태 - 체위변경, 식사하기, 일어나 앉기 등 ADL 중 6개 이상 완전 도움
2 등급 (최증)	상당부분 타인의 도움이 필요한 상태
	- 휠체어를 이용, 일상생활유지, 낮에도 주로 침대생활 - 식사하기, 일어나 앉기, 양치하기 등 ADL 중 5개 이상 도움

3 등급 (최등증)	부분적으로 타인의 도움이 필요한 상태
	－ 다른 사람의 도움을 받아야만 외출가능 － 양치하기, 세수하기 등 ADL 중 3개정도 부분 도움

자료 : 노인장기요양보험(www.longtermcare.or.kr).

③ 장기요양보험 국가 간 체계 비교(한국, 독일, 일본)

	한 국	독 일	일 본
명칭	장기요양보호	수발보험제도	개호보험제도
시행 시기	2008. 07	1995. 04 (재가) 1996. 07 (시설)	2000. 04
보험료 부담자	전 국민	전 국민	40세 이상
급여 절차	판정항목 : 51항목 등급 : 3등급 신청 → 방문조사 → 등급판정 → 등급통보	판정항목 : 36항목 등급 : 3등급	판정항목 : 85항목 등급 : 5등급

서비스
종류
	• 시설급여 2종
	• 재가급여 5종 (방문요양, 방문목욕, 방문
	  간호, 주·야간보호, 단기보호)
	• 특별현금급여
	  (가족요양비, 특례요양비, 요양병원 간
	  병비)
		재가, 시설서비스
		－ 의료서비스는
		  제외
			재가서비스 : 12종
			시설서비스 : 3종

급여 지급	등급별 월 한도액 범위 내	서비스별 등급별 정액	재가 : 한도액기준 실사용액 시설 : 일당정액제
서비스 대상	• 장기요양보호가 필요한 65세 이상 노인 • 치매 등 노인성 질병을 가진 65세 미만의 자	최소 5년 이상 가입자	65세 이상

자료 : 노인장기요양보험(www.longtermcare.or.kr).

3) 주택보장

　노년기에는 사회활동이 줄어들고 가정에서 보내는 시간이 늘어나게 됨으로써 주택이 생활의 중심지가 되고 있다. 이와 같이 주택의 중요도가 높아짐에도 불구하고 노인은 빈곤하기 때문에 주택을 마련하거나 유지 또는 보수 및 수리하는 데 필요한 비용을 감당하기가 어렵다. 이러한 비용의 충당을 위해서도 정부의 도움이 필요하다.

2000년 10월부터 시행된 국민기초생활보장법에 종전의 생활보호법의 사업내용에는 없었던 '주거급여'가 신설되어 주거의 안정에 필요한 임차료와 유지 수선비 등을 지급받게 되었다. 그러나 아직 우리나라에는 노인들을 위한 주택 공급 혹은 주택 금융 프로그램이 미미한 실정이다.

그동안 정부차원의 조사보고서 등에 따르면 65세 이상 고령자 가구의 44.7%가 현재 거주하는 주택에 만족하고 있으며 불만족의 이유로는 낡은 주택과 주택협소가 가장 큰 것으로 나타났다. 즉 주택의 개보수나 주택규모 그리고 편의성이 있는 주택의 필요성을 호소하고 있다(통계청, 2004). 주택 내의 안전사고 실태조사에서는 계단과 욕실에서의 미끄러짐과 부엌 공간 배치의 불합리성으로 인한 충돌사고 등이 보고되었다(건설교통부, 2006).

노인복지법의 한 규정에 의하면 국가 또는 지방자치단체는 노인들에게 적합한 주택 건설을 촉진하도록 규정하고 있다. 그러나 이 규정은 선언적 의미만을 가질 뿐 정부의 책임에 대하여는 모호한 입장을 취하고 있기 때문에 규정에 따른 주택 프로그램은 시행되지 못하고 있다. 노인복지법의 또 하나의 규정에 의하면 실비 노인복지 주택과 유료 노인복지 주택이라는 두 가지 종류의 복합주택을 정의하고 있다. 이 규정은 영리단체나 개인들이 유료 노인복지 주택을 건설하거나 임대하는 것을 허용하고 있다.

주택보장은 생활의 장소가 일반주택인지 또는 양로원과 같은 특수시설인지에 따라 크게 재가노인의 주택보장과 시설 거주 노인의 주택보장으로 나뉘어진다.

(1) 재가노인 주택보장

사회복지의 기본원칙은 인간은 누구나 자기 집에서 가족들과 살기를 원한다는 기본적인 욕구를 존중하여 가능하면 모든 노인을 자기 집에 남아 있도록 하는데 그 목적을 두고 있다. 전문가들에 의하면 노인들은 자기 집에서 생활하는 경우가 시설에서 생활하는 경우 보다 더 오래 살고 더 행복해 하고 더 만족스러워 한다고 보고하고 있다. 이러한 사실은 가능하면 노인을 가정에서 생활하도록 하는 원칙을 강화시키고 있다(Kahn & Kamerman, 1976). 또한 노인을 가정에서 보호하는 경우가 시설에서 보호하는 경우보다 경제적이라는 사실도, 노인을 가능하면 가정에서 생활하도록 하는 원칙을 강화하는 것이 된다.

　복지가 잘 발달되어 있는 선진국에서는 소득이 적은 노인에게 주택수당을 지급하는 것을 명문화하고 있다. 그러나 이 방법의 적용을 위해서는 많은 비용이 필요하다. 차선으로 가능한 방법은 소득수준에 따라 임대료의 일부를 보조해 주거나 할인해 주는 제도를 활용하는 것이다. 이 밖에 주택의 수리나 보수에 필요한 비용을 노인에게 지불하는 국가들도 상당수 있다.

　우리나라에서는 선진국에서 볼 수 있는 재가목적 주택보장은 거의 실시되지 않고 있는 실정이다. 2000년 현재 국민기초생활보장제의 보호 내용으로 주거급여 항목이 추가되어 제한된 대상자에게 임대료 및 유지수선비 보조가 지급된다. 그러나 노인을 위한 주택공급면에서는 아직 미흡한 실정이다. 단지 노인을 모시고 있는 3세대 가족에 대하여 공영주택을 공급할 때에 우선권을 준다거나, 은행에서 주택과 관련된 융자를 쉽게 받을 수 있도록 도와주고 있다.

　다행히 2000년 국민기초생활보장법의 주거급여 신설에 이어 2006년 건설교통부는 고령화사회 대비의 주택의 개조, 고령자용 국민임대주택 시설기준, 고령자 공동주택 신축기준 등 관련된 다양한 기준들을 제시하였다. 이러한 고령자를 위한 주택 설계원칙들이 재가복지 주택보장에 어느 정도 기여할 것으로 기대한다. 다음은 건설교통부가 제시하고 있는 주택보장 관련 중점사항 들이다.

　첫째, 고령자용 주택공급·운영계획 수립, 주택개조 지원, 임대주택 활성화 등을 위한 고령자 주거지원 중장기 계획의 수립이 필요하다. 따라서 노인주택 공급·관리·운영체계, 공급자 자격 및 지원 규정, 중장기 주거 지원계획 근거 등에 관한 고령자주거지원법(안)을 추진해야 한다.

　둘째, 고령자 주택 설계기준 마련 및 지원을 강화하여, 신축 주택에 대해서는 고령자용 국민임대주택 입주자 선정기준 및 설계기준과 함께 고령자용 공동주택 표준 설계 기준을 마련하고, 기존 주택에 대해서는 단차제거, 미끄럼방지시설 설치 등 노인가구 주택개조 매뉴얼 및 안전기준을 만드는 것이 필요하다.

　셋째, 고령자 가구에 대한 주거실태 조사를 강화하여 현재 정기적으로 실시하고 있는 주거실태조사의 특수 조사 시(격년시행) 고령자 주거실태를 조사하는 방안을 추진해야 한다.

　넷째, 기존 건축물의 편의시설을 정비하고 확충한다.

　다섯째, 공공시설 등의 신축 설계기준을 정비해야 한다(건설교통부, 2006).

(2) 시설거주 노인 주택 보장

시설거주 노인을 위한 프로그램에는 양로원과 요양원의 두 가지 종류의 시설이 있다([표 6-7] 참조). 이러한 두 가지 시설은 요금부과 체계에 따라서 완전 무료, 부분적인 보조를 해주는 실비, 그리고 유료 시설의 세 가지 범주로 분류된다.

【표 6-7】 노인의 시설보호

구분		사 업 내 용
무료시설	양로시설	– 노인을 입소시켜 급식, 기타 일상생활에 필요한 편의를 제공함을 목적으로 하는 시설 – 국민기초생활보장법에 해당하는 65세 이상의 부양가족이 없는 무의탁한 자
	요양시설	– 노인을 입소시켜 급식, 치료, 기타 일상생활에 필요한 편의를 제공하는 것을 목적으로 하는 시설 – 국민기초생활보장법에 해당하는 65세 이상의 부양가족이 없는 무의탁한 자
실비시설	양로시설	– 노인을 입소시켜 급식, 기타 일상생활에 필요한 편의를 제공함을 목적으로 하는 시설 – 65세 이상의 자 중 보건복지부장관이 정하는 일정 소득 이하의 자로 시설에서 보호를 받아야 할 필요가 있다고 시장, 군수, 구청장이 인정한 자
	요양시설	– 노인을 입소시켜 급식, 치료, 기타 일상생활에 필요한 편의를 제공하는 것을 목적으로 하는 시설 – 65세 이상의 자 중 보건복지부장관이 정하는 일정 소득 이하의 자로 시설에서 보호를 받아야 할 필요가 있다고 시장, 군수, 구청장이 인정한 자
유료시설	양로시설	– 노인을 입소시켜 급식, 기타 일상생활에 필요한 편의를 제공함을 목적으로 하는 시설 – 시설보호에 소요되는 일체의 비용을 입소한 자로부터 수납하여 운영하는 시설
	요양시설	– 노인을 입소시켜 급식, 치료, 기타 일상생활에 필요한 편의를 제공하는 것을 목적으로 하는 시설 – 시설보호에 소요되는 일체의 비용을 입소한 자로부터 수납하여 운영하는 시설

노인복지법에 의하면, 양로시설은 '만 65세 이상의 노인을 입소시켜 무료로 또는 저렴한 요금으로 급식이나 기타 일상생활에 필요한 편의를 제공함을 목적으로 하는 시설'로 규정되어 있다. 한편 노인 요양시설은 '만 65세 이상의 노인을 입소시켜 무료로 또는 저렴한 요금으로 급식, 치료, 기타 일상생활에 필요한 편의를 제공할 목적으로 하는 시설'로 규정되어 있다. 요양시설은 규정상 양로시설과 거의 차이가 없고, 오직 치료라는 항목이 첨가되어 있다. 요양시설에는 만성 질환자에 대하여 장기적인 보호를 해 주며, 다양한 수준의 간호와 의료 서비스를 마련하고, 퇴원 후에 재활보호 서비스까지 제공해 주게 된다.

[표 6-8]은 2008년 노인장기요양보험제도 도입과 실시를 계기로 급증하게 된 노인 요양시설의 증가 추이를 보이고 있다.

【표 6-8】 노인요양시설 현황

(단위 ; 시설개소 / 입소노인수)

연도	1985	1990	1995	2000	2005	2007
계	4/290	18/1,447	51/2,887	113/7,038	515/29,421	1,114/51,310
무료 요양원	4/290	18/1,447	36/2,412	94/6,206	286/20,787	475/29,175
실비유료 요양원	–	–	15/475	17/832	299/8,634	639/22,135

자료 : 차흥봉 (2008) 재인용

한편 외국에서는 양로시설과 요양시설을 명확히 구분하고 있지 않는 것이 일반적이다. 외국에서는 수용목적 주택이 장기보호시설(long-term care facility) 또는 요양원(nursing home)으로 불리어지고 있다. 따라서 수용목적 시설이라 할 때는 요양시설을 의미하는 것이 일반적이다. 일본에서는 양로시설을 경비노인홈과 유료노인홈으로, 요양시설을 양호노인홈과 특별양호노인홈으로 구분하고 있다.

3. 사회적 서비스 프로그램

1) 사회적 서비스의 의미

정치적이고 사회문화적인 맥락에 따라 사회적 서비스의 의미와 범위가 달라지겠지만 Kahn(1979)은 사회적 서비스를 '가정생활을 보호하고 회복하며, 개인의 외적·내적인 문제를 대처할 수 있도록 도우며, 개인의 발전을 촉진하고 정보, 안내, 대변, 구체적인 도움을 통해 서비스에 잘 접근할 수 있도록 하는 프로그램'이라고 정의하고 있다. 일반적으로 빈곤에 대한 대책으로서 사회보장은 국민 전체의 최저생활보장을 목적으로 보편적·평균적·균등적으로 대처하는 것이다. 반면에 이를 보완하는 제도로서의 사회적 서비스는 특수적·구체적·개별적으로 개인이나 가족문제에 대응하는 기능적 특징을 갖고 있다고 하겠다.

사회적 서비스는 사회적으로 불우하고 열세한 위치에 있는 아동, 노인, 여성 및 장애인 등을 우선 대상으로 이들의 제반 문제를 해결하여 정상적인 사회인으로 복귀시키는 데 목적을 두고 있다. 따라서 사회보험이나 공적 부조의 재정적인 부조와 달리 사회적 서비스는 사회복지 전문가에 의한 전문 서비스만으로 소기의 성과를 기대할 수 있다(조흥식, 1994).

일반적으로 노인을 위한 사회적 서비스 프로그램이란 노인들이 환경의 변화에 순조롭게 적응할 수 있도록 도와주기 위하여 개발한 프로그램을 말한다.

2) 대상자와 서비스 내용

사회복지 서비스는 1980년대 초까지는 저소득층, 가출아동, 비행청소년, 부랑인 등의 사회적 기능상의 곤란과 장애문제 등을 위해 제공되었다. 그러나 1980년데 후반부터는 빈곤과는 크게 관련성이 없는 보통 사람들의 가정과 삶 속에서 위기에 처하거나 생애에서 발생하는 미성숙, 장애, 기능상실, 기능저하, 무능력, 소외 등의 문제에 직면한 사람들을 돕기 위한 방법으로 사회복지 서비스가 제공되기 시작하였다. 1989년에 노인복지법과 장애인복지법이 개정되고, 모자복지법이 신설되며, 1991년에 영유아보육법이 신설, 1992년에 사회복지사업법이 개정되었다. 최근에 문민정부가 서비스의 유료화를 도입함으로써 재정부담의 완화와 함께 복지서비스의 양적·질적 확대를 도모하고 있다. 이는 사회적 기능상의 장애문제가 더 이상 저소득층에 국한된 것이 아니고 다계층, 다연령, 다지역화에 걸쳐 두루 나타나는 현상이라는 인식의 변화에 기인한 것이다. 이에 따른 처우와 접근방법도 종래 일정시설 내에 격리수용하던 것으로부터 재가복지, 지역사회복지 중심으로 전환되고 있다.

사회적 서비스 프로그램은 아동, 장애인, 노인, 여성 등 각각 대상자의 특성에 따라 내용을 조금씩 달리하고 있다. 그러나 어느 것이나 다음의 세 가지 요소가 중심을 이룬다. 첫째, 사회화와 발달 촉진을 위한 서비스나 정보 및 충고의 제공, 둘째, 사후적 치료 원조, 셋째, 재활서비스의 제공 등이 그것이다. 현재 우리나라에서 제공되고 있는 내용들을 보면 재활부문은 아직 미약하고 주로 사후 치료 위주의 서비스가 주류를 이루고 있으며 예방 프로그램은 극히 제한적이다.

3) 노인을 위한 사회적 서비스 프로그램

과거 노인을 위한 서비스는 주로 양로원이나 요양원에 있는 노인들에 한하여 이들의 문제를 해결하는 수용시설 서비스에 주력하였다. 그러나 노인들 자신이 평생 동안 생활해 온 익숙한 환경에서 계속적으로 생활하기를 원하고, 국가 차원에서도 한정된 복지 예산을 사용해야 한다는 제약이 있으므로 장애나 질병의 정도가 심한 노인을 제외하고는 재가복지서비스를 제공하는 것이 시설에 수용하는 것보다 효율적이라고 하겠다.

재가노인복지는 노인의 지역사회와 가정에서의 보호로서 시설노인복지의 상대적인 개념으로 사용되는 경우가 많으나, 협의적 개념으로 지역사회에 거주하고 있는 노인의 집을 방문하여 서비스를 제공하는 가정방문 서비스를 의미한다.

노인이 집에 머물러 있으면서 서비스를 받을 수 있게 하기 위하여 가정봉사원의 파견사업은 특히 최근 들어 여러 분야에서 급속히 확대되고 있다. 구체적인 재가복지 서비스로서 가정봉사원 파견, 가정간호, 가사지원, 우호방문 서비스, 그리고 일반 사회적 서비스 등을 들 수 있는데([표 6-9] 참조), 이를 좀 더 자세히 소개하면 다음과 같다(교육부, 1997).

【표 6-9】 재가노인복지 서비스 프로그램

구분	사업내용
가정봉사원 파견사업	- 자원봉사원들이 생활보호 대상 노인을 방문하여, 가사지원서비스(식사 시중, 시장 보기, 주변 정돈, 생필품 구매 등), 개인활동지원 서비스(외출시 부축·동행), 우애서비스(전화, 방문, 말벗), 상담 및 교육 등을 무료로 제공함(서울시 가정도우미제도) - 중산층 이상의 노인을 대상으로 유료 가정봉사원 파견사업이 시범적으로 이루어지고 있음
주간보호사업	- 신체적으로 불편한 노인들이 낮 동안 보호하여줌으로써 이들의 심신기능을 강화시키고, 가족의 부양부담을 경감시켜 줌 - 급식 및 목욕서비스, 여가생활서비스, 가족에 대한 교육서비스 제공함
단기보호사업	- 노인을 보시고 있는 가족이 질병, 출장 등의 이유로 노인을 돌볼 수 없는 경우에, 가족을 대신하여 노인을 단기간 보호해 줌 - 급식, 물리치료, 기타 일상생활에 필요한 편의 제공함
방문(가정)간호 서비스	- 보건소의 방문간호 : 생활보호대상자에게 무료 서비스 제공 - 간호협회 가정간호 : 병원 의료 환자 및 저소득층 주민을 대상으로 유료 및 무료 서비스 제공

(1) 가정봉사원 파견

이 프로그램은 영국의 사회서비스 기관인 Help Age International과 관련을 맺고 있는 한 민간단체에 의해 1987년에 처음 도입되었다. 그러나 이 같이 일천한 역사에도 불구하고 이 제도가 지니는 여러 가지 장점으로 인하여 가정봉사원 파견 서비스는 이제 고령화 사회에 있어서 가장 필수적인 사업 중 하나로 정착되고 있다. 자원봉사자들이 독거노인들을 방문하여 이들의 편의를 돕는 이 사업은 주로 자원봉사자를 통해 노인들의 개인적·사회적 욕구를 해결하고, 가족의 기능을 보충해 주는 서비스를 제공한다. 이로써 무의탁 노인이 시설에 입소하지 않고 자기가 살던 지역사회에 계속 머물 수 있도록 돕는다.

가정봉사원 서비스는 현재 생활보호 프로그램의 거택보호 대상노인에게만 무료로 제공되고 있다. 이 서비스는 서비스 기관의 지도 감독하에 자원봉사자에 의해 제공되고 있고, 정부는 민간기관이 가정봉사원을 위한 자원봉사자 모집, 훈련, 관리하는 것에 대하여 재정적인 지원을 하고 있다.

가정봉사원이 할 수 있는 일의 활동내용은 다양하지만, 대체로 다음의 3가지로 요약할 수 있다. ① 가사지원 서비스 : 식사 시중, 시장 보기, 세탁, 청소, ② 개인활동 지원 서비스 : 개인 위생, 수발, 건강관리 지도, 외출시 부축 동행, ③ 우애서비스 : 우애 방문, 안부전화, 생활상담.

최근 서울시에서 일부 노인복지회관에 위탁하여 가정도우미를 훈련시킨 다음 그들을 유료 봉사원으로 활용하는 제도를 만듦으로써 재가노인에 대한 복지서비스도 다양해지고 있다. [표 6-10]은 노인복지사업 지침서에 제시된 가정봉사원교육 프로그램의 실례이다. 그러나 도움을 필요로 하는 노인의 수에 비해 도움을 줄 수 있는 자원봉사자나 가정도우미의 수가 아직은 절대 부족한 실정이다. 또한 노인들의 욕구가 발생할 때 자원봉사자들이 항상 즉각적으로 대응할 수 없기 때문에 신속하고 적절한 서비스를 받기 어렵다는 점도 문제점으로 지적되고 있다.

【표 6-10】 한국의 가정봉사원 교육 양성 과정

자원봉사과정	유급과정
1) 강의 : 8시간 가정봉사원서비스 입문, 노인복지론, 대인원조기술 　- 사회복지관계(4시간) 　- 노인수발방법 및 기타(4시간) 　가사원조 입문, 간호개론, 노인의 심리, 의학기초지식	1) 강의 : 16시간 　- 사회복지관계(8시간) 　가정봉사원서비스 입문, 노인복지론, 대인원조기술, 장애인복지론 　- 노인수발방법 및 기타(8시간)
2) 실기 : 8시간 　- 재가노인가구를 방문하여 원조기술의 기본 및 노인식사 등 조리방법을 습득하고 복지윤리 함양	2) 실기 : 16시간 　- 노인·장애인에 대한 가사원조 등 기초기술 및 간호에 대한 기초원리와 기술 습득, 복지윤리 함양
3) 실습 : 4시간 　- 주간보호사업기관 및 노인요양시설의 습득	3) 실습 : 8시간 　- 주간보호사업기관 및 노인요양시설의 실습

(2) 가정간호 서비스

가정간호 서비스란 간호사들을 훈련시켜 이들이 행정기관에서 위탁한 노인들을 정기적으로 방문하고 간호를 책임지는 프로그램이다. 노인들의 영양, 체중 조절, 운동량 등을 조절하고, 신체적으로나 정서적으로 건강을 유지하도록 돕는 것이 목적이다. 또 가정방문을 통하여 노인과 한 집에 사는 식구나 다른 사람에게도 기본적인 처방을 가르쳐 줌으로써 노인의 질병과 관련하여 주위에서도 손쉽게 도움을 받을 수 있도록 한다. 아울러 시설에 오래 있다가 회복단계에 있는 노인에 대해서 보호나 재활을 도와주고 있다.

(3) 가사지원·우호 방문 서비스

가사지원 서비스는 단독 세대 노인들을 대상으로 정기적인 방문을 통해서나 요청이 있을 경우, 일상생활에 필요한 여러 가지 서비스를 제공하는 프로그램이다. 홀로 사는 노인은 가족과 함께 사는 노인에 비해 일상생활에 필요한 도움이나, 갑자기 발생하는 급한 일에 도움이 필요하다.

현재 가사지원 서비스는 주로 자원봉사자를 활용하여 실시하고 있으며, 단독 노인가구를 주 대상으로 삼고 있다. 그 중에서도 저소득층 또는 정서적으로나 신체적으로 장애가 있는 노인세대를 우선적으로 지원해 준다. 말동무가 되어 주기, 장보기나 빨래와 청소 등 집안 일 돕기, 병원 방문이나 외출시에 부축하기, 목욕 돕기, 눈 쓸기 등 다양한 프로그램을 마련하여 노인들에게 일상적으로 필요한 가사 서비스를 제공해 준다.

우호 방문 서비스는 특히 홀로 사는 독거노인에게 정서적인 도움을 제공하기 위해 자원봉사자가 1주일에 한 번 정도 정기적으로 방문하여 함께 시간을 보내는 프로그램이다. 함께 이야기하기, 바둑이나 카드놀이하기, 레크리에이션 등 여가를 돕는 서비스를 주로 실시하고 있다. 혼자 사는 노인들은 외부 세계와 단절되어 있는 경우가 많으므로 문제가 생기더라도 도움을 받기가 힘들다. 그러므로 문제의 해결 차원에서뿐만 아니라 외로움과 고립감을 미리 예방하기 위해서라도 지속적인 우호방문 서비스가 필요하다.

(4) 교육 서비스

노인들이 현대사회의 새로운 변화에 적응하기 위해서 정부 차원에서 교육부를 통하여 노인학교에 대한 경비를 지원해 주고 있다.

우리나라에서는 1972년 종로의 태화사회관에서 서울 평생교육원이 설립됨으로써 처음으로 노인교육을 실시하게 되었다. 노인학교나 노인교실은 대한노인회, 한국부인회, 새마을 봉사단 등 사회단체에 의해서 실시되다가, 최근에는 대학의 평생교육원, 사회교육원, 지역사회복지관, 종교단체 등에서 참여함으로써 활발히 전개되고 있다. 노인으로부터의 호응도 좋을 뿐만 아니라, 참여도가 높아서 점차 그 숫자가 늘어나고 있다. 노인들의 수요가 많은 만큼, 노인학교를 육성하기 위한 프로그램의 개발과 강사진의 확보, 재정 지원 등이 아직도 해결해야 할 문제로 남아있다.

(5) 급식 서비스

정부에서는 영양이 결핍되거나 점심을 거르기 쉬운 노인들을 대상으로 무료로 점심을 제공하는 법인이나 단체에 사회복지 사업기금을 지원해 주고 있다. 경로식당에서 실시하고 있는 급식 서비스는 정부 예산과 함께 지역 내 종교단체 및 부녀 봉사회 소속 자원봉사자의 협조를 받아 운영되고 있다.

복지선진국에서 급식 서비스는 가장 성공적인 노인복지 프로그램으로 평가받고 있다. 경로식당 프로그램이 대대적으로 실시되고 있으며, 이 프로그램에는 영양사와 요리사들과 함께 자원봉사자들이 참여하고 있다. 저소득층 노인뿐만 아니라, 지역 내 모든 노인이 점심을 먹기 위하여 급식서비스센터로 모여든다. 센터에서는 점심시간 전후 몇 시간 동안 노인들에게 유익한 프로그램을 마련하고, 원하는 노인은 누구든지 참여할 수 있도록 한다. 다시 말해서 센터의 모든 프로그램이 이 급식 서비스를 중심으로 이루어진다. 복지관에 나올 수 없는 거동 불편 노인에게는 도시락 배달 서비스를 통해 점심을 제공하고 있다.

(6) 주간 보호·단기 보호 서비스

혼자 집에서 생활하기가 힘든 노인들을 대상으로, 가족들의 간호 부담을 덜어주기 위해서 낮에 필요한 시간만큼 건강보호 및 사회보호를 제공해 주는 서비스이다. 우리나라 일부에서는 일명 '탁노소'라고도 한다. 이는 주로 가족들이 모두 외출을 하거나 일하러 나가는 경우에 노인들을 보호하기 위한 방법이다.

우리나라에서는 이러한 노인주간보호 서비스가 아주 최근에 들어와서야 생겨나기 시작하는 초기단계에 있는데, 몇몇 노인종합복지관과 '사랑의 전화'에서의 서비스가 그 예이다. 또 와상노인이나 치매노인을 위한 주간보호소가 있으며, 노인병원에서 주간보호를 목적으로 낮 병원을 운영하는 곳도 있다. 주간보호소에서 제공하는 서비스에는 ① 생활지도 및 일상동작 훈련 등 심신의 기능 회복을 위한 서비스, ② 급식 및 목욕 서비스, ③ 취미, 오락, 운동 등 여가생활 서비스, ④ 장애노인 가족에 대한 교육 등이 있다.

주간보호 사업은 무료 혹은 유료로 실시할 수 있으며, 영리를 추구하는 개인이나 기업도 서비스를 제공할 수 있다. 생활보호대상자나 저소득층의 노인을 위한 무료사업을 촉진시키기 위하여, 주간보호사업을 실시하는 기관에 대하여 국가에서는 장비구입이나 운영비의 거의 전액을 지원해 주고 있다.

선진국의 경우에는 주간보호 서비스 외에도, 가족들이 출장이나 여행을 가는 경우에 노인이 혼자 집에 남아있는 기간 동안 며칠 동안 묵을 수 있도록 보호해 주는 단기 보호 서비스까지도 제공하고 있다. 단기보호는 서비스 제공 장소에 따라 ① 노인 가정 단기보호, ② 수발자 가정 단기보호, ③ 그룹 홈 단기보호, ④ 시설 단기보호, ⑤ 지역사회 기관 단기보호, ⑥ 병원 단기보호 등 6가지 유형이 있다.

주간보호는 맞벌이 자녀 부부에게 경제활동을 할 수 있도록 시간을 주는 의미가 큰 반면, 단기보호는 자녀 세대의 부담을 덜어주며, 단기간 개인적인 용무를 볼 수 있도록 여유를 주는 의미가 있다. 이는 수발자를 일시적으로 수발 업무에서 해방시키며 필요한 일을 할 수 있게 하기 위한 서비스이므로 일명 교대 서비스(respite care)라고 부른다.

단기 보호소는 숙식과 치료를 제공해야 하기 때문에 더 많은 장비와 전문 프로그램이 필요하지만, 우리나라의 경우 아직까지 시설이 미비하고 홍보도 부족하여 이용도가 낮은 편이다.

(7) 기타 서비스 프로그램

노인을 위한 사회적 서비스 프로그램에는 이 밖에도 다음과 같은 여러 가지가 있다.

① **지역사회 주민의 자발적인 기부에 의해 설립된 노인정** : 이는 도시와 농촌에 있어서 가장 보편적인 노인복지시설이다. 그러나 노인정에서 조직화된 프로그램이 제공되는 일은 거의 없으며, 노인정의 대부분의 활동은 일상적인 것뿐이다.

② **민간조직에 의해 운영되는 노인대학** : 한국 노인들에게 두 번째로 보편화된 복지시설이 노인대학이다. 현재 노인정과 노인대학에 대한 정부의 재정적 지원은 빈약하며 명목적일 뿐이다.

③ **노인복지상담원** : 노인들에게 상담 서비스를 제공하기 위한 것이며, 상담자는 지방자치단체가 고용하고 있다.

④ **노인복지회관 프로그램** : 건강증진, 성인교육, 레크리에이션, 정보와 안내, 그 밖의 서비스들을 제공하기 위한 것이다.

⑤ **전화확인 서비스** : 자원봉사자가 자주 방문할 수 없을 때 전화로써 노인의 요구와 신변 안전 등을 정기적으로 확인하는 프로그램이다. 효과적인 연결조직을 위해 지역 내에 거주하는 모든 노인의 이름과 주소, 전화번호를 확인할 수 있는 노인들 스스로의 연결망 구축이 필요하다.

⑥ **여가선용 프로그램** : 현재 노인종합복지관 이용자 등을 위해서 교양강좌, 취미·오락 서클 육성, 단체관광 및 관람, 지역봉사활동 참여 등 다양한 여가선용 기회를 부여하고 있다.

이 밖에도 노인을 위한 교통 편리 서비스, 정보 제공 서비스, 주택 수리 서비스, 법률 서비스, 카운슬링, 금융 서비스 등 노인들이 필요한 정보를 쉽게 제공받을 수 있는 프로그램들이 수시로 개발·제공되고 있다.

4. 노인복지시설

1) 노인복지시설의 의의

노인을 위한 사회보장의 구체적인 표현은 노인복지시설이다. 현대 가정의 노인부양 기능이 약화되고, 가정 안에서 노인의 역할이 축소되면서, 노인의 욕구를 가정 밖에서 해결하려는 경향이 증대하고 있다. 다시 말해서 가족의 부양을 대신할 사회적인 부양시설, 즉 주거시설 및 의료·간호시설 등이 요구되고 있다. 가족부양에 의존할 수 없거나 의존하기를 원하지 않는 노인을 위해서 그들 자신의 신체적·심리적 및 경제적 특성에 따라 삶의 양식을 자유로이 선택할 수 있도록 해주는 것은 하나의 사회적 당위사항이라고 할 수 있을 것이다. 또한 노인계층은 그 특성과 욕구가 매우 다양한 만큼 그들을 위한 시설의 설계나 운영에 있어서는 그 다양한 욕구를 충족시켜 줄 수 있도록 사전에 충분히 배려하는 것이 필요하다.

노인복지시설은 노후의 윤택한 삶을 위하여 필요로 하는 다양한 서비스를 직접 제공해 주기 위하여 설치한 시설이다. 노인복지시설에서 제공되는 서비스에는 문제 발생을 사전에 예방하는 예방서비스와 문제 발생 사후에 제공되는 치료와 재활 서비스가 있다. 가능하다면 문제가 발생하지 않도록 미리 사전 조치를 취할 수 있도록 교육시키는 것이 바람직하며, 노인들은 노인복지시설에서 제공되는 서비스를 통해 노년기 특유의 의존성에서 벗어나, 독립적이고 생산적인 삶을 향유할 수 있어야 할 것이다.

2) 노인복지시설의 형태와 종류

노인복지시설의 종류는 다양한 기준에 따라 여러 가지로 분류할 수 있지만, 크게 ① 수용시설과 ② 재가복지서비스의 한 형태인 이용시설로 대별할 수가 있다. 좀 더 세분하여 ① 수용 및 생활시설, ② 재가복지서비스, 그리고 ③ 의료 서비스 시설로 나누기도 한다.

(1) 노인복지 수용 시설

수용시설은 질병이 있다거나 무의탁하여 자기 스스로 생존하기 어렵다거나 혹은 사회문제를 불러일으킬 가능성이 있는 대상자들을 일정한 곳에 입소시켜 숙식과 일상생활에 필요한 편의를 제공하는 시설을 말한다.

우리나라에서는 사회관습상, 그리고 가족 동거에 대한 강한 애착 등으로 노인들이 시설 입소를 꺼리는 경향을 보이고 있다. 그러나 노년기에 있어서는 신체적 기능의 지속적 저하로 인해 대부분의 노인들이 어느 시점에서는 자신만의 힘으로 일상생활을 유지해 나가는 것이 어렵다. 따라서 누군가 곁에서 도와줄 수 있는 사람이 있어야 하는데, 이 경우 가족의 부양능력 제한으로 노인의 신체적 수발을 담당하기 어렵거나 또는 가족이 없는 독신노인의 경우에는, 시설보호의 제공이 불가피하게 된다. 평균수명의 연장, 가족구조의 변화, 가족의 노부모 부양기능 약화 등을 감안할 때, 시설보호에 대한 수요는 앞으로 증가할 것으로 예측된다.

먼저 우리나라 노인복지시설의 체계에 대해서 간략히 살펴보면, 노인복지수용시설은 입소 노인의 건강상태에 따라, ① 노인양로시설, ② 노인요양시설, ③ 노인복지주택으로 대별할 수 있다. 1993년 11월에 개정된 노인복지법 제18조 및 제19조에 의하면, 노인양로시설은 '노인을 입소시켜 급식, 기타 일상생활에 필요한 편의를 제공함을 목적으로 하는 시설'로 규정되어 있고, 노인복지주택은 '노인을 입소시켜 주거의 편의를 제공함을 목적으로 하는 시설'로 규정되어 있으며, '65세 이상의 자로서 단독취사 등 스스로 일상생활을 하는 데 지장이 없는 자'를 그 대상으로 하고 있다. 노인요양시설은 입소 노인에게 치료서비스를 제공한다는 점에서 노인양로시설과 차이점이 있으며, 노인복지법 시행규칙에 의하면 '65세 이상의 자 중 노인성 질환 등으로 요양을 필요로 하는 자'가 노인요양시설의 입소 대상자가 될 수 있다.

노인양로시설과 노인요양시설은 각각 입소 노인의 소득수준 또는 입소비용 부담수준에 따라서 ① 무료시설, ② 실비시설, ③ 유료시설로 구분되고 있다. 무료시설 입소자격 요건은 '국민기초생활보장법 규정에 의한 65세 이상의 자'로 부양가족이 없는 무의탁한 노인으로 규정되고 있다.

실비 노인은 노인을 입소시켜 저렴한 요금으로 시설보호함을 목적으로 하는 것으로서, '65세 이상의 자 중 보건복지부 장관이 정하는 일정 소득 이하의 자로 시설에서 보호를 받아야 할 필요가 있다고 시장, 군수, 구청장이 인정한 자'가 그 입소대상이 될 수 있다.

유료시설은 시설보호에 소요되는 일체의 비용을 입소한 자로부터 수납하여 운영하는 시설로서, 65세 이상의 자가 그 대상이 된다. 다시 말하면, 우리나라 노인복지시설은, 입소 노인의 건강상태와 시설 입소 비용에 따라, ① 무료 양로시설, ② 무료 노인요양시설, ③ 실비 양로시설, ④ 실비 노인요양시설, ⑤ 실비 노인복지주택, ⑥ 유료 양로시설, ⑦ 유료 노인요양시설, ⑧ 유료 노인복지주택의 8개 유형으로 세분되고 있다.

우리나라 노인복지시설은 1988년 이전까지는 부양가족이 없는 무의탁한 노인을 위한 무료시설에만 국한되어 있었다. 그러나 그 후 정부는 생활보호대상이 아닌 저소득층 계층 가구의 노인을 위한 실비 노인복지시설의 설립을 추진하기에 이르러 1989년 4월 해남 희망원을 개원한 것을 필두로 현재 실비 노인복지시설이 운영되고 있다. 유료 시설로는 1988년 최초로 개원된 경기도 수원의 유당마을을 포함하여 일반 노인을 위한 유료 노인복지시설들이 운영되고 있다([표 6-7] 참조). 1993년 노인복지법의 개정에 따라 현재까지 사회복지법인 및 비영리법인이나 단체에게만 허용하던 유료 복지시설의 운영을 민간사업 및 개인에게도 허가함에 따라 최근 유료 노인복지시설 및 노인주택 설치 운영에 대한 관심이 고조되고 있다.

(2) 재가복지서비스 및 이용 시설

그 동안 우리나라의 노인복지시설은 주로 양로원과 노인요양원으로서 서구의 제도적 보호에 해당하는 수용시설이 주종을 이루어 왔으나, 최근 노인의 욕구가 다양해지면서 재가복지서비스 및 이용시설에 대한 관심이 높아지고 있다. 이는 다른 말로 지역사회보호(community care)라고 칭할 수 있으며, 연구들에 의하면 제도적 보호에 비하여 보다 유연하고 덜 억압적이며 비용이 경제적인 것으로 알려져 있다.

① 재가복지서비스

그 지역사회 내의 가정에서 살고 있는 노인들에게 일상생활에 필요한 서비스를 직접 가정에 제공하거나, 혹은 지역사회의 사회복지시설을 이용하여 정상적인 가정생활을 영위할 수 있도록 도와주는 서비스이다. 즉, 심신 기능이 저하된 노인들이 수용시설에 들어가지 않고 가정에 살면서 필요한 도움을 받을 수 있도록 지원해 줌으로써 노인에게는 만족스러운 노후 생활을 영위할 수 있도록 하고, 노인을 모신 가족에게는 노인부양 기능을 보완해 주는 서비스이다.

여성경제활동인구의 증가나 가족가치관의 변화 및 노인단독가구의 증가 등으로 노인에 대한 복지서비스의 욕구가 심화되고 있는 현실은 이미 앞에서 언급한 바 있다. 따라서 노인이 자녀와 동거하든 노인부부 또는 노인단독으로 살든 간에 그들의 생활거점인 지역사회 내에서 불편 없이 생활할 수 있도록 돕는 재가서비스의 필요성은 보다 증대되고 있다 하겠다.

우리나라에서 재가복지서비스는 노인복지 분야에서 시작되어 한국노인복지회가 1982년부터 노인 결연사업, 상담사업 등을 추진해 왔다. 1987년에는 가정봉사원과 파견사업으로 확대 발전되었고, 1991년 한국사회복지협의회의 전국 15개 시·도지부에 지역복지봉사센터가 설치되었다. 1992년 사회복지관, 노인복지관, 장애인복지관, 시·도

사회복지협회 등 전국의 시설을 선정하여 재가복지봉사센터를 부설, 운영하게 되었다.
　재가복지서비스의 형태는 서비스가 제공되는 장소에 따라 두 가지로 나뉜다. 하나
는 요보호자 자신의 가정에 공급되는 방법이고, 다른 하나는 지역사회의 이용시설을
활용하는 방법이다. 이용시설은 주로 낮 시간 동안 의료 및 사회복지서비스를 제공하
는 시설을 말한다. 가정에 공급되는 서비스는 이미 앞에서 언급한 바 있는 가정봉사
원제 간호 방문 및 우호 방문, 그리고 간호와 가정봉사가 포함된 형태, 급식 서비스,
교통편의 서비스, 전화 안부 확인 서비스 등이 있다.

② 이용시설

　노인을 위한 이용시설의 종류는 다양하지만, 특히 중요한 것으로는 주간보호와 단
기보호가 있다. 주간보호란, 심신이 허약한 노인과 장애노인을 낮 시간 동안 주간보
호소에 입소하게 하여 노인에게는 각종 편의를 제공하고, 노인을 모신 가족에게는 신
체적, 정신적 부담을 덜어주기 위한 사업이다. 단기보호란, 노인을 모신 가족이 휴
가, 질병, 해외 출장, 출산 등 부득이한 사유로 일시적으로 모시지 못할 경우, 노인
을 단기보호소에 입소시켜 숙식과 함께 각종 편의를 제공하는 사업이다.
　한편 노인장기요양보험제도의 시행으로 재가장기요양기관이 증가하고 있다([표 6-11]
참조). 노인장기요양보험제도에서 재가노인을 위한 장기요양기관은 방문요양시설, 방문
목욕시설, 방문간호시설, 주야간보호시설, 단기보호시설, 복지용구사업소 등으로 다양화
되었으며, 이들 재가장기요양기관은 앞으로 더 많이 생길 것으로 예견되고 있다.

【표 6-11】 재가장기요양기관의 증가추이

(단위 ; 시설수 / 이용정원)

연　도	1995	2000	2005	2008. 8 현재
계	38	141	848	7,210
방문요양시설 가정봉사원파견시설	23	78	399	3,124
주야간보호시설	9	42	346	678
단기보호시설	6	21	103	462
방문목욕시설				1,975
방문간호시설				513
복지용구시설				458

자료 : 차흥봉 (2008) 근거로 재구성.

(3) 의료서비스 시설

최근 우리나라가 발전하면서 의료서비스에 대한 욕구가 증대되고 있다. 특히 노인의 만성 질환에 대한 치료와 요양의 필요성이 커지면서, 노인의 만성 질환을 전문적으로 치료하는 노인전문병원과 특수한 노인성 질환(예 : 뇌졸중, 노인성 치매)을 다루는 치료 및 요양센터가 설립되고 있다. 특히 노인장기요양보험제도 실시로 인하여 노인요양원 등 장기요양기관 시설이 크게 증가하고 있으며 노인요양병원 역시 증가 일로에 있다. 노인요양병원은 노인복지법상의 노인복지시설이 아니고 의료법 제3조의 '요양병원' 규정에 따라 회복기의 환자를 대상으로 급성기의 의료서비스를 주로 담당하는 기관이다. 이러한 기능을 담당하는 요양병원은 2003년까지 흔하지 않았으나 노인장기요양보험제도의 시행을 앞두고 2006년부터 빠른 속도로 늘어나 2008년 현재 639개소에 이르고 있다(차홍봉, 2008). 과거에는 노인성 질환을 '노환'이라 하여 가정에서 치료하거나, 혹은 고칠 수 없는 병으로 간주하였다. 그러나 이제는 핵가족이 확대됨으로써 가정 안에서 치료받는 것이 곤란하게 되고, 또한 질병이 있는 노인이라 하더라도 하나의 귀중한 인격체라는 인도주의적 사고방식이 발전함으로써 노인성 질환만을 전문적으로 다루는 기관을 설립하게 되었다. 이러한 취지와 같은 맥락에서, 말기의 환자를 위한 호스피스(임종 간호) 사업도 그 중요성이 점차 부각되고 있다.

3) 노인복지시설의 현황과 문제점

(1) 노인복지 수용시설

우리나라 노인시설 복지정책은 이제까지 주로 무의무탁한 노인을 수용 보호하는 차원에서 이루어졌다. 그러나 앞으로의 우리나라 시설 보호정책은, 시설보호 수준의 향상을 통하여 입소자 개개인의 복지 증진의 차원으로 옮겨가야 한다. 정부는 시설보호에 대한 합리적 정부지원금 산정기준에 의하여 그 지원액을 확대해 나감으로써, 무료 노인복지시설 입소 노인의 생계보호 수준의 향상 및 시설환경의 개선을 도모해 나가야 할 것이다. 이와 아울러 시설 종사자의 처우를 개선하고 전문 인력을 확보하여, 시설 입소 노인을 위한 다양한 프로그램을 개발 실시함으로써 시설보호의 질적 수준을 향상시켜 나가야 한다. 현재 노인복지예산의 상당 부분이 시설보호에 투입되고 있으나, 시설보호의 수준은 노인의 최저생활보장에도 크게 미치지 못하는 실정이다. 이 외에 실비 노인복지시설에 대하여서도 시설 운영에 필요한 종사자 인건비 및 운영비 지원액을 증액함으로써 실비 노인복지시설이 명실상부한 저소득층 노인을 위한 시설로 운영될 수 있도록 하여야 하겠다.

그리고 전반적인 소득 수준의 향상과 후기 고령노인의 증가로 인한 장기 요양 보호의 필요가 커짐으로 인하여 다양한 종류의 시설에 대한 요구가 앞으로 더욱 증가할 것으로 예상된다. 현재의 시설 규모와 종류만으로는 노인들을 효과적으로 보호할 수 없는 실정임을 감안할 때, 유료 노인복지시설의 육성을 통한 시설의 다양화 및 확충은 필수적이다. 아울러 장기요양보호 필요자의 다양한 욕구에 대응하는 전문적 케어 매니지먼트에 대한 방안 검토와 도입이 권장되고 있다.

(2) 재가복지서비스 및 이용시설

현재 우리나라에서 시행되고 있는 재가노인서비스나 이용시설서비스는 대상 및 서비스의 종류가 극히 제한적이다. 예를 들어 재가노인서비스는 일부 저소득층을 대상으로 가정봉사원 사업을 비롯하여 목욕서비스 및 밑반찬서비스 등에 그치고 있다. 그러나 안부전화나 방문 간호 및 순회 진료 등 구체적이고 다양한 서비스가 서비스를 필요로 하는 일반노인에게도 공급될 수 있도록 서비스의 다양화와 대상 확대의 고려가 중요하게 거론되고 있다.

이용시설 역시 전문성을 지니는 종사자들에 의해서 생활상담, 취업 알선, 취미나 오락활동의 지도, 주간 급식, 간병, 물리치료, 간호에 이르기까지 종합적인 복지서비스를 동일한 장소에서 제공하는 이른바 '원스탑 서비스(one-stop service)' 기능을 수행할 수 있는 시설이 되어야 한다는 지적이 있다.

선진국의 예로서 미국의 다목적 노인센터는 노인이 지역사회에서 일상생활을 해나감에 있어서 사회적 활동을 원활히 해나갈 수 있도록 도와주는 것을 목적으로 하고 있다. 이는 주로 공공기관이나 민간단체에 의해 설립·운영되고 있는데, 지역노인을 위한 건강 및 의료 서비스, 사회적 서비스, 급식 서비스, 레저 및 교육 프로그램 등 광범위한 서비스를 제공할 뿐만 아니라 때로는 가정방문 서비스 등 다양한 서비스를 제공하고 있다.

 일본의 노인복지센터는 지역사회에 거주하는 노인에게 각종 상담을 하는 동시에 건강 중진, 교양의 향상 및 레크리에이션을 위한 편의를 종합적으로 제공하는 것으로서, 규모나 기능상 여러 종류의 노인복지센터가 지역의 특수성에 따라 다양한 노인계층에게 복지서비스를 제공하고 있다.

 노인복지관을 방문하여 동일한 장소에서 종합적인 모든 필요한 서비스를 제공받는 최근의 'one-stop service'의 새로운 개념이 우리나라의 노인복지서비스에 정착되게 하기 위해서는 이용시설의 양적 확대 및 노인을 위한 통합적인 프로그램의 개발이 필요하다. 따라서 교육 및 취미에 대한 욕구를 고려하여 노인관련 정보 및 노인문제 상담 서비스나 건강 중진을 염두에 둔 프로그램 개발의 활성화가 필요하다.

5. 노인복지 정책의 문제점과 정책적 대안

 한국의 고령화 노인문제, 그리고 이에 따른 노인복지 정책에 대한 대안들은 다음의 몇 가지로 정리될 수 있다.

1) 국가주도의 노인복지 정책

 현대사회의 노인문제, 특히 경제적 문제의 원인은 다른 어떤 요인보다도 사회적인 것과 더 많이 연계되어 있다고 볼 수 있다. 그러나 우리나라의 '선 가정보호 후 사회보호'의 정책지향 원칙은 가족책임주의에 의해 해결하고자 하는 시각을 지향하고 있어 노인문제에 대한 근본적인 해결책 모색이 현실적으로 어려운 실정에 있다. 따라서 한국 노인에 대한 소득보장과 의료보장은 적어도 국가의 책임으로서 인식되어야 한다. 이 말은 국가가 노인에 대한 경제적 및 의료적 보장을 위한 제도적 프로그램을 마련하는 데 주도적 역할을 해야 한다는 것을 의미한다. 병약한 노인에 대한 보호책임은 가족과 국가가 부담하되 국가는 사회적 서비스를 제공하여 가족의 보호기능을 강화하도록 해야 한다. 이를 위해서는 현재까지 한국 노인에 대한 사회정책의 지침이 되었던 '선 가정보호 후 사회보호'의 원칙은 '가족과 국가의 보완적 책임' 원칙으로 바뀌어져야 한다.

2) 정책적 관심의 대상 확대

노인문제는 앞에서 언급한 바와 같이 다양한 양상을 나타내며, 이러한 다양한 노인문제는 빈곤층 노인에게만 국한되지는 않는다. 거대한 사회변화로서의 현대화는 적어도 어느 정도까지는 사회경제적 지위에 관계없이 모든 계층의 노인들에게 영향을 미치고 있다. 건강보호문제, 사회심리적 갈등과 소외, 역할 상실, 여가활동에의 어려움 등은 모든 계층의 한국 노인들에게서 공통적으로 나타나고 있다. 그러므로 현재 빈곤 노인에게 집중되어 있는 정책적 관심을 전 노인계층으로 확대하는 방향으로 나아가야 하며, 더욱 다양한 사회서비스를 발전시키는 데 관심을 두어야 한다.

3) 시설보호 및 재가보호 프로그램의 균형 있는 개발

거의 모든 나라에서 노인복지 정책은 시설보호에 중점을 두고 발전되어 왔고, 아직도 가장 중요한 정책적 관심영역이 되고 있다. 우리나라에서는 아직 시설보호 프로그램도 제대로 발전되지 못하고 있기 때문에 시설보호 자체의 발전에 대한 여지가 많이 남아있는 상태이지만, 동시에 시설보호의 강조로부터 야기될 수 있는 부정적인 효과에 대해서도 유의해야 할 필요가 있다. 즉 대부분의 복지국가들에 있어서 복지 급여는 가족이 와해되기 전에 가족을 지지하기 위해 제공되기보다는 가족기능이 와해된 후에 개인들에게 제공되는 경향을 보여 왔다. 그러한 정책은 시설수용 인구를 증가시키고 서비스를 비효과적이고 비효율적으로 만드는 경향이 있다. 이러한 선진 복지국가의 경험에서 우리 사회는 시설보호 프로그램을 확장하는 한편, 재가보호 프로그램을 더욱 많이 발전시켜야 한다는 것을 시사받을 수 있다. 즉 노인들에게 보다 효과적이고 효율적인 보호를 확보하기 위해서뿐만 아니라 불필요한 서설입소와 조기 서설입소를 예방하기 위해서도 가정간호보호, 가정봉사원 서비스 등을 포함한 다양한 서비스를 개발하는 데 더욱 큰 정책적 관심을 기울여야 할 것이다.

4) 노인복지 예산의 증액

대부분의 정책적 문제와 건의안은 궁극적으로 사회복지 예산 규모, 특히 노인복지

예산과 관련되어 있다. 그러나 우리나라 노인복지에 대한 정부 예산이 증가 추세를 보이고 있다고는 하나 사회복지 전반에 대한 정부예산에 비해 대단히 적기 때문에 상당한 정도의 증액이 필요하다. 2007년 현재 노인복지 예산은 국가예산의 0.4%이며, 대만의 3%와 일본의 15%에 비교하여 매우 미약한 실정에 있다.

코누마 등(Konuma and et al., 1984)은 공급 측면에서의 사회복지 비율의 규모는 국가의 경제적 풍요도에 의해 결정되는 반면, 수요 측면에서 사회복지 비용을 결정짓는 주요 요인은 노인인구의 비율과 가족의 핵가족화의 두 가지라고 주장한다. 즉 사회복지 비용 증가의 가장 큰 부분은 노인복지 비용의 증가라는 점이다. 앞에서 언급한 바대로 현재 우리 사회의 고령화 속도와 노인 인구의 증가를 고려해 볼 때 노인복지에 대한 정부 예산은 실질적으로 크게 증가되어야 한다.

복지국가에 대한 정의가 다양하고 모호하여 한국적 복지국가를 정의하기는 어려운 일이다. 그러나 이상의 논의에 근거하여 노인의 경제적 부양과 보호에 대해서는 국가 및 지역사회, 그리고 가족이 상호보완적으로 책임진다는 의식 하에 현대적 의미에서의 효의 가치를 발전시키려는 노력이 필요하다.

노인부양

1. 가족가치와 부양

1) 전통 가족가치와 효의식

한 사회 내의 노인의 역할이나 그 중요성에 대한 인식은 그 사회의 문화적 배경에 따라 다양하게 나타난다. 오늘날 우리나라에서 노인의 권위가 점차 약해지고 있다고 하지만, 노인에게 공손하게 대하고 공경하는 것(敬老)은 여전히 한국인의 전통적 가치규범으로 받아들여지고 있다. 이러한 가치는 노인에게 경어를 사용하고 상석을 내어드리며, 노인을 먼저 대접하고, 가사의 대소사에 자문을 구하는 등 우리의 문화적 특성에 그대로 반영되어 있다. 성규탁(1995)은 가족주의의 핵심적 가치는 가족관계의 통합성 유지에 있으며, 이는 특히 효에 바탕을 둔 부모 자녀 관계를 중요시한다고 설명하고 있다. 이에 따라 가족주의의 영향을 받는 한국인들은 가정 내에서 효라는 전통적 부모 부양 이념을 실천한다. 즉 우리나라의 부모 부양 의식에 영향을 주는 가장 기본적인 가치는 효의식이라고 할 수 있다. 이러한 점에서 효는 오랫동안 사회적인 차원과 가족의 차원에서 조직 내의 질서를 유지하기 위한 중요한 규범으로 작용하여 왔다.

효는 가족 내에서 부모와 자식 간의 질서를 유지하기 위한 이념적인 원리일 뿐만

【표 7-1】 전통 한국 사회의 효행 태도

1. 노인은 집안의 가장이므로 그의 가족들은 중요한 일이 생겼을 때 노인에게 자문을 받는다.
2. 노인이 말씀하실 때 방해해서는 안 되고, 그가 무엇을 원하는지 늘 주의 깊게 살펴보고, 그의 뜻에 따르도록 노력해야 한다.
3. 자녀들은 외출시 부모의 허락을 받아야 하고, 귀가 전후에 반드시 인사를 드려야 한다.
4. 이웃에서 음식을 가져왔을 때 어른에게 먼저 드리고, 어른께 음식을 드릴 때는 반드시 쟁반에 받쳐서 가져가야 한다.
5. 어른이 들어오실 때 반드시 자리에서 일어나야 하며, 그가 좌정할 때까지 서 있어야 한다.
6. 부모 앞에서 아내나 자녀에 대한 애정표시를 해서는 안 되고, 자녀들로 하여금 늘 할아버지를 존경하도록 교육시킨다.
7. 노인 앞에서 술이나 담배를 삼가고 만약 술을 마셨을 경우 내색을 해서는 안 된다.
8. 노부모 앞에서는 아내나 형제들과 다투지 말고 유쾌하지 못한 일은 알아차리지 못하도록 조심해야 한다.
9. 부모 앞에서는 형제간에 화합함을 보여야 하고, 말투가 늘 다정해야 한다.
10. 노인이 휴식을 취하고 계실 때는 방해가 되지 않도록 주의해야 한다.

자료 : 백창현 (1994)

아니라, 또한 자식들이 부모를 왜, 그리고 어떻게 봉양해야 하는지를 규정하고 있는 실제적인 원리이기도 하다. 효의 본질은 부모와 자녀 간에 주고받는 정(情)으로서 내리사랑이 전제가 되어 '부자자효(父慈子孝)'라는 문자로 표현되었다. 즉 효는 부모의 내리사랑에 대한 자녀의 보은으로 이해되었고, 이로써 자녀가 부모의 노후를 봉양하고 도움을 드리는 이유가 정당화되었다.

우리나라에서 효와 경로의 윤리가 언제부터 어떻게 실천되었던가 하는 것을 역사적으로 밝히기는 쉽지 않다. 다만 문헌상으로 삼국유사에서 화랑도 창설 문구상에 효제(孝悌)의 윤리를 가르쳤음을 밝히고 있다. 같은 삼국유사 제5권에 전정법사의 홀어머니에 대한 효심, 김대성의 전생과 현생의 부모에 대한 효심, 향득사지가 굶주린 부모에게 다리의 살을 베어 공양한 효심, 손순이 자기 아들이 노모의 양식을 축낸다는 이유로 아들을 생매장시키려다 돌로 만든 종(石鐘)을 얻게 되었다는 효심 등 5가지 효행이 기록되어 있다. 이러한 효의 윤리 전통은 유학을 관학으로 하는 이조시대에 와서 더욱 철저하게 시행되었다. 이조시대에 들어와서는 삼강오륜을 윤리의 근간으로 삼았다(이완재, 1985).

이와 같이 효의 윤리와 경로사상이 철저히 실행되었던 우리의 전통사회에서는 노인이 소외된 존재가 아닌 존경받고 귀중한 존재였기 때문에 노인문제 발생 가능성이 희박하였다. 또한 한국 전통사회에서 노후에 자녀들에게 의지하는 것은 당연한 일이었다. 노인들은 본질적으로 의존적일 수밖에 없기 때문에 그들을 가족 구성원들이 보호하고 돌보는 것을 당연한 것으로 받아들였던 것이다.

안치민(1997)은 전통사회에서의 노부모 부양은, 초기에는 자녀가 부모에게 의존하고 후에는 노부모가 자녀에게 의존한다는 이른바 부모 자녀 간의 상호교환적 관계의 합리성보다는 거의 맹목적이고 자연적인 의무로 인식되었다고 말하고 있다. 노인부양의 책임을 가족이 전적으로 담당하였던 전통사회에서는 효라는 개념이 모든 가족성원에게 모두 적용되지만, 궁극적인 책임은 장남의 몫이었다. 즉 부모를 돌보는 책임이 모든 아들과 딸들에게 공평하게 부과되지는 않았다. 일반적으로 장남이 결혼 전에 모시거나 결혼해서 새 가족을 이룬 후에도 부모를 모시고 살면서 돌보는 책임을 수행하였고 다른 아들딸들에게는 나이 든 부모를 모시는 책임이 장남에 비해 상대적으로 낮게 부과되었다.

성규탁(1995)은 한국적 부모 부양 체계를 한국 특유의 문화적 전통 내에서 찾아보려는 노력의 일환으로 한국과 미국의 노인부양에 관한 비교 연구를 실시하였다. 그가 선행연구에서 추출한 부모 부양 의지 유형은 다음과 같다.

① **존경** : 부모를 특별한 존경심과 예의를 가지고 대하고 성심 성의껏 보살핌
② **책임성** : 부모를 헌신적으로 부양하기 위하여 학업, 사회생활 또는 결혼을 연기하거나 포기하고, 어려움에 처한 시부모나 친정부모를 효성스럽게 부양함
③ **희생** : 자신의 개인적 안락과 안전을 고려하지 않고 부모 부양에 헌신하고, 부모의 보건의료 비용을 마련하기 위해 힘든 노동을 하고 와상중인 부모를 보호 부양함

④ **동정심** : 병약하거나 장애가 있는 부모를 불쌍히 여기며 부모에게 더 잘 해 드리지 못하는 것에 대해 자책감을 느낌

⑤ **가족의 조화** : 부모가 따뜻한 가족의 분위기를 느낄 수 있도록 하고 다른 가족 성원과의 의사소통과 상호작용을 촉진시킴

⑥ **(가족에게 못할 것을) 보상** : 자신의 부모나 가족을 제대로 보호 부양하지 못하는 것을 보상하기 위하여 시부모나 친정 부모를 정성껏 보호 부양하고, 가족성원 중 사망한 사람에게 잘못한 것을 보상하기 위하여 부모를 보호 부양함

⑦ **보은** : 부모의 소망을 실현하고, 부모의 은혜를 갚기 위해 물질적 또는 비물질적인 것을 해드림

⑧ **종교적 신념** : 유교, 불교 또는 기독교의 가르침을 준수함

⑨ **사랑** : 부모에 대한 깊은 사랑과 애정을 표현함

이 중 한국의 부양자들이 지적한 6가지 주요 효행 동기는 사랑, 보은, 존경, 책임성, 가족의 조화 및 희생이었다([표 7-1] 참조). 그 다음으로는 '보상', '동정심' 그리고 '종교적 신념'의 순이었다. 이에 반하여 사회문화적인 특성이 상이한 미국의 경우 책임성, 사랑, 존경은 우리와 유사한 부모 부양 이유로 나타났지만, 존경, 가족조화, 희생은 부모 부양의 주된 이유에서 제외되었다.

【표 7-1】 미국인과 한국인의 부양 이유 비교

효행이유*	한국인 (N=172) 순위(%)	미국인 (N=203) 순위(%)
책임성 / 의무감	4 (63%)	1 (58%)
애정 / 사랑	1 (83%)	2 (51%)
보 은	2 (77%)	3 (17%)
존 경	3 (74%)	–
가족 조화	5 (61%)	–
희 생	6 (24%)	–

(%)는 지적한 부양자의 비율
* 응답자의 17% 이상이 지적한 항목만 제시
자료 : 성규탁 (1995)

2) 가치변화와 노인부양

앞서 말한 바와 같이 우리 사회는 전통적인 가족주의 관념 속에서 부모에 대한 자녀의 의무적·복종적인 효의 개념으로써 노인부양을 해결해 오고 있다. 그러나 급속한 산업화와 도시화, 그리고 핵가족화로 말미암아 노인에 대한 이러한 전통적 가치체계는 붕괴되고 변화되고 있다. 서구의 물질문명과 생산성에 대한 높은 가치의 부여는 상대적으로 노인의 사회적 지위를 약화시키고 노부모와 자녀 간의 수직적 계층관계는 수평적 평등관계로 옮겨 가고 있다. 많은 선행 연구들에서 근대화에 따른 가족주의 가치관이 전통적인 것에서 근대적인 것으로 변화해 가는 양상을 보이고 있음을 밝히고 있다.

가족가치관 및 의식의 변화에 따라 효의 개념 역시 변화하고 있다. 최근에 들어와서는 젊은 세대간에 효의 윤리에 대한 회의와 비판이 가해지고 있고 경로사상도 점차 희박해져 가고 있다. 종래의 효는 옳고 그름을 가리지 아니하고 부모에 대한 맹목적인 복종을 강요하는 경향이 있었다. 그 결과 젊은 세대의 창의성과 자발성이 저지당하는 바가 없지 않았고 이에 대한 젊은이들의 저항이 생기게 되었다. 여기에 개인의 인격과 권리에 기초한 서구 평등주의적 윤리사상이 도입되어 효의 윤리에 대한 젊은 세대의 저항이 더욱 커지게 되었다(이완재, 1985).

서양의 블렌크너(Blenkener, 1965)는 부모 자녀 관계는 양자의 권리와 의무, 그리고 요구가 다 같이 동시에 존중받는 상호적 관계로 발전되어야 한다고 주장한다. 우리나라 퇴계의 철학도 부모와 자녀 간의 교호적인 의무를 강조하여 존경과 애정을 실천하는 도덕적 관념의 교훈성을 부모 부양 이유에 반영시키고 있다. 이에 반하여 전통적인 효는 사회규범이라는 압력과 통제에 의한 강제성을 다분히 내포하고 있고, 이러한 강제규범이 현대인과 젊은 세대에게 저항감을 가지게 하는 요소가 되고 있다. 따라서 박재간(1992)은 현대 사회에서의 바람직한 효는 강압적이고 규범적인 것보다는 사랑을 전제로 하는 가치합리적인 효는 강압적이고 규범적인 것보다는 사랑을 전제로 하는 가치합리적인 방향으로 유도되어야 한다고 말한다. 고영복(1983) 역시 현대적이고 합리적인 효란 규범적인 것이 아니라 가치적인 것이어야 하며, 인간 소외를 극복하는 방도의 일환으로 재정립되어야 한다고 지적하고 있다. 이러한 가족가치관 및 효의식의 변화는 부모 자녀 관계에 영향을 미치고, 이로 인한 관계 변화는 다시 노부모 부양 태도에 영향을 미치고 있다. 예컨대 장남 이외 차남이나 딸과의 동거율이 증가하고 있으며, 과거 아들 또는 장자 위주의 노부모 부양에 대한 의무가 점차 아들과 딸 공동 의무로 인식되어 가고 있다(통계청, 1991, 1996). 최근의 공보처(1996) 조사에서도 부양자로 아들 딸 관계없이 자식이 모시면 된다는 응답에 62.4%가 찬성하고 있어 장남이 모셔야 된다의 14.8%를 크게 앞지르고 있다. 따라서 부모 부양 의식은 전통적인 부양의무가 아직도 존재하고 있지만, 부양의무자에 대한 의식은 크게 변화하고 있음을 알 수 있다.

한편 효의 개념이 전통적인 모습에서 상당히 변화하였다 하더라도 아직 우리 문화에서 효성과 노인 존경심이 계속 강조되고 있고, 노부모 부양의식은 절대적인 수치는 감소되었으나, 상대적으로는 전반적으로 높게 나타난다고 주장하는 견해들도 있다(옥선화 등, 1994 ; 한은주 등, 1997 ; 이은경, 1998). 즉 현대 사회의 산업화와 도시화 등 생활 여건의 변화가 가족이 노인을 돌보고 부양하는 것을 어렵게 만들고 있을 뿐 효의식 자체가 감퇴한 것은 아니라는 것이다. 점차 부모 부양에 대한 책임을 나눌 수 있는 자녀수가 줄어들고, 자녀가 부모로부터 멀리 떨어져 나가는 추세 등 생활양식의 변화와 핵가족화의 증가야말로 효사상의 약화 그 이전에 노부모의 고립과 피부양 상황의 어려움을 심화시키는 직접적인 원인이 되고 있다는 견해이다. 기혼자녀의 효의식과 관련된 일부 연구들은 아직 건재하고 있는 효의식에 대하여 세대 및 성별 간에 차이가 있음을 보고하고 있다. 즉 성규탁(1995)은 연령이 높은 장년층이 소년이나 청년층보다 효행의지가 높다고 밝혔고, 김명자 등(1996)도 중년기 남편과 부인의 효도관이 신세대 부부의 것보다 높은 것으로 보고했다. 정옥분 등(1996)은 역시 중년 세대의 효의식이 성인 초기나 중고생 및 아동의 의식에 비해 의미 있게 높은 것으로 밝히고 있다.

한국 가족의 강한 가족유대감, 효, 부모와 자녀 간의 강한 결속, 친족관계 등은 우리가 벗어버려야 할 전근대적 유물이기보다는 21세기 사회에서도 여전히 필요한 부분들이다. 한국 가족의 이러한 전통가치들을 사람들로 하여금 가족에 대한 일체감과 유대감을 갖게 하고 관계성 지향적인 생활을 하게 하여 가족생활이 공동체성을 띠게 하는 요소들이다(서선희, 1998). 따라서 효 이념이 노부모를 지원하는 데 근본적인 역할을 하는 중요한 가치로서 계속 남게 하기 위해서는 새로운 사회적 맥락에서 실현 가능한 현실적인 방법을 모색하고 그에 적극 대응할 필요가 있다.

2. 노인부양 유형

노인부양 유형은 ① 부양 주체에 따른 유형, ② 부양 분담에 따른 유형, ③ 부양 필요성에 따른 유형 등 크게 3가지로 구분하여 논의해 볼 수 있다.

1) 부양 주체에 따른 유형

일반적으로 노인부양은 부양 서비스를 제공하는 주체가 누구인가에 따라 사적(私的) 부양과 공적(公的) 부양으로 나누어진다. 사적 부양은 가족이나 친척, 친구, 이웃 등이 부양을 담당하는 개인적 혹은 가족적 차원의 부양을 의미한다. 반면에 지역사회 및 국가가 개입하는 사회보장 혹은 복지사업차원의 사회적 부양 형태를 일컬어 공적 부양 또는 공적 부조(public assistance)라고 한다(윤종주, 1982). 대체로 사회보장제가 발달되어 있는 선진사회에서는 공적 부조로서 노인을 부양하고 있지만, 우리 사회의 노인부양은 가족적인 차원을 벗어나지 못하고 있는 실정이다.

노인부양 유형은 부양에 따르는 경제적 비용의 부담 주체에 따라 다음의 세 가지로 구분하기도 한다. 즉 ① 젊었을 때 자신의 생활문제를 스스로 해결하는 개인 부양, ② 동거 여부와 관계없이 자녀들이 부양을 책임지는 자녀 부양, ③ 노인을 위한 시설이나 공공기관을 이용하는 시설 부양 등이다. 이 중 개인 부양과 자녀 부양 유형은 윤종주(1982) 분류의 사적(개별) 부양의 성격을 지닌 반면 시설부양은 공적 부양의 질을 지닌다 하겠다.

다음은 홍숙자(1992)의 부양주체에 따른 노인부양체계를 정리한 것이다.

(1) 공적 부양

대체로 우리나라의 노인부양은 가족적인 차원을 벗어나지 못하고 있지만, 선진사회에서는 사회보장제도로서 국민생활의 경제적 보장을 국가적인 차원에서 법률상 체계화시키고 있다. 예컨대 미국의 중앙정보는 노령연금제도를 운영하고 있고, 지방정부는 노령부조를 포함하는 공적 부조를 의무적으로 시행하고 있다. 따라서 65세 이상의 미국 노인들은 공적 연금과 공적 부조 등을 그들의 생계비로서 조달받고 있다. 이 중

공적 연금(노령연금)은 이른바 사회보험으로서 정부나 고용주, 수혜 당사자에 의한 기여금이나 부담금으로 기금이 형성되며, 일정한 연령이 되어서 소득보장을 받게 되는 제도이다. 반면 공적 부조는 국가의 책임하에 조세와 같은 공공비용 부담으로 국민의 최저생활을 보장해 주는 경제적 부조제도이다. 공적 부조는 사회보장제도 속에 공적 연금과 함께 포함되어 있으면서 공적 연금의 영향이 미치지 못하는 분야에서의 빈곤을 해결하고자 하는 데 그 목적을 두고 있다. 나라마다 공적 부조제 실시의 기본 원칙은 동일한 것인 바 자기 자신과 가정의 생계를 유지하는 데 일차적인 책임은 그 개인과 가정에 있다고 전제한다. 그러나 개인적인 차원에서 개인의 독립생활이 불가능하다거나 사회적인 차원에서 사회구조적인 요인으로 인하여 외부의 원조가 불가피한 경우가 발생하게 되고, 그 심각성이 커지게 되면 국구가 나서서 원조를 제공하고 문제를 해결한다는 데에 토대를 두고 발전된 제도가 공적 부조라고 볼 수 있다. 현재 미국의 공적 부조 중에서 노인에게 직접적인 도움이 되고 있는 것은 보조적 수입 보장(SSI), 식비 부조, 의료 부조 및 주택 부조라고 할 수 있다. 재원 조달은 원칙적으로 국가가 부담하는 것으로서, 중앙의 일반재정과 지방재정에서 공적 부조 비용을 부담하고 있다.

노령연금이나 공적 부조 외에도 또 하나의 내용인 노인복지서비스의 측면에서도 선진국은 공적 지원 체계가 확고하다. 예를 들어 최근 선진국에서는 노인들이 그 자신의 가정으로부터 가족의 따뜻한 간호를 받게 하려는 움직임이 활발한 가운데 정부는 가족과 지역사회의 노인보호 기능 강화를 위해 재원을 담당하고 지원해 주고 있다. 서구나 미국에서 노인을 위한 복지재정의 거의 전부는 공적 부분인 중앙정부 또는 지방정부(자치단체)에서 충당하고 있다.

(2) 사적 부양

사적 부양은 노인 개인이나 가족 혹은 친척, 친구 및 이웃 등이 부양 주체가 되는 경우로서, 이 중 가족부양은 현실적으로 우리나라 노인에게 주로 해당하는 부양 유형이라 하겠다. 가족부양에는 다음과 같은 세 가지의 경우가 가능하다. ① 자녀와 가구를 달리하면서 자녀로부터 정서적, 경제적인 보조만을 받는 경우, ② 시설에 수용되어 자녀로부터 단지 경제지원만을 받는 경우, ③ 자녀와 동일한 가구를 이루며 살면서 생계를 유지하고 정서적으로 의존하며 신체적 시중까지를 받고 사는 경우 등이다.

김종갑(1985)에 의하면 우리나라 노이의 대부분은 이 세 번째 경우의 가족부양을 받고 있고, 첫 번째와 두 번째의 경우는 우리나라보다는 서구나 미국에서 보편적으로 행해지고 있다.

한편 매튜(Matthews and Rosner, 1988)는 노년기 가족부양을 5가지 형태로 제시하고 있다.

① **일상적인 제공(routine help)** : 이는 노부모 부양의 가장 핵심이 되는 부분으로서 일상적인 도움을 지속적으로 제공하는 것을 말한다. 가사 전반, 재정관리, 방문, 심부름, 모시고 가기 등의 노인의 광범위한 생활 범주에 관여하여 돕는 형태이다.

② **후원(back-up)** : 직접적으로 주 부양자 역할은 하지 않지만, 일단 부모나 주 부양자가 도움을 요청했을 때 돕고 후원해 주는 형태이다.

③ **제한된 도움 제공(circumscribed style)** : 노부모 부양에 경계와 범위를 정하여 한정되게 도움을 제공하는 형태이다. 예를 들어 일주일에 한 번씩 정규적인 안부 인사 전화를 한다거나, 의사인 자녀가 노부모의 건강과 질병에 관한 한 조언이나 도움을 주고자 하지만, 다른 책임을 안 지려 하는 경우 등이 그 좋은 예가 될 것이다.

④ **산발적인 도움 제공(sporadic style)** : 정해진 스케줄에 따라 돕기보다는 자녀의 형편이 좋고 편리할 때 부모에게 서비스를 제공하는 형태이다. 가끔 부모를 모시고 가족여행을 떠난다거나, 주말에 모시고 나가 외식을 함께 하는 등은 정규적인 것은 아니나 노부모에게는 역시 소중한 도움이 될 수 있다.

⑤ **전혀 돕지 않음(dissociation)** : 자식으로서의 의무를 전혀 이행하지 아니하는 형태이다. 노부모 부양 관련 의논에 끼지 않으며 아랑곳하지 않고 부모 부양에 관심을 가지지 아니한다.

베노크레이티스(N. Benokraitis, 1993)은 가족이야말로 약한 노인들을 장기간 보살피고 부양하는 데 가장 중요하고 효과적이라고 주장하며, 여러 공적이고 제도적인 장치들을 가족원들이 스스로 활용할 수 있는 자원이 고갈되었을 때 비로소 효과를 나타낸다고 말한다.

우리나라에는 최근에 와서 가족의 노인부양 의식이 약화되거나 노인부양에 대해 부정적인 견해를 가진 이들이 늘어나고 있기는 하지만, 아직 자녀들이 당연히 노부모를 모셔야 한다는 의견이 지배적이며, 연구들은 아직 우리나라는 전통적인 가족부양체계가 대다수 노인에게 당연시되고 있다고 밝히고 있다. 이러한 노인의 의식구조나 기대의 측면에서뿐만 아니라, 가족과의 실제적인 상호의존 및 부양 혜택을 다룬 연구들에서도 대부분의 노인들이 그들의 노후를 가족에 전적으로 의존하는 실정임을 나타내 보이고 있다. 그리고 Suh(1989)는 현대화되어가는 한국 사회에서의 노인의 정신적 안녕감에 미치는 사회적 원조(social support)의 효과를 조사한 연구에서, 사회원조 중 가족으로부터의 도움은 노인의 정신·신체적 복지 모두에 대단히 긍정적인 영향을 미치고 있다고 주장한다. 이 같은 결과들은 비교적 빠른 현대화의 과정 속에 처해 있는 한국인의 생활변화에도 불구하고 가족부양이 계속해서 주도적인 부양형태로 남아 있음을 보여 주는 것이라고 하겠다. 즉 한국에서 가족은 여전히 노인부양에 도구적인 원조 및 애정적인 지지를 공급해 주는 중요한 근원으로 남아있는 것이다. 이에 따라 노인부양에 관한 한 자녀들에 의해 노인이 부양을 받는 우리나라의 이 같은 전통적 가족부양 원리가 우리 사회 고유의 사회적 안정장치로서 기능하고 있다고 보는 이들이 많다. 즉 산업사회로 들어오면서 가족부양기능이 약화되어 가는 경향이 있긴 하지만, 다른 나라들에 비해서 우리나라는 아직 '효'를 인륜의 기본으로 삼는 가족관계 및 사회문화적인 여건 속에 처해 있으며, 이 같은 사실이 사회 해체를 막는 안전판으로 작용하고 있다는 것이다.

그러나 이와 같은 노인부양에 대한 전통적인 기대나 당위성, 또한 실제의 부양의존 상태에도 불구하고 자녀들의 노부모 부양 의식이 점차 약화되어 가고 있는 것은 부정할 수 없는 사실이다. 또한 앞서 말한 바와 같이 도시화와 핵가족화, 그리고 여성의 사회진출 등으로 가족의 노인부양이 현실적으로 어려워지고 있기도 하다. 결국 사회 전체적인 관점에서 볼 때 부양해야 할 노년인구는 급속하게 늘어나는 데 반해 사회 스스로 제공할 수 있는 부양능력은 급속하게 위축되어 가고 있다고 할 수 있다. 즉 노인부양 기능의 사회적 공동화 현상이 일어나고 있는 것이다. 우리 사회에 노부부 또는 노인 독신만이 따로 살고 있는 가구가 점차 증가하고 있고, 우리나라 65세 이상 노인인구 중 50% 이상이 절대 빈곤으로 시달리고 있다는 보고(민재성, 1995) 등은 이 같은 공동화 현상의 작은 실례에 불과하다고 할 수 있다. 노인부양문제에 있어서 공적 부조의 획기적 확대를 통한 정부의 적극적인 개입이 시급한 소이가 여기에 있다. 그 동안 자립의 능력이 없는 노인이 가족에게 노후 부양을 의존해 왔고, 우리 사회 고유의 가족부양 원리가 순기능적인 장치로서 정서적 안녕감에 기여해 온 바는 사실이나, 더 이상 국가적인 차원의 공적인 도움 없이 가족 내에서의 부양에만 의존하는 것은 불가능한 상황에 이르고 있기 때문이다(홍숙자, 1992).

2) 부양 부담에 따른 유형

노인의 연령, 건강상태, 서비스의 종류와 필요 정도 및 부양시설과 이용 조건 등 부양 분담에 따른 유형은 크게 5가지로 구분하여 설명할 수 있다(김혜연 등, 1999).

(1) 개별 부양

개별 부양은 부양 분담이 가장 적은 유형으로 비교적 아직 건강하여 의료서비스를 크게 필요로 하지 않는 가장 일반적인 부양유형이다. 개별 부양은 다시 개인 부양과 3세대 동거부양(가족부양), 그리고 노인공동체 부양으로 나뉜다.

① **개인부양**: 노인 개인 혹은 노인 부부가 자신의 부양을 해결하는 유형으로서 개인주의 중심인 선진국의 주된 부양유형이다.

② **3세대 동거부양(가족부양)**: 가족원이 노인부양을 책임지는 유형으로서 이제껏 우리나라는 노후에 자녀와 동거함으로써 가족 내에서 노인부양이 이루어져 왔다. 그러나 점차 세대간의 가치관과 생활양식의 차이로 인하여 다양한 부양유형이 고려되고 있다.

③ **노인공동체 부양**: 동년배의 노인이 생활을 함께 함으로써 생활문제를 해결하는 유형이다.

(2) 서비스형 부양(실버타운 부양)

서비스형 부양은 실버타운과 같은 다양한 노인을 위한 서비스가 제공되는 시설에서 생활함으로써 자신의 부양문제를 해결하는 형태이다. 이는 시설과 서비스의 질과 규모에 따라 ① 노인촌(은퇴촌), ② 유료 노인복지 주택, ③ 실비 노인복지 주택에서의 부양 등을 포함하고 있다. 이는 주거산업의 고객으로서 은퇴 후의 연금으로 일생을 비교적 여유 있게 보낼 수 있는 서구 사회의 노인들에게 적합한 부양유형이라 볼 수 있다.

(3) 수용시설 부양(양로·요양원 부양)

노인들의 부양을 집단적으로 양로원 혹은 요양원과 같은 수용시설에서 해결하는 형태이다. 우리나라의 경우 이 형태는 서비스형 부양 유형에 비하여 집단적인 규모는 유사하나, 이주방법과 서비스 질의 차이에 있어 대체로 저소득층의 무의탁 노인에 대한 수용과 보호의 부양성격을 띠고 있다(강기선, 1997). 그러나 미국의 경우 수용시설 부양은 수익자부담 원칙에 따라 운영되며, 대체로 중산층 이상의 노인이 이용할 수 있다. 수용시설 부양이 제공되는 종류에는 유료 양로원, 실비 양로원, 그리고 무료 양로원 및 요양원이 있다.

(4) 의료시설 부양

의료서비스가 중점적으로 제공되는 보건소, 노인병원, 개인병원 및 종합병원 등의 시설에서 노인부양이 제공되는 형태이다. 이는 호스피스 병동이나 혹은 장기 입원 후 임종을 맞게 되는 경우처럼 생의 마지막 단계에서의 부양 형태라고 볼 수 있다. 아직 노인전문병원이 활성화되지 못한 우리나라에서는 의료시설 부양이 용이하지 않지만, 최근 현실성과 효율성을 고려하여 의료시설 서비스와 연계한 실버타운형 부양이 고려되고 있다.

(5) 일시적 부양

경로당이나 복지회관 및 노인대학 등의 경우처럼, 노인부양이 일시적 혹은 단기적으로 이루어지는 형태이다. 현재 우리나라는 주간 및 단기보호 성격의 노인부양 시설은 아주 취약한 상태이다. 노인의 경우는 home care service center, day care center, intermediate facility 등이 일시적으로 부양기능을 담당하고 있다(박재간, 1995 ; 김혜연 등, 1999 재인용).

노인부양 유형 선호에 대하여 연구한 김혜연 등(1999)은 우리나라 노인이 가장 선호하는 유형은 개인부양인 것으로 밝히고 있다. 그러나 자녀의 부양 의지가 확고하고 실제로 부양을 책임지고 있다면 개인부양보다는 가족부양(자녀부양) 선호로 바뀔 가능성을 배제하지 않았다. 또한 노인이 사회적·경제적 자원이 충분하고 자기 자신이나 자신의 생활에 대해 긍정적으로 평가하며, 자신감을 갖고 있을 때 개인부양이나 자녀부양을 기대하며 선호하는 것으로 나타났다. 한편 수용시설 부양은 경제적인 변수의 양 극단에 따라 생활의 질을 추구하는 여유가 있는 노인이거나 혹은 빈곤하고 갈 곳 없는 노인이 선택할 수 있는 유형으로 나타나 대조를 보이고 있다.

이와 같이 최근에 들어와서 과거의 가족부양 유형뿐 아니라, 개인부양이나 시설의 이용 등과 같은 다양한 노인부양 유형이 고려되고 이에 대한 관심이 높아지고 있는 것은 노인기 삶의 질에 관련하여 점차 노인부양 유형에 대한 계획과 선택이 중요해지고 있음을 보여주는 바라 하겠다.

3) 부양 필요성에 따른 유형

노인은 어떤 종류의 부양이 필요한가에 대해 블렌크너(Blenkner, 1995)는 경제적 의존성에 의한 부양, 신체적 의존성에 의한 부양, 정신능력의 의존성에 대한 부양, 사회적 의존성에 대한 부양, 심리적·정서적 의존성에 대한 부양의 다섯 가지를 제시하였다. 그러나 보통 우리나라에서의 노인부양 관련 연구들은 경제적 부양, 정서적 부양, 그리고 신체·서비스 부양 등 세 가지 측면으로 분류되고 있다.

(1) 의존성과 노인부양

노인의 의존성은 역기능적인 장애라기보다는 발단단계상의 자연스러운 현상으로, 이소무라(Isomura, 1995)는 자녀와 부모의 역할전환 형태로서 자녀유아기와 자녀의 성인 후기인 부모의 노년기를 절대 의존기로 보고 있다. 세대 간의 상호작용은 상하 양쪽으로 흐르는 만큼 부모와 자식은 지속적으로 영향을 주고받는다. 더욱이 사회문화적인 특성상 한국 전통사회에서 노부모가 자녀에게 의존하는 것은 일종의 특권과도 같은 것이었다. 비록 근대화 과정에서 개인주의가 확산되고 가족주의 가치가 약화되면서 우리 사회의 노인들은 더 이상 자녀에게 의존하고 노후를 맡길 수 없는, 불안과 고립의 상황에 처하게 되었지만, 그럼에도 불구하고 노부모의 피부양의식은 대부분

자녀에게 의존하고 있다. 정서적·신체적 피부양의식은 물론이고, 아직 사회보장제도가 체계적으로 도입 확충되지 못한 우리나라의 실정에서 노인의 경제적 피부양의식 역시 자녀의존적이다.

장인협 등(1986)은 구체적으로 노인의 의존성을 ① 신체적 기능의 약화로 인한 신체적 의존과 그로 인하여 구매나 가사작업을 타인에게 의존하는 서비스적 의존, ② 임금노동자로서의 역할 상실로 인한 경제적 의존, ③ 사회적 지위나 역할의 상실 내지 약화로 인한 사회적 의존으로 구분한다.

노부모의 의존성 증대에 따른 가족간 갈등문제에 관한 외국의 연구들은 상반된 결과들을 보이고 있는데, 그 하나는 의존성이 세대간·부정적 감정을 조장하고, 불균형적 세대 교류와 일방적인 도움에 대한 불공평의 지각 등이 가족갈등의 주원인이 되고 있다고 지적한다(Adams, 1986). 반면 의존성이 갈등에 직접적인 영향을 미치지 않거나(Suitor 등, 1988), 세대간의 지원이 적절한 수준에서는 노인의 심리적 복지에 긍정적인 영향을 미쳤지만, 너무 높은 경우에는 심리적 복지에 오히려 나쁜 영향을 미쳤음을 발견한 연구(Silverstein 등, 1996)도 있다.

노부모의 의존성에 대한 국내의 연구 결과는 노부모가 성인자녀에게 의존하고 있거나 어느 한 편만의 일방적인 도움으로 호혜성이 결여될 때 세대간 상호작용은 부정적인 결과를 가져와 가족간의 갈등과 긴장이 높아진다고 할 수 있다. 또한 노부모의 자녀세대에 대한 의존은 노부모의 결혼상태와도 밀접한 연관이 있어서 배우자가 없는 노부모들은 자녀로부터 더욱 많은 도움을 필요로 하는 것으로 밝혀지고 있다. 칸터(Canter, 1975)의 위계적 보상 모델에 의하면 배우자가 있는 동안에는 자녀보다는 배우자에게 더 의존하는 경향이 있지만 일단 배우자를 잃게 되면 기혼자녀에게 더 많은 접촉과 원조를 기대하게 된다. 따라서 노년기에 있어서 결혼상태의 붕괴는 자녀에의 의존도를 높이고 세대관계의 질에 부정적인 영향을 미친다(정혜정, 1998 재인용).

일반적으로 노부모의 의존감에 영향을 미치는 배경변인은 연령, 직업, 학력, 경제력 등으로서 연령이 높을수록, 직업이 없을 때, 학력이 낮을 때, 용돈 수준이 낮을 때, 생활비를 본인이 해결하지 못할 때, 노부모가 성인자녀에게 의존감을 높게 지각하는 것으로 나타났다.

이상 부양 필요성에 따른 부양유형을 구분하기 전에 노부모 피부양의식과 구체적인 노인의존성의 형태, 그리고 의존성의 부정적인 반응(갈등) 등을 살펴보았다.

(2) 경제적 부양

경제적 부양이란 노인이 필요로 하는 금전이나 물질을 제공하는 것으로 노인의 빈곤, 질병 및 소외감과 만족감 등에 관련되는 것이다. 노인기는 경제문제는 건강이나 고독문제에 우선한 가장 중요한 문제로서 경제적 빈곤은 노인의 고질적 긴장요인이 되어 경제수준이 낮을 때 스트레스를 받으며 우울해지기도 한다.

연구들은 노인기의 경제적 생활의 안정이 노인문제 해결에 필수적임을 보이고 있다. 앞서 부양 주체나 부양 분담에 따른 부양유형에서 살펴본 바대로 현재 우리나라 노인의 절대다수는 경제적 부양을 사적 부양의 형태로 해결받고 있는 실정이다. 즉 가족부양이나 개인의 재산수입과 예금 혹은 개인 차원의 노동이나 노후 생계 수입원을 삼고 있다. 국가의 사회보장 급부나 생활보호로서의 공적 부조는 극히 제한된 소수의 경우에 해당된다. 사적 부양 중에서도 주로 가족, 특히 자녀로부터 대부분의 경제적 부양을 받고 있다. 그러나 이제껏 우리 노인들의 가장 주된 노후 소득의 원천이었던 자녀의 경제적 부양의 중요성은 과거에 비해 점차 약화되고 있는 현실이다. 그 대안적 노후의 경제적 부양방안으로서 사적 저축이나 근로소득, 그리고 무엇보다도 공적 재원으로서의 경제적 부양은 노인이 자녀나 가족으로부터 경제적인 의존에서 해방될 수 있는 가장 이상적인 방법이 될 것이다. 노인 개인의 주체성 회복과 나아가 자녀세대와의 갈등을 최소화시키고 가족부양 기능을 강화하기 위해서는 무엇보다도 경제적 부양 측면에서의 노인의 경제적 자립이 매우 중요하다 하겠다.

(3) 신체·서비스적 부양

신체·서비스 부양은 가정 내에서 신체적 독립과 가사운영 및 가정생활에 필요한 청소, 심부름, 질병시 부축 등을 제공하거나 병원 출입 등 원하는 곳에 모시고 나가는 일 등을 수행하는 것이다. 노인의 신체적·정신적 능력의 감퇴와 지능저하로 개인생활뿐 아니라 사회생활을 위해서 타인의 도움을 받아야 한다. 이러한 신체적 의존성이 심해질수록 사회적 역할 수행은 점점 더 어렵게 되어 결국은 모든 사회적 역할 수행을 중단해야 되는 상태에 이른다(장인협 등, 1988). 따라서 노후 삶의 질이라는 측면에서 신체적 의존에 따른 신체·서비스적 부양은 그 의미하는 바가 크다. 우리나라 실정은 대체로 노인과 함께 동거하는 자녀가 병 수발을 비롯하여 노부모 돌보는 서비스 부양을 담당하고 있다. 노인기에는 만성 질환 상병률이 전체 인구에 비해 3배가량 높다. 그만큼 노인의 신체적 보호 및 부양의 요구는 커지게 되는데, 이러한 책임이 장기부양 지원체계로서 대부분 가족에게 지워져 있는 것이다.

가족 중에서도 신체·서비스의 일차적 부양자의 역할은 대부분 여성이 맡게 된다. 종래 여성의 일은 대부분 가족생활 내에 국한되어 있었고, 산업화로 일과 가족이 분리되면서 여성은 다른 가족원들의 육체적 또는 정서적 부양을 감당하도록 기대되어 왔다. 그러나 점차 여성의 사회진출이 활성화되면서 여성의 취업률이 증가하게 되었고, 이러한 추이는 가족의 신체·서비스 부양에 양적·질적으로 변화를 초래하게 되었다. 우선 부양자의 무리한 시간이나 육체적 부담으로 인한 과로, 기대나 요구로 인한 갈등 등은 부양자 자신에게 부정적인 영향을 미칠 뿐 아니라, 피부양자인 노부모와의 관계에도 부정적으로 작용하게 된다. 취업과 부양 간의 역할 양립이 어려울 때 자녀 부양자는 갈등을 노부모에게 표출하거나 형식적인 부양행동을 함으로써 노부모 역시 자신의 피부양 상황에 부담을 느끼게 될 수 있기 때문이다.

최근 서구에서도 노인 시설수용 부담보다는 지역사회 부양을 더 강조하는 추세로서 노인의 건강을 돌보는 데에 지역사회 내에서의 가족과 같은 사적 부양에 의존하는 방안을 추진하고 있다. 구체적으로 home care service center나 day care center, community center에서 노인의 낮 동안의 신체·서비스 부양을 수행해 주고 야간에는 가족에게 돌아가게 하는 이른바 일시적 부양을 시행하고 있다. 우리나라는 아직 주간 및 일시부양 담당시설이 매우 미비한 실정이다. 최근 시도되고 있는 가정봉사원 제도나 사회적 프로그램인 가정간호 프로그램, 가사지원서비스 등은 노인의 신체·서비스부양 부담을 감소시키는 효율적인 방안 중 하나가 될 수 있을 것이다.

(4) 정서적 부양

정서적 부양이란 노인의 감정과 정서를 이해하고 외로움과 고독을 달래 주는 등 심리·정서면의 욕구 충족과 안정을 위해 도움을 제공하는 부양이다. 은퇴로 인한 역할과 관계의 손실은 그 어느 시기보다도 노인의 고독과 소외의 문제를 심화시킨다. 아울러 경제적인 어려움과 배우자의 상실, 젊은 세대와의 갈등, 그리고 상실감을 가지게 한다. 따라서 연구들은 연령 증가에 따라 노인들은 점차 자녀 및 배우자와의 애정적 유대를 강조하는 경향을 보인다고 밝히고 있다. 노인은 홀로 있는 고독한 시간을 피하려 하고, 사랑과 애정 또는 사회적인 접촉을 원하지만, 현실적으로 이러한 욕구는 충족되기가 용이하지 않다. 이러한 욕구를 반영하듯이 기존의 연구들은 노부모가 자녀들에게 가장 원하는 것은 경제적이고 물리적인 것보다는 심리·정서적 교류나 부양이라고 밝히고 있다(민무숙, 1994). 경제적인 부양이나 신체 서비스적 부양은 그 사회의 노인복지제도 성숙 여부에 따라 공적 기관에 의해 어느 정도 제공받을 수 있겠지만, 정서적인 부양은 주로 가족이 공급원이 되어 가족 고유의 애정과 정서적인 기능으로 해결될 수 있기 때문이다. 따라서 노부모와의 질적인 접촉과 지지, 격려, 마음을 알리고 이해하고 열게 하는 대화, 감정적 교류로 인한 신뢰감, 공평감, 사랑과 존경심 등은 노부모에 대한 구체적인 정서적 부양이 될 수 있다. 이는 다른 어떤 부양으로도 대체할 수 없는 노인기 고독과 소외감 해소에 중요한 해결책으로서 궁극적으로 노부모 삶의 질을 향상시킬 수 있을 것이다.

3. 노인부양 실태

1) 부양부담과 부양보상

(1) 부양지수

경제적으로 생산적인 활동에 종사할 수 있는 인구수를 다른 사람의 부양에 의존해야 하는 노년기의 인구수로 나눈 것을 통상 '부양지수' 또는 '노인부양비'라고 한다. 즉 이 부양지수는 한 사회 내 젊은 세대 한 사람이 져야 하는 노인부양의 몫 또는 부담을 나타내는 인구학적 지표라고 할 수 있다.

[표 7-2]는 1960년대 이래로 우리나라 60세 이상 노인부양비의 변화 추이를 보이고 있다. 노인부양비는 1960년에 11.3%이었다가 1970년 1980년대 내내 10% 내외에서 안정적인 추이를 보여 왔다. 그러나 1990년부터는 빠른 속도로 계속 증가하여 2020년대는 거의 3배인 30.2%로 증가할 것으로 예측된다. 한편 60세 이상 인구를 0~14세 인구로 나눈 우리나라 고령화 지수는 증가속도가 훨씬 빨라서 1960년 14.8%에서 1990년에는 2배인 29.8%로, 그리고 2020년에는 무려 9배에 가까운 121.8%에 육박할 것으로 보인다.

【표 7-2】 60세 이상 노인의 부양비 및 고령화 지수, 1960~2020

	1960	1970	1980	1990	2000	2010	2020
노인부양비[1]	11.3	10.3	10.1	11.5	15.6	20.5	30.2
고령화지수[2]	14.8	12.9	17.9	29.8	50.3	71.8	121.8

1) 노인부양비 = 60세 이상의 인구 / 15~59세의 인구×100
2) 고령화지수 = 60세 이상의 인구 / 0~14세의 인구×100

자료 : 통계청(2006b)

______(2008b) 재구성

(2) 부양부담과 부양보상

자녀와 동거하고 있는 노인의 비율이 감소하고 있기는 하지만, 전통적 가치관의 영향으로 또는 사회경제적 여건상 자녀들과 동거하며 부양을 받고 있는 노인의 비중이 압도적으로 높은 것이 아직 우리의 현실이다. 그런데 이 같은 가족 내에서의 노부모 부양은 부양자와 피부양자 간의 가족관계를 강화시키는 긍정적인 영향을 주기도 하지만, 부모와 자녀간의 갈등, 일상적인 일들에서의 방해, 재정적인 부담 등 부정적인 영향을 미치기도 한다. 우선 노인과 동거하는 자녀들은 노인의 주 수발자의 역할과 경제적 부양 의무자의 역할, 그리고 정서적인 지지제공자로서의 역할 등을 감당해야 하며, 이 과정에서 상당한 부담과 스트레스를 느끼게 된다. 또한 설사 현재 노부모를 모시고 살지 않는 경우에도 미래의 부양에 대한 의무감과 부담감이 큰 스트레스의 원인이 될 수 있다.

그간의 여러 선행연구들에서 밝힌 부양부담감은 ① 감정적 대가 : 걱정, 좌절감, 긴장, 유감, 압도당하는 느낌, 감정적 소모, 초조, 무력감, 친구나 사회로부터의 소외감, 좌절, 죄의식, 짜증, 사랑하는 부모의 쇠퇴를 지켜보는 데서 오는 근심 등, ② 신체적 대가 : 시간 부족, 사생활 제한, 육체적 부담 등, ③ 재정적 대가 : 경제적 부담으로 인한 부담 등으로 정리할 수 있다. 그런데 이 같은 부담감은 의식면에서 부모를 잘 모셔야 한다는 가치관을 가지고 있음에도 이러한 가치관을 실행에 옮기지 못했을 때 더욱 가중되는 경향이 있으며(김경신, 1998), 피부양자의 의존 정도가 높을수록 커지는 경향이 있다(송현애, 1993). 특히 부양자가 여성일 경우에는 직장일과 부양이라는 이중의 짐을 지게 되어 더욱 심한 고립감과 스트레스를 경험하게 된다.

일반적으로 노부모와 동거하고 있는 며느리들의 일반적인 스트레스는 ① 하루 세 끼 식사를 제 시간에 챙겨야 하고 반찬에 신경 써야 하는 부담감이 있다. ② 시간 활용에 제약을 받게 되고 노부모의 건강이 불편한 경우 더욱 그러하다. ③ 아이들의 교육문제에 지나치게 간섭하는 것이 싫다. ④ 집안살림을 비롯하여 개인 사생활에 지나치게 간섭하고 잔소리하는 것이 싫다. ⑤ 노인과 사는 집안 분위기 자체가 싫다. ⑥ 집안에서의 친근하고 자유로운 의사소통이나 제 활동에 제약을 받는 것이 불편하다. ⑦ 노인 치매에 대한 불안감이 있다 등으로 정리할 수 있다.

그러나 노부모 부양이 부담과 스트레스만은 아니며, 다양한 보상이 주어진다는 긍정적인 면도 있다. 김명자 등(1996)은 노부모 부양에 따른 보상감으로 노화과정에 대한 지식 습득, 노부모로부터 가사나 육아의 도움, 노부모가 최선의 부양을 받고 있다는 확신감, 노부모의 삶의 질에 공헌하는 데 대한 만족감, 개인의 종교 또는 도덕적 원리에 따른 생활에서 오는 만족감, 인생에 있어서 잠재적인 어려움과 위기에 성공적으로 대처하고 있다는 느낌과 의미를 강화하는 등으로 정리하고 있다.

노부모와 동거하고 있는 기혼여성을 대상으로 동거에 따른 혜택(보상)과 비용(부담)을 조사한 윤순덕과 한경혜(1994)는 노부모와 동거에 따른 보상은 손자녀 돌보기, 집안청소, 세탁, 부엌일. 집 봐주기, 주택비 절감, 자녀교육 도움의 내용으로 구성하였으며, 비용은 경제적·심리적·가사일 부담, 사생활 부족, 생활시간 차이, 행동제약, 의견 충돌, 집의 협소라는 내용으로 구성하였다.

한편 정혜정과 서병숙(1998)은 위의 조사에 부부관계와 친인척 관계 측면을 보완하여 보상과 대가에 관한 조사연구를 실시한 결과 부부가 지각한 보상과 대가 및 적응 변인에서 부부간에 차이가 있음을 발견하였다. 즉 대가의 경우 아내들이 남편들보다 더 높게 지각하였으나 보상감의 경우에는 남편들이 더 높게 지각하는 경향이 있다는 것이다. 이러한 결과는 가부장적 가족구조 안에서 남편과 아내에 대한 역할기대가 다르기 때문인 것으로 해석된다. 즉 부모님을 모시는 것은 아들의 당연한 도리로서 가부장적 가족규범을 따르는 남편들은 보상감을 높게 경험하는 반면, 아내들은 노부모 부양의 실제적이고 일차적인 책임자로서 그에 따른 육체적·정서적·경제적 어려움 때문에 대가를 높게 경험하는 것으로 풀이된다. 또한 최근에는 맞벌이 부부가 증가함에 따라 친정신세를 져야 하는 경우가 계속 증가하면서 노부모와의 관계가 부계중심에서 점차 모계 쪽으로도 확대되어 가는 추세를 보이고 있다(박숙자, 1995). 모계 3세대 가족 내에서 부부가 지각한 보상과 대가에는 차이가 없었다(정혜정 등, 1998)고 보고

하고 있다. 즉 부계 편친이나 부계 양친 가족에서는 보상과 대가 인식에 부부간에 차이가 있으나, 모계가족 내에서는 차이가 발견되지 않는다는 것이다.

2) 부양 실태

우리나라에서 1980년대 초 전국적인 규모로 행해졌던 한국갤럽조사연구소의 조사결과(1981)에 따르면 78.2%의 노인들이 자녀들의 경제적 부양에 의존하고 있었으며, 21.8%의 노인들은 재산 소득을 통하여 경제적 자립을 이루고 있었다.

그러나 1990년대 한국보건사회연구원의 조사(1994)에 따르면 우리나라 노인의 44.3%가 자녀로부터의 도움에 노후 수입을 의존하고 있고, 37.6%는 자신의 일이나 직업으로 인한 근로소득, 그리고 18.1%가 재산소득이나 기타로부터의 수입에 의존하고 있는 것으로 나타나고 있다. 또한 노인의 생활비 지출을 전부 또는 일부 부담하고 있는 사람 중에서 '지난 1년간' 가장 도움을 많이 준 사람(주 부양자)의 94.9%가 가족이며, 장남·며느리(61.3%), 그 외의 아들·며느리(15.6%), 딸·사위(11.9%), 미혼자녀(4.6%)의 순으로 나타났다. 따라서 과거보다는 노인의 경제적 자립도가 높아지고 있는 추세이지만, 노인의 생활상에 필요한 경비의 일부 또는 전액을 부담하는 주 부양자의 94.3%는 여전히 노인의 '자녀'인 것을 알 수 있다.

또한 노인의 걱정거리나 문제가 있을 때 이에 대한 의논 상대가 있는지의 여부로 정서적 부양자 유무를 측정한 바에 의하면, 정서적 주 부양자의 87.9%는 가족이며, 배우자(48.7%), 장남·며느리(19.9%), 딸·사위(11.4%), 친구·이웃(9.1%)의 순으로 나타났다. 성별로는 남자노인의 경우에는 정서적 주 부양자가 배우자(75.2%)인 비율로 가장 높고, 여자노인의 경우에는 배우자, 장남, 딸·사위, 친구·이웃 순으로 나타났다. 이로써 배우자가 있는 노인의 경우에는 배우자가 가장 중요한 정서적 부양자의 역할을 하며, 배우자가 없는 노인의 경우에는 정서적 부양을 장남·며느리, 딸·사위, 친구·이웃이 주로 책임을 지고 있음을 알 수 있다.

동일연구에서 일상생활 수행에 약간이라도 도움이 필요한 노인의 목욕하기, 옷 갈아입기, 식사하기, 잠자리에서 일어나기, 의자에 앉기, 외출, 화장실 이용 등 6가지의 일상생활 수행능력에 대하여 조사한 결과, 노인의 신체적 부양을 주로 담당하고 있는 주 부양자의 88.2%는 가족이며, 가족 중에서는 배우자의 역할이 가장 중요한 것으로 나타났다. 그러나 유배우율이 높은 남자노인은 배우자로부터 부양을 받는 반면에, 유배우율이 낮은 여자노인은 주로 자녀에게 의존하고 있는 것으로 드러났다.

한국보건사회연구원(1998)의 65세 이상 노인의 질병시나 거동 불편시 일상생활에 신체적 서비스 제공자를 조사 연구한 결과에서도 순위에 있어서는 위와 거의 동일하다.

그간의 연구들을 토대로 우리나라의 노인부양 실태를 정리해 보면 전체 노인의 절반 정도는 자녀로부터 도움을 주 수입원으로 하여 생활하고 있으며, 생활상의 지출비를 다른 사람에게 전적으로 의존하고 있는 노인의 경우에도 이를 부담하는 사람은 대체로 자녀인 것으로 나타났다. 그리고 일상생활 수행능력상의 제한으로 다른 사람으로부터 도움을 받고 있는 노인의 경우에도 노인에게 신체적 부양을 제공하고 있는 사람의 대다수는 노인의 가족이며, 또한 노인에게 정서적 부양을 제공하는 사람의 경우에도 노인의 가족이 가장 높은 비율로 나타났다. 이는 노인의 경제적·신체적·정서적 부양이 주로 가족에 의해서 이루어지고 있음을 말해 주고 있다 하겠다. 그러나 경제적 부양의 경우 1980년대에 비하여 점차 자녀부담률이 감소하는 반면, 노인 자신의 노동에 대한 수입원의 비중이 커지고 있음을 알 수 있다.

3) 동거 및 별거 추이

주거환경은 노인들이 겪는 사회적·육체적·심리적 및 경제적 문제점을 강화시키거나 또는 약화시킴으로써 노인의 삶의 질에 영향을 미칠 수 있다. 주거환경은 여러 가지 측면에서 고려될 수 있지만, 전반적으로 누구와 함께 사느냐의 측면, 즉 혼자 하는가, 친척과 사는가 또는 호주로서 자기의 독자적인 가계를 영위하는가, 아니면 남의 집에 얹혀사는가의 측면이 중요시되고 있다.

우리나라의 노인을 대상으로 한 연구결과들은 가치관의 변화로 전통적인 가족부양 기능이 약화되어 가고 있지만, 여전히 대부분의 노인들이 자녀와의 동거를 희망하고 있으며, 자녀에 의한 노후 부양을 원하고 있다는 결과를 보이고 있다. 효(孝) 사상에 기초해서 자녀에 대한 기대가 크고 자식의 부모 봉양 책임을 당연시하는 우리나라 노인들은 자녀와의 동거에서 오는 결속감과 안정을 느끼고 만일 동거하지 못할 때는 실망감으로 인하여 더욱 큰 단절감과 고독감, 불행감 등을 느끼는 것으로 알려져 왔다.

그러나 산업화와 도시화가 진전되면서 노인들의 주거환경은 자식들과의 동거에서 점차 노인들만의 별거체제로 옮겨 가고 있다. 서구나 미국 사회에서는 노년연금, 건강보조금, 노인전용 아파트 제공 등 각종 노인복지제도의 확충으로 노인들이 독립된 생활을 꾸려 나가는 데 있어서의 불편이 줄어들고 있으며, 이에 따라 따로 나가 사는 것을 희망하는 노인의 수도 점차 늘어나고 있는 추세이다. 그간의 연구결과를 보면, 자식들과 가까이는 있되 같이 살지는 않는 수정확대가족을 선호하는 경향이 있다.

자녀와의 동거 여부가 노인의 노후 삶의 질에 아무런 영향을 주지 못한다고 보고하고 있는 연구도 있는데, 이들이 주장하는 바는 노인의 생활만족도에 영향을 미치리라고 예상되는 변인들 중 예컨대 건강상태나 소득수준 등은 노인의 선택할 여지가 거의 없는 외부로부터 주어지는 여건이라는 점이다.

이에 반해 자녀와의 동거 혹은 별거 여부는 노인 스스로가 어느 정도 선택할 수 있는 것이고, 따라서 일단 자신들이 최선의 방법으로서 선택한 상황에 대해서는 일부 갈등이나 압박감이 생기더라도 스스로 극복하고자 하는 의지적 노력이 가능하기 때문에 그것이 생활만족도에 직접적인 영향을 주지 않을 수도 있다는 것이다(홍숙자, 1992). 이는 동거 혹은 별거가 선택적 사항일 경우 노인의 입장에서 자녀와 함께 살거나 떨어져 사는 물리적인 상황 자체는 긍정 혹은 부정도 아닌 가치중립적인 성격이 될 수 있다는 견해이다.

일반적으로 우리나라 노인은 특히 장남과의 동거를 통한 자녀부양을 가장 선호하는 것으로 알려져 왔으나, 가족부양 기능의 약화나 부양의식이 변화되면서 우리나라에서도 장남에 의한 부양이 당연시되기보다는, 아무 자녀나 부모를 모실 능력이 있거나 부모와 관계가 좋은 자녀와 동거하는 추세를 보이고 있다. 또한 생활수준의 향상이나 편리함을 추구하는 가치관에 의해 부모자녀와 동거가 불편하게 느껴지면서 별거하는 것이 부담을 감소시킨다는 인식이 증대되고 있다.

노인의 자녀와의 주거환경에 영향을 미치는 요인은 첫째, 자녀관계 친밀감과 같은 부모-기혼자녀와의 관계요인이다. 자녀와의 관계 파악은 노인의 동거 혹은 별거라는 주거환경 선호와 선택에 우선적으로 고려되는 사항이 될 수 있다. 둘째, 노인 개인의 특성 역시 동거 혹은 별거의 결정에 영향을 미친다. 노인들은 경제적 능력이나 건강의 측면에서 동질적인 집단이 아니기 때문에 능력이 있는 노인들은 세대간 별거를 선호한다. 상당수의 노인들이 세대간 좋은 관계를 유지하는 데는 별거체계가 동거보다 유리하다고 믿고 있다. 이가옥(1994, 1995)의 연구에 의하면 노인의 연령이 적을수록, 결혼상태에서 유배우자일 경우 자녀와의 별거를 희망하였다. Eu(1992)는 경제적 능력이 있는 노인들은 자녀와 별거하여 독립적인 부양 유형을 취한다고 하여 노인의 취업 유무에 따른 노후의 주거환경 결정을 보고하였다. 문윤상(1996))의 연구에서는 중산층 이상의 노인들은 유료양로시설, 노인아파트, 노인촌락, 노인연립주택, 노인요양원, 노인병원, 노인휴양소 등 양질의 서비스를 갖춘 다양한 시설을 요구하고 있는 것으로 나타났다. 이는 노인의 경제력이 자신의 부양유형에 대한 선호나 실제 부양유형을 결정지을 수 있는 중요한 자원임을 보여 준다(김혜연 등, 1999). 한편 건강요인은 노인이 경제력이 없다고 할지라도 스스로 돌볼 수 있으므로 노후부양의 선택에 보다 자유로울 수 있다.

제2장에 제시된 차흥봉(2008)의 연구에 의한 65세 이상 노인의 가족형태를 보면 노인단독가구가 61.8%로, 미혼자녀와 함께 거주하거나 장남과 함께 거주하는 경우보다 노인단독가구의 비율이 현저히 높았다([표 2-9] 참조).

노인이 혼자 살거나 단독가구를 형성하는 이유는 자녀에게 부담을 주기 싫어서, 건강하기 때문에, 직장·교육 때문에, 주택이 불편해서, 아들이 없기 때문인 것으로 나타났다. 이 밖에도 별거하는 이유에는 세대간의 다른 생활양식으로 야기되는 견해의 차이와 이러한 견해의 차이가 일상을 같이 할 경우 갈등으로 발전할 우려 때문 등이 있을 수 있다.

연구자들은 노인들이 자녀와 함께 사는 것이 실제로 점점 어려워짐에 따라 정서적으로나 물질적으로 자녀들에게 의존하려는 기대로 감소하는 경향이 나타난다고 말한다. 여러 조사에서 노인들은 물질적으로나 거주형태의 면에서 자녀들과 "떨어져 살고 싶다"는 응답을 하는데, 이런 응답의 의미는 자식들이 노인들을 정서적으로나 물질적으로 충분히 부양할 능력이 없거나 그럴 의도가 없음을 잘 알고 있는 것으로 해석될 수 있다. 또 노인들은 자녀들이 자신들을 '별 쓸모없는 짐'으로 여길까봐 두려워하는 것으로 해석될 수도 있다. 이런 이유들로 어떤 노인들은 빈곤선상으로 떨어지는 위험을 감수하면서도 자녀들과 떨어져 살길을 모색한다. 또한 노인 측의 편리를 위해 동거하기를 원하는 자녀의 요청을 노인 측에서 거절하기도 한다.

선행연구 결과를 종합해 본 노인의 동거 이유에는 약한 경제적 자립도, 배우자 상실, 또는 질병시의 보살핌, 정신적·정서적 안정을 위하여, 대가족 형태가 좋아서, 자신과 사는 것이 당연해서 등으로 나타나 규범적인 동거나 정서적 안정 및 경제·신체상의 의존을 위한 동거로 정리될 수 있다.

제8장

치매환자와 가족

인구의 고령화에 따라 노인성 질환도 이에 비례하여 증가하는 추세를 보이고 있으며, 그 중에서 가장 대표적인 질환의 하나가 바로 치매로 우리나라에서는 소위 노망으로 불리어져 왔다. 기존의 보고에 의하면 치매환자의 빈도는 65세 이상 인구 중 10% 내외를 차지하며, 연령이 5세 증가함에 따라 그 빈도가 약 2배가 된다고 알려져 있다. 2008년 현재 우리나라 치매환자는 42만 명에 달하며, 2027년에는 100만 명을 넘어, 2050년에는 200만 명을 돌파할 것으로 추정되고 있다(보건복지부, 2008).

치매는 서서히 발병하고 만성적으로 진행하여 악화되는 질환으로서 가족에게 주는 부담과 고통 때문에 최근 사회적 관심이 크게 늘어나고 있는 질병이다. 그러나 19세기까지만 해도 정상적인 노화과정의 하나로 간주되어 왔을 뿐 병으로 여겨지지는 않았다. 최근 들어 이를 하나의 질병으로 간주하고 있지만, 현재까지도 그 병태생리가 밝혀져 있지 않다. 본 장에서는 이 같은 노인성 치매에 대하여 질병 개념과 유병률 및 원인과 증상을 고찰해 보고, 그 치료법에 대하여 알아보고자 한다. 또한 노인성 치매에 대한 사회환경적 치료를 기술하고 치매환자 가족에 대한 구체적인 문제점과 대처책을 논의해 보기로 하겠다.

1. 치매이해

1) 치매의 개념 및 정의

치매(Dementia)는 라틴어에서 유래된 말로서 제정신이 아닌 상태를 의미한다. 이는 다양한 원인에 기인하는 임상증후군으로서 인지능력과 지적 능력의 손실을 특징으로 하며, 대체로 대뇌의 질환에 기인한다. 인지기능 장애는 기억장애와 언어, 판단, 추상력, 공간시간적 능력 및 기타 새로운 기술 습득의 장애 등을 포함하며, 성격 변화도 흔히 나타난다. 과거에는 50세~60세 이전에 생기면 초로성 치매, 65세 이후에 생기면 노인성 치매라고 하였으나, 최근에는 이 두 가지가 동일한 질병이며 단지 시작되는 연령이 다른 것으로 보고 있다.

1906년 독일의 알츠하이머(Alois Alzheimer)는 초기에 망상적 사고를 보이면서 기억력의 장애가 급격히 진행된 치매환자의 신경병리학적 소견을 처음으로 발표하였는데, 이 질환은 후에 알츠하이머스병(Alzheimer's disease)이라고 불리게 되었다. 임상적으로 확실한 치매의 진단을 내리려면, 우선 일상생활의 활동장애를 일으키기에 충분한 기억력과 사고력의 감퇴 현상이 나타남과 아울러 의식이 명료해야 하며, 이러한 증상이 적어도 6개월 이상 지속되어야 한다. 치매의 유무를 판정할 때 주의해야 할 점은 지적 능력의 감퇴가 아닌 다른 요인, 즉 정서적 요인인 우울증이나 운동의 저하와 신체적 허약 등으로 인하여 초래되는 실행력 감퇴 현상과 구별해야 한다는 것이다.

치매는 모든 노인에게 정상 노화현상으로 발생하는 것이 아닌 질병으로서 신경정신학적 질환의 하나로 인식되고 있다. 정상노인의 경우에도 치매환자에게 나타나는 신경계통의 변화가 일어나지만 이 경우는 변화는 일상생활에 아무런 지장을 주지 않는다. 반면 치매는 일상생활과 사회적 활동에 심각한 장애를 초래한다.

【참고 8-1】 알츠하이머스 OX 퀴즈

1. 알츠하이머스병은 전염될 수 있다.

2. 만약 어떤 사람이 충분히 오래 살았다면 확실히 알츠하이머스병에 걸릴 것이다.

3. 알츠하이머스는 정신병의 한 형태이다.

4. 알츠하이머스는 노인이 머리가 희고 쇠약해지는 것 같이 평범한 것이다.

5. 현재 알츠하이머스는 치료될 수 없는 병이다.

6. 알츠하이머스병에 걸린 사람은 정신과 육체가 쇠약해지는 것을 경험한다.

7. 알츠하이머스병의 처음 증상은 기억력 상실이다.

8. 75세 이상의 노인의 건망증은 알츠하이머스병의 시작임을 가리킨다.

9. 말더듬은 알츠하이머스병에서 피할 수 없는 부분이다.

10. 노인이 알츠하이머스병의 발병은 여자보다 남자가 많다.

11. 알츠하이머스는 대개 불치의 병이다.

12. 알츠하이머스병으로 고통받고 있는 대부분의 사람들은 요양원에 산다.

13. 알루미늄이 알츠하이머스병의 중요한 원인임이 증명되어졌다.

14. 알츠하이머스병은 혈액 검사로 진단될 수 있다.

15. 고혈압으로 복용한 약은 알츠하이머스병처럼 보이는 증상을 야기시킬 수 있다.

(퀴즈 정답은 뒷면에 있음)

자료 : Benokraitis (1993)

(알츠하이머스 OX 퀴즈 해답)

1. 알츠하이머스병이 전염성이 있다는 증거는 없지만, 에이즈에 관련하여 복잡함이 있다.

2. 알츠하이머스는 나이 먹은 것과 결부되지만, 그것이 나이 때문에 생기는 당연한 결과는 아니다.

3. 35년 전 대개의 사람들은 뇌질환인 간질이 정신병이라고 생각해 왔다. 그러나 알츠하이머스는 뇌질환이기는 하지만 정신병의 하나는 아니다.

4. 대부분의 사람들은 알츠하이머스가 나이 먹음에 따라 피할 수 없는 부분이라고 생각하지 않는다.

5. 생물학적 연구는 발전을 거듭했음에도 불구하고 아직까지 이것은 초기실험 단계에 있고, 완전한 치료책은 아직 없는 것으로 알려져 있다.

6. 기억력과 인식력의 쇠퇴는 알츠하이머스병의 초기 단계의 특징이다.

7. 대부분의 사람들은 이것이 알츠하이머스 가장 초기의 징조임을 안다.

8. 기억력 상실은 다른 원인으로 생성될지도 모른다.

9. 말더듬은 결코 알츠하이머스와 연결되지 않는다.

10. 나이는 별문제로 하고, 아직 신뢰할 만한 인구학적 민족적 양상으로 연구가 이루어지지 않는다.

11. 알츠하이머스는 비록 그 진행이 개인마다 굉장히 다양할지라도 결국 치명적인 정신적·육체적 쇠약을 낳는다.

12. 단지 그 병의 약간의 사람들만이 요양원에 산다.

13. 알루미늄이 그 병의 중요한 원인이라는 증거는 없다.

14. 정확한 진단은 혈액 검사가 아니라 실제 검증을 통해서만 가능하다.

15. 고혈압 치료를 위해 사용한 약물들이 이러한 증상을 야기시킨다.

자료 : Benokraitis (1993)

2) 치매유병률

치매의 원인으로 알츠하이머스형, 혈관성, 혼합형 및 알콜성 치매 등이 있는데, 지금까지의 연구결과에 의하면 일반적으로 알츠하이머스형 치매는 모든 치매의 71% 정도를 차지하고 혈관성 치매는 약 24%를 차지한다고 한다(보건복지부, 2008). 또한 약 20%의 치매환자는 이 두 가지 형의 치매를 함께 갖고 있다고 보고되어 있다. 40년간 발표된 치매에 대한 역학연구를 종합해 보면 서양에서는 알츠하이머스형 치매가 많은 반면 동양에서는 혈관성 치매가 많을 가능성을 시사하고 있다. 이 두 가지 형 이외에 다른 유형의 치매는 그 발생빈도가 상대적으로 매우 낮아 각각의 유병률을 산출 비교하는 것이 어려우나 알콜성 치매의 빈도는 전 치매의 1.1%에 해당된다고 일본 연구에서 보고된 바 있다.

[그림 8-1]은 원인별 치매유형을 보이고 있다.

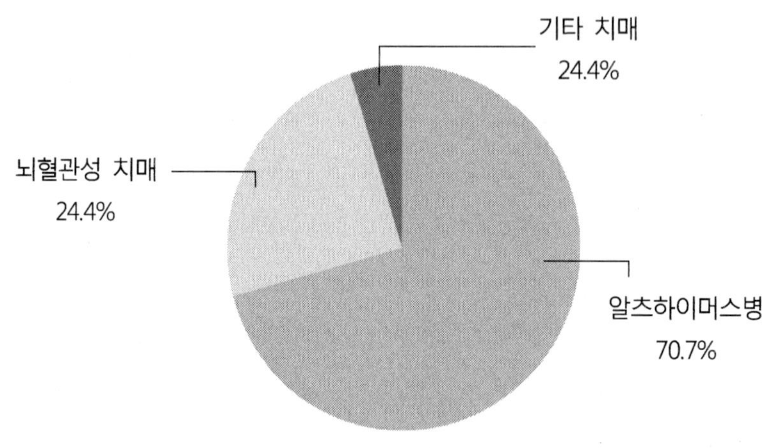

【그림 8-1】 원인별 치매 유형

자료 : 보건복지부 (2008)

① 국내의 최근 연구

1991년 박종한 등은 경북의 한 농촌지역에서의 치매의 유병률을 11.3%로 보고한

바 있고, 치매의 유형에 따른 비율은 알츠하이머스형 치매가 전 치매환자의 61.5%를 차지하고, 혈관성 치매가 전 치매의 12.8%, 알콜성 치매가 7.7%를 각각 차지한다고 하였다. 1994년 우종인 등은 경기도 한 농촌지역에서의 치매의 유병률이 9.5%이며, 치매의 유형에 따른 비율은 알츠하이머스형 치매와 혈관성 치매가 각각 47.4%, 26.3%를 차지한다고 보고하였다. 두 연구에서 모두 치매의 유병률이 상대적으로 높고, 알츠하이머스형 치매가 혈관성 치매보다 그 빈도가 높은 것으로 나타나 서양 국가들과 비슷한 경향을 보이고 있다.

(2) 연령과 성별로 본 유병률

일반적으로 치매의 유병률은 연령에 따라 증가하고 특히 95세가 되기 전까지는 매 5년마다 2배씩 그 유병률이 증가한다고 한다. 최근 국내의 연구에서도 연령이 높아짐에 따라 치매의 유병률이 증가하는 경향이 확인되고 있는데, 특히 80세 이후에서는 여성의 유병률이 남성의 것보다 급격하게 증가하고 있는 추세를 보이고 있다. 치매의 유병률이 연령에 따라 증가하고 여성의 평균수명이 남성에 비해 훨씬 길다는 점은 곧 치매의 유병률이 여성에게서 높을 것이라는 것을 의미하는데, 이 점은 유병률의 남녀 차이에서 쉽게 확인되고 있다.

치매의 유형에 따른 유병률은 남녀에서 그 양상이 다른 경향을 보이는데, 알츠하이머스형 치매는 여성에게서 더 높고, 혈관성 치매는 남성에게서 더 높다고 보고되고 있다. [표 8-1]은 국내의 치매 유병률에 대한 추정치이다.

【표 8-1】 치매유병률

(단위 : 천명, %)

구분 \ 연도	2008	2010	2020	2030	2040	2050
65세 이상 인구 수	5,016	5,357	7,701	11,811	15,041	16,156
65세 이상 치매노인 수	421	469	750	1,135	1,685	2,127
치매 유병률(%)	8.4	8.8	9.7	9.6	11.2	13.2

자료 : 통계청 (2006b)
보건복지부(2008)을 근거로 재구성함

[그림 8-2]는 최근의 보건복지부(2008)의 연령으로 본 국내의 치매 유병률이다. 75세 이후부터 치매 유병률이 65세 이후의 남성 유병률의 3배를 넘어 급증가를 보이고 있다.

【그림 8-2】 연령별 치매 위험률

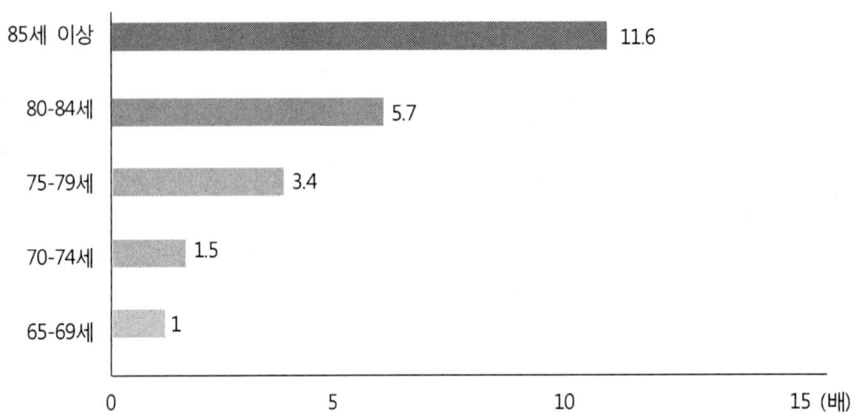

3) 치매의 원인과 진단

(1) 치매의 원인

치매의 원인은 매우 다양하여 지금까지 알려진 것만 무려 70여 가지에 이르는데, 이 중 알츠하이머스병과 혈관성 치매가 가장 흔한 것으로 알려져 있다. 일반적으로 알츠하이머스병에 의한 치매가 50~60%를 차지하고 있고, 그 다음으로 반복되는 중풍에 의한 혈관성 치매와 혼합형 및 알콜성 치매와 같은 기타 원인에 의한 치매 등으로 분화시킬 수 있는데, 이를 원인적으로 분류해 보면 크게 가역성 치매와 비가역성 치매로 구분할 수 있다(김성윤, 1997).

① 가역성 치매

어떤 다른 의학적 원인에 의해 2차적으로 치매가 발생하는 것으로서 예방과 치유가 가능하다. 주로 그 원인이 되는 것으로서 우울증이나 약물, 알콜 및 화학물질 중독, 전해질 장애, 갑상선 질환, 비타민 결핍증, 에이즈와 매독과 같은 염증성 질환, 만성 간장 질환, 심장병, 두부외상, 빈혈 등이 있다.

② 비가역성 치매

비가역성 치매의 원인으로는 퇴행성 질환과 비퇴행성 질환을 들 수 있으며, 이들은 치료로 다소 도움이 되나, 완치하거나 되돌릴 수 없는 치매이다. 퇴행성 질환이란 아직까지 뚜렷한 원인을 알 수 없이 신경계의 신경세포들이 퇴행되어 증상이 나타나는 것인데, 이로 인한 치매는 알게 모르게 시작되어 점진적으로 진행되므로 발병시기를 명확히 알 수 없는 경우가 많다. 비가역적인 치매를 주증상으로 동반하는 퇴행성 뇌질환에는 알츠하이머스병, 파킨스씨병, 피크씨병 등이 있으며, 치매와 다른 신경학적 증상이 동반되어 나타나는 경우는 헌팅톤무도병, 다발성 신경계위축 등이 있다.

- ㉠ **알츠하이머스병**: 대표적인 노인성 치매로서 원인은 아직까지 확실히 밝혀져 있지 않으나, 병리 소견을 보면 치매증상을 보이는 환자의 뇌에서 특징적인 신경반이 검출된다. 이 신경반은 베타 아밀로이드 단백질이 침착되어 있는 것인데, 이 단백질의 유전자 이상으로 알츠하이머스병이 생기는 것이 아닌가 생각되어 많은 유전 연구가 이루어지고 있다. 이 외에도 자가면역설, 바이러스 감염설 등의 병인론이 있다.
- ㉡ **혈관성 치매**: 비퇴행성 질환인 혈관성 치매는 알츠하이머스병 다음으로 대표적인 치매로 불리며 흔히 중풍이라고도 한다. 혈관성 치매의 대표적인 유형에는 다발성 경색 치매가 있으며, 이를 일으키는 뇌졸중은 큰 동맥의 폐색보다는 세동맥에 의한 폐색으로 인한 것이 더 많다. 다발성 경색 치매의 가장 흔한 원인은 동맥성 고혈압이다. 병리적 소견은 뇌의 다발적이고 광범위한 국소연화의 병소를 나타내는데 최근에는 핵자기공명영상(MRI)의 등장으로 종래의 단층촬영에서는 보이지 않던 작은 경색들이 잘 보임으로써 혈관성 치매의 이해에 큰 도움을 주고 있다. 혈관성 치매는 예방이 가능한 것이 많으며 그 위험인자에는 고혈압 외에도 당뇨병, 심장질환, 비만, 흡연, 음주습관 등이 포함된다.

[표 8-2]는 치매의 위험인자를 정리한 것이다.

【표 8-2】 치매가능 위험인자

알츠하이머스병	알츠하이머스 및 다운증후군의 가족력, 연령, 성별, 교육수준, 두부외상, 우울증과 과거력, 흡연
혈관성 치매	고혈압, 비만, 뇌졸중, 당뇨병, 흡연, 고지혈성 심근경색 등 심혈관계 질환, 심한 저혈압
가성 치매	우울증, 정신분열증, 조증 히스테리
외상성 치매	교통사고, 산업재해 등에 의한 두부손상

(2) 치매의 감별과 진단

치매 유무의 판단은 언제부터 어떻게 아팠는가를 알기 위한 병력 조사와 이학적 검사 및 신경학적 검사, 신경심리학적 평가, 그리고 검사실 검사를 토대로 이루어진다. 이에 앞서 노인성 치매의 감별에 있어서 가장 중요한 것은 정상노화(normal aging) 과정과의 구별이다. 이는 모든 사람에게 진행되는 정상노화 과정에서도 일정한 신체 및 뇌기능의 감퇴가 발생하기 때문이다. 또한 증상을 치매 외에 다른 노인성 정신질환과도 구별해야 한다. 구별해야 할 가장 중요한 임상질환으로는 섬망, 가성치매 및 건망증후군 등을 들 수 있다(오병훈, 1994).

① 치매의 감별

㉠ **섬망(delirium)** : 섬망의 주 증상은 급성적으로 오는 의식의 혼탁이다. 이로 인해 집중력과 지각에 장애가 와서 착각, 환각, 해석 착오가 생기고, 사고의 흐름이 지리멸렬하고 체계가 없으며, 말이 토막나고, 불면 또는 과수면, 악몽, 가위눌림 등을 보인다. 정신운동성 활동력에 있어서는 안절부절하거나 과행동을 보이기도 하고 행동저하를 보이는 등 극단적인 변화가 많다. 기타 불안, 공포, 좌불안석, 분노, 우울, 무감각 등 다양하며 감정변화가 심하다. 신경학적 증상이 동반되기도 하는데 여러 형태의 진전을 흔히 볼 수 있으며, 자율신경계 증상들도

자주 나타난다.

ⓛ **가성치매(pseudodementia)** : 가성치매의 임상양상은 치매와 유사하나, 뇌병변
이 없는 기능성 장애로 대부분 우울증 때 나타나고 드물게 히스테리성일 수도
있다. 발병이 보다 급성이고 유발인자가 뚜렷하며 경과가 짧고 증상을 고통스
럽게 느낀다. 치매의 경우에서처럼 장·단기 기억력이 모두 손상되어 있으나 인
지장애의 감소에 비해 예상보다 사회생활 및 대인관계 적응을 잘 하며, 대체로
항우울제에 의해 치료가 잘 된다. [표 8-3]은 치매와 가성치매를 비교해 본 것
이다.

【표 8-3】 치매와 가성치매의 비교

치　매	가성치매
결정하기 어려운 발병(잠행성)	급작스러운 발병
장기간의 증상	짧은 기간
감정과 행동이 변화함	일관성 있게 우울함
근접한 대답	모르겠다고 대답
무능을 감춤	무능을 강조
인지 손상 수준이 비교적 안정	인지 손상 수준이 변화함

ⓒ **건망증후군(amnestic syndrome)** : 의식 혼탁이나 지적 기능의 장애 없이 정상
적인 의식상태에서 장기 및 단기 기억력의 장애를 나타내는 증상이 건망증이
다. 건망증은 정상노인에게도 흔히 있을 수 있는 증상이며, 어떤 사실을 기억하
지 못하다가도 힌트를 주면 금방 기억을 되살리는 경우이다. 그러나 지적 기능
장애를 가진 치매자는 힌트를 주더라도 있었던 일을 되살리지 못한다. 물건 둔
곳을 기억해 내지 못하고 누군가가 치우고 가져갔다고 생각하기 쉽다. 그러나
건망증과 치매를 명확히 구별하는 것, 특히 건망증과 치매 초기의 구별은 용이
하지 않으며, 심한 건망증을 가진 사람이 나중에 치매로 진행될 가능성 여부도
아직 명확하지 않은 상태이다. 따라서 양자간의 구별이 모호한 경우에는 일정
한 기간 동안 규칙적으로 평가를 실시하면 구별이 가능하다([표 8-4] 참조).

【표 8-4】 치매와 건망증 비교

	치　매	건망증
정의	건망증은 물론 판단력·장소·시간, 사람에 대한 인지능력 등 전반적인 지적 능력의 장애	기억이 잘 안 되는 현상으로 먼 과거 일이나 최근 일을 깜빡 잊는 증상임
과정	뇌의 신경조직 손상에서 일어나 나이가 들수록 이 신경세포의 파괴가 심해지는데, 그 결과 기억장애나 판단장애가 나타남	뇌의 신경회로가 다른 사람보다 좋지 않아서 나타남. 정보를 뇌 속에 입력, 저장해 회상하는 과정이 흐릿해 기억력이 다소 떨어짐
원인	뇌세포가 외부의 충격으로 손상되거나 뇌세포의 노화 혹은 퇴행으로 인해 일어남	현대사회의 과다한 정보량이 가장 큰 원인. 기억해야 할 일이 많고 걱정할 것도 많다 보니 당연히 잊어버리는 일이 증가함
회복	일단 한번 걸리고 나면 회복이 어려움	휴식을 취하거나 우울증을 치료하면 가능함
예방	뇌에 산소와 영양분 충분히 공급해야 함 술·담배를 억제하고 충분한 수면과 운동, 신선한 과일과 채소를 다양하게 섭취해야 함	

② **치매의 진단**

㉠ **병력 조사** : 학력이나 과거의 직업으로 일단 예전의 지적 능력을 파악한 다음 현재와의 차이로써 사고능력 저하 정도를 판단하거나 신경심리검사의 해석을 시도해야 할 필요가 있다. [표 8-5]는 치매환자의 병력조사를 정리한 것이다.

【표 8-5】 치매환자의 병력 조사

1. 치매 유무 확인을 위한 병력 조사
  (1) 다음과 같은 영역을 두고 문진한다.
    1) 기억장애에 대한 문진 : 어떤 것을 잊는지, 기억장애가 얼마나 심한지에 대한 질문
    2) 언어장애에 대한 문진 : 물건이름이나 사람이름이 금방 떠오르지 않는지에 대한 질문, 읽기, 쓰기에 대한 질문
    3) 시공간 능력 저하에 대한 문진 : 방향감각 상실 및 길을 잃고 헤매는 것에 대한 질문

> 4) 성격 변화, 감정 변화에 대한 질문 : 전에 까다롭고 꼼꼼하던 이가 느슨하고 관
>   대해지 거나, 의욕적이던 이가 매사 의욕상실과 귀찮아함, 우울증에 대한 신
>   체 증상을 질문
>   (예 : 어지럼증, 소화불량, 피곤, 수면장애, 과수면, 가슴답답증과 두근거림)
> 5) 계산능력 저하에 대한 질문 : 잔돈 주고받기, 돈 관리에 대한 질문
> (2) 위에 열거한 사고력 저하가 사회생활과 일상생활에 어떤 영향을 미치는지를 문진한다.
>   (가까이 지내는 가족이나 직장동료의 의견을 물어야 함)
>
>
> **2. 치매의 원인질환을 찾기 위한 병력 조사**
> 뇌외상, 연탄가스 중독, 혈관성 치매의 위험요소(예 : 고혈압, 당뇨병, 고지질증, 담배, 심장
> 병, 비만 등), 직업상의 중독성 물질 노출 여부, 약물 복용, 음주 정도, 가성치매에 대한 문
> 진(예 : 기분, 식욕, 수면, 그 밖의 우울증과 관계된 신체 증상)

자료 : 김성윤 (1997)

ⓛ **신경학적 검사** : 기본적인 신경학적 검사에는 뇌신경, 운동신경, 감각과 반사, 보행 및 경동맥 잡음 검사 등이 있다.

ⓒ **신경심리학적 평가** : 신경심리학적 평가는 첫째, 그 환자가 나타내는 인지적 손상이 노년화의 과정에서 나타나는 정상적인 인지기능의 저하인지, 아니면 치매의 초기단계에 해당하는 인지적 결함인지를 변별하고, 둘째, 그 환자가 일단 치매를 지닌 것으로 판단되면 치매를 일으킬 수 있는 다양한 질환 중에서 어떤 질환에 의한 치매인지를 변별할 목적으로 실시된다. 이를 위하여 임상심리학자가 I.Q 테스트를 실시한다. 치매의 평가에 일반적으로 포함되는 인지기능들은 기억력(언어 / 비언어), 언어기능, 시공간 구성 능력, 문제 해결 능력과 추상적 사고능력 및 집행기능, 주의집중, 실행증, 정서 등이다. 평가검사로서는 Mini-Mental State Examination(MMSE)이 가장 널리 사용되고 있으나([참고 8-3] 참조) 예민한 검사 방법은 아니다. 지능평가를 위해서는 Wechsler Adult Intelligence Scale(WAIS)이 가장 흔히 사용되며, 한국에서도 표준화된 검사(KWIS)가 있다. 기억평가를 위해서

는 Wechsler Memory Scale이 사용되고 있다. 약물치료반응을 알기 위하여서는 Sandoz Clinical Assessment Geriatric(SCAG)가 사용되고 있으며, 치매환자의 변화를 측정하기 위하여 Alzhermer's Disease Assessment Scale(ADAS)을 사용한다.

ㄹ 검사실 검사 : 치매 진단에 필요한 검사실 검사에는 기본적으로 혈액검사(기본적인 검사, 콜레스테롤 등의 지질 감사, 매독반응 검사, 갑상선 기능검사, 비타민 B12, folate, AIDS 검사)와 뇌척수액 검사, 뇌파(EEG)검사, 그리고 뇌촬영(CT, MRI, SPECT, PET) 등이 있다.

【참고 8-2】 치매 발병 초기에 가장 흔한 증상 10가지

1. 전화번호나 사람이름을 잘 기억하지 못한다.
2. 며칠 전 들었던 얘기를 잊어버린다.
3. 이미 한 일을 잊어버리고 다시 한다.
4. 가스 불 끄는 것을 잊거나 음식을 태운 일이 있다.
5. 남에게 같은 질문을 반복한다.
6. 갈수록 말수가 줄어드는 경향이 있다.
7. 신문-잡지를 읽고도 줄거리를 파악하지 못한다.
8. TV에 나오는 이야기를 따라하기가 힘들다.
9. 자주 보는 친구나 친척을 바로 알아보지 못한다.
10. 물건을 항상 두는 장소를 잊어버리고 엉뚱한 곳에서 찾는다.

자료 : 장대일 (1998)

ㅁ 사회환경평가 검사 : 환자의 생활양식과 가정환경의 측면에서 환자를 평가하는 검사이다. 환자의 증상과 치매진행에 대한 가족들의 이해 정도, 치매증상을 악화 혹은 완화시키는 가족의 역할 점검 및 가족의 어려움을 파악하는 내용 등이 포함된다.

【참고 8-3】 치매(노망) 체크리스트 1(MMSE-K)

지남력 ▶ (무학 + 1)

    (5) 1. 오늘은 년, 월, 요일, 계절

    (4) 2. 집주소는 도(시), 군(구), 면(동)

    (1) 3. 여기는 무엇을 하는 곳입니까?

기억등록 ▶ (무학 + 1)

    (3) 4. 물건이름(나무, 자동차, 모자)

기억회상 ▶ (무학 + 1)

    (3) 5. 3분 뒤 물건이름 회상

주의집중, 계산 기능▶ (무학 + 2)

    (5) 6. 100 − 7 = (5회)

        삼천리 강산 거꾸로 (3회)

언어기능 ▶ (무학 + 1)

    (2) 7. 물건이름 맞추기(연필, 시계)

    (3) 8. 오른손으로 종이를 집어서 반으로 접어서 무릎 위에 놓기

    (1) 9. 오각형 2개 그리기

    (1) 10. '간장, 공장, 공장장' 따라하기

판단능력 ▶ (무학 + 1)

    (1) 11. '옷은 왜 빨아서(세탁) 입습니까〉'

    (1) 12. '길에서 남의 주민등록증을 주웠을 때 어떻게 하면

           쉽게 주인에게 돌려줄 수 있습니까'

\# 점수 : 24점 이상을 경우 정상노인

       24~13점은 치매노인 가능성이 높다

       13점 이하는 치매노인

【참고 8-4】 치매(노망) 체크리스트 3

◈ 다음 질문에 '예, 아니오'로 대답해 주십시오. (예는 1점, 아니오는 0점)

1. 하루의 대부분을 잠을 자거나 TV로 소일한다.
2. 특정한 취미를 갖고 있지 않다.
3. 대화를 할 수 있는 친구를 갖고 있지 않다.
4. 외출을 싫어해 집에만 있다.
5. 자신의 일이나 역할을 가지고 있지 않다.
6. 세상일에 관심이 없어 책이나 신문을 읽지 않는다.
7. 삶의 보람이 없다.
8. 몸을 움직이는 것을 귀찮아하고 무정한 편이다.
9. 농담을 하거나 듣는 것이 싫다.
10. 고혈압이나 저혈압이다.
11. 자주 불평을 늘어놓는다.
12. 항상 '죽고 싶다'고 말한다.
13. 신경질이 많다.
14. 이것저것 쓸데없는 근심만 하고 있다.
15. 항상 초조해 하고 있다.
16. 어떤 것에 감동하는 마음이 없어졌다.
17. 모든 일을 자신이 하지 않으면 마음이 개운하지 않다.
18. 남의 의견을 듣지 않고 자기 고집만 내세운다.
19. 과묵하다.
20. 배우자가 사망하고 나서 5년 이상이 되었다.
21. '고맙다'라는 말이 잘 나오지 않는다.
22. 옛날 자랑만 한다.
23. 새로운 것에 흥미가 없다.
24. 뭐든지 자신이 중심이 되지 않으면 안 된다.
25. 모든 일에 참는 것이 어렵다.

\# 점수 : 15~25점은 장래 반드시 노망이 든다
　　　8~14점은 노망에 주의
　　　1~7점은 안전

【참고 8-5】 長谷川 Dementia Scale (HDS-R)

개정 長谷川식 간이 지능평가 Scale					
검사일		년 월 일		검사자	
성 명		생 년 월 일	년 월 일	연 령	살
성 별	남 / 여	교육년수 (년수로 기입)		검사장소	

1	나이는 몇 살입니까?(2년까지의 오차는 정답)			0 1
2	오늘은 몇 년, 몇 월, 며칠입니까? 무슨 요일입니까? (년월일, 요일이 정답이면 각각 1점씩)		년 월 일 요일	0 1 0 1 0 1 0 1
3	우리가 지금 있는 곳은 어디입니까? (자발적으로 할 수 있으면 2점) 5초 후에 "집입니까? 병원입니까? 시설입니까?"라고 한 중에서 올바르게 선택하면 1점			0 1 2
4	지금부터 하는 말을 따라하세요. 나중에 물어보니까 잘 기억하고 계세요.			0 1
	(아래의 계열 중에 하나를 선택하면 채용한 계열에 ○표 한다)			0 1
	1 : (a) 진달래 (b) 고양이 (c) 전차 2 : (a) 무궁화 (b) 개 (c) 자동차			0 1
5	100에서 7을 순서대로 빼주세요. 100-7은? 그리고 거기서 또 7을 빼면? 라고 질문한다. (첫 번째 답이 틀렸으면 거기에서 중지)		(93) (86)	0 1 0 1
6	지금부터 말하는 순서를 거꾸로 말해 주세요. 6-8-2, 3-5-9-2를 거꾸로 시킨다. 첫 번째 답이 틀렸으면 중지한다.		2-8-6 2-9-5-3	0 1 0 1
7	조금 전에 기억했던 말을 다시 한 번 말해 주세요. 자발적인 회답이 있으면 각 2점, 만약 회답이 없을시 아래와 같이 힌트를 주어 정답이 나오면 1점 (a) 식물 (b) 동물 (c) 타는 것			a : 0 1 2 b : 0 1 2 c : 0 1 2
8	지금부터 5가지 물건을 보여드린 후 그 물건을 숨길 테니까 무엇이 있었는지 말씀해 주세요. (시계, 열쇠, 담배, 펜, 동전 등 반드시 서로 무관한 것)			0 1 2 3 4 5
9	알고 있는 야채의 이름을 가능한 많이 말해 주세요. 대답한 야채의 이름을 아래에 기입한다. 도중에 약 10초간 기다려도 대답이 없으면 중지한다.			
	0~5=0점, 6=1점, 7=2점, 8=3점, 9=4점, 10=5점			
			합격득점	

점수 : 30점 만점은 정상노인

     20~29점은 치매 초기

     15~20점은 치매 경증

10점 이하는 치매 중증이나 말기

자료 : 김영숙 (1997) 번역

【참고 8-6】 치매 자가 진단법

◉ 일상생활의 수행에 있어서의 변화	예	간혹/부분적	아니오
1. 가사(집안일)을 돌보지 못한다.	1	0.5	0
2. 소액의 돈계산도 할 줄 모른다.	1	0.5	0
3. 몇 가지 마음먹은 일들이나 기억해야 할 일들을 잊어버린다 (예 : 사야할 물건의 목록을 기억 목함)	1	0.5	0
4. 집안에서 방향(화장실, 자기방, 부엌 등)을 잊어버리는 일이 있다.	1	0.5	0
5. 평소에 알던 길도 잘 잊어버린다.	1	0.5	0
6. 주위환경을 잘 파악하지 못한다(예 : 양로원인지 집인지 분간 못함, 동료와 직원을 구분 못함, 가족과 직원을 구분 못함)	1	0.5	0
7. 최근(어제, 그저께, 며친 전)의 일들을 잘 기었하지 못한다(예 : 최근의 외출, 가족이나 친지의 방문 등).	1	0.5	0
8. 옛날 일이나 젊었을 때의 일들을 많이 이야기한다.	1	0.5	0
◉ 습관의 변화			
9. 식사			
숟가락과 젓가락을 사용해서 깨끗하게 드신다.	0		
숟가락만 사용할 수 있는데 지저분하게 드신다.	1		
수저 사용을 못한다.(과자같은 간단한 것만 집어먹을 수 있다)	2		
옆에서 먹여드려야 한다.	3		
10. 옷입기			
도움받지 않고 스스로 잘 입으신다.	0		
종종 단추를 잘못 끼운다.	1		
옷입는 순서가 잘못되어 있다(예 : 겉옷 먼저 입기)	2		
혼자서는 옷 입을 줄 모른다.	3		
11. 대소변			
대소변을 잘 가린다.	0		
소변을 종종 싼다.	1		
소변을 자주 싼다.	2		
대소변을 못가린다.	3		
(총점 ___________)			

\# 점수 : 8점 이상인 경우 노망에 주의, 전문가와 상의

자료 : http://222.alzhima.com

4) 치매증상과 치료

(1) 치매의 임상증상

치매의 증상은 신경인지기능 장애증상이 일차적인 것이며, 이로 인한 행동과 인격의 변화와 일상생활 수행능력의 저하가 나타난다. 그간의 연구(우종인, 1994 ; 한일우, 1997)를 기초로 하여 치매증상을 정리하면 다음과 같다.

① **기억장애** : 치매의 가장 대표적인 증상이며, 대개 최근에 있었던 일들에 대한 기억부터 소멸되는 것이 보통이다. 초기 증상은 정상노인에게서 발생되는 건망증과 유사하여 전문가 외에는 감별이 어렵다. 질병이 진행되면 오래전 습득한 기억 중 장기 기억도 상실되어 가재도구 사용이 어려워지고 심지어 자신의 인적사항도 파악하지 못하게 된다.

② **자남력장애** : 시간, 장소, 인물에 대하여 자동적으로 파악하는 능력을 지남력이라고 한다. 그러나 치매자는 초기에 시간에 대한 개념부터 상실되었다가 점차 장소와 인물에 대한 지남력이 감소되는데, 특히 시간에 대한 지남력 감소는 주의력과 기억력 장애의 영향을 받는 것으로 보고되고 있다.

③ **주의력장애** : 주의력이란 일정한 정신활동 혹은 외부 자극에 초점을 맞추고 유지하면서 새로운 정신활동이나 자극에 대해 적적히 옮길 수 있는 능력을 말한다. 간단하게 평가할 수 있는 방법으로는 100에서 7을 빼보게 하거나, 요일 이름을 연속적으로 말하게 한다.

④ **언어장애** : 대부분의 치매에서는 언어기능상 장애를 동반한다. 대개 구음장애는 마비현상이 와서 발음을 불분명하게 하는 것이지만, 언어장애는 의사소통시 필요한 복잡한 상징적인 신호체계 자체에 이상이 생겨 말을 못하는 것이다. 알츠하이머스병의 초기에는 정화한 단어를 찾지 못하는 명칭 실어증이 흔히 발생하거나, 정확한 단어를 대지는 못하고 단어의 의미나 물체의 용도를 말하거나 착어증으로 인하여 전혀 다른 단어, 발음이 유사한 단어 혹은 뜻이 비슷한 단어 등을 말하기도 한다. 중기에는 상대방의 대화를 이해하는 능력이 떨어져 엉뚱하게 대답을 하는 경우도 발생할 수 있다. 말기에 이르러서는 전혀 말을 하지 않거나, 한 단어나 구절을 계속 반복하는 현상이나 첫 단어 구절을 반복하는

현상 혹은 마지막 단어나 구절을 반복하는 현상 등이 발생할 수 있으며, 구음
장애도 동반된다.

　혈관성 치매나 두부외상으로 인한 치매는 손상부위에 따라 실어증의 양상이
달리 나타나는 경우가 많다. 뇌의 우측 손상시에는 큰 장애가 수반되지 않으나,
뇌의 좌측 손상이 발생하는 경우에는 언어구사가 힘들어져 전보문에 사용되는
문장처럼 간단한 문법만 구사하고 문장이 짧아지며, 유창하지 못하게 된다.

⑤ **실행증과 실인증** : 실행증은 운동기능과 감각기능상 손상이 없으며, 상대방의
요구를 잘 이해하고, 협조할 수 있는 상태임에도 불구하고 어떤 행동을 제대로
수행할 수 없는 경우를 말한다. 치매환자의 경우 담뱃갑에서 담배를 꺼내어 불
을 붙이거나, 커피를 끓이는 것 같이 다양한 연속된 동작을 못하거나 빗질이나
칫솔질을 할 수 있음에도 불구하고 동일행동을 흉내 내게 했을 때 못하는 경우
가 있다.

　실인증은 지적기능 장애, 언어 장애, 혹은 감각기능 장애가 없음에도 불구하
고 사물을 인지하지 못하거나 그 의미를 파악하지 못하는 경우를 말한다. 치매
환자는 제시한 사물의 모양이나 색깔은 파악할 수 있지만, 그 사물이 무엇인지
혹은 어디에 사용하는 것인지는 인식하지 못하며, 평소 잘 아는 사람의 얼굴도
알아보지 못하기도 한다.

⑥ **시·공간기능 장애와 전두엽 수행능력 장애** : 시·공간 기능은 시각적, 주의력,
지각, 내부시상, 시·공간 기억 및 구성능력으로 환자에게 그림을 보여주면서
그려보게 했을 때 제대로 수행하지 못하거나 시계판이나 집 혹은 그림을 그리
는 데 어려움을 보이게 된다. 전두엽 수행능력이란 인지하고 과제 수행 전략을
세우고 평가 및 수정을 할 수 있는 추상적 사고능력을 말하며 이는 임상적으로
특수검사를 통하여 밝혀지는 경우가 많다.

⑦ **행동 및 인격의 변화** : 치매가 진행되면서 이차적으로 감정 기복이 심한 정동장
애, 망상, 환각 행동 및 인격장애 등의 증상이 흔히 발생한다. 정동장애 증상에
는 불안, 우울증, 무감동, 갑자기 파안대소하다가 다시 대성통곡하는 등의 감정
의 심한 변화들이 나타난다. 이 밖에 자기중심적 태도, 은둔, 수동적 경향의 증
가, 외부 관심 저조, 에너지 감퇴 등이 나타난다. 주로 발생하는 망상의 종류는
피해망상이며, 그 중에서도 가장 흔한 것이 도둑망상이다. 그 외 '남편이나 아
내가 바람을 피운다', '가족들이 나를 무시한다', '가족들이 나를 버리려고 한

다', '지금 이곳은 내 집이 아니니 내 집으로 보내 달라', '집에 낯선 사람이 있
다' 등의 피해망상을 호소하기도 한다.

정신분열증을 위시한 기능성 정신병 환자들에 비해 망상의 내용이 짜임새가 적고,
집착력도 떨어지기 때문에 환자의 관심을 다른 데로 유도하면 사라지는 경우가 많고
상황에 따라 내용이 잘 변하는 것으로 알려져 있다.

(2) 치매의 임상증상 단계

치매의 진전단계는 연구자마다 다양하며, 일반적으로 크게 3단계로 구분하거나 6
단계로 구분한다.

● 치매 임상증상의 3단계

① **초기-건망증**: 가족 중 누가 하나가 좀 이상하다는 생각이 드는 시기, 몇 번이
  고 같은 것을 물음, 체험한 사실을 전혀 기억 못함, 기억의 손상, 시간과 장소
  에 대한 지남력 상실, 불안과 안절부절, 노망과 증세가 비슷함
② **중기-혼란기**: 건망증이 심화됨, 판단력 저하, 낮과 밤을 구별하지 못함, 배회,
  언어·운동능력·사물에 대한 의식에 문제를 보임, 실어증, 실인증, 우울증, 무
  감동
③ **말기-치매기**: 전반적 인지능력의 감퇴, 말을 제대로 하지 못함, 가족얼굴이나
  들은 이야기 기억 못함, 실금 횟수가 빈번, 면역기능과 보행능력의 상실, 인격
  의 상실

● 치매 임상증상의 6단계

① **1단계**: 건망증이 심해지고 집중력이 감소하며, 새롭게 배우기가 어려워짐. 환자
  가 일상시 많이 하던 것들을 자꾸 반복시켜 주는 것이 필요함
② **2단계**: 익숙치 않은 장소를 쉽게 잊고 단기 기억력 감소가 나타나 오래 전 일
  은 잘 기억나나 최근의 것은 기억 못함. 약속을 자주 잊고 지역사회 일이나 신
  문과 TV의 뉴스에 흥미 없음, 물건 구입이 어려움, 옹고지보가 집착을 나타내

고, 자신의 행동을 감추고자 남을 비난하는 일이 잦아짐(예 : 자기 책임이 아님을 강조하기 위해 주위 가족에게 "네가 그랬지!"라고 떠넘김)

③ 3단계 : 가까운 가족 이름까지 잊게 되고, 아들·딸·사위 등이 구별 안 됨. 특정 주제나 이야기를 반복하고, 적절한 단어를 찾는 데 어려움 생김. 옆에서 힌트를 주거나 의사소통이 제대로 안 되면 행동이 엉뚱해져 더욱 당황스러운 상황이 되어 버림. 방황과 배회가 시작되어 목적도 끝도 없이 돌아다님. 치매시설이라면 복도구조를 원으로 이어지게 하여 배회를 배회하여야 함.

④ 4단계 : 누군가의 보호가 필요함. 혼자 있기 어려움. 목욕 싫어함. 불안, 공포, 좌절감 증가. 감정이 폭발하기 직전 상태의 상황. 밤과 낮이 바뀌어 밤에 돌아다님. 식구 방마다 노크하거나 그냥 막 열고 들어감.

⑤ 5단계 : 거의 모든 일에 도움이 필요해지므로 환자의 일상생활 수행능력의 기능 수준을 점검해야 함. 즉 가장 기본적으로 해야 하는 ADL(Activity of Daily Life)인 밥 먹기, 세수하기, 화장실 사용하기와 도구적인 일인 전화하기, 시간 지켜 약 먹기, 대중교통 이용하기, 쇼핑하기와 돈 관리 등의 수행능력을 점검해야 함. 언어는 더 이상 이해 못함.

⑥ 6단계 : 먹는 것 잊고 뇌의 활동 저하로 씹는 것조차 잊고 코로 영양제를 넣어 주어야 함. 대소변을 못 가리고 의사소통 불가

(3) 치매의 치료

현재까지 치매를 야기시키는 질환은 약 70종에 달하는 것으로 알려져 있다. 이들 질환 중 20% 정도가 치료 가능한 것으로 알려져 있다. 치매를 치료하려면 환자의 정확한 발병 원인 탐색과 조기 발견이 필수적이다.

① 원인적 접근과 치료

치료 가능한 치매환자에게 우선적으로 적용시킬 수 있는 방법은 원인적 접근이다. 원인에 따라 수술을 하거나 영양소의 섭취 및 투여, 금주, 적절한 약제 사용 등으로 치료할 수 있다. 예컨대 일본의 통계는 혈관성 치매(30~40%)가 알츠하이머스병(20% 정도)보다 발생률이 큰 것으로 보고하고 있는데, 이에 따라 치매원인을 규명하고 그에 따른 철저한 관리로서 치매의 발생률을 감소시키려는 노력을 기울이고 있다.

② 약물치료

치매의 근본적인 치료라고 할 수 있는 신경인지기능 개선을 위한 활성제로서 약물치료 접근이 중요시되고 있다. 현재 알츠하이머스병 치료에 1993년 미국식품의약국(FDA)에서 공인된 인지기능 개선제 '타크란(tacrine)'이란 약물을 사용하여 초기 치매의 증상 호전과 진행 억제 효과를 보고 있다. 국내에도 수입되어 임상에 사용되고 있는 이 약물은, 알츠하이머스병 환자의 뇌에서 정상인보다 감소된 아세틸콜린을 증가시켜, 기억력 등 인지기능의 장애를 완화시키거나 치매 진행 속도를 늦추는 효과를 가지고 있다. 또한 1996년 말 미국 FDA 승인을 받은 '아리셉트(aricept)'는 기존 치료제 타크린에 비해 간독성이 없고 복용이 간단해진 약물치료제로서 그 효능이 뛰어나다고 인정받고 있다. 신경세포의 손상을 막거나 재생을 촉진하는 약물도 개발되어 현재 임상시험 중이다. 또 치매환자에게서 흔히 나타나는 우울증, 망상, 환각 등의 정신증상, 난폭한 행동과 수면장애 등을 치료하기 위하여 항우울제, 항정신병 약물을 인지기능 개선제와 병행 투여하기도 한다. 그러나 전문가들은 약물치료제는 초기나 중기의 환자들에게만 한시적으로 증상을 개선시키는 효과가 있다고 말한다.

③ 유전학적 치료

이 외에 유전학적 치료방법이 많이 연구되어 왔으나, 아직 믿을 만한 생물학적 지표가 규명되어 있지 않은 상태이다. 최근에 알츠하이머스병의 원인으로 뇌조직의 신경반점을 형성하는 베타아밀로이드 단백질이 과다하게 생산되었기 때문인 것으로 추정되고, 이 단백질의 유전자가 알츠하이머스병 환자의 특정 염색체에 존재하는 것으로 밝혀지면서, 이 같은 사실에 기초하여 유전자 치료법을 개발하려는 많은 연구가 실시되고 있다.

④ 사회환경적 치료

약물치료 외에 적절한 자극이 있는 일상생활을 유지시키는 등 재활행동요법도 자주 이용되고 있다. 치매환자의 재활을 위해서 가장 중요한 것이 사회환경적 치료인데, 이는 치매의 원인을 가족간의 갈등이나 주거환경 등 외부의 환경적 요인에 초점을 두어 이를 개선시켜 나가는 방법이다. 여기에는 각종 지역사회 서비스와 장기요양소, 양로원, 노인들을 위해서 고안된 주택 등과 같은 노인주거시설이 포함된다. 치매 환자의 심리정서적인 치료는 이 방면의 의사의 치료적 개입 외에도 다양한 지역사회 치료계획 프로그램과 연계시켜 서비스를 활용하게 하며, 무엇보다도 비공식지지체계 인 가족이나 친척, 친구, 성직자, 집배원 등의 도움을 받게 하는 것이 필요하다.

현재 서구나 미국에서 시행중인 구체적인 사회환경적 치료방안에는 지역사회의 치 료와 거주 프로그램이 있다.

㉠ 지역사회의 치료

- **노인주간치료(geriatric day care)** : 이 프로그램은 정신적·신체적·사회적으로 장애가 있고 기능수준을 유지하거나 증진시키는 주간 서비스가 필요한 노인환자 를 위한 것이다. 또한 이것은 가족들에게 일시적 휴식을 제공하기도 한다.
- **휴식관리(respite care)** : 노인환자를 간호 관리해야 하는 보호자들에게 잠정적으 로 휴식을 제공하는 프로그램으로 휴식은 가정, 지역사회, 병원, 노인을 위한 휴 양소 등에서 제공되며, 교회, 양로원, 자원단체, 가정 건강 기관 등에서 조정한 다. 이 프로그램을 통해서 보호자들은 정신적·신체적 건강을 증진시키고 노인 환자와의 관계를 좋게 유지할 수 있으며, 보호자 역할에 대한 자신감을 유지할 수 있다.
- **가정관리(home care)** : 환자의 가정에서 우정방문, 전화위로, 응급대응 체계, 허 드렛일 서비스(chore service) 등의 비의료서비스를 제공받는 프로그램이다.
- **노인센터(senior centers)** : 영양 프로그램, 오락, 노인교육, 사교, 건강 서비스, 우정방문, 종교행사, 사회적 서비스, 정보 제공, 환자 소개 등을 제공하는 다목 적 센터이다.
- **정신건강 위기 조정 서비스(mental health crisis intervention services)** : 노인 의 정신 증상을 빠르게 재안정시키고 사회적응을 다시 잘 하도록 돕기 위한 것 이다. 이 서비스는 병원이나 지역사회 정신건강센터와 연계하여 시행하고, 환자 의 가정 이외의 지정된 장소에서 실시된다.

㉡ 거주 프로그램(residential program)

사회환경적 치료를 위한 거주 프로그램에는 양로원 등의 장기관리 시설이나 은퇴자 공동주택(retirement community)과 같은 노인들을 위해 특별히 고안된 주택, 그리고 영양서비스 등이 있다.

⑤ 심리사회적 치료

치매환자의 심리사회적 재활을 위한 치료접근법은 신경기능이 손상된 사람이 지역사회 내에서 기능하는 데 필요한 기술을 개발, 보유할 수 있게 하는 데 그 목적이 있다. 이 치료접근은 환자 개인과 환자의 주위환경까지를 고려하여 우선적으로 안전하고 일관된 상황의 개발을 강조하는 발달과 학습이론에 기초하고 있다. 심리사회적 재활을 위한 치료법에는 지남력 증가나 의사소통 증진을 위한 현실감각 훈련과 인생회고 및 회상치료, 사회기술 훈련, 활동치료, 작업치료, 오락치료, 인지치료, 행동치료 등이 있다.

프로그램에서는 복잡한 것보다는 단순한 활동을 중요시하고 환자의 단점보다는 장점을 살리도록 노력하며 환자의 미세한 변화나 반응에 민감하게 대응하면서 격려 지지해야 한다. 따라서 진행자 또는 치료책임자보다는 보다 수용적이고 지지적인 태도로써 환자의 긍정적인 사회행동을 증대시키도록 노력해야 한다.

구체적인 심리사회적 치료법 중에는 다음과 같은 것들이 있다.

㉠ 현실감각훈련

노인환자의 의식 혼돈을 예방하고 지남력을 갖게 하며, 현실과 접촉하게 하여 인지기능을 촉진시킴으로써 의식 혼돈, 지남력이 상실, 사회적 고립, 모욕감 등을 느끼지 않게 하는 것이다. 기법으로는 현실 접촉에 관한 질문, 긍정적인 보상, 행동에 초점, 신체 접촉을 이용하는 것 등이 있으며, 구체적 훈련으로는 개인 정보 훈련, 지남력 훈련, 의사소통 훈련 등이 있다.

㉡ 회상치료

초기 환자에게는 기억력을 되살리는 데 주안점을 두고 과거의 일상사를 회상시킴으로써 자신의 삶의 중요한 사건을 상기하고 기억하며 평가하는 과정을 가지게 한다. 이 과정을 통하여 노인 자신이 과거에 해결하지 못한 사건들에 대한 갈등이나 좌절 등의 감정표현을 하게 한다. 이로써 남은여생에 대한 바람과 소망을 가지게 하고 현재나 미래의 부정적인 경험들에 대하여 보다 융통성 있게 대처할 수 있게 한다. 기법으로는 자서전, 일기쓰기, 친지나 고향 방문, 환자의 일생을 상기시키는 문학작품·사진·스크랩북 등을 보고 읽고 토론하게 하는 것 등이 있다. 또한 좋아하는 음식을 함께 먹으며 가족의 전통과 풍습을 이야기하며, 박물관을 견학하고 과거에 이룬 업적에 비추어 현재의 갈등을 해결하도록 돕는다(예 : 사진 보면서 "이곳이 어디 같아요?" 물으며 가족이야기 등 회상을 시도한다.). 환자들은 의사소통할 분위기가 성숙해지면 쉽게 이야기를 꺼낸다.

ⓒ 작업치료

환자를 일이나 유희 등 건설적인 활동에 참석시킴으로써 자존심과 가치감을 향상시키고 바람직한 행동으로의 점진적인 전환과 변화를 도모하는 치료법이다. 구체적이고 공작이나 미술활동 등을 통해 섬세한 운동감각 기능을 살려 주고 성취감과 심미감 등을 느끼게 해 준다(예 : 공예, 그림 그리기, 붓글씨 쓰기, 연 만들어 이름 써 붙이기, 스티로폼 재료의 라면 용기로 장구 만들어 색칠하기 등).

결론적으로 모든 치료의 근본 목표는 그 원인이 무엇이든 발병 이전의 삶의 질을 유지할 수 있도록 보완해 주는 데 있다. 치매는 신경인지기능의 점진적인 감퇴로 인한 일상생활 전반에 대한 수행능력 장애를 초래하는 질환으로 현재까지는 발생기전이 확실히 규명되지 않았을 뿐만 아니라 효과적인 치료제도 개발되지 않고 있는 실정이다. 따라서 환자를 위해서는 기본적인 일상생활을 최대한 주변의 도움 없이 스스로 유지할 수 있게 하는 프로그램의 개발이 필요하다. 뇌졸중 혹은 뇌손상 등과 같이 비교적 급성으로 신경인지기능의 장애나 치매가 발생한 경우나 혹은 퇴행성 치매의 초기단계에서는, 환자가 보유하고 있는 신경인지기능을 정확히 평가한 후 작업요법과 신경인지 재활요법을 시도해야 한다. 이때 현재 유지되고 있는 신경인지기능을 더욱 활성화시켜 상실된 기능을 보완할 수 있게 하거나 새로운 적응방법을 개발해 주어야 한다. 이러한 치료방법은 환자의 자존심과 독립심을 유지시키고 정신적 안정감을 가지게 할 뿐 아니라 가족들의 경제적·정신적 부담을 감소시키고 환자와 가족 혹은 환자와 지역사회간에 발생하는 문제를 최대한으로 줄일 수 있게 해 준다(한일우, 1997).

주지해야 할 사항이 있다면 치매의 완전치료는 아직까지 불가능하다 하여도 조기발견하여 적절한 시기에 도움을 주게 되면 치매를 지연시킬 수 있으며, 혈관성 치매환자의 경우라면 이러한 조기 발견의 치료 효과가 더욱 증대된다는 점이다.

5) 치매의 예방

모든 병은 예방이 최선책이다. 치유와 예방이 가능한 치매로는 우울증, 갑상선 기능저하증, 정상압뇌수종, 당뇨병, 약물 중독, 악성 빈혈 및 비타민 결핍 등에 의한 것이 있다. 이 밖에 일산화탄소중독 후유증, 교통사고에 의한 두뇌 손상, 알콜 중독에 따른 치매 등도 예방 치유할 수 있다. 반면 알츠하이머스병과 혈관성 치매는 근본적인 치유가 불가능하지만, 초기에 정확하게 진단받아 투약하면 어느 정도 개선시킬 수 있다. 특히 순환기계통 질환인 고혈압이나 뇌졸중 등을 잘 치료하면 혈관성 치매도 어느 정도 예방할 수 있다.

다음은 노인병리학자들이 구체적으로 제시하고 있는 치매예방법을 정리한 것이다.

치매예방법

- ✔ 야채나 과일을 많이 먹고 식사의 영을 조절한다. 적정 체중과 균형 잡힌 영양은 뇌세포에 영향을 준다.
- ✔ 과음이나 불필요한 약물의 복용을 피한다. 40·50대의 음주습관이 노후에 알콜성 치매를 일으킬 수 있다.
- ✔ 맑은 공기를 많이 마신다.
- ✔ 운동은 젊었을 때부터 한다. 비만 예방과 두뇌 자극에 좋다.
- ✔ 취미생활을 젊어서부터 시작한다.
- ✔ 노후에 할 일을 생각해 둔다. 퇴직 후 좋아하는 취미나 하고 싶었던 일을 여유 있게 한다.
- ✔ 젊은이를 포함한 노후의 친구를 여러 명 만들어 둔다.
- ✔ 몸가짐에 신경 쓰고 유행에 민감하도록 한다. 생활에 긴장감은 적당히 필요하 다.
- ✔ 안경과 보청기를 점검한다. 난청과 시력 장해가 치매를 일으킬 수도 있다.
- ✔ 다른 사람이 말하는 것에 귀를 기울이고 주의나 충고를 잘 수용하며 고집하지 않는다.
- ✔ 가정에서 할 일을 찾아 가사일에 동참한다.

- ✔ 부부간 대화를 많이 나눈다.
- ✔ 가능한 혼자 지내지 않으며 남과 자주 어울린다.
- ✔ 부부끼리의 모임을 많이 가져 자주 사람들을 만나고 세상 돌아가는 얘기를 나눈다.
- ✔ 장기나 바둑 등의 게임을 즐기는 것은 두뇌 자극에 좋은 방법이다.
- ✔ 봉사활동에 많이 참여한다.
- ✔ 자녀들의 문화를 이해하려고 노력한다. 자녀의 관심거리에 신경 쓰다 보면 정신이 젊어진다.
- ✔ 새로운 외국어를 배우는 것은 뇌에 신선한 자극이 된다.
- ✔ 독서 등 꾸준한 정신활동은 뇌의 노화를 지연시킨다.
- ✔ 일기쓰기를 습관화하여 지남력과 기억력을 키운다.
- ✔ 쓰지 않는 왼손과 왼발을 자주 사용하면 뇌의 오른쪽 퇴화를 막을 수 있다.
- ✔ 친구나 강, 다리 이름 등을 100개 이상씩 하루 3번 정도 외운다.
- ✔ 거울을 보고 무조건 웃는 연습과 열심히 웃는 표정을 지어본다.
- ✔ 불면증, 우울증, 불안증을 경계한다.
- ✔ 불건전한 성 행위를 피해야 한다. 특히 매독과 에이즈를 경계한다.
- ✔ 60세 이상 노인들은 적어도 2년에 한 번 정도 갑상선 기능 검사를 받아야 한다.
- ✔ 뇌에 산소 공급을 방해하는 만성 폐질환을 조심한다. 흡연이 최대의 적이다.
- ✔ 알루미늄이나 납, 각종 유기 용매에 장기간 노출되는 것을 피한다.

2. 치매환자와 가족

대부분의 치매증상들은 뇌의 이상으로 인한 것이기 때문에 치매환자는 자신의 감정이나 어떤 행동을 스스로 조절할 수 있는 능력이 부족하다. 치매가 아직 가벼운 증상일 때는 환자 자신의 노력이 어느 정도 가능하나, 시간이 경과함에 따라 그 제한점은 증가하며, 이로 인해 점차 치매환자를 돌보는 가족들의 역할과 적응이 중요시된다.

1) 치매환자와의 의사소통

일반적으로 의사소통이라 함은 자신을 상대방에게 표현하는 말하기와 상대방의 말을 귀 기울여 들어 주는 듣기의 두 가지로 구분하지만, 치매환자의 경우 의사소통에 문제가 발생한다. 즉 환자가 자신을 타인에게 표현하는 데 있어서와 상대방의 말을 듣고 이해하지 못하는 데에 어려움이 생겨 대화자가 서로 공통적으로 무엇인가를 나누고 상호작용하기가 용이하지 않다. 따라서 치매환자와의 대화자는 나름대로의 가치관과 철학이 있어야 한다. 그 중심이 되는 원칙으로서,

① 치매자도 그의 장애와 의존 정도에 관계없이 나와 동일한 인간적인 가치를 가진다.
② 치매자도 나와 동일하게 다양한 나름대로의 욕구를 가진다.
③ 치매자도 동일하게 치료받고 호소할 권리를 가진다.
④ 치매자는 한 사람 한 사람 개인차에 따라 개별적으로 다뤄져야 한다.
⑤ 치매자는 가족 외에도 국가가 공적 부조할 책임을 가진다. 등을 유념해야 할 것이다.

의사소통 방법에는 말을 사용하는 언어적 의사소통과 몸짓이나 제스처를 사용하는 비언어적 의사소통, 그리고 그림이나 표시를 해 보이는 상징적 의사소통법이 있다. 치매환자와의 대화에는 이 밖에도 스킨십과 같은 비언어적 의사소통을 치매환자의 말하기와 듣기상의 문제점을 그간의 연구(김영숙, 1997)에 기초하여 다음과 같이 정리할 수 있다.

(1) 환자의 자기표현상의 문제

치매자의 뇌손상 부위가 좌측반구 아래쪽 전두엽 부위라면 대개 말을 알아들을 수는 있으나 발음하기는 어렵다. 그 외에 일반적으로 제시되는 치매자의 자기표현상의 문제를 경우별로 다음과 같이 세분하여 살펴볼 수 있다.

① **환자가 적절한 단어를 찾아내지 못하는 경우**: 사람이나 물건의 이름을 기억하지 못해 곤란을 겪을 때 치매자는 발음이 비슷한 단어들을 적당히 둘러댄다(예: 수영 대신 '수염', 부채 대신 '부침', 다리 대신 '도리', 고기 대신 '조기'). 또한 비슷한 뜻의 다른 단어를 사용하기도 한다(예: 전화 대신 '따르릉', 운동화 대신

'발로 신는 것', 책 대신 '공부', 냉장고 대신 '얼음 있는 것', 결혼식 대신 '딴딴딴딴'). 이때 정확한 발음이나 단어를 가르쳐 주는 것이 좋으면, 더 이상 잊지 않도록 반복시킬 필요가 있다. 이는 개인마다 능력의 차이는 있으나, 치매자에게 학습능력이 있기 때문이다.

② 전혀 의사소통이 안 되거나 몇 가지 단어로만 표현이 가능한 경우 혹은 두서없이 장황스럽게 수다스러운 경우 : 무슨 말을 하고 있는데 두서없이 앞뒤가 안 맞는 얘기를 하거나, 자신의 생각을 온전히 전하지 못하지만 몇몇 소수의 단어로써 표현하는 경우, 그리고 제대로 된 문장으로 길게 말하고 있는 것 같지만, 유심히 들어보면 역시 정상대화의 내용이 아닌 것을 알 수 있는 경우 등이 있다. 이때 듣는 이는 전반적인 것을 헤아려 대충 이해할 수도 있지만, 치매환자는 자신의 의사소통에 문제가 있음을 알고 절망스러워하고 낙담을 하게 된다. 아무리 이야기해도 자신의 이야기를 알아듣는 이가 없다면 환자는 눈물을 글썽이기도 하고 버럭 화를 내기도 한다.

③ 교묘하게 자신의 언어문제를 피해 가는 경우 : 환자에게 물건 등의 이름을 묻는 이에게 "물론 알아요. 그런데 그건 왜 물어보십니까?", "말하고 싶지 않은데요, 왜 나를 자극하십니까?"라고 답을 회피하기도 한다.

④ 언어문제가 더 심각하여 단지 몇 가지 단어만 기억하고 있다가 의미 없이 사용해 버리는 경우 : 아무 때나 '아니오'라고 대답하다가 더 심해지면 간간이 소리치기도 하고, 웅얼거리듯 얼버무리거나 혹은 의미 없는 단어를 반복해서 중얼거리기도 한다. 이때 가족이나 간호 대화자가 염려하고 안절부절하거나 아예 의사소통을 포기해 버리는 경우가 발생하기 쉽다. 그러나 환자가 자기 스스로 표현을 할 수 없는 경우에 대화자가 얼마나 도움이 될 수 있나 하는 것은 환자의 질병 정도와 관계가 있다.

다음은 위와 같은 다양한 경우의 표현상의 문제에 바람직한 대화자의 대처반응들이다.

● 자기표현 장애자에 대한 대처

① 만약 뇌혈관 장애로 인한 언어능력의 장애라면 급성기가 지나자마자 뇌졸중 재

활치료팀에게 의뢰하여야 한다. 이런 경우는 치료의 시기가 늦으면 늦을수록 회복은 불가능해진다.

② 만약 환자가 적절한 단어를 찾지 못하여 어려움을 겪고 있다면 내버려 두지 말고, 대화자가 옆에서 적절한 단어를 골라 표현하게 해 준다. 환자가 잘못된 단어를 사용하였지만, 그 의미를 짐작할 수 있다면 정확한 단어를 가르쳐 주면 된다. 그러나 그런 행동이 환자의 자존심을 상하게 한다면 그냥 모른 체 하는 것이 낫다. 환자가 의미하는 바를 알 수 없는 경우에는 환자에게 사물을 지적하게 하거나 설명하도록 하여 짐작할 수도 있다.

③ 환자가 어떤 생각을 표현하는 데 문제가 있을 때 대화자는 환자가 원하는 것이 무엇인지를 짐작하여 대신 이야기할 수 있다. 그러나 대화자의 생각이 옳다는 생각이 들어도 환자에게 다시 한 번 물어보고 다음의 행동을 하는 것이 좋다. 만약 짐작이 틀린 것이라면 환자는 혼동을 느끼거나 좌절감을 느끼게 되기 쉽다. 어느 쪽이든 환자가 최종적으로 원하는 것을 이야기하여 안심시킬 수 있다. 즉 최종적으로 환자가 원하는 것이 집에 가고 싶다는 의미일 경우, "아범이 3시까지 데리러 올 거예요.", "집에서 기다리고 계세요, 버스 지금 타고 가시면 돼요."라는 식으로 부연설명해 줌으로써 환자의 초조나 혼동을 줄일 수 있다.

④ 만약 환자가 여전히 몇 가지의 단어를 말하고 고개를 가로젓거나 하면 대화자는 단순화시킨 질문을 반복하여 환자의 욕구를 탐색해야 한다. 이때 "어디 불편한 곳이 있으세요?"라는 식으로 막연하게 질문하는 것보다는 신체 부위를 짚어 가며 "여기가 아프세요?"라고 구체적으로 물어보는 것이 좋다.

⑤ 보다 효율적인 의사소통을 위하여 환자의 치매 이전의 문화적 수준이나 음식 기호, 대인적인 유형 등에 대하여 충분한 정보와 지식을 가질 필요가 있다.

(2) 환자의 이해력상의 문제

뇌의 손상으로 인하여 치매자는 남의 말을 듣고 이해하는 데 문제를 가진다. 이해했어도 금방 잊어버리거나, 대화 도중 앞부분을 잊고 전체적인 의미를 놓쳐버린다거나, 외국어처럼 읽기는 해도 뜻이 들어오지 않아 읽기와 이해하기가 전혀 별개인 경우 등이 있다. 또한 주의집중력 저하나 이해력 결핍으로 얼굴을 대하고 하는 이야기는 이해하지 못하나, 전화통화로 들은 내용은 이해하기도 한다.

상대방의 이해력 장애를 염두에 둔 의사소통 개선법을 소개하면 다음과 같다.

● 이해력 장애자와의 의사소통법

① 환자가 당신의 이야기를 듣고 있는가를 확인한다. 나이가 들면 청취력이 감소하고 귀가 잘 안 들리는 경우가 흔하다.

② 목소리를 낮춘다. 소리를 높이는 것은 화가 나 있다는 신호로 여겨지기 쉽다. 낮은 목소리로 이야기하는 것은 귀가 잘 안 들리는 경우에도 잘 들리게 한다.

③ 방해가 되는 소음이나 행동을 없앤다. 이는 귀가 잘 들리지 않는 것과 주의집중이 잘 안 되는 것을 악화시킨다. 예컨대 TV를 끄고 대화한다.

④ 쉬운 단어와 짧은 문장을 사용하여 말을 가능한 길게 하지 않도록 한다. 당장 그 상황에 필요한 말 한마디씩만 그때그때 하도록 한다.

⑤ 한 번에 한 가지씩 간단히 질문한다. 질문을 반복할 때마다 정확히 질문한다. 예컨대 "간식으로 사과를 드시겠어요, 아니면 과자를 드시겠어요. 그렇지 않으면 간식을 나중에 드시겠어요?"라는 식으로 질문하지 말고 두 개 가져가서 "이거요, 저거요?"라고 물어 선택하게 한다. 복잡한 선택을 요하는 질문은 환자의 결정능력을 감안하여 질문한다.

⑥ 환자에게 한 번에 한 가지씩 일을 하도록 요구한다. 몇 가지를 동시에 하도록 할 경우 환자는 그 일의 종류를 기억하지도 못할 뿐만 아니라 일의 내용을 이해하지도 못하여 엉뚱한 행동을 할 위험이 가중된다. 한 번에 한 가지씩 환자에게 시행하도록 유도하는 것이 현명한 방법이다.

⑦ 천천히 말하고 그때그때마다 환자의 반응을 살핀다. 환자의 반응이 늦게 나타나는 것을 예상하고 기다려야 한다.

⑧ 환자가 좋아하는 방법으로 스킨십을 시도하는 등 가능한 많이 비언어적 대화를 사용한다.

치매환자와 생활해 나가야 할 입장이라면 이런 환자의 신체언어를 잘 구분하여 환자가 무엇을 필요로 하는지를 배워야 한다. 다음은 치매환자와의 비언어적인 방식의 의사소통법을 소개하고자 한다.

● 치매환자와의 비언어적 의사소통법

① 즐겁게, 조용하게, 그리고 지지적인 자세를 항상 유지한다. 지지적인 자세라 함은 항상 긍정적으로 "당신이 맞아요, 이해하고 싶어요."라는 메시지를 상대 환자가 느끼게끔 하는 것이다.
② 미소를 띠거나, 환자의 손을 다정하게 잡거나, 어깨에 팔을 두르는 등 당신의 감정을 전달하는 방법을 개발한다.
③ 환자의 눈을 직시한다. 환자가 주의를 기울이는지를 파악하고 만약 환자의 신체언어상 주의가 다른 곳으로 돌려져 있다면, 몇 분 후 다시 환자의 눈을 보아 주의를 환기시키는 것이 필요하다.
④ 말이 아닌 다른 신호를 많이 사용한다. 손가락으로 물건을 가리키는 것, 신체적 접촉, 환자의 손을 이끌어 지적하는 것 등등이 그 방법이다. 모델 기법을 사용하여 무엇을 나타내는 방법을 환자에게 먼저 보여 주고 환자에게 따라하도록 한다. 때로 환자는 당신이 먼저 시작하는 일은 같이 해낼 수 있다.
⑤ 환자의 행동을 복잡하게 해석하지 않는다. 환자의 뇌기능은 정보를 제대로 이용할 수 없을 정도일 뿐만 아니라, 그것을 여러 가지로 활용할 만한 능력도 없다. 환자가 이해하는 것은 당신이 이해하는 것과 다를 수 있다. 따라서 환자의 신체언어가 환자의 의도를 전부 대변하는 것은 아니므로 환자의 언어를 해석하는 것보다는 있는 그대로 느끼는 것이 더 필요하다.

환자의 혼동 정도가 심하고 의사소통이 불가능할 정도일지라도 환자는 여전히 정을 필요로 하고 그것을 즐긴다. 따라서 손을 잡아주는 것, 포옹하는 것, 가까이 다가앉아 이야기하는 것 등은 환자와의 의사소통을 용이하게 해 주는 중요한 방법이다.

2) 치매환자를 위한 환경관리

치매환자를 위한 환경관리는 첫째, 기능이 저하된 영역에 보조적인 지지를 통하여 최대한 환자의 기능을 유지하도록 하는 것과, 둘째, 환자의 손상된 기능을 보완하고 안전을 증진시키도록 환경을 재정비하는 것이 중요하다(하양숙, 1997). 이하는 치매환자의 기능 유지 혹은 기능보완과 안정성 증진을 위한 관리 사항을 정리한 것이다.

(1) 환자의 기능 유지를 위한 관리사항

① 환경 내에 위험이 될 만한 요소를 밝히고 제거한다.
② 이름표나 주소 적은 필지 등 환자의 신원 확인에 도움이 될 장치를 한다.
③ 가만히 앉아서 식사를 할 수 없는 환자들을 위해서 들고 다니면서 손으로 집어
먹을 수 있는 음식을 제공한다.
④ 피로를 예방하고 스트레스를 줄이기 위해 휴식시간을 제공한다.
⑤ 안정하게 배회할 수 있도록 공간을 마련한다.

(2) 환자의 기능 보완과 안전성 증진을 위한 관리 사항

① 자극이 적은 환경을 제공한다.
② 호출이나 각종 벨의 사용을 제한하여 소음을 줄인다.
③ 일정한 물리적 환경과 일상생활을 유지한다.
④ 적절한 암시를 통해 계절이나 위치, 물체의 이름 등의 지남력을 가질 수 있도록
돕는다.
⑤ 환자의 방은 풍경이나 익숙한 장면들로 아름답게 꾸며 준다.
⑥ 환자가 겁을 먹거나 불안정해질 소지가 있다면 거울은 제거한다.
⑦ 필요하다면 환자의 방이나 소지품에 이름을 적어주도록 한다.
⑧ 친숙한 사진에 설명을 곁들여 가까이 지니고 있을 수 있게 한다.
⑨ 환자가 친밀하게 여기는 간호제공자가 간호하도록 한다.
⑩ 가능하다면 낯선 상황을 만들지 않도록 한다.
⑪ 환자의 인지수준이나 흥미를 고려하여 TV나 라디오 프로를 선택한다.
⑫ 번쩍거리지 않고 적당한 조명을 설치한다.

3) 치매가족의 갈등과 스트레스

치매노인은 다른 환자와 달리 노인 의존성의 정도가 가장 높아 마치 '3살짜리의 덩
치 큰 어른'과 같다고 표현되고 있다. 치매환자에게는 24시간 지속적이고 집중적인
간호와 수발을 해주어야 하므로, 가족이 그 보호와 부양을 전담하고 있는 실정이라면

가족들이 받는 신체적·정신적·경제적 부담과 스트레스는 매우 심각한 것이다. 일반적으로 치매 정도가 중증이 되면 가족부양이 현실적으로 어려워져 전문병원이나 시설로 환자를 보내야 하지만, 그 전 단계에서는 가족이 부양하는 것이 여러 측면에서 바람직하다는 의견이 지배적이다. 그렇다면 가족이 치매환자를 보호하고 감당해낼 수 있는 힘을 키워 주어야 할 것이다. 그러나 우리나라처럼 치매환자 가족을 위한 서비스가 미흡한 여건에서는 치매부양 가족은 또 다른 숨겨진 환자라고 할 수 있다. 이에 따라 치매환자 가족의 갈등과 스트레스에 관하여 살펴보고 이를 해결하고 지원해 줄 수 있는 방안을 모색해 보고자 한다.

(1) 치매가족의 갈등과 스트레스

가정에 치매환자가 생기면 가족구성원 각자의 책임과 역할 및 기대에 변화가 온다. 여기에 병에 대한 이해 부족은 어려움과 갈등을 초래하고 시간이 경과함에 따라 이는 더욱 심화된다. 치매환자를 돌보는 가족원의 부담을 권중돈(1997)은 다음의 6가지로 요약하고 있다. 즉 부양자는 ① 환자와 불화하고, ② 다른 가족원과도 불화하고, ③ 사회활동상의 제한이 있고, ④ 재정적 부담과 경제활동상의 제한이 있고, ⑤ 심리적 고통이 있으며, ⑥ 부양자 자신의 건강이 나빠진다는 것이다. 예컨대 치매환자들은 자신들이 전적으로 의존하는 지위로 전락하여 쓸모없고 가치 없는 존재로 된 것에 부정적 감정을 가지는가 하면, 가족이나 부양자에게 죄의식이나 배신감 등을 경험한다. 치매가족 역시 치매자의 과도한 보호 욕구에 긴장감과 짜증이 생기고 환자의 감사할 줄 모르는 태도 등에 부정적이 되어 결국 양자간의 관계가 악화될 수 있다. 한편 타 가족원인 부부나 자녀, 친인척간에도 간호방법 등에 대한 의견이나 역할구조에 대한 불공평감, 자녀보호의 소홀해짐 등으로 갈등이 생기기 마련이다. 따라서 치매가족 연구자들은 간병 도우미의 가정봉사시 오히려 그 가족에 대한 서비스가 더 급선무일 수 있다고 주장한다.

한편 치매자 부양이 부정적인 스트레스(distress)만은 아니라고 보는 견해도 있다. 즉 치매부양에 고통이 따르는 건 분명하지만, 대신 보람감이나 성취감, 도리를 다하고 있는 것에 대한 주위 사람들의 지지나 인정이 긍정적인 스트레스(eustress) 역할을 할 수 있다는 주장이다. 따라서 이제까지의 치매가족 부양의 부담이 너무 부정적인 스트레스(distress)쪽만으로 편중되어 연구되었다는 지적이 있다(권중돈, 1997).

라빈스 등(Rabins and et al., 1982)은 치매환자의 일차적인 간호담당 가족들을 면담한 결과를 정리하였다. 즉 가족이 스스로 경험하는 문제와 관련해서는 만성피로, 분노, 우울이 가장 많았으며, 다음으로는 가족간 갈등, 친구와 취미의 상실, 자신을 위한 시간의 부족, 돌봄 제공자가 아프게 될 것에 대한 걱정, 새로운 역할과 책임수행의 어려움, 죄책감 등이 그것이다.

또 다른 연구에서는 정상인에 비해 치매환자의 배우자들이 당뇨, 관절염, 빈혈, 궤양 등의 만성 질환이 더 많았고, 정신증세로 약물을 더 많이 복용하였고, 무기력, 두통, 심계항진 등의 증상을 많이 호소한다고 하였다(Purchno 등, 1989 ; 홍여신 등, 1994 재인용).

한편 건강한 노인을 돌보는 가정과 치매노인을 돌보는 가정을 비교 연구한 결과 치매노인의 가족원 집단이 대조집단보다 건강지각이 더 나빴고, 복용 약물 수 및 의사방문수가 더 많았으며, 또한 더 우울하고 생활만족도도 더 낮은 것으로 나타났다(Haley 등, 1987).

이상의 연구들에서 알 수 있는 바와 같이 치매가족의 갈등과 스트레스는 다양한 측면에서 보고되고 있다. 이 중, 특히 관계적인 측면에서의 갈등과 부담을 살펴보면 첫째, 치매환자와 부양자 간의 갈등이다. 노인이 치매증상을 보인 이후로 노인과 부양자 사이의 관계가 부정적으로 변화하는 것이 일반적인 현상이다. 치매환자는 가족에게 제공할 수 있는 자원이 결여되어 의존적인 지위로 전락하게 되는데, 이러한 지위 변화와 역할 전환 과정에서 자기 자신이 무능하고 쓸모없는 존재이며, 더 이상 살아야 할 가치를 느끼지 못하는 등의 부정적 감정을 갖게 되고, 가족이나 부양자에 대하여 죄의식 또는 배신감 등을 경험하게 된다.

부양자 역시 치매환자의 과도한 보호 욕구에 직면하여 부정적 감정을 경험할 가능성이 높아진다. 즉 부양자는 노인을 대할 때 긴장하게 되고, 화가 나며, 신경이 날카로워지거나 짜증이 나고, 우울해지며, 노인에게 조작당하는 느낌이 들고, 노인이 지나친 요구를 하기 때문에 노인이 보기 싫어지며, 부양책임을 빨리 벗어나고 싶어 하고, 노인이 원망스러워지며, 부양에 대해 감사할 줄 모르는 태도에 대해서 불만을 느낀다. 또한 노인의 증상 행동 때문에 창피함을 느끼며, 앞으로 노인을 어떻게 부양해야 할지에 대하여 불안해하는 등의 문제를 가진다. 부양자의 이러한 감정으로 인하여 노인과 말다툼하는 등 갈등의 관계를 형성하게 될 가능성이 높아진다.

둘째, 치매환자의 주 부양자와 전체 가족관계상의 갈등 역시 심각하다. 치매환자

가족의 경우 부양책임이 대체로 부양자 한 명에게 집중되는 경향이 있다. 여성부양자의 경우에는 노인부양과 가사, 자녀양육 및 교육, 직업 활동에 따르는 역할, 배우자나 부모로서의 역할 등 1인 다역을 수행해야 하므로 역할가중현상을 경험하게 된다. 부양자에게 여러 가지 역할이 동시에 부여되었을 때, 부양자가 어느 한 가지 역할에 충실하다 보면 다른 역할에 따르는 책임을 적절히 수행하지 못하므로 두 가지 역할 사이에서 심리적 갈등을 겪게 된다. 이러한 부양자의 갈등이 가족관계상의 갈등으로 연결되는 경우가 많다. 우선 가족 개개인의 욕구를 전처럼 만족시켜 주지 못하므로 부모 자녀간 혹은 부부관계상에 갈등이 생겨날 수 있다. 또한 부양방법 등에 대한 가족간의 의견차가 또 다른 가족갈등으로 진전되기도 하여 서로 비난이나 힐책 및 자존심 상하는 일들이 생겨난다. 아울러 치매가족에서는 변화된 상황에 맞는 역할재조정이 요구되지만, 이것이 적절하게 제때에 이루어지지 못함으로써 가족간 갈등을 경험하기도 한다.

(2) 치매가족의 스트레스 관리

치매환자의 주 부양자가 우선 자신을 관리할 수 있어야 그 결과가 자신에게 영향을 미치고 나아가 환자와 다른 가족원들에게 관계 증진으로 연결될 수 있다.

다음은 그 구체적인 관리방법들을 정리한 것이다.

① 주 부양자와 가족원들은 치매에 대한 지식과 정보를 가져야 하며, 특히 주부양자는 치매간호 요령과 기술을 익혀야 한다.

② 가족원과는 적절하게 역할을 분담하여 상호 협조하게 한다. 과도한 희생은 더 큰 스트레스를 초래한다.

③ 가능한 자주 가족모임을 통하여 현재 환자의 상태를 알려 주고, 가족간의 의견 교환과 의견 조정의 기회를 가지도록 한다.

④ 환자의 잔존능력을 사용할 기회를 부여하여 환자가 무조건 의존적이지 않게 한다.

⑤ 주 부양자는 간호에서 벗어나 영화관람, 미용실, 쇼핑 등 자신을 돌볼 개인적인 시간과 활동 기회를 확보한다. 이를 위하여 가정도우미의 방문을 적극적으로 활용하도록 계획한다.

⑥ 친구나 이웃, 상담가, 의료인, 종교지도자 등 신뢰할 수 있는 특정인과 자주 자신의 감정을 분출시키고 표현한다.
⑦ 지지집단에 참여하여 정서적인 지지 외에도 사회적 지지나 정보를 제공받는다.
⑧ 시간 관리를 지혜롭게 한다. 일의 우선순위상 순서를 정하고 쓸데없는 시간을 점검하고 자투리 시간을 활용한다.
⑨ 너무 부담이 크게 느껴지는 일에 대해서는 작게 나누어서 계획을 세우고 전략을 개발한다.
⑩ 긍정적인 부양동기를 강화하기 위하여 보은이나 사랑, 도리, 생의 이미 등에 대하여 자주 일깨움을 받을 기회를 가지도록 한다.
⑪ 적절하고 규칙적인 운동을 한다.
⑫ 과중한 부담에서 벗어나 휴식이 필요하다고 느끼는 시점에서 간병인이나 단기보호 서비스 등 주변에 이용 가능한 외부 도움을 받도록 한다.
⑬ 가급적이면 긍정적인 안목을 가지고 너그러운 마음에 유머감각을 유지하도록 한다.

4) 치매환자의 가정간호

치매노인의 간호는 노인의 가능한 기능을 최적수준으로 유지하게 하여 최대한으로 독립적인 역할을 할 수 있도록 돕는 것을 목적으로 한다. 즉 환자가 현재 남은 지남력을 유지하고 증진시켜 일정 부분 독립적인 기능을 수행할 수 있고 궁극적으로 만족스러운 사회관계를 유지할 수 있도록 도와주는 것이다.

(1) 치매간호자의 일반적인 수칙

① 치매라는 질병에 대하여 충분히 알고 있어야 한다.
② 현실에 적응하고 변화를 받아들이는 긍정저인 자세가 필요하다.
③ 환자의 관심과 감정을 가능하면 함께 나눈다.
④ 어려운 문제가 많을 때는 한 번에 한 가지씩 해결한다.
⑤ 환자에게 익숙한 환경과 최대한 자유로운 환경을 만들어 준다.
⑥ 환자와 자주 대화한다.
⑦ 부정, 설득, 지시보다는 가정적인 따뜻한 분위기로 보호적이고 지지적으로 돌본다.

⑧ 환자의 자존심이 상하지 않도록 주의한다.

⑨ 환자에게 적절한 일을 주거나 운동을 시킨다.

⑩ 너무 과도한 자극이나 활동으로 환자에게 스트레스를 주지 않는다.

⑪ 치매환자는 새로운 것을 배우기가 어렵다는 것을 기억한다.

⑫ 충분한 휴식을 취하고 필요하면 의사와 상의한다.

다음은 치매환자의 가정간호사가 지켜야 할 주위환경과 관련된 보다 세부적인 주의사항을 정리한 것이다(이선옥. 1996).

① 치매노인은 인지기능의 장애로 새로운 상황이 발생하면 혼란을 일으키기 쉽다. 따라서 기상, 아침식사, 산책 등 하루일과를 순서에 따르도록 지도하는 게 좋다.

② 대소변을 가리지 못하는 노인은 규칙적으로 화장실을 가게 한다.

③ 치매가 진행되면 간호자에게 소리를 지르거나 공격적일 수 있으므로 식사나 목욕 등이 어려워진다. 이때는 따뜻한 태도를 잃지 말고 흥분상태가 가라앉을 때까지 기다렸다가 다시 시도한다.

④ 노인이 공격적일 때 몸을 빠르게 움직이거나 거친 말투를 사용하면 위험하다.

⑤ 치매노인은 기억장애로 인해 현실감이 없으므로 하루에도 몇 번씩 시간, 장소, 사람 등에 대해 설명할 필요가 있다.

⑥ 큰 글자로 된 시계를 눈높이에 설치해 두어 스스로 시간을 알도록 하고 달력에도 매일 본인이 표시해 날짜를 인식하도록 하는 것이 좋다.

⑦ 화장실, 침실 등도 간단한 그림이나 글로 표시해 둔다.

⑧ 매일 신문을 읽거나 TV를 시청한 뒤 그와 관련된 대화를 하는 것도 효과적이다.

⑨ 환자 능력에 맞는 의사소통방법을 시도하되, 어린애 취급하는 용어나 태도는 피하며 이해하지 못하면 같은 말을 반복한다.

⑩ 환자와 눈을 맞추고 호의적인 얼굴표정을 짓는 등 비언어적 의사소통도 중요하다.

⑪ 일상생활에서 노인에게 의미 있고 활기를 줄 수 있는 활동은 필수적이다. 여성의 경우 세탁물 접기, 화초에 물주기, 음식 재료 준비 등 일상적인 집안일을 함으로써 안정감과 만족감을 얻을 수 있다.

⑫ 가까운 가게에서 물건 사기, 백화점 구경, 산책 등 옥외 활동도 외부와 연결돼 있다는 느낌을 주는 좋은 자극이 된다.

(3) 치매환자 가정간호의 주변환경 조성 요령

치매환자가 있는 가정의 주변환경 조성에 대하여 미국 알츠하이머스병 연구센터가 발간한 「치매노인을 위한 안전보호」에서 제시하고 있는 바를 소개하면 다음과 같다.

❑ 집안 전체
① 가까운 병원 등 긴급 연락처 전화번호를 적어둔다.
② 방마다 연기 탐지기를 설치한다.
③ 치매노인을 혼자 집안에 두고 나갈 때 안에서 자물쇠를 잠글 수 있으므로 별도의 비상열쇠를 항상 가지고 다닌다.
④ 노인이 전선에 발이 걸려 넘어지지 않도록 선을 벽 쪽에 고정시킨다.
⑤ 계단에는 손잡이를 해두고 계단이나 마루에는 흡착계단 매트나 미끄럼 방지 왁스를 발라둔다.
⑥ 약은 모두 약장에 넣고 자물쇠를 채워 둔다.
⑦ 술은 치매를 악화시키므로 보이지 않는 곳에 보관한다.
⑧ 비닐봉지는 뒤집어써서 질식할 수 있으므로 손이 닿지 않는 곳에 둔다.
⑨ 애완동물은 키우지 않는 게 좋다.
⑩ 틀니를 끼는 경우 예비 틀니를 준비해 둔다.

❑ 집 주위
① 치매노인은 외부인을 만나면 두려워하므로 대문에 "외판원 금지"라고 써 붙여 놓는다.
② 외출할 때에는 연락처가 적힌 명찰을 옷에 붙여 둔다.
③ 파출소, 동사무소, 구멍가게 등에 치매노인이 길을 잃을 수 있는 점을 미리 알려 둔다.

❑ 부엌
① 가스레인지 옆에는 휘발성 가연물을 두지 않는다.
② 칼처럼 날카로운 물건을 보이지 않는 곳에 보관한다.

③ 부엌에 가스관을 꼭 밖에서 잠근다.

④ 치매노인이 성냥, 금속물체, 지우개, 냉장고에 붙이는 과일, 채소모양 자석을 삼킬 수 있으므로 용기에 담아 자물쇠로 채워 둔다.

⑤ 하수구에 귀중품을 버리는 경우가 있으므로 배관구멍에 망을 씌워 둔다.

⑥ 냉장고에 오래된 음식을 두지 않는다.

❑ 욕실, 화장실

① 치매노인을 혼자 목욕탕에 두지 않는다.

② 욕실 문을 안에서 잠그지 못하게 잠금장치를 떼어 놓는다.

③ 욕실바닥에 고무매트를 깔아둔다.

④ 변기 옆이나 벽에 손잡이를 설치한다.

⑤ 수도꼭지에 플라스틱 캡을 씌워 둔다.

⑥ 치약, 화장품, 향수, 로션, 샴푸, 비누, 세제들을 먹는 것으로 볼 수 있으므로 따로 보관한다.

❑ 침실, 거실

① 벽지는 무늬 없이 밝은 색깔로 한다. 그림자를 보고 당황할 수 있으니 적당한 실내등으로 밤에도 조명을 유지한다.

② 노인은 거울에 비친 모습을 보고 놀랄 수 있으니, 거울은 두지 않는다.

③ 시각적 혼란을 주면 증세가 악화될 수 있으니, 가구배치는 되도록 바꾸지 않는다.

④ 폭력적이고 자극적인 TV는 보지 않는다. 치매노인이 현실로 믿을 수 있다.

결론적으로 치매자에 대한 대책은 치료보다 보호에 있다고 보며, 그만큼 환자보호의 방법이 치매인 자신과 그 가족이 함께 살아가는 데 중요한 의미를 갖는다. 지적인 쇠퇴는 있으나 감정가 정서적인 면에서는 쇠퇴되지 않은 경우가 많기 때문에 치매노인에 대해서는 그들의 감정을 존중하면서 주변 환경과 여건을 조성하는 가정간호가 요구된다 하겠다.

5) 치매환자를 위한 사회적 서비스

치매는 특성상 장기적이고 지속적인 치료를 요구하기 때문에 환자 본인은 물론, 그 가족들에게도 심한 정신적 고통과 경제적 부담을 주게 된다. 따라서 이 같은 고통과 부담을 개별 가정에 맡겨 두기보다 집단적으로 해결하도록 하고 완화시켜 줄 수 있는 사회적인 지원이 필요하게 된다.

외국의 치매노인부양자에게 빈도가 높은 지지의 요구순서를 살펴보면 ㉠ 단기간 휴식이나 가사 조력 등의 수단적인 지지, ㉡ 질병에 대한 지식과 문제행동 조정 등의 정보적인 지지, ㉢ 경청과 하소연 등의 환류적 지지, ㉣ 수용과 헌신, 그리고 사랑 등의 정서적 지지이다(Norbeck, 1991 ; 김태현 등, 1995 재인용).

[표 8-5]는 일반적으로 지역사회에 살고 있는 재가노인들에게 제공되는 사회적 서

【표 8-5】 치매환자를 위한 사회적 서비스

재가노인복지서비스	시설노인복지서비스
노인장기요양 재가급여 서비스	시설노인복지서비스
(치매) 가정봉사원 서비스	
(치매) 주간보호 서비스	
단기보호 서비스	
간병인 서비스	
노인복지 상담원 서비스	
무료 급식 서비스	
취업 알선	
노인 공동 작업장	
노인 복지회관	
노인 여가시설(노인정 등)	
(치매) 상담전화 서비스	
치매가족 모임 / 지지 서비스	
노인이동목욕 서비스	
치매환자 원격 화상 진료	

자료 : 홍순혜(1997)

비스의 내용을 표로 정리한 것이다. 외국에서는 이러한 서비스들이 정부가 재정적 지원을 하고 있는 지역사회의 복지관이나 노인종합복지관을 통해 제공되기도 하고, 지역사회 내의 다양한 사회복지 법인들, 종교단체들, 또는 영리, 비영리 단체나 개인들에 의해 제공되고 있다.

거주지가 없는 노인들을 위해서는 수용시설을 통한 보호와 서비스가 제공되는데, 수용시설은 치료를 제공하는 요양시설과 치료를 목적으로 하지 않는 양로시설로 구분되며, 입소자가 비용을 부담하지 않는 무료 시설, 실비만을 부담하는 실비시설, 모든 비용을 입소자에게 부담시키는 유료 시설로 다시 구분된다.

(1) 재가노인복지 서비스

재가노인복지 서비스의 내용 중 무료 혹은 유료로 노인을 낮시간 동안 맡길 수 있는 주간보호 서비스는 노인인구가 급증하고 늘어나는 여성의 사회 진출로 말미암아 점차 주택가나 아파트 단지 내에 급증할 것으로 전망된다. 또한 가족 출장이나 여행 시 단기간 노인보호를 의뢰할 수 있는 단기보호 서비스는 현재 힘들어하는 가족부양자가 3달 정도 노인을 맡기도록 운영되고 있다. 아직은 사회적 인식이나 효사상의 윤리적인 측면으로 인하여 전반적으로 폭 넓게 활용되고 있지 못한 실정이지만, 단기보호 서비스 이용 역시 계속 증가할 추세에 있다. 서울시에서 운영하고 있는 소규모 양로원 격인 「노인의 집」은 일종의 그룹 홈(group home)으로서 65세 이상 거택보호 혜택자 등 소득이 낮은 자부터 이용이 가능하다.

2008년 실시된 노인장기요양보험의 재가급여 서비스는 주·야간 보호나 단기보호 외에 장기요양원이 수급자의 집을 방문하여 돕는 방문요양, 방문목욕, 방문간호 등이 추가되고 있다.

노인복지상담 사업은 서울에서 처음 시작되어 아직도 서울지역에 집중되어 있는 경향이 있다. 점차 각 지역에서 치매가족들이 편리하게 이용할 수 있도록 상담기능을 확대하고 전문상담인의 양성을 확대하는 것 등이 과제로 남아있다. 또한 치매자의 재산보호상의 문제나 학대 등 인권 침해 등을 막기 위한 기구 설치와 법률상담 사업 등도 고려되어야 할 것이다.

치매환자 원격 화상진료 서비스는 현재 국립서울대학병원의 원격치매센터와 지정된 지역사회 노인복지관이 연결되어 먼 거리 화상진료를 시도 운영 중에 있으며, 인터넷을 통한 온라인(on-line) 치매센터 운영도 시도되고 있다.

(2) 시설노인복지 서비스

우리나라의 시설노인복지 서비스로는 양로원과 요양원이 있고, 이곳에 계속 치매환자가 증가하고 있다. 앞으로는 민간인이 참여하는 유료 시설이 증가하여 질적·양적으로 보충된 일반 양로시설이나 요양시설, 그리고 치매전문 요양시설이 운영될 전망이며, 실버타운 역시 긍정적으로 권장되고 있다. 2008년 실시된 노인장기요양보험제의 장기요양급여는 일종의 서설급여로 환자와 요양시설, 노인요양 공동생활(그룹 홈) 등 장기요양시설에 장기간 입소하여 신체활동, 심신기능 유지, 교육과 훈련 등을 제공받게 된다.

현재 외국에서는 치매노인을 위한 대규모 수용시설보다는 치매노인 6~7명씩을 일반가정에서 소규모 단위로 함께 생활하게 하는 그룹 홈 형식을 도입하여, 보다 안정된 가족분위기에서 노인을 간호하고 돌보도록 배려하고 있다.

(3) 치매가족을 위한 휴식 서비스

치매환자 부양자는 개인시간이 부족하고 치매환자를 부양하는 일 이외에 가사활동 및 가족부양 등으로 인하여 과중한 역할 분담을 병행하여 실시되어야 할 보완적 가족 서비스는 휴식 서비스(respite service)이다. 휴식 서비스는 치매환자에게 일상생활 원조와 같은 구체적인 서비스를 제공함과 동시에 주 부양자들에게는 부양의 책임에서 벗어나 자신만의 시간을 가질 수 있게 해주므로, 주 부양자의 스트레스와 역할 부담을 경감시킴은 물론 신체 및 정신건강과 사기를 증진시키며, 지속적인 부양 역할 수행에 대한 확신을 증진시켜 주는 효과를 지니고 있다.

부양자의 스트레스 경감에 가장 효과적인 휴식 서비스로는 가정도우미나 가정간호사의 파견, 식사배달이나 세탁 대행 서비스와 같은 가사보조 서비스를 제공하는 방법이 있을 수 있다. 그리고 더욱 적극적인 방법의 휴식 서비스로는 부양자를 대상으로 한 문화기행이나 다양한 형태의 여가 서비스, 부양(간호) 휴가제도, 치매환자 주간 보호·야간보호·단기보호 등이 있다. 특히 치매환자가 주간보호 프로그램에 참여하는 동안 부양자는 휴식을 취하거나 부양책임을 다른 가족들과 분담하고, 가정에서 실시할 수 있는 여러 가지 재활훈련 방법을 학습할 수 있는 기회를 가질 수 있기 때문에 부양자의 스트레스 관리에 직접적인 도움이 된다.

은퇴와 노인여가활동

인간은 인생여정을 지나면서 몇 차례 전환점을 경험하게 되는데, 그때마다 그가 가진 인생철학이나 가치관, 자아개념, 역할상의 변화를 맞게 된다. 이는 개인에게 다양한 심리사회적 도전과 발달을 촉진시키는 중요한 계기가 되며, 이로써 새로운 발달단계의 설정이 불가피해지고 아울러 삶의 새로운 기회를 제공받을 수도 있다. 이러한 전환점이 되는 삶의 사건들 중 하나가 은퇴, 즉 정년퇴직이다.

본 장에서는 은퇴의 유형을 알아보고 은퇴와 관련된 문제들에 대하여 논의해 보고자 한다.

1. 은퇴 유형

어떤 이는 직장을 다니면서 하지 못했던 일들을 남은여생에 시도해 보려고 스스로 퇴직을 하는가 하면, 어떤 이들은 단지 회사 측의 고용법에 의해 연령상의 이유만으로 억지 은퇴를 하기도 한다. 은퇴가 개인에게 새로운 삶을 시작할 수 있는 도전의 기회인지, 아니면 심각한 심리적 위기를 초래하는 계기인지에 대해서는 의견이 다양하다. 일반적으로 여성들은 그 동안의 생활경험에서 역할전환의 다양한 기회들과 이로 인한 재적응의 과정을 거쳐 왔던 것에 비하여 그렇지 못한 남성들은 은퇴로 인한 적응에 상대적으로 어려움이 크다고 말한다. 이러한 문제는 은퇴한 당사자들을 떠나 그가 속한 가족에게도 심리정서적으로 혼란과 부적응을 초래시킬 수 있다. 또한 사회적으로 은퇴란 무생산성과 동일시되기 때문에 은퇴는 전통적인 남성의 역할 수행을 어렵게 한다. 따라서 초기 노인학의 많은 연구들은 은퇴를 인생의 위기로서 강조했다.

일반적으로 은퇴는 퇴직시기와 자발성 여부에 따라 정년퇴직과 조기퇴직 혹은 강제퇴직과 유동적 퇴직으로 구별된다.

1) 정년퇴직

퇴직이란 사회적으로 인정된 실업으로 정의되고 있으며(Atchley, 1980) 일반적으로 65세를 기준으로 정년퇴직하고 있다. 그러나 노인인구의 증가와 수명연장으로 인하여 현재 미국은 1979년부터 70세를 법정 정년퇴직 연령으로 하고 있다. 우드러프와 비렌(Woodruff와 Birren, 1983)에 의하면 미국에서는 70세에 강제퇴직을 당하는 이들보다는 대개 62세에서 70세 사이에 개인 자신이 선택한 자발적인 은퇴를 하는 이들이 더 많아지고 있다. 일본에서는 현재 60세의 퇴직연령에서 3년까지 정년을 연장할 수가 있다.

우리나라의 은퇴연령은 기업의 경우 60% 이상이 55세 이하 정년제(60세 이하는 90%)를 채택하고 있어 일본이나 서구에 비해서 은퇴연령이 상대적으로 낮은 편이다. 이로 인해 아직도 일할 젊은 나이에 억지퇴직을 강요당한다는 의식이 강하며 결과적으로 퇴직에 대한 태도가 부정적인 경향이 있다. 노인복지법상 노인은 만 65세 이상으로 규정되어 있으며, 국민연금의 수급 연령이 60세인 데 비하여 현행 정년연령은 55세 전후로 되어 있어 정년퇴직 후 일정기간 동안의 소득보장대책이 없는 실정이다. 더욱이 IMF 사태 이후부터는 기업이나 조직체계 내의 보이지 않는 압력에 의해 어쩔 수 없이 자의 반, 타의 반으로 조기은퇴하는 경우가 증가하고 있다.

고용자들은 나이가 들수록 능력이 감소한다는 가정 아래 초기 퇴직제도를 채택하고 있으나, 이것이 능력에 대한 문제가 아니라, 젊은이들의 빠른 승진을 위해서라고 믿는 노인들도 많다. 실제 많은 연구들은 직장노인의 생산능력이 젊은이에 비해 떨어지지 않는다는 것을 보여주고 있는데, 두어링 등(Doering and et al., 1983)은 연령과 작업능력에 관한 기존의 약 150여 개의 연구들에서 다음과 같은 결론을 내리고 있다(신은숙, 1996 재인용).

① 55세 이상의 장노년기의 근로자들의 노동형태와 태도는 조직 내에서 순기능적 역할을 했다.
② 노인근로자들의 직무만족도는 다른 연령집단보다 높았다.
③ 노인근로자들은 직장에서 어느 연령집단보다 충성스러웠고 직장의 이직률이 낮았다.
④ 건강한 노인근로자들은 젊은이에 비해 결근수가 적었으나, 몸이 불편한 노인근로자들의 결근율은 높았다.
⑤ 노인근로자들의 직장에서의 상해율은 낮았다. 그러나 일단 상해를 당한 경우 젊은 층보다 회복기간이 길었고, 불구비율이 높았다.
⑥ 노인근로자들은 재교육을 통해서 계속 학습하였고 재훈련의 효과는 높았다.

노년학자들은 노인의 은퇴 이후의 상황을 결정하는 요인들로서 은퇴시기와 은퇴의 자발성 여부가 매우 중요하다는 점을 지적하고 있다. 강제퇴직은 자신을 능력 있고 필요한 존재라고 느끼고 있는 이들에게 심한 정신적인 타격을 입힐 수가 있다. 이들에게는 일하고 경쟁한다는 자체가 생의 만족감을 더해 주는 요인이며, 동시에 경제적인 이유 역시 큰 것이기 때문이다. 따라서 직업에 따른 기능적인 나이를 고려한다면 은퇴시기를 일정 연령에 고정시키는 강제퇴직(compulsory retirement)보다는 직업에 따라 시기적인 유연성을 가지는 유동적 퇴직(flexible retirement)이 바람직하다고 전문가들은 말한다. 또한 은퇴시기를 근로자 자신이 결정하게 함으로써 미리 예견된 상황에 적절하고 다양한 은퇴준비를 할 수 있게 하는 것이 바람직하다고 보고하고 있다. 그러나 이러한 견해에 대하여 이해관계를 달리하고 있는 젊은이들은 직장 내 승진을 위하여 노인의 퇴직연령을 낮출 것을 요구하고 있기도 하다.

2) 조기퇴직

현재 외국에서의 저기퇴직은 자신의 건강상의 이유가 가장 많으며, 대체로 자발적이다(Palmore and et al., 1985). 현재 우리나라의 조기퇴직 현상은 점차 증가해 가는 추세에 있으며, 우리나라의 정년연력이 상대적으로 낮아 선진국에 비하면 우리의 정년퇴직 자체가 조기퇴직에 해당된다. 최근에는 명예퇴직이나 조기퇴직이라는 이름 아래 아직 노동력이 있음에도 불구하고 연령제한 때문에 비자발적이고 반강제적인 방법으로 노동현장을 떠나는 경우도 늘어나고 있다. 사회보장체계가 성숙하지 못한 우리의 실정에서 조기퇴직자들은 경제난과 함께 이로 인한 사회심리적·신체적인 어려움을 겪게 된다. 그러나 조기퇴직에 대한 입장은 관련 당사자의 이해관계에 따라 다르게 나타나고 있다. [표 9-1]은 조기퇴직에 대한 관련 당사자의 이해관계를 정리한 것이다.

【표 9-1】 조기 퇴직에 대한 관련 당사자의 이해관계

관련 당사자	조기 퇴직에 따른 이익	조기 퇴직에 따른 불이익
노령근로자	• 연금의 조기수급에 따른 노후여가의 연장 • 젊은 실업자를 위해 일자리를 양보함으로써 발생하는 도덕적 만족감 • 만성적인 실업의 위협으로부터 해방	• 공적연금제도의 미성숙으로 인한 경제적 어려움
기 업	• 인사활력의 제고에 따른 기업 내 인력구조의 연소화 • 생산성 제고 및 임금비 절감 • 인력수요를 경기변동과 기술 진보에 맞춰 적절하게 조절	
정 부	• 실업률의 저하를 통한 정부의 정치적 부담 완화 • 정당의 정치적 지지도 제고 및 이에 따른 정치적 안정	• 조기연금 수급권으로 인한 비용 부분 문제

자료 : 김형수 (1996)

조기퇴직의 경우 가족적 지원과 격려는 당사자에게 중요한 안정요인이 되고 있는 바 그 구체적인 가족적 대응방안으로서 다음의 사항들에 유의할 필요가 있다.

① 조기퇴직자가 원만하게 역할전환을 성취할 수 있도록 주변의 가족원들이 도와

야 하며, 특히 부부관계에서는 역할 분담보다는 양성적인 역할 공유가 바람직
하다.

② 조기퇴직을 제2 또는 제3의 직업전환기로 수용할 수 있는 가족생활주기적인 변
화 인식이 필요하다.

③ 조기퇴작자 자신은 가족원의 일원으로서 역할에 적응하며 주변적 존재로서 공
동체적 협력자로서 역할전환을 모색한다. 가족구성원들은 재사회화의 주체가
되어 조기퇴직자에게 물질적·정서적 지원을 해줌으로써 가족간 결속력을 강화
한다.

보다 거시적인 차원의 지원으로서는 조기 퇴직자의 실무경험을 바탕으로 한 재교
육의 기회가 확대되도록 재취업상담, 일시적 실업수당, 생계보조 및 융자 등과 같은
정책적인 사회보장적 지원이 필요하다. 이 밖에도 퇴직을 앞둔 근로자를 위한 평생교
육이나 생활교육프로그램 개발에 관심이 요구된다. 국가나 기업에서는 연공서열에 따
른 임금체계를 재고하며, 시간제 근무나 격일근무 등으로 취업과 정년의 완충지대를
만들어 퇴직자의 심리적 충격을 최소화하는 배려가 있어야 한다.

2. 노인 재취업

은퇴 후 노년기 삶의 질 향상에 있어서 중요하고도 실제적인 문제 중 하나는 재취
업 또는 여타의 비직업적 사회활동 참여 문제이다.

1) 고령자 고용과 재취업의 의미

점차 핵가족화 되어 가는 시대의 가정 내에서 노인들은 자식들의 부담을 일부라도
덜어주거나 자신의 용돈 정도를 버는 것으로 만족하는 경우가 많다. 그러나 무엇보다
도 노인들이 자신의 일을 통해 아직 무엇인가를 할 수 있다는, 역할 확보에서 오는
자아존중감과 자아정체감의 유지라는 주관적 안녕감이 노인재취업의 중요한 의미일
수 있다.

우리나라에서 1992년부터 시행되고 있는 '고령자 고용 촉진법'은 고령자에게 적합

한 직종을 확보해 주기 위해 기관이나 기업에서 고령자를 일정 비율 이상으로 채용해야 함을 그 내용으로 하고 있다. 예컨대 정부기관이나 정부에서 투자하거나 출연한 기관은 고령자 채용이 의무로 되어 있고, 300명 이상의 일반기업의 경우에는 3%를 채용하도록 명시하고 있는데, 점차 그 채용범위를 늘릴 예정이다. 그러나 현재 이 법률은 권장조항에 불과하여 고령자의 취업률을 증가시키는 데 큰 역할을 하지 못하고 있다. 전문가들은 노인들의 실질적인 취업을 보장하기 위해서는 고용 기준을 의무조항으로 바꾸고, 이에 대한 법적인 제재가 필요하다고 주장한다. '고령자 고용 촉진법'이 선정한 고령자에게 알맞은 직종 20개를 살펴보면 지하철역의 매표, 검표원, 주유원, 민원 상담원, 주차장 관리원, 검침원, 일반 건물 관리원, 주정차 단속 요원, 수금원, 실내 환경 미화원, 안내원, 경비원 등으로 그다지 힘이 들지 않는 단순노무들이 주종을 이루고 있다. 그러나 이러한 직종들이 경력과 전문성을 지닌 은퇴자들에게 현실성 있게 받아들여지지 못하고 있는 실정이다.

사회적·국가적 차원에서 볼 때 오랜 경력으로 자신의 업무 분야에 전문가가 된 이들을 단순노무직에 활용한다는 것은 상당한 사회적인 투자가 포함된 그들의 능력을 사장시키는 결과가 된다. 그래서 일부 기업에서는 자기 기업체의 정년 은퇴자를 대상으로 그들의 전문성을 재활용한다는 차원에서 퇴직 전 급여의 60~80%선의 임금으로 재취업시키는 경우도 있다. 예를 들어 퇴직공무원을 대상으로 민원상담관 등의 역할은 노인 재취업의 문제에 많은 것을 시사해 준다. 민원상담관으로 재취업한 이들은 자신이 오랫동안 근무해 온 직장에서 일하기 때문에 연속성을 느낄 수 있는 장점이 있으며, 이 외에도 자신의 경험과 전문성을 살릴 수 있다는 점에서 바람직한 재취업 모델이 될 수 있다. 그러나 이러한 경우가 현실적으로 많지 않은 실정이기 때문에 지금보다는 더욱 다양한 일자리가 개발되어야 할 것 같다.

재취업을 원하는 노인들이 현행의 급료에 만족하는 것은 아니지만, 그렇다고 급료 수준만이 그들 선택의 중요 기준이 되는 것은 아니다. 취업을 원하는 노인들은 경제적인 이유 외에 자신의 역할을 가지고 생산적으로 무엇인가를 계속하고 있다는 자기유용감과 성취감에 많은 의미를 부여하고 있기 때문이다. 실제 노동현장으로부터 은퇴가 노인들의 소와와 무력감, 고독감의 근본적인 원인이 되곤 하는데, 이는 노인의 재취업이 경제력의 회복 외에 역할 회복이라는 의미에서 상당한 중요성을 갖는다는 것을 의미한다.

2) 노인의 취업욕구와 재취업 실태

정경희 등(1998)의 연구에서는 비취업노인의 취업 희망 직종으로 기계장치조작원 71.0%로 가장 높고, 기술공·준전문가 4.1%, 전문가 3.7%, 고위전문직·관리자가 2.3%로 대부분 정년퇴임 이전의 직업에 종사하길 원하고 있다.

우리나라 60세 이상 노인들의 취업률은 1970년 25.7%에서 1994년 38.1%로 증가하였으며, 여자노인의 경우 같은 기간 14.7%에서 27.9%로 거의 2배가량 증가하였다 ([표 9-2] 참조).

【표 9-2】 60세 이상 노인의 취업인구 비율 추이

(단위 : 천명, %)

연도	60세 이상 인구			취업인구 비율		
	계	남	여	계	남	여
1970	1,704	700	1,004	25.7	41.4	14.7
1980	2,543	1,023	1,520	28.1	44.7	16.9
1985	3,012	1,026	1,806	29.2	44.1	19.2
1990	3,600	1,412	2,188	35.5	49.6	26.4
1994	4,241	1,684	2,557	38.1	53.4	27.9

자료 : 경제기획원 조사통계국 (1970, 1980, 1985)
통계청 (1990)
통계청, 『경제활동인구연보』, 각 연도 ;
김수춘 (1995) 재구성

[표 9-3]은 2006년 현재 55-79세 노인의 취업희망 여부와 취업을 원하는 이유를 보여주고 있다. 제반 여건을 고려해 볼 때 노인들의 경제활동에 대한 욕구가 증대하고 실제 취업활동도 크게 증가하고 있음을 알 수 있다. 그러나 이 같은 증가는 거의 대부분이 농가부문에서 이루어진 것으로 전문 또는 기술직 분야로의 노인재취업은 매우 미진한 형편이다.

이와 같은 노인층의 취업희망에도 불구하고 취업 알선 현황이 단순 근로직에 집중되는 이유는 앞서 언급하였던 바와 같이 기업 및 경영인들이 중·고령자의 취업을 꺼리기 때문이다. 정보에서도 고용자의 취업활성화를 위해 고령자를 직원의 6% 이상

【표 9-3】 고령자의 취업희망 및 이유

	계	소계	취업 원함						취업의사 없음
			즐거움	생활비 마련	사회적 필요	건강 유지	무료함	기타	
남자	100.0	72.2	24.2	40.3	2.1	2.3	3.2	0.1	27.8
여자	100.0	45.7	11.7	29.2	0.3	1.0	3.2	0.2	54.3
55~64세	100.0	71.4	20.7	43.9	1.7	1.7	3.3	0.2	28.6
65~79세	100.0	43.1	13.9	23.9	0.5	1.6	3.1	0.1	56.9
현재취업자	100.0	86.4	26.0	53.1	1.9	1.9	3.3	0.2	13.6

자료 : 통계청 (2006b)
정옥분 외(2008)를 토대로 재구성함

고용하는 사업체에 대해서 고령자 고용 촉진 장려금을 지급하고 있음에도 불구하고, 고령자 고용률은 매우 저조한 실정이다(변용찬, 1999).

더욱이 노인들의 경제활동 참가는 60대에서 70대로 넘어가게 되면 급격히 감소하는 경향이 있다. 따라서 경제활동에 참가할 수 있는 노인들은 일부 계층에 한정될 수밖에 없고, 그나마 주로 60대 노인들에 편중되기 때문에 대부분의 노인들은 근로소득을 노후소득의 주 원천으로 할 수 있다고는 볼 수 없다.

우리나라의 현실에서는 노인의 은퇴 후 재취업을 활성화시키기 위해서 노인에게 가능한 직업군을 계속 연구 개발할 수 있는 전담기구의 설치가 요구된다. 현재 우리나라 고령자 취업알선기관은 노인능력은행, 노인공동작업장, 고령자 인재은행, 그리고 고령자 취업알선센터 등이 있다. 노동부가 고령자 취업교육을 실시하고 업체에 채용권유를 하고 있으나, 이러한 취업알선기관의 실적은 전반적으로 저조한 상태에 있다.

현재 미국에서는 65세 정년 이후 곧 퇴직발령을 내지 아니하고 본인의 이사에 따라 임시직으로 재고용 계약을 맺고 파트타임으로 개인이 계속 같은 분야의 자문이나 보조역으로 근무할 수 있도록 하는 기업들이 늘어나고 있다. 이로써 당사자는 퇴직에 따른 인간관계 단절과 급격한 생활변화에 적응할 수 있는 완충기간을 가질 수 있다. 최근의 한 조사결과에 따르면 미국의 약 75%의 기업이 정년 퇴직자에게 재취업의 기회를 제공하고 있는 것으로 나타났다.

일본정부는 21세기 일본사회를 '평생현역사회'로 개조한다는 구상을 가지고 고령자 취업과 경제활동이 용이하게 이뤄질 수 있는 세제-금융 등의 제도개편 작업을 추진하고 있으며, 이를 위하여 통산성 산하 고령자 창업 촉진 기구인 '시니어 벤처(senior venture)연구회'를 가동시키고 있다. 초저금리로 금융소득을 기대할 수 없고, 연금 재정의 적자로 공공연금조차 불안한 일본에서 최근 유행하고 있는 신노인(新老人)이라는 용어는, 과거 소비만 하던 노인과는 달리 생산활동의 주역이란 뜻에서 생겨난 말이다. 신노인의 장점은 축적된 노하우와 오랜 경험에 기초한 정확한 판단력이라고 할 수 있는데, 비록 체력이나 순발력은 떨어지지만 젊은 층이 가지지 못한 노인들의 이 같은 강점이 다양한 분야에서 생산적으로 쓰일 수 있다는 것이다. 이와 함께 '골드세대'라는 신조어는 은퇴하면 소비집단으로 전락하던 실버세대와는 달리, 노인집단을 정년퇴직과 동시에 제2의 활동기를 시작하는 '생산적 고령자집단'으로 파악하는 의미를 지니고 있다.

3) 노인재취업 활성화 방안

고령자 고용문제를 해결하기 위해서는 개별기업 차원에서 계속고용에 의한 취업확대방안과 국가적인 차원에서의 재취업기회 확대대책을 적극 강구해야 한다. 그 구체적인 방법으로 첫째, 우선 개별기업의 측면에서 이미 취업해 있는 고령자들의 정년(停年)을 연장함으로써 계속고용을 실현하는 방안을 검토해 보아야 한다. 우리나라 기업이 정년연장을 실시하는 데에는 현실적으로 2가지 제도적인 문제점을 안고 있다. 연공제(年功制)와 인사관리 제도상의 문제가 그것이다. 이들 제도를 유지한 채 정년 연장을 하게 되면 고령화에 따른 퇴직금 지급부담이 가중되며, 인사의 정체를 초래하게 된다. 따라서 고령자 고용 확대 시책은 위의 두 가지 제도상의 문제점을 합리적으로 개선하려는 방향에서 모색되어야 한다. 앞에서 소개한 미국의 예는 그 좋은 모델이 될 수 있다.

둘째, 정부는 고용보장적 차원에서 노인의 재취업 기회의 확대시책을 적극 실시해야 한다.

현재 정부는 노인의 취업상담과 알선을 통하여 여가선용과 소득 증진 기회를 부여하고자 1981년부터 노인인력은행을 설치하였다. 1996년부터 종래 운영해 오던 노인인력은행을 '노인취업알선센터'로 확대 개편하여 보다 적극적인 노인취업활성화를 도모할 의지를 보이고 있다.

그러나 1992년부터 시행되고 있는 고령자 고용의무규정은 선언적인 것에 불구하고 아직 정착되지 못한 실정에 있으므로 의무고용제도의 실시에 특별한 정책적 배려가 필요하다. 즉 노인의 능력과 적성에 상응하는 직종을 다양하게 개발 설정하고 사업주에게는 일정 비율의 고용을 의무화하는 제도적인 유인장치가 필요하다.

3. 은퇴적응

그간의 은퇴 이후의 적응과 만족도는 주로 개인의 건강수준, 경제상태, 학력과 같은 사회·경제적인 요인들과 관련지어 연구되어 왔다. 이러한 연구에서는 많은 은퇴자들이 부정정인 노후생활을 보내고 있다고 보고한다. 구체적으로 교육수준이 낮고 수입이 적절하지 못하며, 친구가 적고, 신체·정신적 건강상태가 좋지 않고, 일생동안 스트레스가 심한 사건들을 많이 경험한 사람일수록 은퇴만족도가 낮은 것으로 나타나고 있다.

그러나 다른 한편으로는 은퇴 후 무거운 책임과 역할에서 벗어나 홀가분하게 느끼며, 그 동안 바빠서 하지 못했던 새로운 목표나 흥미, 취미활동을 추구할 수 있는 좋은 기회로 생각하고 취미생활이나 새로운 역할 속에서 기쁨을 찾고 만족스러운 삶을 살아나가는 노인들도 많다. 흔히 진정한 삶은 은퇴와 함께 시작된다고 말하기도 한다. 일과 자녀양육에서 벗어난 자신만의 생활을 할 수 있기 때문이다.

실제로 미국인들은 평안한 노후를 위해 평생 열심히 일하고 저축한다. 은퇴하기 위해 일한다고 말할 수 있을 만큼 일찍부터 은퇴 이후의 준비에 열심이다. 이들 사회는 연금제도 등 사회복지제도가 잘 갖추어져 있고, 실버산업이 발달해 경제력만 있으면 기후 좋고 경치 좋은 곳에 있는 은퇴자 촌에 입주해 비슷한 처지의 사람들끼리 모여 살며 여생을 보내고 있다.

일찍부터 은퇴문화가 발달된 일본에서는 은퇴자들이 여가를 충실히 보내기 위해 매우 열심이며, 이들을 뒷받침해 주는 사회적 시스템도 비교적 잘 가주어져 있다. 특히 일본사회의 한 특징으로 꼽혀 온 종신고용제가 점차 붕괴되고 정년퇴직자나 명예

퇴직자가 늘어나면서 은퇴 후의 제2의 인생을 보람있게 보내려는 움직임이 활발하다. 『정년부터가 재미있다』, 『세컨드 라이프를 사는 법』, 『정년 후 20년을 부부가 함께 건강하게 사는 지혜』, 『정년부터가 가족의 원년(元年)』 등 은퇴자들을 위한 책들은 은퇴에 대한 일본인의 시각을 짐작할 수 있게 한다. 은토 후의 적응에 관하여 구체적으로 살펴보면 다음과 같다.

1) 사회·심리·관계적 적응

가족관계에 대한 그간의 선행연구들은 은퇴 후 부부간의 결혼만족도가 높아진다고 보고하고 있지만(Atchley, 1992) 이러한 결과는 정년 이전의 결혼상태, 경제적 요인, 계층, 지역 등에 따라 상당히 다른 결과를 보이고 있다. 게다가 조기퇴직의 경우는 정년과는 달리 부정적인 요인이 더욱 많으므로, 결혼만족도가 반드시 높아지리라고 보기는 어려울 것이다. 오히려 은퇴 이후에 결혼관계에서 어려움을 겪는 사람들도 많다. 은퇴 이후의 결혼생활은 가끔 "twice the husband and half income"이라고 묘사되기도 하는데, 이는 남편으로 인해 일거리는 두 배로 늘어나고 수입은 반으로 감소하여 결혼생활에 대한 불만족도가 증가한다는 것이다. 대부분의 남편들은 정년 이후 절대적으로 남은 여유시간으로 인하여 가사일에 참여하는 비율이 높아진다는 결과도 있지만(Atchley, 1992), 남편의 가사참여율 증대도 부부간의 상호적인 관계에 따라 받아들이는 데 차이가 있다. 원만한 부부관계를 유지해 오던 경우에는 남편의 가사참여활동의 증대가 부부의 평등성이나 일치성을 높인다는 긍정적인 효과를 보이지만, 성별분업이 강하게 유지되던 부부관계에는 오히려 부정적인 결과를 초래시킬 수 있다. 남편의 퇴직으로 인한 가사참여는 가족 내에서의 자신의 권력과 위신의 하락으로 인식될 가능성이 있고, 부인에게는 지금까지 자신의 고유영역으로 인정되었던 가사일에 대한 남편의 참여가 성가신 간섭을 의미하게 되어 부부상호간에 불협화음이 일어날 소지가 있다(박충선, 1995). 자녀들과의 관계 역시 상호간의 오해와 참견, 부담감으로 적응에 어려움이 있을 수 있다.

한편 은퇴 이후의 생활에 훈련이 되지 않은 상태에서 대체로 불면증이나 우울증, 불안, 강박증, 심리신체증상 혹은 알코올 중독 등 이른바 '은퇴증후군'에 걸린 정년퇴직자들이 많다고 관련 학자들은 말한다. 또한 정년을 앞둔 이들에게 노후생활에 대한 스트레스와 불안이 나타나기도 한다.

그러나 은퇴는 누구에게나 심각한 심리·심리적인 위기를 초래하는 보편적인 사건이라기보다는, 은퇴를 받아들이는 개인에 따라 은퇴 이후의 적응이 다양하게 달라질 수 있다. 은퇴에 대한 지각과 은퇴 이후의 적응과정은 보다 다양한 요인들의 영향을 받는 복잡한 과정으로 밝혀지고 있다. 따라서 개인이 은퇴상황에서 어느 정도 스트레스를 받고 은퇴 이후에 어떻게 적응해 나가는가 하는 문제는 은퇴상황을 어떻게 지각하고 수용하는가 하는 은퇴상황에 대한 개인의 주관적인 평가 등에 따라 크게 달라지고 있다(김애순 등, 1995). 따라서 개인적인 차원에서는 은퇴를 보다 긍정적으로 수용하고 이에 대처하는 것이 은퇴적응의 지름길이 될 수 있다.

[참고 9-1]은 관련 전문가가 제안하는 은퇴적응을 도울 수 있는 노후준비 십계명이다.

【참고 9-1】 노후준비 10계명

1. 노후준비는 30대부터, 회사가 모든 것을 해결해 줄 것이라는 기대에서 벗어나야 한다.
2. 무덤에 갈 때까지 돈을 지닌다.
3. 돈이 없을 때에는 자식에게 당당히 요구한다.
4. 부부가 함께 하는 취미생활을 은퇴 전부터 확립한다.
5. 자식은 남이다. 주도권을 잡으려 하지 않는다.
6. 며느리에게 대해서는 항상 칭찬하고 장점만 본다.
7. 취미 봉사활동은 젊어서부터 한다.
8. 혼자된 경우 재혼은 모든 노년문제를 한꺼번에 해결할 수도 있다.
9. 한꺼번에 생활리듬을 바꾸지 말고 서서히 적응한다.
10. 새로운 것 배우기를 두려워하지 않는다.

2) 경제적 적응

퇴직자들의 경제적인 걱정은 거의 비슷하다. 정규수입원의 단절로 인한 어려움, 인플레이션에 따른 생계비의 증가, 투자 실패, 질병으로 인한 금전손실 등 수입은 끊어지고 지출은 계속 증가하는 데에 대한 두려움 등이 일반적인 것이다. 은퇴자의 생활만족도 영향 요인을 조사한 연구들은 사회·심리적 요인 외에 신체·경제적 요인 역시 중시하고 있다. 은퇴 자체보다 건강과 경제적 안정이 은퇴자의 만족감에 더 크게 영향을 미치고 있다고 지적하는 연구들은 은퇴자들이 불행감을 느끼는 것은 일할 자리를 잃었다는 심리적 상실감이나 무력감 외에 건강이나 수입의 급격한 악화에 적응하는 데 어려움이 있기 때문인 것으로 보고 있다. 본인의 의사나 국가사회적인 정책적인 지지로 재취업을 하는 경우라면 은퇴적응이 보다 수월해질 것이다. 그러나 그렇지 못한 우리나라의 경우 은퇴 후 현실적인 재정난은 심각한 실정에 있다.

은퇴를 위한 보다 현실적이고 경제적인 대책을 세우기 위해서 우선 부모 자신들의 노후준비나 대책 마련 없이 단지 자녀들을 위해 능력 이상의 과도한 지출을 해 왔던 종래 우리나라 노부모들의 예를 신중히 재고해 볼 필요가 있다. 자녀는 독립해 살 수 있는 능력을 길러주고, 부모 자신은 늙어서 자녀에게만 전적으로 의존하지 않아도 좋을 여건이 되도록 지출을 합리화시키고 자금을 관리하며, 예비비 등의 경제적 계획을 세밀히 세워야 한다. 은퇴 후에는 경제활동으로 새로운 소득을 창출하기 어렵기 때문에 고수익에 집착한 투자에 골몰하기보다는 예금이나 신탁·채권처럼 안정적이고 환금성이 있고 수익성을 두루 갖춘 금융상품 위주로 돈을 운용하는 게 바람직하다. 노후에는 부동산이나 주식처럼 가격변동 손실위험이 큰 재테크 수단은 가급적 피하는 것이 좋다.

다음은 관련 전문가들의 노인기 재테크 사항을 정리한 것이다.

① 선 안정적인 재장기반 확보, 후 수익성 추구전략을 세운다. 주식투자는 위험성을 고려하고 부동산은 필요시 현금화가 어려운 점을 감안하여 수익성보다는 안전성과 환금성을 중시한다.

② 지출이 필요한 시기에 따라 예금의 만기와 이자받는 방법을 정한다. 적정생활비를 정해 생활비는 매월 이자받는 상품에, 그 이상의 금액은 만기일에 일시에 이자받는 상품을 선택한다.

③ 노후 비상상태에 대비하여 비상금으로 1천만 원 또는 전체 재산의 5%가량은 상시 인출받을 수 있는 은행이나 투신사의 단기성 저축에 불입한다.

④ 노후계층을 위한 노후생활연금신탁, 투자신탁, 투자보험, 개인연금신탁, 개인투

자신탁 등 특화상품을 활용한다.

⑤ 퇴직금을 일시금으로 받기보다는 연금식으로 받는 것을 검토할 필요가 있다.

⑥ 목돈 증식방법을 모색한다. 금리 상승기에는 짧게 투자하고, 하락기에는 길게 투자하는 것이 유리하다. 금리 하락기에는 은행의 확정금리 금융상품이나 장기 채권에, 금리상승시에는 단기 상품 비율을 높인다.

⑦ 보험에 가입한다. 노후 의료비와 생활비에 대한 여유자금을 위해 만 60세 이전에 생명보험 가입을 검토한다.

⑧ 퇴직 후 소규모 창업과 부업을 희망한다면 반드시 주거래 은행을 정하고, 창업을 지원하는 금융상품을 주목한다.

⑨ 퇴직 후 1년 정도의 탐색기간을 거쳐 재취업을 시도해 본다.

⑩ 종합과세 대상에 해당되는 경우, 분리과세형 상품을 선택하면 세금 감소가 가능하다.

4. 노인 여가활동

이상에서 언급한 사회심리적이고 가족적인 적응과 경제적인 적응 외에도 은퇴 후 부담 없이 쓸 수 있는 많은 여유시간을 어떻게 사용하느냐의 문제 역시 은퇴적응의 중요한 관제가 되고 있다. 노년기는 직업적인 활동과 자녀양육 등 의무적인 일에서 벗어난 시기로 일상의 대부분이 여가시간이라 볼 수 있다. 수명의 연장으로 인하여 보다 길어진 노년의 자유로운 여가시간을 어떻게 보내느냐의 문제는 노년기 개인의 삶의 질뿐만 아니라 가정과 사회 전체의 안정과 발전에 지대한 영향을 미친다. 일반적으로 노년 여가활동이라 하면 레크리에이션과 스포츠활동, 취미활동, 자원봉사활동 및 학습활동으로 구분하거나, 휴식·친목모임, 취미·오락, 자원봉사, 교육·문화적 영역 등으로 구분하기도 한다.

1) 노인여가의 특성

노인의 여가활동은 젊은이들의 여가 성격과는 달리 ① 건강 증진, ② 사회적 접촉과 사귐의 기회 증진, ③ 사기와 생활만족감 증진, ④ 신체적·정신적 자신감 증진,

⑤ 자기가치성과 자기유용감 확대, ⑥ 자립성 향상, ⑦ 재미있고 즐거운 삶 등을 위해 계획되어야 한다(Leitner 등, 1985).

연구들은 일반적으로 노인여가의 특성을 다음과 같이 지적하고 있다. ① 노인이 젊은이에 비하여 스포츠나 레크리에이션 활동 등의 참여율이 저조하고 대신 TV나 라디오 시청 혹은 무료하게 보내는 시간이 더 많다. ② 여가시간의 활용은 노인 개인의 처지에 따라 다르며 대개 어느 정도의 돈을 소비할 수 있느냐 하는 재정 상태에 따라 다르게 나타난다. ③ 노인들의 여가활동 시간은 돈이 적게 드는 TV 시청에서부터 사회적인 활동에 이르기까지 다양하지만 대체로 노후를 위해 별다른 저축이 없으므로 활동이 활발하지 못한 실정이다. ④ 노인이 주로 개인적인 오락영역에 자주 참여하며 특히 TV 시청은 학식과 건강 정도에 관계없이 모든 노인의 가장 절대적인 오락거리이다. ⑤ 젊은이에 비하여 사회활동이나 봉사활동 특히 노소세대가 함께 즐기는 여가활동에 소극적이다. ⑥ 퇴직 후에 새로이 개발한 취미나 오락은 거의 없다.

특히 우리나라 노인의 경우는 여가형태의 다양성이 낮고, 동적이고 외향적인 활동이나 자기표현 및 성취감의 기회를 갖는 활동이 빈약하다는 지적을 받고 있다.

이상과 같은 노인여가 실정의 특성을 감안하여 노인여가 활동을 활성화시킬 필요가 있다. 노인은 장기간의 과제 수행이 어려우므로 부담 없이 가볍게 참여할 수 있고, 노인의 욕구와 능력의 다양성에 맞는 프로그램 개발을 고려하여야 한다. 처음에는 아주 쉽고 실질적인 것으로부터 시작해서 점점 높은 단계로 나아가는 것이 필요하다.

2) 노인여가 및 여가시설의 문제점

우리나라 노인복지법에 의하면 노인 여가시설은 노인정(경로당), 노인교실, 노인휴양소로 되어 있으며 이 중 노인정은 시설수효나 이용면에서 노인여가의 대표적인 시설이다. 노인정의 운영은 대한노인회가 총괄하고 있으며, 대한노인회는 중앙회, 시·도 연합회, 시·군·구 지회, 일선 노인정으로 이어지는 조직체계를 갖추고 있으나, 전문인력과 운영재정의 부족으로 인하여 전체 사업에 대한 기획, 정책 및 프로그램의 개발, 산하조직의 지도육성 등과 같은 기능을 적절히 수행하고 있지 못하다.

노인정 운영의 활성화를 위하여 보건소, 사회체육회관, 지역사회복지관, 노인종합복지관 등의 사회시설과 연계하여, 노인정을 지역노인을 위한 보건복지 지역정보센터

로 기능 확대시키는 방안이 제안되고 있다. 노인정 프로그램 개발에 지역노인종합복
지관이 적극적으로 재정 및 행정적 지원을 해주는 방안도 고려될 수 있다.

일반적으로 우리나라 노인여가에 아래와 같은 문제점들이 지적되고 있다.

① 소득의 중단과 더불어 경제적 여유가 없음
② 여가시설이 부족하고 운영이 매우 취약함
③ 여가 프로그램의 미비
④ 노인여가에 대한 사회적 인식의 부족
⑤ 전문연구기관이나 전문요원 부족
⑥ 정부정책이나 시·도 등 기관 시책의 미약과 획일성으로 인하여 지역특성과 노인
   의 요구에 부합되지 못함
⑦ 노인 자신과 가족의 여가선용에 대한 사전준비나 노력이 거의 없거나 부족함

3) 노인의 여가활동 실태

연구들(김성순, 1990 ; 서병숙, 1991)에서 일반적으로 노인의 여가형태는 ① 한거
형, ② 자기완성형, ③ 가족충실형, ④ 사교오락형, ⑤ 사회참여형, ⑥ 폐쇄형 등 6
가지로 분류된다. 이 중 어느 노인이 어느 특정 형태에만 해당되는 경우보다는, 주도
적인 어느 형태를 유지하는 경향이 있다고 보아야 할 것이다.

1980년대 우리나라 노인들의 여가활동 내용 조사(최성재, 1986)에 의하면 우리나
라 노인의 전반적인 여가활동은 ① 친구나 친척방문, ② 집 보기, TV 시청이나 라
디오 청취, ③ 집안일, ④ 화투, 장기나 바둑 두기, ⑤ 노인정이나 노인학교 참가,
⑥ 손자녀 돌보기 등 주로 크게 6가지 활동으로 여가시간을 보내는 것으로 나타났
다. 이는 조직적이고 계획된 프로그램에 의해서라기보다는 시간 소일거리를 가지는
수준에서 노인정과 같은 노인을 위한 여가시설이 운영되고 있는 것이므로, 서로 모
여 단지 장기나 바둑 혹은 대화로써 시간을 보내고 있는 형태이며 시설 이용 노인
은 극히 제한적인 실정이었다.

그러나 최근의 노인들은 스포츠의 대중화 추세로 인하여 자신의 활력정도에 따라
운동이나 등산 등 과거보다는 다양한 여가활동에 참여하여 젊은이 못지않게 여가시간
의 활용 폭을 점차 넓혀 가고 있다. 그 예를 12개의 여가활동에 대하여 노인들이 얼

마나 자주 참여하고 있는가를 추정한 이가옥 등(1994)의 연구에서 발견할 수 있다. 노인 1인당 참여하는 여가활동 수는 평균 3.5개로 나타나고 있으며 '주 1회' 이상 참여하는 여가활동으로는 TV 시청 및 라디오 청취(94.3%)가 가장 높다. TV 시청 및 라디오 청취가 유일한 여가활동이라고 응답한 노인의 비율도 13.5%로 나타났다. 이 외에 '주 1회' 이상 참여하는 여가활동은 신문·책 보기(26.5%), 성경 읽기·기도 등의 종교생활(26.0%), 친구·친척모임 참여(21.6%), 정원 손질(14.1%), 운동·등산(13.6%), 화투·장기·바둑(13.6%)으로 나타났다. 이로써 한국갤럽조사(1990)에서 밝힌 대로, 서구 노인들의 경우 운동 경기 참여 및 관람, 문화 및 예술적 활동 등 여가활동의 형태가 다양한 데 비하여, 우리나라 노인들은 여가 유형에 대한 참여가 매우 저조한 편임을 알 수 있다.

그러나 노인 여가 욕구의 변화를 조사한 조성남 등(1998)의 중산층 노인의 사회활동 연구 결과에 의하면, 가족이나 친구와 어울리는 것은 여전히 선호되면서도, 노인 여가 시설 이용은 별로 원치 않는 것으로 나타났다. 대신 사회단체 활동 참여 희망(학습 68.6%, 사회봉사 81.2%, 종교 68.1%)이 높게 나타났다(김동배, 1999 재인용).

노인의 경제력과 교육수준의 향상에 따라 여가욕구가 변하고 있으며, 특히 사회활동 및 자원봉사 참여도가 점차 증가하고 있다. 노인의 여가활동에는 휴식 및 친목모임이나 취미 및 오락 활동 외에도 노인들의 경험과 능력을 보다 적극적으로 활용함으로써 지역사회를 위해 봉사할 수 있고 노인 자신에게 삶의 보람을 가지게 하는 사회참여의 기회가 있다. 다음은 노인의 주요한 여가활동 중 하나인 노인자원봉사활동에 대하여 살펴보기로 하겠다.

4) 노인자원봉사활동

(1) 자원봉사의 개념과 의의

자원봉사의 개념과 영역이 아직 명확하게 정립되어 있지 않은 상태이지만 자원봉사활동(voluntarism)이라는 용어는 라틴어 '볼룬타스(voluntas)'에서 유래된 것으로 특정한 사람에 의해 실시되는 특별한 활동이 아니며 누구나, 언제, 어디서라도 참여할 수 있는 활동을 의미한다. 미국의 사회사업 백과사전에서는 자원봉사자를 '개인 및 집단과 지역사회에서 발생하는 문제를 예방, 통제, 개선하는 일을 처리하는 여러 기관 및 조직에서, 보수 없이 자발적으로 서비스하는 개인'이라고 규정하고 있다. 또 일본의 사회복지사업 사전에는 '사회복지사업 또는 이와 관련된 일을 한 후에 반대급부(보수, 지위, 명예 등의 교환)를 요구함이 없이 자의로 사회복지를 향상시키기 위한 활동을 하는 사람'이라고 자원봉사자를 정의하고 있다. 위의 두 정의에서 지적하고 있는 자원봉사자의 의식은 자발성과 자의성 및 반대급부를 요구하지 않는 헌신적 성격에 국한되어 있다(이익섭, 1996) 하겠다.

자원봉사활동은 노인들에게 자신들이 다른 이들에게 또는 사회에 유용하다는 느낌을 갖게 하며, 고독을 없애거나 의사소통을 잘 하게 하는 등 노년기를 풍요롭게 향유할 수 있는 기본적인 역할과 사회 참여의 기회를 제공해 준다. 따라서 노년기 자원봉사활동은 상실되었던 사회적 지위와 역할을 보충해 준다는 점에서 긍정적 측면을 가지며, 이러한 의미에서 볼 때 노년기에 자원봉사활동에의 참여는 바람직하다고 할 수 있다.

(2) 우리나라의 자원봉사활동

우리나라의 자원봉사활동은 아직은 초보단계인 극히 저조한 실정에 있다. 자원봉사활동은 1960년대까지 적십자사, YWCA의 자선활동 위주로 시작되었다. 1970년대 중반 이후로부터는 각종 사회복지단체와 종교기관, 여성단체 등이 중심이 되어 민간복지 전달체계의 일환으로 자원봉사활동이 행해져 왔다. 그 이후 '88 올림픽과 장애인 올림픽 등 대규모 국제행사와 활발한 시민운동이 계기가 되어 자원봉사활동에 대한 국민의 인식이 새로워지게 되었다.

서울시 교육청은 1995학년도부터 중학교 1학년 학생들의 자원봉사를 의무화하고 '98학년도 고입 내신 성적에 봉사활동 점수를 전체의 8% 배정하기로 했다. 또한 5. 31. 교육개혁방안에는 '96학년도부터 초·중·고등학교 전 학년에 '종합생활기록부'를 실시하여 이를 상급학교 학생선발 전형자료로 사용하도록 했다. 그리고 몇몇 대학에서는 자원봉사 과목의 설정 또는 봉사활동을 학교 차원에서 지원하는 정책을 채택했다. 여러 대기업에서는 신입사원을 선발할 때 사회봉사활동의 경험이 있으면 입사시 혜택을 주고, 신입사원의 연수프로그램에도 자원봉사활동을 포함시키고 있다. 이와 같이 자원봉사에 대한 사회적 인식이 높아지자 여·야가 국회에 제출한 자원봉사진흥법(가칭)은 자원봉사자에 대한 수당, 보험, 유사경력 인정 등의 혜택 외에도 일정 경력 이상의 자원봉사자에 대하여 공직 임용, 취업, 진학 등에 혜택을 부여할 수 있는 포괄적인 혜택 규정을 담고 있는 법의 제정을 통해 자원봉사활동의 활성화를 도모하고 있다(이익섭, 1996). 현재 활발한 활동을 수행하고 있는 봉사단체로서 대한적십자사, YWCA, 여성자원활동센터, 사회복지협의회 지역센터 등을 들 수 있으며 1996년 초 대한적십자사, 청소년연맹, YWCA 등 42개 봉사 단체로 구성된 한국자원봉사단체협의회가 사단법인으로 설립되었다.

최근 보건복지부와 한국사회복지협의회(2005)가 발간한 '2005 사회복지 자원봉사 통계연보'에 따르면 지난 해 전국 사회복지시설 및 단체에서 연간 1회 이상 봉사한 자원봉사자 총 34만 5,064명 가운데 40~50대 25%, 60대 이상 노인 5%인 것으로 나타났다.

[그림 9-1]은 우리나라 연령별 자원봉사 참여 현황을 보여주고 있다.

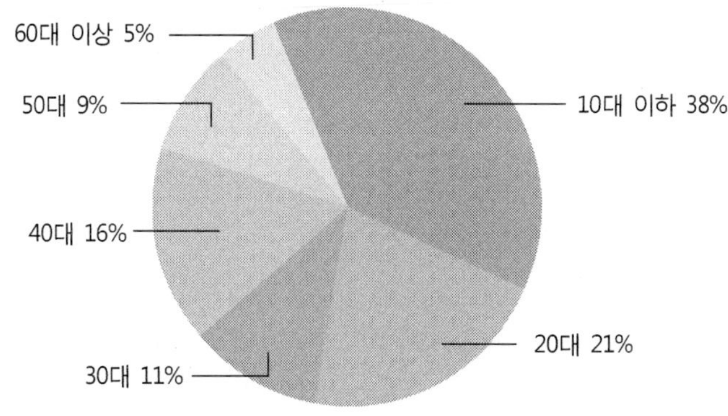

【그림 9-1】 연령별 자원봉사 참여율

자료 : 한국사회복지협의회 (2005)

(3) 노인자원봉사활동의 필요성

노인자원봉사활동은 두 가지 측면에서 그 의의를 찾을 수 있다. 먼저 자원봉사활동 자체로서의 의미라 하면 현대사회의 급속한 산업화와 도시화로 인한 각종 사회문제의 발생과 그 해결방안으로서의 필요성 때문이다. 사회복지제도의 정착에 따르는 예산 및 전문인력이 매우 취약한 우리나라의 상황에서는 정부차원의 노력 외에도 국민의 상부상조하는 공동체 의식과 태도가 무엇보다 중요하며 이러한 노력의 일환이 사회적 연대책임의식에 바탕을 둔 자원봉사활동이라 할 것이다.

한편 노인의 입장에서 노인자원봉사활동의 의의를 찾는다면 노인기의 풍부한 여가시간을 채우는 여가활동의 진정한 의미와 목적 때문일 것이다. 노인의 여가활동은 노인에게 위안과 만족감을 주는 휴식활동이나 오락활동으로서의 역할뿐만 아니라, 생활의 질을 향상시켜 줄 수 있는 평생교육이나 사회활동에의 참여를 통해, 이웃과 지역사회 발전에 공헌하는 사회적인 활동으로서의 역할을 지니고 있다. 노인의 다양한 사회활동은 가정에서의 고립된 생활보다 지역주민들과의 교류를 통해 삶의 보람을 찾게 하고, 사회발전에 생산적인 일원으로 참여할 수 있게 한다. 자원봉사활동을 통하여 책임감 있는 시민으로 발돋움할 수 있는 자기성장의 기회를 부여하는 것은 타인에게 도움을 주는 것은 물론 노인 자신의 열등감과 소외감에서 해방되어 자신도 사회의 일익을 담당하는 쓸모 있는 인간임을 인식하고 자신감을 갖게 되는 계기를 만든다.

그간의 연구들은 노인들이 자원봉사활동에 참여하는 구체적인 이유를 다음과 같이 밝히고 있다.

① 다른 사람들을 도와주기 위해
② 새로운 친구를 만나기 위해
③ 외로움을 없애기 위해
④ 이미 익힌 기술을 사용하기 위해
⑤ 새로운 기술을 배우기 위해
⑥ 관심사나 흥미를 나누기 위해
⑦ 성취감을 맛보기 위해
⑧ 무료함을 없애기 위해
⑨ 바쁘기 지내기 위해
⑩ 즐겁게 살기 위해
⑪ 유용하다고 생각되는 일에 자신의 시간을 보태기 위해
⑫ 새로운 일을 경험하기 위해

⑬ 삶의 경험을 서로 나누기 위해

⑭ 비슷한 또래집단과 어울리기 위해

⑮ 젊은 세대와 어울리기 위해

그러나 현재 노인들의 역할에 대한 사회적 규범이 제대로 정립되어 있지 않고, 그간 노인 자신들도 바람직한 행동양식을 배울 수 있는 기회가 매우 제한적이었다. 이러한 노인에 대한 사회적 편견과 지원체계의 미비는 노인의 재취업과 적극적 사회활동의 기회를 충분히 활성화시키지 못하고 있는 실정이다.

(4) 노인자원봉사활동의 실태

노인정을 통하여 수행되는 우리나라 노인자원봉사활동은 대부분 조기청소, 자연보호, 청소년선도, 교통정리 등 일상적이고 주변적인 활동이 차지하고 있고, 노인의 축적된 경험과 능력을 유효하게 활용할 수 있는 전문적 활동은 미미한 실정이다. 그 구체적인 예로서 서울시에서 1991년부터 시행되고 있는 노인 자원봉사 프로그램을 살펴보면 ① 교통할아버지 봉사활동(1일 4시간), ② 골목할아버지 봉사활동(1일 4시간), ③ 공원관리 봉사활동(1일 4시간), ④ 할머니 사회봉사활동(1일 3시간), ⑤ 할아버지 선생님 봉사활동(시간당 2만원) : 토요서당, 한문 및 예절교실 등이 프로그램 내용이다.

현재 우리나라 노인자원봉사활동과 관련된 전국적인 조직기구로는 회원 150만 명을 갖고 있는 대한노인회가 있으나 재원 및 인력부족으로 체계적인 활동을 추진하지 못하고 있으며, 노인정을 통한 지역봉사활동이 산발적으로 수행되고 있을 뿐이다.

참고로 미국의 노인자원봉사활동을 소개하자면 1990년 현재 65세 이상 노인의 46% 가량이 자원봉사활동에 참여하고 있다. 대표적인 조직으로서는 미국 퇴직자협회(AARP)와 전국 노인봉사단(NSSC)을 들 수 있는데 미국 퇴직자협회(AARP)는 순수 비영리 민간단체로서 50세 이상 누구나 회원이 될 수가 있다. 전국 노인봉사단(NSSC)은 55세 이상의 자원자로서 경험과 지식을 활용하여 지역사회의 공공안전과 환경문제를 염두에 두고 봉사하고 있다. 조직 내의 구체적인 프로그램을 살펴보면 다음과 같다.

① 노인퇴직자 자원봉사 프로그램(RSVP) : 자원봉사자에게 상해보험 혜택을 주

고 있으며 무보수 활동을 원칙으로 전체 회원의 3/4 가량이 여성 노인자원봉사자들로 구성되어 있다. 활동은 방범, 청소년 개인지도, 집수리, 음식은행, 세무 법률 상담, 전화 걸어주기, 위문방문활동, 방과 후 아이들과 놀아주고 보호지도하기 등이다.

② **양조부모 프로그램** : 55세 고령자가 특별한 욕구를 가진 아동과 청소년들을 대상으로 할머니, 할아버지 역할을 해주는 프로그램이다. 이들은 저소득층에서 선발되고 봉사료, 교통비, 식비 등을 제공받고 정기건강검진과 상해보험도 제공받고 있다.

③ **노인 말벗 프로그램** : 55세 이상의 저소득층 노인 자원봉사자들이 일상생활의 어려움을 지닌 노인들의 가정을 방문하여 도움과 우정을 베푸는 프로그램이다. 해당 노인을 위하여 봉사노인은 세금 지불, 식료품 쇼핑, 병원예약 등 다양한 서비스를 제공해 주고 최소한의 봉사료를 지급받고 있다.

5) 노인자원봉사활동의 문제점과 활성화 방안

그간의 연구들에 의하면 우리나라 자원봉사활동의 문제점으로 정부의 지원체계 미비와 국민의 인식부족 및 봉사단체의 관리 미숙 등을 들고 있다. 다행히 자원봉자 참여율은 점차 증가추세로 전환되고 있지만 자원봉사자의 확보와 관리 및 유지상의 제반여건이 아직 미흡한 실정으로 중도탈락의 문제가 더욱 심각히 거론되고 있는 형편에 있다. 대개 1년 정도의 기간 내에 중단하는 사례가 빈번하여 자원봉사자의 참여동기 및 책임감 결여 등이 지적되고 있다. 참여 동기에 있어서 이타적 혹은 사회책임의식보다는 이기적, 경험추구적 혹은 일시적 감정의 욕구충족 등에 의한 동기가 문제시되고 있다. 이러한 일반적인 자원봉사활동의 문제점과 관련하여 노인자원봉사활동의 활성화 방안을 고려해 본다면 다음과 같이 정리할 수 있을 것이다.

① 정부의 지원과 조정기능 강화를 위한 기반육성 (전담기구 설치)
② 노인자원봉사활동을 위한 제도의 정비 (자원봉사 보험제도, 호혜적인 은행제 등의 도입)
③ 노인자원봉사활동 기금의 조성 (재원 확보)

④ 노인의 의식변화를 통한 자원봉사 동기부여 (경로사상 등 동기부여 행사 마련)

⑤ 자원봉사자 관리체계의 확립

⑥ 구체적인 노인 자원봉사 프로그램 개발 (환경보호, 문화재 보호, 전통문화 전수, 양조부모역할, 청소년 선도 등)

⑦ 노인 자원봉사자에 대한 심리적 보상과 충분한 인정을 위한 방안 마련

결론적으로 노인자원봉사활동은 노인복지향상과 아울러 노인의 사회참여라는 복합적인 중요한 의미를 지니고 있다. 따라서 노인자원봉사활동을 진흥시키고 육성할 수 있는 제도적 장치를 마련하고 이를 기반으로 하여 노인 참여율을 높이고 유지 관리법을 체계화시키는 작업이야말로 시급한 사안이 아닐 수 없다.

제10장

노인주거환경과 실버산업

1. 노인주거 환경

노년기에는 노인이 집에 거주하는 율이 그 어느 때보다 크므로 쾌적한 주거환경과 주택만족도는 신체적으로 건강을 증진시키며 그들의 생활 만족도나 삶과 밀접한 관계를 가지고 있다.

노인을 위한 주거환경에 대한 연구는 대체로 주거 환경 실태와 만족도 및 주거 요구도와 선호도의 측면에서 접근되고 있다. 다음은 그간의 연구들에 근거하여 노인주거환경 특성과 노인이 인식하는 주거생활 문제를 파악하고 그들이 가지는 주거선호와 요구를 정리하고자 한다.

1) 노인의 주거환경 특성과 주거생활문제

노인의 경우 노년기 신체·사회·심리·경제상의 다양한 변화로 인하여 자신이 그간 살아왔던 주택에 대한 평가가 종전과 달라질 수 있다. 일반적으로 노년기 주거 생활에 영향을 미칠 수 있는 요인들 중 가장 기본적인 요소는 노인의 건강상태나 일상생활 수행능력 정도라고 말한다. 죤슨(Johnson, 1989)은 그의 연구에서 노인이 자기 자신을 돌볼 수 있고, 독립적인 생활이 가능하며, 자신의 주택을 스스로 돌볼 수 있을 때, 주거 만족의 정도가 높게 나타난다고 밝히고 있다(곽인숙, 1998 재인용).

노인의 건강상태는 주거관리 유지 능력 여부를 결정하여 독립된 가구의 지속 여부나 혹은 자녀와의 동거 혹은 시설 입소 등의 물리적이고 도구적인 선택을 불가피하게 만든다. 예컨대 건강의 쇠퇴는 노인으로 하여금 심리적으로 의존적이게 하여 자녀나 친척 혹은 주위인의 정서적인 부양과 돌봄을 필요로 하게 한다. 대체로 노인은 노년기의 특성상 신체의 기능저하로 인한 건강에 대한 염려와 발병에 대한 불안감이 있고 특히 긴급 비상시의 대처에 대하여 관심이 크고 민감한 경향이 있다.

그러나 이렇듯 신체적 능력이 저하되고 심리적으로 의존적이 되며 독립적인 생활 능력과 대처 능력이 감소된 상태임에도 불구하고 최근의 연구들은 노인이 타인에게 의지하지 않고 계속 독립적으로 생활하기를 바라고 있다고 보고하고 있다(고경필 등, 1995 ; 이경희, 1995).

아울러 노인은 오랜 기간의 친숙함과 익숙한데서 오는 편안함 때문에 자신이 거주해온 주택에 대해 특별한 심리적 애착감을 가지는 경향이 있으며 이로써 연령증가에 따라 노인주거이동성이 현저하게 저하된다.

노인이 인식하는 주거생활문제에 관한 그간의 연구들을 다음과 같이 정리할 수 있다.

① 가족과 동거하는 노인은 자녀와의 친밀한 유대감 구축으로 자녀로부터 정서적이고 도구적 부양을 제공받는 데 반하여, 단독가구 노인은 자녀의 돌봄 없이 일상생활 문제들을 스스로 해결해야 하므로 일상생활 관련 어려움이 심각하다.

② 노인의 신체적인 특성상 보다 만족스러운 질적인 주거 내부 설비가 요구되지만 단독가구 노인은 현실적으로 재정적인 측면이나 설치와 유지 및 관리 측면에서 어려움이 크다.

③ 가족과 동거하는 노인은 사생활 침해 공간 구조로 인한 시각적, 청각적 스트레스를 받고 있으며 기타 수납공간의 부족, 방음, 주택규모, 욕실의 수효 등을 문제로 인식하고 있다.

④ 가족과 동거하는 노인은 가족으로부터 생활 지원을 받고 심리적인 안정감을 가질 수 있다. 그러나 이질적인 주생활 의식이나 주거 행동으로 인한 세대간 갈등이나 부모 부양에 따른 자녀의 심리적 부담감 등을 문제로 인식하고 있다.

대체로 노인들은 신체기능 저하에 따른 장애를 보완할 수 있는 안전하고 간편한 공간적 환경과 환경설비에 대하여 많은 관심을 가지고 있다. 주거 환경에 대한 스트레스의 지속이 장기화되는 경우 심리적이고 생리적인 이상을 초래하여 심리불안과 만성 피로감 및 만성질환을 경험할 수 있다.

2) 노인주택 개발 필요성 강화 요인

노인이 자녀와 같이 동거하든 또는 별거하든 물리적, 사회적 및 심리적인 면에 있어서 노인이 생활하기에 적합한 주택을 개발해야 할 필요성을 강화시키는 요인들이 많이 나타나고 있는데 이 가운데 중요한 것들을 제시해 보면 다음과 같다(최성재, 1993).

① 고령화와 노인인구의 증가

지난 40여 년 동안 평균수명이 크게 연장되어 노인인구는 급속히 고령화되는 추세에 있으며 이에 따라 노인인구의 수와 비율도 크게 증가하고 있다. 이와 같은 현상은 노인의 주택에 관한 욕구와 문제가 더욱 증가하고 다양해짐을 의미한다.

② 자녀와의 별거노인의 증가

노인의 자녀와의 별거율이 크게 증가하고 있으며 앞으로는 더욱 크게 증가할 것으로 예상된다. 국민 연금 가입자를 대상으로 조사한 바에 의하면 앞으로 노인이 될 비노인층의 3/4 가까이가 노후에 자녀와의 별거를 희망하고 있는 것으로 나타났다. 이와 같은 현상은 노인이 가족들로부터 간호 보호받는 것이 더욱 어려워지게 될 것임을 시사하고 있다.

③ 노인질병 구조의 만성화 및 일상생활동작 능력의 약화

노인들의 질병은 그 발생률(상병률)이 비노인층보다 2~3배 정도 높고 급성보다는 만성적이고 의료비용도 높은 것이 특징이다. 특히 고령일수록 고혈압성 및 뇌혈관 질환 및 치매성 질환이 증가하는 경향이 있는데 이러한 질병은 신체적 거동의 어려움을 수반하는 경우가 많으며 이에 따라 장기적 간호보호의 필요성도 증가된다. 노인질병

구조의 만성화와 노쇠 현상으로 인하여 노인이 될수록 일상생활의 동작능력이 약화되고 있고 노인이 타인으로부터 간호보호받기가 어려워짐으로 노인이 독립적으로 생활하기에 편리한 구조를 가진 주택의 필요성이 증가하게 된다.

④ 차세대 노인(비노인층)의 주거욕구 다양화

차세대 노인의 주거요구는 비노인층이 예상하는 것을 조사한 결과에 의하여 판단할 수 있다. 별거의도가 있는 사람과 동거의도가 있는 사람들이 원하는 구체적인 주택형태를 알아 본 최성재(1992)의 결과는 다음과 같다.

- 노후에 자녀와의 동거를 원하는 경우 주거공간분리형(한 지붕 밑에 자녀세대의 공간과 부모세대의 공간이 분리되어 있는 것인데, 예를 들면 현관을 같이 쓰고 부엌, 거실, 침실은 공간적으로 분리되어 있는 구조)을 원하는 사람의 비율과, 주거공간 공유형(전통적인 구조와 같은 것으로 예를 들면 부엌, 거실을 가족이 공동으로 사용하고 노인을 위한 방만 따로 있는 구조)을 원하는 사람의 비율이 반반씩 나타났다. 이 결과 앞으로의 주택건설에 있어서 3세대 동거형 주택을 다양하게 개발할 필요성을 시사 하고 있다.
- 자녀와 별거를 원하는 경우 원하는 주택의 형태는 다양하게 나타나고 있는데 노인전용의 단독주택이나 아파트를 원하는 사람의 비율이 41.6%나 되고 있어 앞으로 노인 전용주택의 수요가 크게 나타날 것으로 예상된다.
- 일반 주택의 대안으로의 요양시설은 건강상의 문제와 결부되어 있다. 차세대 노인들은 건강상에 문제가 있는 경우에 요양원에 입소할 것을 생각하는 사람이 많은데 이는 자녀와 동거하느냐 별거하느냐에 따라는 큰 차이가 없고 배우자의 유무에 따라 큰 차이를 보이고 있다.

⑤ 노인주택구조의 문제점

현재 한국노인들에게 있어서 주택문제는 저소득층을 제외하고는 주택의 소유문제보다는 주택의 규모나 구조 및 설비와 편의성의 문제가 더 큰 것 같다. 현재 살고 있는 주택의 구조에 대하여 만족한다는 한국노인들의 비율이 44.7%밖에 되지 않는데 이는 선진국 노인들에 비하면 아주 낮은 수준이다(통계청, 2004).

3) 노인의 주거 선호와 요구

연구들에 의하면 점차 노인들의 주거만족 수준이 높아지고 있다. 노인이 될수록 개인적인 공간에 대한 요구가 증대하고 개인 사생활이 보장된 공간 확보 여부에 따라 주거만족도가 크게 달라지고 있다. 또한 노인이 신체적인 여건과 심리 사회적으로 불안정한 상태에도 불구하고 자녀들과 독립해서 단독가구를 형성하기를 희망하는 추세가 증가함에 따라 보다 편리하고 안전하고 독립적인 주거 환경에 대한 중요성이 대두되고 있다. 기혼자녀와 동거하는 경우에도 가족과의 갈등을 최소화하고 부담감을 낮출 수 있는 여러 방안들이 거론되고 있다. 심영 등(1996)은 단독가구를 형성하고 있는 노인들이 바람직하다고 생각하는 노인주거 유형은 완전자립주택이 가장 많은 것으로 보고하고 있다. 연구들은 노인의 자립적인 생활을 도울 수 있는 방안으로 신체적인 결함을 보완 지지해 줄 수 있는 노인 주택의 구조와 설비 확충을 필수적인 사항으로 지적하고 있다. 또한 보다 심리적으로 안정되고 편안한 생활을 위하여 사생활이 침해받지 않는 공간계획을 제시하고 있다. 특히 노인은 수면이나 휴식을 위한 사적공간이 확보되어야 하며 방광이나 신장 기능의 저하로 야뇨 빈도가 증가하므로 욕실과 변기 구조와 위치가 세심하게 고려되어야 한다.

노인들에게 다양한 개인차가 존재하고 사회경제적 특성과 건강상태가 각기 다르므로 주거에 대한 선호나 요구가 상이하게 나타난다. 위에서 논의한 사항들을 포함하여 그간의 연구를 통한 구체적인 노인의 주거 선호와 요구사항을 정리해 보면 다음과 같다.

① 노인은 열악한 신체적 기능을 보완해 줄 수 있는 주거 환경과 내부시설 설비에 대한 요구를 가진다.
② 외로움과 소외를 극복할 수 있는 타인과의 상호작용에 대한 요구가 있는가 하면 이와는 상반되지만 사생활을 유지할 수 있는 공간에 대한 요구도 증대한다.
③ 심리적 안정감과 사회적 성취감의 표현으로 주택의 자가소유 요구가 생긴다.
④ 노인가구의 자산 정도에 따라 주거 환경 계획의 유형의 차이가 생기고 사회경제적 지위가 높을수록 주거 요구 수준이 높아진다. 그러나 대체로 노인은 은퇴와 더불어 수입이 감소되거나 제한되므로 주거유지비의 경제적 부담감이 적고

저렴한 주택에 대한 요구가 생긴다.

⑤ 노인의 주거 만족은 주변환경 여건의 영향력에 크게 작용한다. 소음이 없고, 상대적으로 공기가 덜 오염되고, 주거단지 내의 생활편의시설 제공이 가능한, 질적인 주변환경에 대한 요구가 증대한다.

⑥ 노인이 선호하는 주택유형은 단독주택 혹은 아파트와 같은 공동주택 중 어느 한 형태가 일관성 있게 나타나지 아니한다. 이는 서로의 장단점이 보완되어 정원설치가 가능하고 프라이버시 확보와 편리성과 시설설비의 수준이 높은 주택에 대한 요구를 의미한다고 볼 수 있다.

⑦ 건강상태별 주거 유형은 부부가 건강할 때는 일반주택이나 아파트를 선호하는 경향을 보이며, 부부가 건강하지 못할 때는 3세대 동거주택을 선호한다.

⑧ 은퇴 후 자신의 여생을 보다 나은 환경에서 보내기 위해 교외를 선호하는가 하면 새로운 환경에 대한 적응능력의 부족으로 살던 곳에서 떠나지 않으려는 경향이 있다.

⑨ 가족과 별거시 동질적인 동년배나 친구와 가까이 살려는 경향이 있다(이인수, 1995 ; 김태일, 1995).

⑩ 주거공간 형태 선호경향은 부부가 건강할 때는 인거형·가계 분리형을, 건강하지 못하거나 혼자된 경우에는 부엌과 출입구 모두를 공용으로 사용하는 동거형·가계의존형을 선호한다.

⑪ 관련시설에 대한 접근성 선호는 정원과 텃밭이 가장 가까이 있기를 원한다(홍형옥 등, 1999 ; 지은영, 1997).

따라서 노인의 저조한 이동성과 새로운 환경에 적응할 수 있는 능력이 약한 점을 고려하여 중년기 이후에 선택한 주택에서 이웃관계와 사회적인 관계가 지속될 수 있도록 노인주거 환경에 장기 계획이 필요하다고 본다.

4) 노인간호를 지원하는 이상적인 주거

① 생활 장소를 1층으로 한다.

노인환자의 침실, 욕실, 화장실은 물론 간호자의 침실과 세탁기를 설치하는 장소

등 모든 것이 1층에 있는 것이 이상적이다. 언젠가 예상되는 휠체어 생활을 고려하여 계단을 이용하지 않고도 바깥으로 나갈 수 있는 구조가 바람직하다. 엘리베이터가 있는 건물을 고르는 것도 하나의 방법이다. 건물의 입구에 계단이 있는 경우에는 슬로프도 필요하다.

② 방의 공간을 넓게 한다.

노인환자가 안전하게 움직일 수 있도록 경우에 따라 휠체어로 통과할 수 있도록 가구를 놓아도 여유가 있는 넓이가 바람직하다. 24시간 간호가 필요할 때 환자의 침실에 간호자의 침구를 가지고 와야 할 필요성이 예상된다. 또한 간호 침대를 놓아야 될지도 모른다. 가능한 한 넓은 방을 준비해야 한다.

③ 감시와 교류를 하기 쉬운 방 배치를 한다.

부엌과 세탁기를 놓는 장소를 주거의 중앙에 설치하고 각 방을 그 주위에 배치하는 방배치가 있다. 간호자가 집안일을 하면서 환자를 감시하고 환자도 항상 간호자가 보여 안심감을 얻을 수 있는 방 배치가 필요하다.

방 배치는 환자가 사용하는 방을 볼 수 있으면 간호자가 가사를 하면서도 환자의 행동을 파악할 수 있어 안심할 수 있다. 또한 취사를 하면서 대화를 나눌 수도 있다.

④ 배회로를 만든다.

배회증세가 있는 경우에는 집안에서 안전하게 걸어 다닐 수 있는 통로를 생각하는 것도 중요하다. 거실, 식당, 부엌을 연결하는 간단한 띠 형태의 통로가 좋다.

⑤ 간단한 구조로 한다.

욕실과 화장실은 거실과 침실에서 곧바로 갈 수 있는 배치로 하면 효과적이다. 본인의 생활 장소에서 보이는 것이 이상적이다. 출입문이 있는 긴 복도의 끝 부분과 몇 번이나 각도를 꺾어야 하는 곳은 부적절하다.

⑥ 화장실과 욕실 공간을 넓게 한다.

휠체어로 드나들 수 있는 넓이가 있으면 이상적이지만 적어도 간호자와 환자 두 사람이 동시에 설 수 있는 공간이 필요하다.

⑦ 샤워기는 핸드타입이 편리

두 사람이 들어갈 수 있을 정도의 공간이 이상적이다. 샤워는 고정되어 있지 않는 핸드타입이 편리하다. 손잡이도 필요하다.

⑧ 배색을 고려한다.

곧바로 발견할 수 있는 화장실 등의 문, 벽에 걸 수 있는 타월 등에는 벽의 색과 구별할 수 있는 밝고 눈에 띄는 색을 사용한다.

⑨ 부엌은 안전성을 첫 번째로 생각한다.

부엌은 편리한 위치에 설치하고 안전한 구조에 유의해야 한다. 부엌에서 다른 방을 바라볼 수 있는 것이 이상적이다. 간호자가 부재중이고 환자가 혼자인 때는 부엌 입구를 막을 수 있도록 해둔다. 경우에 따라서는 부엌의 입구에 문과 하프도어를 설치하는 것도 고려한다. 작은 가전제품과 위험성이 높은 장치와 용구를 자물쇠를 채워 수납할 수 있는 장소를 만들어 둔다. 안전 확보를 위해 서랍과 찬장에는 자물쇠를 채운다.

⑩ 바깥 공기를 쐴 수 있는 장소를 만든다.

신선한 공기를 쐬거나 외출할 수 있는 안전한 방법을 생각한다. 간호자가 감시하지 않아도 본인이 자유로이 바깥 공기를 마시며 보낼 수 있도록 한다. 예를 들면 바람막이가 있는 베란다와 포치, 뒤뜰에 자유로이 드나들 수 있으면 효과적이다. 앉은 채로 바깥 경치를 바라볼 수 있도록 창은 낮은 위치에 설정하는 것도 효과를 얻을 수 있다.

⑪ 프라이버시를 확보한다.

간호자와 노인환자의 혈연, 동거가족 구성에 따라 프라이버시 문제는 크게 다르지만 어떤 경우라도 환자의 프라이버시를 존중해야 한다. 간호자가 배우자나 자식의 경우 프라이버시 문제는 그다지 크지는 않다고 생각된다. 그러나 병세가 진행되어 누구에게 간호를 받고 있는지 이해하지 못할 때에는 프라이버시 문제를 생각해야 한다. 간호자 가족의 프라이버시 문제도 발생한다. 가족의 프라이버시 문제를 치매환자에게 설명하여도 이해할 수 없기 때문에 각자 소중한 것을 정리하고 열어서 안 되는 곳은 자물쇠를 채우는 등, 가족의 이해를 구할 필요가 있다.

간호자의 프라이버시를 위해 다른 사람에게 간호를 맡기는 시간과 본인이 자고 있는 시간에 전화를 걸거나 가계부를 계산하는 등 혼자서 보낼 수 있고 은신할 수 있는 방이 있으면 피곤함이 덜 수 있다. 집에 상주하거나 장시간 가정봉사원을 고용한다면 간호자가 쉴 수 있는 공간을 준비하는 것이 좋다. 더욱이 그 방에 전용 샤워실이 설치되어 있다면 이상적이다. 배우자가 간호자인 경우 방이 세 개인 집이 이상적이라고 한다. 부부용으로 하나, 환자와 같은 방에서 잘 수 없을 때, 그리고 가정봉사원용으로 방이 3개 정도는 필요하다.

⑫ 함께 생활하는 감각을 잃지 않는다.

프라이버시도 중요하지만 고립되지 않도록 가족들이 함께 보내는 단란장소에 환자가 참가할 수 있도록 배려한다. 2세대 주택의 경우 환자의 생활공간과 간호자 가족이 단란의 장소가 문 하나로 구분될 수 있는 구조가 이상적이다. 이렇게 하면 문 개폐 하나로 환자도 가족들과 함께 할 수도 있고 또한 환자 자신의 개인적인 공간도 지닐 수 있게 된다.

⑬ 휠체어 생활에 배려한다.

문턱이 없고 넓은 공간이 확보 할 수 있다면 휠체어 생활 장소로 이상적이다. 복도 벽에 설치한 핸드레일과 조명기구가 휠체어 통행의 장애가 되는 일도 있어 잘 고려하여 설치해야 한다.

⑭ 출입에 안전책을 강구한다.

간호자들은 노인환자가 바깥으로 나가거나 위험한 장소에 가지 않도록 안전책을 강구한 집이 이상적이라고 할 수 있다. 바깥으로 연결되는 문은 경우에 따라 문이라고 알아차리지 못하도록 자물쇠를 채우거나 경보기를 설치할 필요가 있다. 계단입구에도 문과 목책을 설치하면 안전하다.

통상 간호를 고려한 뒤에 설계하여 지은 집이 아니라면 이러한 장치와 설비를 갖춘 집은 좀처럼 없다. 실제로 환자를 가정에서 보호하려면 무엇이 문제이고 무엇을 어떻게 하면 문제가 해결되는지 간호자와 환자 자신의 그때그때의 욕구를 잘 고려하고 또한 앞으로 어떤 것이 요구되는지 상세하게 검토하여 가장 적절하다고 생각되는 대책을 강구해야 한다.

2. 실버산업(silver industry)

1) 실버산업의 개념

노인 인구의 증가로 인한 현대 사회의 노인문제는 가족의 테두리를 벗어나 우리 사회의 큰 과제가 되고 있다. 노령화의 진전이 이미 상당히 이루어진 유럽 등 서구사회에서는 경쟁력이 없는 노인에게 공적 부조 및 공적 서비스를 제공하여 노인문제를 해결해 나간 지 이미 오래이다. 한편 생계 능력이 있는 노인들에게는 그들을 소비자로 보아 실버산업을 육성 발전시키는 정책을 개발하여 노인문제를 해결해 나가고 있다.

노인산업(silver industry)이란 학문적으로 엄밀히 정의된 용어는 아니다. 노인의 흰머리를 은발(silver hair)로 비유한 데서 나온 단어 silver를 산업(industry)에 합성시킨 이 말은 1970년 이후의 신조어로서 대체적으로 은퇴한 노인을 대상으로 하는 산업을 총칭하고 있다. 따라서 노인을 몇 세부터 규정하느냐에 따라 이 산업의 특징이 규정될 수 있는데 각국의 산업화 및 고령화 단계에 따라 노인계층이 55세, 60세, 65세 이상 등으로 다양하게 정의되므로 정해진 기준을 찾기는 쉽지 않다. 다만 일본 후생성이 노인산업을 '대략 60세 이상의 고령자를 대상으로 민간기업이 시장경쟁의 원리에 입각하여 상품이나 서비스의 공급을 행하는 산업'이라고 규정하고 있는 것이 하나의 기준이 될 수 있을 것이다(유일호, 1992).

점차 가족기능이 감퇴되어 가는 현대사회에서 경제력이 있는 노인의 경우 가족의 보살핌 중에 부족한 부분을 실버산업에 의존할 수밖에 없게 되었고, 이와 같이 자녀를 대신해서 효자노릇을 해주고 그에 상응하는 대가를 받아내는 시스템이 바로 '실버산업' 혹은 '노인산업'이다. 실버산업은 노령화의 문제를 해결해 줄 수 있는 많은 역할을 수행하여 궁극적으로 노인의 삶의 질을 향상시키는데 기여할 것으로 예상된다. 이러한 점에서 산업발전의 초기단계에서는 정부 정책 차원에서의 투자 및 신규 참여에 대한 적극적인 배려가 기대되는 분야이다. 그러나 실버산업도 기본적으로는 이윤 극대화를 추구하는 민간기업들에 의해 운영되는 것인 만큼 영리추구의 폐단 발생이나 우리나라 전통적인 가족제도와 미풍양속이 침해받을 소지의 상황을 신중히 고려하면서 사업 활성화를 추진시켜야 할 것이다.

2) 실버산업의 영역

실버산업은 크게 ① 주택관련 서비스, ② 케어 서비스, ③ 건강관련 서비스, ④ 여가 교육관련 서비스, ⑤ 안전관련 서비스, ⑥ 일상용품 서비스 등의 영역으로 분류할 수 있으며 각 영역의 구체적인 내용은 다음과 같다.

(1) 주택관련 서비스(housing service)

노인이 되면 자신이 거주하는 주택에 대하여 특별한 개인적인 의미를 부여하며 친숙하고 편안함을 선호하는 장소에 대한 애착감을 가지게 된다. 연령 증가에 따라 주거이동성이 저조한 노인기 특성은 이러한 주거환경 선호에 관련되어 설명될 수 있다. 따라서 가족생활주기의 후반부에 해당하는 축소기나 은퇴기 가족의 주거계획에 노인의 주택소유 욕구를 크게 고려해야 한다. 아울러 노인이 독립적인 생활 능력과 대처 능력이 저하된 상태이므로 주택시설관리의 도움을 받을 수 있으며 신체적 능력 보완과 지지를 받을 수 있는 주택 내부 설비 수준이 양호한 환경을 우선순위로 고려해야 한다.

이러한 두 가지 여건을 함께 고려한 노인 주택에는 유료 양로시설이나 노인 아파트, 노인촌락, 노인홈, 노인연립주택, 노인요양원, 노인병원, 노인휴양소 등이 있다. 따라서 시설관리 대행업체로부터 주거 관리 서비스를 받으며 내 집의 소유 욕구를 만족시킬 수 있는 위와 같은 다양한 노인 주택 유형은 미래의 노인 주택 관련 실버산업으로 사업 전망이 밝은 분야라 할 수 있다.

(2) 돌봄 서비스(care service)

노인은 성격 특성이나 심리적 욕구상 주위인으로부터 인정받기를 원하며 생성감의 표현으로서 제자를 키우거나 유산이나 업적을 남기려는 경향이 있다. 이러한 노년층을 고객으로 하는 창의적인 개발이 돌봄 서비스의 핵심이다.

예를 들어 타 연령층에 비하여 자서전이 회고록을 집필하고자 하는 노인층이 상대적으로 많을 것이며 이를 기획하는 데에 따르게 되는 다양한 서비스 품목이 개발될 수 있다. 원고 집필 대행이나 우편물 발송, 친지연락, 관련업무, 방문대행 및 심부름 등에 대해서 계획되고 전문성 있는 아이디어를 상품화할 수 있다.

이 밖에 재산이나 법률문제대행, 청소나 식사, 급식, 일상생활보조, 일반 심부름대행, 모시고 나가기, 말벗 되어주기, 이동목욕 및 다기능 목욕장비시설, 교통편의 제공 등 다양한 돌봄 서비스가 있다.

(3) 건강관련 서비스

건강관련 서비스는 크게 두 분야로 구분된다. ① 노인전문병원이나 요양소, 영양상담소, 노인정신건강상담소, 치매, 기억상실관리소, 물리치료소 등을 운영하는 의료와 간호 분야의 사업과, ② 기동력이 떨어지고 교통편이 어려운 노인의 가정을 방문하여 주사와 투약, 재활치료, 치매가족보조, 물리치료, 식이요법, 영양과 식단관리 등을 해주는 가정보건관리 분야의 사업이 이에 속한다. 서구의 재가노인 시설활용도에 대한 연구에서 많이 지적되는 사항이 교통편의 문제이다. 노인 스스로가 운전을 할 수 없는 경우가 많으므로 노인 수용을 위한 일반교통 편의는 돌봄 서비스에서 담당하더라도 건강관련 서비스에서는 특별히 앰뷸런스 등을 운행하여 병원이나 약국, 노인 가정을 연결하는 서비스를 제공할 수 있다.

(4) 교육·여가관련 서비스

여가 및 관련 분야는 노년기 삶의 질에 가장 크게 영향을 미치는 변수 중 하나이다. 풍부한 노인의 여가 시간을 활용하기 위한 서비스로서 우선 스포츠나 레저 및 취미생활과 자원봉사 활동 등을 위한 정보와 이를 위한 교육 실습 서비스를 들 수 있다. 또한 급변하는 현대 사회의 일원으로 노인이 젊은이와 더불어 생활하기에 불편함이 없도록 컴퓨터나 언어 등 새로운 지식을 배우고 적응하게 하기 위한 교육 서비스가 있다. 구체적인 여가산업으로 친교모임 운영, 재혼, 펜팔 모임, 노인여행 알선, 자원봉사 주선, 노인잡지 출판, 문화활동의 전수, 노인 체육실 운영, 사진촬영 클럽, 낚시·바둑교실, 수영이나 등산모임 운영, 스키장 운영, 수집가 클럽, 노인요리학원 운영 등이 좋은 예가 될 것이다.

구체적인 교육 서비스로는 고부관계 향상, 노인부양 가족, 중노년기 가족생활, 노후준비, 재혼교실, 재취업 관련 등의 다양한 노년기 가족생활 교육 및 재교육에 관한 프로그램 개발과 실시를 들 수 있다. 노인교육은 사회교육원이나 평생교육원의 교육 프로그램을 통하여 새롭게 학습하고자 하고 새롭게 시작해 보고자 하는 노인의 욕구를 만족시킬 수 있으므로 미래 실버산업의 유망한 분야로 간주되고 있다.

(5) 안전관련 서비스

노인을 위한 안전관련 서비스는 우선적으로 노인의 신체 생리적인 약화 현상을 충분히 고려하여 장애나 거동불편, 민첩성 결여 등을 보완 보조해 줄 수 있는 주거 환경 조성에 활용될 수 있다. 예를 들어 노인에게 안전한 건물구조나 실내 장비계획에 관련시킬 수 있는 구체적인 안전설비 분야는 건물 바닥재, 조명, 화장실, 욕실의 구조, 안전도어, 휠체어 통로, 엘리베이터 등 주택 건축기술과 건자재의 종류와 질 관리 서비스 등이 될 것이다. 아울러 독거노인이나 노인 단독 세대, 와상(臥床) 노인을 위한 긴급통화선 설치는 방범이나 의료 기관 및 자녀나 친척과의 응급경보 의사소통 수단으로 비상시에 효과적으로 활용될 수 있다. 이 밖에도 노인 실종사고를 방지하기 위한 신체 부착 경보장치나 경보장치 탐지시설, 침대이탈 경보장치 등의 설비는 모두 안전과 관련된 서비스 영역에 해당된다.

3) 실버산업의 실제

(1) 서구의 실버산업

현재 서구사회에서 성공적으로 운영되고 있는 노인산업에는 앞서 분류한 실버산업의 각 영역별 혹은 두 개 이상의 영역을 혼합시켜 발전시킨 유형들이 있다.

① 양로 및 요양시설 설치 운영 사업

이 유형은 주거관련 서비스 영역과 건강관련서비스 영역의 혼합형태로서, 건강이 좋지 못해 더 이상 독립해 살 능력이 없는 노인들을 위한 공공시설 사업으로 이곳에 거주하는 이들을 '시설노인(institutionalized elderly)'이라 부른다. 이는 대개가 만성

질환자로 항상 남에게 의뢰하고 간호받아야 하는 이들로부터 시설입주금을 받아 보호 간호해 주는 사업이다. 병원에서 부설로 운영하는 재활치료 요양원 역시 이 사업부류 에 속한다.

② 주간보호(일일탁노) 및 중간보호시설 설치 운영사업

이 유형은 주거관련 서비스 영역과 돌봄 서비스영역의 혼합형태로서 신체장애노인 을 시설에 입소시켜 1일 혹은 일정기간 보호해 주는 사업이다.

③ 노인촌락·노인아파트 설치 운영

이 유형은 주거관련 서비스 영역에 해당되는 것으로서 현재 서구나 미국 노인들의 거주형태에 주요한 대안책이 되고 있다. 이는 노인전용 주거시설을 지어 노인들이 취 미 오락활동을 하며 여생을 보낼 수 있도록 하는 사업이다.

- ㉠ **노인집단 주거시설** : 외국에서 이 사업은 대규모 노인집단 주거시설(congregated housing)로 상품화하여 일상생활의 보호뿐만 아니라 간호서비스나 의료진 시설 장비를 고루 갖추고 사실상 휴양과 요양 서비스를 함께 제공하고 있다.
- ㉡ **집단가정(그룹홈)** : 개인 생활의 고수와 독립심 때문에 자녀와 떨어져 살되, 재 정적 경비를 절약하고 집안 가사일 등에 서로 도움 받기를 원하는 9~10명의 노인들을 함께 동거하게 하는 경우이다. 이는 여러 가지 거주 설비나 지원 서 비스 등 을 반(半) 독립적인 생활방식 으로 하고 있으므로 공공의 노인 양로기 관 입원시기를 늦추거나 아예 불필요하게 하기도 한다.
- ㉢ **은퇴센터** : 부유층 은퇴노인을 위하여 그들에게 알맞은 여러 특수 시설을 제공 하여 은퇴자들만이 모여 살게 하는 경우이다. 대개 개인 부엌이 따로 있어 식 당에 식사가 제공되고 간호원과 의료진을 갖춘 의료 설비가 갖추어져 있다.

④ 거택노인 대상 서비스사업

이 유형은 돌봄 서비스 영역의 사업으로 고령노인들의 취사, 세탁, 장보기, 병원 다니기 등을 돌보아 주는 사업이다.

⑤ 노인대상 의료간병사업

이 유형은 건강관련서비스영역의 가정보건관리 분야의 사업으로 노인질병을 앓고 있는 가정을 도우미가 방문하여 간병하는 사업이다.

⑥ 관광·오락프로그램 제공사업

이 유형은 여가관련 영역의 사업으로 수익자 부담원칙에 따라 노인에게 여가 활용을 위한 다양한 기회를 제공하는 사업이다. 예를 들면 유람선 관광학습이 그것이다.

⑦ 노인 생활용품 제조판매 사업

이 유형은 실버산업의 여러 영역들을 두루 혼합시킨 사업이다. 노인을 판매대상으로 하여 주거관련, 건강관련, 돌봄 관련, 교육·여가관련 및 안전관련 서비스 영역에 필요한 물품과 장비들을 생산하거나 판매하는 사업이다. 사업의 구체적인 내용으로는 노인전용 기호식품점, 위생기구세트, 전자조정 목욕장비, 다기능 목욕장비, 자동걸레, 노인전용 작업기구, 가벼운 운반기구, 노인잡지, 바퀴달린 탁자, 침대이탈경보기, 소형 수중안마기, 노인수송차량, 안전도어, 안전 서랍장, 응급경보전산망, 무릎관절고정기구, 조립식 의자 및 카드, 들어올리는 기구, 특수영양식품 등 다양하다.

이상 정리해 본 미국이나 서구에서의 실버산업 유형에서 시사받을 수 있는 바는 21세기의 실버산업은 단순한 생활용품을 취급하는 데서 벗어나 실버계층을 위한 다양한 서비스 산업이 전개될 것이라는 점이다. 예컨대 60대 노인 이성 소개 전문업, 노인들을 위한 화장품과 패션, 노인용 캐주얼의류 등이 각광을 받게 되고 관광, 레저, 휴양산업이 지속적으로 번영할 것으로 전문가들은 내다보고 있다.

한편 전문가들은 1980, 1990년대 서구나 미국의 경제 붐을 주도했던 전후 '베이비 붐' 세대는 역사상 가장 경제력이 있는 집단이라고 말한다. 이전 세대와는 달리 이들은 노년에도 젊게 살고자 하는 의지가 강하며, 삶의 질을 중시한다. 따라서 부정적인 고정관념이 연상되는 '노인용' 상품보다는, 쓰기 쉽고 안전하고 편안한 상품을 선호한다. 이러한 특성을 신중히 고려한 다양한 노인상품 전략이 노인 고객 유치에 유효할 것으로 사료된다.

생활수준의 향상과 함께 개인차원의 보험산업도 유망분야로 꼽힌다. 정원과 관상용식물을 가꾸는 정원 비즈니스, 특산품뿐 아니라 독특한 문화 등 거주지역에 대한 애착심을 활용한 커뮤니티 비즈니스들도 새로운 미래의 실버산업으로 부상할 전망이다.

(2) 일본의 실버산업

최근 일본에서는 21세기에 고령화 및 정보화 등으로 인간의 외로움이 증가할 것이므로, 어느 분야에서나 사람의 마음을 따뜻하게 해주는 요소를 가미하면 그만큼 성공 가능성이 높아질 것이라는 주장이 제기되고 있다. 따라서 현재 일본 노인산업의 가장 큰 부분은 돌봄서비스 영역이다. 특히 재가 보조 서비스상품으로, 예를 들어 The Firm Healthy Life Service(건강한 생활 서비스 회사)는 독거노인을 방문하여 그들의 집안일을 돕고 사회복지 프로그램을 돕는 봉사원을 고용하고 있다. 그러나 아직까지는 이용비용이 비경제적이라는 제한점을 가지고 있다.

SECOM은 노인 소비자들을 위한 건강관련 서비스개발에 주력하고 있다. 한 달에 1,000$이 서비스 요금으로 부과되는 'My Care'라는 상품은 접을 수 있는 의자 같지만 사실상 이것은 건강에 위험한 신호를 체크하며 그들을 병원으로 보내는 기계이다. 팔과 발판의 센서가 2분 안에 맥박과 혈압, 체중을 기록하고 등받이에 있는 작은 컴퓨터가 그 데이터를 전화선을 통해 전송해 주는 서비스상품이다.

50세 이상자를 대상으로 여가관련서비스 프로그램을 개발하고 있는 일본의 관광회사들은 중노년자들을 그들의 일상으로부터 쉽게 관광지로 떠나게 하는 시도를 하고 있다. 여행시 의료점검은 물론이고 여행자가 집을 비운 사이 도우미가 그들의 집을 돌보게 하는 데까지 신경을 쓰는 상품을 개발하고 있다.

1990년대 이후 일본건설성 건축연구소가 노인과 신체장애인을 위한 설계지침안을 발표한 이래로 거주관련 서비스영역에서는 안전관련 서비스영역을 적극 도입하여 주택자재 생산업체 개발자들이 소위 '장애물 없는 집(barrier free)'이라 불리는 주택을 만들기에 열심이다. 장애물 없는 주택이란 나이를 먹을수록 주택내의 문지방이나 전기코드 등에 걸려 넘어질 확률이 증가한다는 통계조사에 기초한 창의적인 실버산업 상품의 하나이다. 다시 말해서 신체장애인과 노인이 살기 편하도록 물리적인 장애요소를 없앤 주택을 의미한다.

장애물 없는 집의 요건은 다음과 같다.

① 문턱을 가능한 한 없앤다.
② 현관, 복도, 계단, 욕실 등에 손잡이를 설치한다.
③ 계단은 가능한 비탈길로 개조한다.
④ 욕조는 너무 깊지 않은 것을 설치한다.
⑤ 눈이 부시기 쉬우므로 전체 조명을 피하고 국부조명을 설치한다.
⑥ 기구의 날카로운 모서리 부분은 헝겊으로 싼다.
⑦ 휠체어가 다니도록 출입구와 복도를 넓게 설계한다.
⑧ 대형 손잡이나 발 높이에 조명을 한다.
⑨ 바닥은 미끄러지지 않는 바닥재로 시공한다.
⑩ 홈 엘리베이터 시설을 권장한다.
⑪ 비상시 외부와 연락을 취할 수 있는 비상 스위치를 설치한다.

등 각종 안전설비를 갖추는 것이다.

[표 10-1]은 일본의 민간 실버서비스의 유형을 소개한 것이다.

【표 10-1】 일본의 민간 실버서비스의 유형

서비스 유형	내용
주택관련 서비스	(1) 유료 노인홈 ; 일반 유료 노인홈, 개호전용형 유료노인홈 (2) 개호기능이 있는 주택
개호관련 서비스	(1) 개호서비스 ; 방문개호원 파견사업, 목욕서비스, 급식서비스 (2) 단기입소생활개호사업 (3) 주간개호사업
복지용구관련 서비스	(1) 개호기기 : 간이변기 부착 침대, 휠체어, 특수변기, 체위교환기 (2) 개호용품 : 종이기저귀, 노인용 전화, 독거노인긴급통보장치
기타	고령자스포츠, 고령자 교양교실, 기타

(3) 우리나라의 실버산업 전망

현재 우리나라의 실버산업은 서구나 일본에 비하여 매우 저조한 현실이지만 점차 노령화가 진전 되어갈수록 더욱 활기를 띠게 되며 시장규모가 확대될 전망이다.

① 주거관련 서비스

아직까지 노인들을 위한 복지시설이 재대로 갖춰지지 않는 우리 사회의 현실에서 실버산업 중 주거관련 서비스는 우선적으로 관심의 대상이 되고 있는 영역이라 하겠다. 다행히 1993년 7월부터 개인 또는 민간기업이 유료 노인주거 및 수용시설과 재가노인 복지시설 설치운영을 가능케 하도록 노인복지법이 개정되었다. 앞서 노인의 주거선호에서 언급했던 바와 같이 현재 우리나라 노인들은 자식이 꼭 부모를 모셔야 하는 것이 당연시되었던 옛날과 달리 독립적인 노후생활을 선호하고 있지만, 유교주의가 뿌리박힌 우리 사회에서는 아직까지 실버의 개념이 제대로 자리잡히지 못하고 있다. 그러나 경제력을 가진 노인들이 증가하고 있는 추세에 따라 유료양로 시설의 수요도 날로 증가하고 있다. 그들은 노후를 노인복지시설을 통해 식사·빨래 등 편의서비스를 받으며 여가생활을 즐기면서 살아가고자 한다.

노후생활을 편안히 보내는 방법으로 전원주택과 유료양로원이 관심을 끌기 시작했다. 그중 경제력을 가지고 있는 중산층의 노인들을 위한 유료양로원은 비슷한 처지의 노인들과 공동생활을 함으로써 사회불참이라는 소외감에서 벗어나 편안한 삶을 살 수 있다는 것이 완전한 독립된 생활을 꾸려 가는 전원주택과 다른 특징을 가진다.

결론적으로 아직은 사회 전반적인 분위기나 국가복지정책의 낙후로 수요가 크지 않지만, 점차 노인가구의 증가와 일반적인 노인의 독립생활 선호의 경향은 편의시설을 다양하게 갖춘 유료 노인주거시설의 수요를 증대시킬 것으로 사료된다.

이하는 전문가들이 제언하고 있는 유료 양로시설 입주시 일반적인 고려사항을 정리한 것이다.

● 시설입주시 고려사항

㉠ 늦어도 50대 중반에는 노후시설 입주계획을 시작해야 한다.

ⓛ 최소한 20년 이상을 내다보고 유료양로시설을 선택한다. 평균수명이 길어지면서 60대 초반에 입주한다 해도 20년 이상 생활할 가능성이 크기 때문이다.

ⓒ 건강상태를 파악한다. 대형의료시설과 가까운 거리에 있는 곳이 바람직하며 거동이 불편하다면 다소 비경제적이라 하더라도 의료시설을 갖추고 있는 요양원을 선택하는 것이 안전하다.

ⓔ 자녀가 살고 있는 곳에서 멀리 떨어지지 않은 곳을 선택하는 편이 낫다.

ⓜ 활동적인 사회생활을 해오면서 노후에도 사람들과 많이 만나야 한다면 전원풍의 지방시설 보다는 대도시 부근의 시설을 선택하도록 한다.

ⓗ 개인의 취미 생활 등을 고려하여 오락 및 문화시설설비 및 근접성을 유념하여 선택한다.

② **노인생활용품 제조와 판매 서비스**

우리 사회 노인의 수가 증가할수록 그들이 필요로 하는 생활용품의 종류 또한 다양하게 증가될 것이다.

다음은 현재 우리나라의 실버상품·전문매장에서 판매되고 있는 노인생활용품들을 정리한 것이다([참고 10] 참조).

【참고 10】 실버전문 매장의 상품 소개

실 버 상 품		
경보음 특수 지팡이	동이온 머리빗	당뇨자가측정기
미끄럼 방지 네발 지팡이	초음파 틀니세척기	환자 식사용 에이프런
의자겸용 지팡이	수면유도기	노린스 샴푸
높낮이 조절 2단 지팡이	미끄럼방지 양말덧신	황토방 매트
손잡이 변기	욕창예방 쿠션	노인용 전화기
방수시트	자동안마기	앞 뒤 구분 없는 신발
요실금 팬티	전기찜질기	바퀴 달린 이동식 주머니
발뒤꿈치 실리콘 큐숀 패드	지압신발	치매노인 놀이기구
노인용 욕조	침분비용 구슬	기타 재활용품 등 300여 가지

자료 : 효도마을, 서울실버마트, 실버스핸드, 백화점, 인터넷 쇼핑몰

아직까지 개인보다는 각종 종교단체가 설립한 노인복지재단이나 공공기관의 설립한 노인복지재단이나 공공기관의 양로원 같은 단체가 주 고객층을 이루고 있다는 실정이다.

다음은 전문가들이 제시하는 노인생활용품 제조와 판매를 위한 고려사항들이다.

● 제조와 판매를 위한 고려사항

㉠ 보다 많은 수요자를 접하기 위해서 매장의 위치선정에 세심한 고려가 필요하다. 지하철이나 버스주차장 주변 등 교통편의 여건이 좋거나 5,000가구 이상이 밀집해 있는 아파트와 같은 대규모 주거단지지역을 선택하는 것이 바람직하다.

㉡ 젊은이들이 무심코 지나치는 물건이 노인들에게는 꼭 필요한 물건일 때가 많다. 따라서 작은 물건이라도 노인들의 일상생활에 꼭 필요할 것 같은 물건들을 갖추도록 한다.

㉢ 매장의 실내장식은 노인 심리상 노인이 대접받고 있다는 인상을 줄 수 있도록 고풍스럽게 꾸미는 것도 하나의 전략이다. 그러나 실제 구매자는 노인층의 자녀나 손자일 수 있다는 점을 명심해야 한다.
「충동성 구매는 거의 없는 품목이기 때문에 노인병 등 의학상식을 숙지해 고객과 상담을 나눌 수 있는 매장 분위기를 조성하는 것이 중요하다.」

③ 안전관련 서비스

실버텔, 실버타운, 노인촌 등 각종 노인전용 주거공간이 증가하면서 안전관련 서비스 영역의 실버시스템에 대한 관심이 고조되고 있다. 실버 시스템은 특히 노인 단독세대를 위한 복지주거환경의 핵심 되는 요소로서 노인 혼자 산다는 점에 초점을 맞추고 있다.

이런 실버 시스템은 현재 국내에서 몇 군데의 노인전용 주거공간에 시범 도입 중이며 이중 몇몇 기능만을 선별하여 설치 중에 있다. 전문가가 소개하고 있는 안전관련 서비스의 구체적인 기능을 살펴보면 다음과 같다.

㉠ **건강이변센서** : 혼자 지내다가 불의의 사고를 당할 경우 주변에 돌봐줄 사람이 없어도 몸의 이상상태를 감지할 수 있어야 한다. 이런 감지기능을 가진 것이

건강이변센서이며 이는 침실과 욕실 등에 움직이는 동체 감지기능을 설치해 노인들의 위치 추적을 가능하게 한다. 사람의 체온을 감지하는 센서가 있어 지정된 시간을 초과해 동일 장소에 머물러 있거나 움직이지 않을 때 관리실에 자동 신호를 보내게 된다.

ⓛ 물사용센서 : 물사용센서도 건강생활의 이상 여부를 감지하는 기능을 한다. 물이 계속 흐르고 있거나 물 소모량이 급격히 줄어들 경우 관리실에서 이상조짐이 있다고 판단하여 해당가정을 직접 순찰한다.

ⓒ 원격리모콘 : 노인들의 불필요한 거동을 줄여 주는 것도 실버시스템의 필수적인 요소이다. 형광등, 커튼, 가전기기 등에 대한 원격 리모컨 기능이 이런 역할을 수행한다. 기본 가전기기·냉난방·습도 조절의 경우 입주자가 원할 경우 관리실에서 최적의 상태로 항시 유지해 주기도 한다.

ⓔ 출입관리를 통한 안전점검기 : 출입통제시스템이 카드로 되어 있어 문 개폐시 카드 사용 여부가 입주자의 재·부재를 알려 준다. 즉 문 밖으로 나갈 때는 카드를 사용하지 않고 들어 갈 때는 카드를 사용하기 때문에 카드 사용이 있었으면 입주자가 실내에 있는 상태로 파악되어 통제실의 입주자 관리가 보다 세심하게 이뤄지게 된다.

ⓜ 비상호출기 : 비상호출서비스기능은 긴급 상황 발생시 즉각 도움을 청할 수 있게 한다. 각방에는 물론, 거실, 화장실, 부엌, 목욕탕 등에 비상 스위치가 설치돼 있어 실내 어디서나 24시간 비상 호출할 수 있다.

이상 실버산업에 대한 개요와 실버산업의 실제를 살펴보았다. 결론적으로 이 분야의 사업이 건전하게 발전하기 위해서는 공급자인 민간기업의 노력과 이를 뒷받침하고 지원하는 국가정책이 있어야 한다. 동시에 소비자로서의 노인을 보호하는 장치가 마련되어야 한다는 것도 중요한 고려사항이 되어야 한다. 예를 들면 안정된 자본유치를 전제로 하는 주무장관의 인허가제도, 시설유형별 최저서비스 기준이나 종사자 자격 기준 등을 설정하고 시행해야 할 것이다. 그러나 국가정책이 소

비자로서의 노인보호에만 편파되어 치우친다면 실버산업운영 주체의 건전한 발전
이 불가능해질 가능성도 있다. 따라서 실버산업 수요자와 공급자 모두를 고려하는
장기적인 관점에서의 정책계획과 지원이 필요하다.

노인과 성

성관계는 서로의 애정을 확인하는 가장 확실한 방법이다. 노년기 성 문제에 대한 연구들에 의하면 성생활은 성인기를 통해 노년기까지 꾸준히 진행되며 아주 활발하다고 한다. "백발이 되었어도 열정은 탄다. 지붕에 눈이 덮였다고 집안 벽난로에 불이 안타는 것이 아니다"라는 항간에 잘 알려져 있는 시구는 바로 노년의 성을 표현한 내용이라 하겠다. 과거 어느 때보다도 노년의 기간이 연장되었고 우리 사회 노인 인구의 수가 크게 늘어난 점을 감안할 때 노년기의 질적인 삶을 위하여 그간 터부시되었던 노인의 성에 관한 구체적인 지식이 필요한 시점에 와있다고 하겠다.

본 장에서는 노년의 성기능과 성행동 동기 및 성 활동을 이해하고 역기능적인 성을 효과적으로 극복하기 위하여 노인기 성의 적응에 대하여 살펴보고자 한다.

1. 노년의 성생활

1) 노화와 성기능

성기능의 열쇠는 상대방과의 교감이며 상대가 그것을 어떻게 수용하느냐의 문제이다. 일반적으로 연구들은 갱년기와 함께 생식기관의 위축이 있은 후로는 연령증가에 따라 생식기관의 구조나 기능의 변화가 매우 점진적으로 온다고 보고하고 있다. 성기능은 노화와 함께 감퇴하는 경향을 보이지만 70대 80대까지 성행위가 계속될 수 있다(Martin, 1974). 남성의 경우 노화와 더불어 성기의 피부감각이나 수면 중 발기능력이 저하되고, 불응기가 길어지는 것은 사실이나 80대 노인도 남성 호르몬이 젊은 이의 80% 정도까지 분비되므로, 적절한 성생활 유지가 가능하다. 또한 성적 활동의 지속은 성기능의 퇴화를 막는 중요한 요인으로 작용한다. 따라서 노년기에도 정기적인 성생활을 유지하는 것이 바람직하다. 이윤숙(1983)에 의하면 65세 이상 남자노인의 89.4%, 여자노인의 30.9%가 성기능을 유지하고 있다고 한다. 하상라 등(1986)은 66~67세 사이의 노년층 64.2%가 월간 성관계를 1~5회 정도 가진다고 보고하였다(정동철, 1996 재인용).

(1) 성적 불균형

생리적으로 남녀의 성적 노화 현상에는 차이가 있고 이로써 성적 균형이 깨질 수가 있다. 여성은 폐경과 함께 기관들의 재생산이 감소하며 가슴의 지방 조직량과 신체의 다른 부분들이 감소한다. 외음은 얇아지고 혈액의 포식 능력은 손상되고, 질의 축소와 탄력의 손실이 수반된다. 질 분비물의 감소로 성교시 윤활성이 감소하고 이로써 통증을 경험하기도 한다. 어떤 여성들은 폐경기 동안에 과민성, 불면증, 두통을 호소하는데 이들은 난소에서 에스트로겐 생산이 감소됨으로써 나타나는 내분비선 체계의 일시적인 불균형이 원인이다. 이러한 내분비선 체계의 불균형은 생리학적으로 큰 변화를 가져 오지 않기 때문에 여성의 폐경기에 호르몬 보충 처방으로써 어느 정도 해결할 수가 있다.

대부분 여성들은 폐경기를 하나의 부정적인 변화의 시기로 이해하는 경향이 있다. 그러나 육체적 반응의 변화에도 불구하고, 성교시에 만족과 즐거움의 지각이 동일하게 남아있거나 증가될 수도 있고 임신의 공포로부터의 자유와 양육의 의무에서 벗어난 부부만의 성관계 회복의 가능성을 기대할 수 있기 때문에 육체적 변화를 반드시 부정적으로 볼 필요는 없다(Sheehy, 1992).

반면 남성의 경우 노화와 관련된 성적 변화로 발생하는 것이 남성의 갱년기이다. 대부분 남성들의 성기능은 남성호르몬 '안드로겐'의 생산이 동일한 수준에서 벗어나는 60세까지 점차적으로 느리게 쇠퇴한다. 이들이 경험하는 바는 폐경기 여성들이 경험하는 것과 매우 유사하다. 그러나 여성에 비하여 남성은 연령증가에 따라 생식기능 자체가 저하되는 경향이 있다. 남성들은 나이가 듦에 따라, 오르가즘에서의 분비액 사정량이 사정의 강도에 따라 감소되는 경향이 있고 또 고환과 음경은 더 작게 되거나 덜 단단하게 된다. 평균 50세까지의 남성들은 오르가즘에서 또 다른 발기가 가능해질 때까지 8시간에서 24시간이 필요하며 대부분의 남성들은 오르가즘에 도달하기 위해 시간을 필요로 한다(Hyde, 1990).

그러나 또 다른 연구들은 성생활에 정년이 없다 하며 성기능과 능력은 심리적인 문제이며 연령과 무관함을 주장하기도 한다. 성기능이 연령과 무관하다는 주장은 주로 수면 중 남성 발기상태 검사 결과에 기초하고 있다. 60대 발기 강직도가 오히려 20대 젊은이의 경우보다 더 증가하고 수면 중 발기시간은 노소간 차이가 없는 것으로 나타나고 있다. 여러 상황을 고려해 볼 때 나이가 듦에 따라 발기능력은 전반적으로 감소하나 계속 유지되고 있다고 할 수 있을 것 같다.

(2) 성기능에 관한 속설

다음의 내용은 특히 남성의 성기능에 대하여 아무런 의학적 근거가 없음에도 불구하고 널리 퍼져 있는 오류들이다. 의과적인 입장에서 정리하면 다음과 같다. ① 술을 마시면 강해진다 : 적당한 술은 애정약일 수 있다. 그러나 과음은 남성에게 발기 불능, 여성에게는 오르가즘 지연 등 문제를 일으킨다. ② 대머리는 정력이 강하다 : 인체의 털이 남성호르몬과 관련 있다는 것은 사실이다. 그러나 정상치 이상의 남성호르몬이 성기능을 강화시킨다는 증거는 없다. ③ 심장병 환자는 위험하다 : 이들이 성행위 중 사망할 위험성은 대단히 낮으며 보다 적극적인 성생활은 오히려 심장마비 재발의 위험성을 감소시킬 수 있다. ④ 새벽에 발기가 안 되는 사람도 있다 : 정상적인 남성은 수면시간 중 30%에서 발기되며 70%에서는 발기되지 않는다. 한 번도 발기하지 않는 사람은 없다. 발기시간과 잠에서 깨는 시각이 일치하지 않으면 본인이 발기를 느끼지 못하는 경우가 있을 수 있다. ⑤ 노년기 성행위는 장수에 해롭다 : 규칙적이고 조화로운 성생활은 육체-정신적으로 건강과 장수에 긴요하다. 의도적으로 성욕을 억제하면 해가 된다. ⑥ 성행위는 몸의 기를 소진시켜 많이 하면 빨리 늙고 조기 사망한다 ; 성행위가 인체에 미치는 육체적인 손실은 성행위 1회당 6~8Kcal/분 정도라서 그다지 크지 않다. 이는 100m 정도의 거리를 빠른 속도로 걸을 때 소모되는 에너지와 유사한 정도이다. ⑦ 정관수술을 받으면 약해진다 : 남성의 성기능은 정관수술과는 무관하다. 임신의 두려움에서 벗어날 수 있기 때문에 심리적으로 도움이 된다. ⑧ 접(接)하되 설(泄)하지 말라 : 이 속설은 비생리적이다. 사정 직전에 사정을 중지하는 것은 건강에 해롭다. 성행위란 접촉을 통해 요도로 분비된 고환, 정낭 및 전립선의 분비물, 즉 정액 2~6ml 가량을 밖으로 배설시키는 연속 과정이다. 이를 무리하게 중단시키면 정낭과 전립선 등이 충혈되며, 분비물이 빠져 나오지 못하기 때문에 염증 등이 생길 수 있다.

2) 성관계 상호작용

(1) 성행동 동기

① 일반적인 성행동 동기

나스 등(Nass and et al., 1981)은 성의 상호작용에는 다양한 동기가 내재되어 있다고 주장한다(Lloyd, 1997 재인용). 성 동기의 구체적인 예를 들어 보면 ① 애정 : 사랑의 열망, 친근함, 신체·정서적인 일체감을 가지고자 함, ② 관능적인 욕구 : 열정을 가진 후 감각적 고무, 환상, 상호접촉의 기쁨 등에 역점을 두고 성적 욕구를 채우고자 함, ③ 의무 : 계획대로 성관계를 나누거나 상대가 좌절되지 않게 해야 한다는 책임감을 가짐, ④ 권태나 지루함의 출구 : 지루한 일상이나 환경을 이탈하기 위함, ⑤ 자기 확신(affirmation) : 자신의 자각된 성지남성(sex orientation) 등을 성취함으로써 다른 이가 알아차리고 인정하게 하는 것 등이다.

이러한 성에 대한 동기는 남녀간 차이가 있다. 대개 남성의 51%와 여성의 9%가 욕망과 기쁨 때문에 성교를 하는 반면, 여성의 51%와 남성의 24%가 사랑의 정서적인 이유로 성교를 한다고 보고되고 있다(Leigh, 1989). 그러나 이러한 남녀 차이를 혹자는 성역할의 사회화로, 다른 이는 생물학적인 영향으로 간주하기도 한다.

② 노년의 성행동 동기

성행동 동기는 남녀뿐만 아니라 연령에 따라서도 차이가 있다. 일반 젊은이와는 달리 노인의 성행동 동기는 육체적인 측면뿐만 아니라 심리정서적인 면인 애정과 사랑의 요소가 보다 중요하게 부각되고 있다. 노인은 성을 통하여 자신이 살아서 기능하고 있다는 사실을 확인하게 된다는 보고도 있다(정동철, 1996). 이와 관련하여 노년기 사랑의 특성은 정서적인 안정과 애착심, 존경심, 함께 시간을 보내기, 자기노출을 위한 의사소통 등을 내포하고 있다. 따라서 이 시기의 성적인 만족도는 생물학적이라기보다는 사회·심리적인 요인이 크다. 즉, 사회적인 저지나 억제, 정신·신체적 피로감이나 실패의 두려움, 배우자에 대한 무료함 등이 성생활에 긍정적 혹은 부정적인 영향을 준다.

(2) 성에 대한 의사소통

성에 대한 동기나 성 인식, 성에 대한 태도와 경향 등이 상대방의 것과 상이하면 갈등과 불화가 생기고 이를 조정 해결해야 할 필요가 생기지만 대개는 상대에게 내어 놓고 의논하거나 협상하려 하지 않는다. 성에 대한 의사소통이 원활하게 이루어지지 않는 경향은 대체로 다음과 같은 이유들에서 비롯된다(Lloyd 등, 1997). ① 성에 대한 무지가 드러날까 하는 두려움 : 성 전문가가 못되고 성에 대해 무지하다는 것을 부끄럽게 생각하여 이를 숨기고자 성 대화를 회피함 ② 상대방의 반응을 염려함 : 행여 상대방으로부터 존경이나 사랑을 잃을까봐 자신의 취향을 드러내지 않고 결국 불만족과 좌절로 성관계를 끝내기도 함 ③ 성에 대해 상반된 태도 : 어려서 학습한 부정적인 성관념을 성인기까지 지속시켜 성은 '아름답고', 동시에 '추하다'라는 엇갈린 신념을 지닌 경우 이러한 상반된 성태도가 성대화를 어렵게 함 ④ 어려서 강간이나 근친상간과 같은 부정적인 성을 경험함 : 이 경우 성대화는 매우 어려우며 상담으로써 안목을 바꾸게 하여 긍정적인 성을 즐기도록 도와줘야 함.

한편 상대방과의 관계만족이 클수록 그리고 성적 만족이 클수록 성에 대한 열린 대화가 많아진다는 연구가 있다(Cupach and Comstock, 1990). 성관계에도 언어 비언어적인 대화법이 적용되는데, 확신 있는 대화와 건설적인 갈등 해결 전략이 성적 협상을 건강하게 이끌어 갈 수가 있다. 노년기 부부의 성기능의 불균형은 생리학적으로 당연한 현상인 만큼 부부간에 마음을 열고 솔직히 성에 대하여 서로의 의견을 교환하고 성생활의 조화로움을 도모해야 할 것이다.

3) 노화와 성활동

일반적으로 성활동에 소모되는 에너지는 개인차이가 있겠지만 1분에 6~8kcal 정도로써 계단 20개를 오르거나 100m를 빨리 걸어가는 데 필요한 에너지 정도라고 한다. 인간의 성반응 과정과 성적 욕구와 성행위를 살펴보면 다음과 같다.

(1) 성 반응 과정

인간 성행위에 관한 연구의 개척자인 매스터스와 존슨(Masters & Johnson, 1966, 1970)은 남성과 여성의 성적 반응을 남녀 모두 흥분기(excitement), 고조기(plateau), 오르가즘기(orgasm), 원상복귀기기(resolution)의 4단계로 구분한다. 즉 성적인 자극으로 성적 흥분이 이뤄지고 고조기를 거쳐 신경근육의 긴장이 최고조에 달하는 오르가즘기에 이르면 다시 원상태로 복귀하는 해소기를 경험하게 된다.

① **흥분기** : 성적 공상이나 성적인 욕구 등으로 자극되어 성적 흥분이 시작되는 시기이다.

② **고조기** : 고조기에는 원어의 'plateau(고원)'라는 용어가 정확하지 않다. 이는 정체상태의 고원기가 아니고 아주 느린 속도로 점차 진행되기 때문이다. 여성의 경우 고조기에 질 하부 ⅓이 조여지고 질 상부 ⅔는 부풀어 오르며 자궁과 경부가 질 끝으로부터 들어 올려진다. 남성은 성기의 끝부분이 부풀고 고환이 확장되면서 신체 쪽으로 가까이 이동한다. 많은 남성이 이 기간 얼마간의 정액물을 미리 사정하기도 한다. 고원기 과정 중 전화벨이나 노크소리, 고통과 걱정, 심리적 불편감 등의 주위 산만으로 다음단계로의 진전을 지연시키거나 정지시킬 수 있다.

③ **오르가즘기** : 성적 각성이 최고의 강렬함에 이르고 골반 부위를 통해 일련의 근육 수축 움직임이 생긴다. 이 때 남성은 사정이 동반되고, 어떤 여성은 자신들도 이 기간 분비물을 낸다고 보고 있다. 그러나 분비물이나 오르가즘기의 정도에 대해선 아직 의견이 일치되지 않은 상태이다.

④ **원상복귀기** : 오르가즘을 경험치 못한 경우에는 성적 긴장 감소가 서서히 이뤄지고 때로 기분이 안 좋게도 느껴진다. 오르가즘을 경험한 경우에 회복기 남성들은 다음 오르가즘이 가능하기까지에 요구되는 기간인 재흥분 간격기(refractory period)를 필요로 한다. 재흥분 간격 기간은 단 몇 분에서 몇 시간까지 다양하며 연령증가에 따라 이 기간은 길어진다.

[그림 11-1]은 남녀의 성 반응 주기를 나타낸 것이다. (A형 : 남녀 모두에게 전형적인 유형이며 오르가즘에 도달해서 원상복귀함. B형 : 남성 모두에게 나타나지만 여성에게 보다 보편적인 유형, 성적 각성이 오르가즘 도달 없이 느리게 원상복귀함. C형 : 남성의 다음 오르가즘이 가능해지기까지의 기간 중 여성은 다중 오르가즘을 경험함.)

【그림 11-1】 인간의 성반응 주기

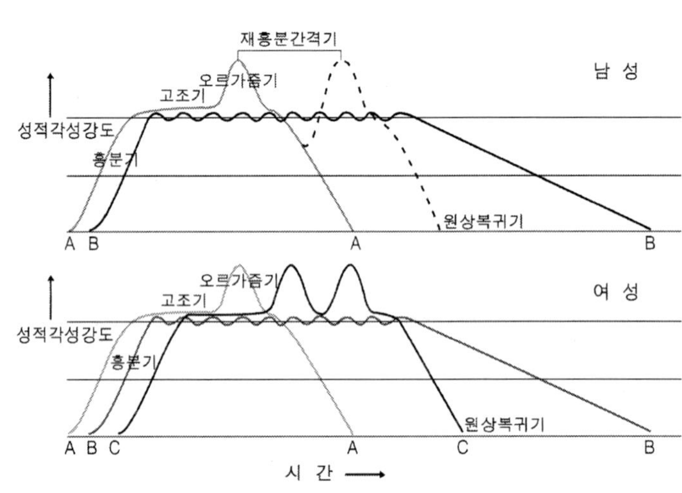

자료 : Lloyd 등 (1997)

여성은 남성보다 성적 자극에 대한 반응에서 훨씬 큰 다양성을 보이는데 예를 들면 원상복귀 후에 즉시 다시 위의 4단계를 반복할 능력이 있고 자극이 계속된다면 여러 번 오르가즘을 가지는 다중의 오르가즘을 경험할 수 있다. 그러나 어떤 여성은 빈번히 여러 번의 오르가즘을 경험하는 데 반해 또 다른 여성은 결코 오르가즘을 경험하지 못하거나 30~40세에 가서야 경험하기도 한다.

남성은 여성과 같은 성적 반응 4단계를 가지며, 성관계시 대부분의 남성은 오르가즘을 경험하고 일단 오르가즘을 통하여 정액이 방출되면 즉시 해소단계에 들어간다.

그러나 여성처럼 곧 바로 다시 성적으로 흥분하기 어렵고 오랜 회복기간을 지나야 다시 흥분한다.

(2) 성적 욕구와 성행위

일반적으로 성적인 관심과 활동은 대다수의 노인이 70대에 이를 때까지도 계속된다는 연구들이 많다. 남성은 꽤 나이가 들었을 때까지도 정자를 생산하며 여성은 50세를 전후한 폐경기에 이르기까지 난자를 생산한다. 특히 개개인의 건강 정도와 상대 배우자의 건강과 적합성 여부에 따라 노년이 되어서도 젊은이 못지않은 성생활을 즐길 수 있다고 한다.

성충동의 강도는 남녀간 연령에서 차이가 있는데 남성의 성적 충동이 15세에서 25세 사이에 최고점에 달하는 데에 반해 여성은 30세에서 40세에 절정에 달하므로 30세경 이후부터 인생의 후반부에는, 대체로 여성이 남성보다 더욱 강한 성충동을 느끼는 것으로 보고되고 있다. [그림 11-2]에서 빗금 친 부분은 여성의 성충동이 남성보다 더 강해지는 부분을 나타낸 것이다.

【그림 11-2】 연령에 따른 남성과 여성의 성충동 수준

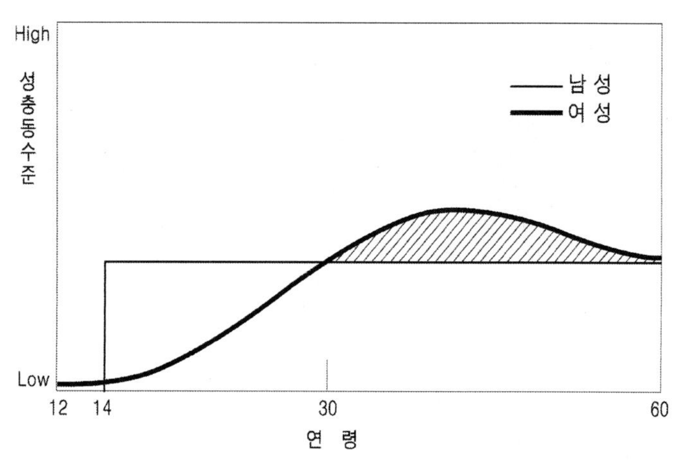

자료 : Cox (1990)

 남성의 성적 욕구는 건강한 남성은 변화가 없으나 일반적으로 중년기부터 점차 감소하는 경향을 나타낸다. 시간이 지남에 따라 전처럼 강력하고 즉각적인 오르가즘을 경험하지 못하며 성적 무기력의 기간(refractory period)이 현저하게 길어진다. 반면 여성은 시간이 지남에 따라 성적 표현에 대한 이전의 내면화된 장애요인을 극복하게 되고 더 많은 에너지가 부부관계나 성생활에 투입된다. 여성의 성적인 관심은 보다 강하게 지속되고 성행동이 활발해지고 능동적이 된다. 따라서 인생 후반부에 남녀간의 차이로 인해 생기기 쉬운 오해나 좌절과 심리적인 상처를 스스럼없는 대화로써 대처해야 한다.

 한편 미국은퇴자협회(AARP)가 45세 이상 성인 1,384명을 대상으로 조사한 성의식 연구 결과에 따르면, 만 45세~59세 남성그룹의 59%와 만 60~74세 남성그룹의 64%, 그리고 만 75세 이상 남성그룹의 62%가 '배우자가 육체적으로 대단히 매력 있다'라고 응답하였다([그림 11-3] 참조). 또한 만 75세 이상 노인 중 남성 26%와 여성 24%가 부부관계를 갖고 있으며, 조사 대상 평균으로는 남성 72%와 여성 75%가 월 1회 이상의 성생활을 즐기는 것으로 나타났다(중앙일보, 1999년 10월 7일자). 이는 연령 증가에도 성적 욕구가 감소되지 않음을 보여 주는 결과라 할 수 있다.

【그림 11-3】 아내의 성적 매력 여부(%)

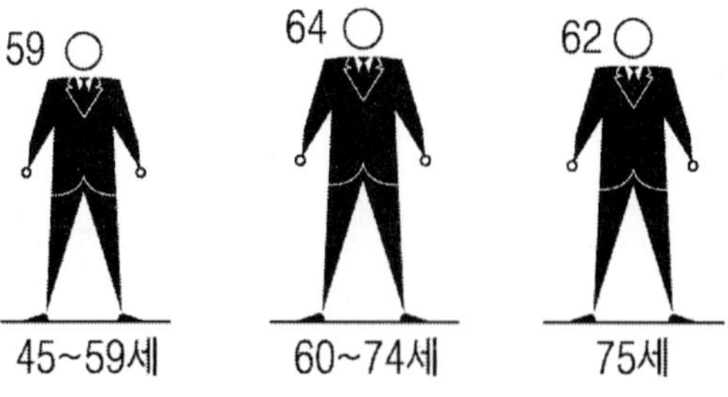

자료 : AARP (1999) 근거로 재구성 (http : //www.aarp.org.maturity)

　　최근 노인의 성적 욕구를 연구한 오진주와 신은영(1998)은 80세 이상 고령인 경우에서도 성욕구를 표출하고 있으며 이러한 성적 욕구는 보행 불능이고 반신마비의 와상 상태의 경우에서도 건강상태와는 무관하게 표출되고 있음을 밝히고 있다. 연구자는 성욕구에 대하여 건강의 영향이 너무 과대평가되고 있다고 주장하며 신체적으로 약한 노인이라 할지라도 성적 표현은 인간적 본능의 표출이기 때문에 단순히 억압되기보다는 건설적이고 성숙한 방법으로 표출될 기회가 필요하다고 지적한다.

　　연령증가에 따른 성관계 빈도에 대한 조사연구가 국내외에서 이뤄지고 있다. 국내 건강한 남성 241명을 조사한 한국 성의학연구소의 자료에 따르면 20대 남성의 주평균 성행위 빈도는 2.41회, 30대는 1.98회, 40대는 1.44회, 50대는 1.19회, 60대는 0.98회였다([그림 11-4] 참조).

【그림 11-4】 연령별 남성의 성행위 횟수

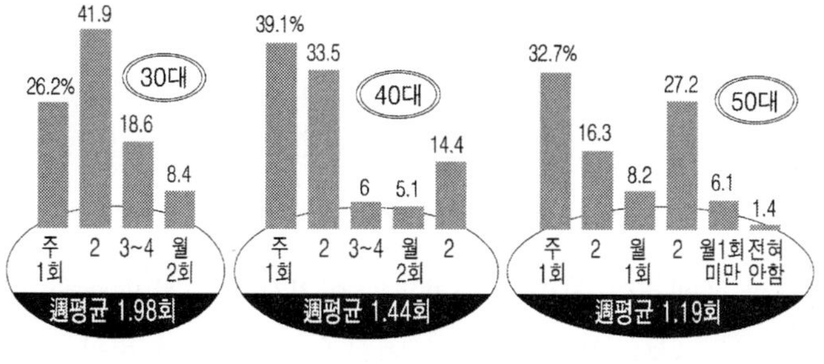

자료 : 이윤수 (1997)

　　한편 30여년 전 건강한 남녀 1천 2백 90명을 분석한 1966년 자료에 따르면 20대 초반(21~25세) 남성은 평균 주 2.42회, 20대 후반은 2.31회, 30대 초반은 2.17회, 30대 후반은 1.96회, 40대 초반은 1.83회, 40대 후반은 1.61회, 50대 후반은 0.92회였다(이희영, 1966). 두 연구 결과를 비교해 보면 30여 년 전에 비해 40대의 성행위 빈도는 크게 줄었으나 60세 이후엔 다소 늘어났다. 이윤수(1997)는 스트레스와 바쁜 일과 때문에 40대의 성행위 빈도가 줄었으나, 풍요로운 생활로 평균수명이 늘어나면서 60세 이후엔 오히려 증가한 것으로 보인다고 말하고 있다.

한편 미국 남성의 경우 킨제이보고서에 따르면 20대 초반은 주 3.9회, 20대 후반은 3.27회, 30대 초반은 2.73회, 30대 후반은 2.46회, 40대 초반은 1.95회, 40대 후반은 1.79회, 50대 초반은 1.54회. 50대 후반은 1.08회였다. 이로써 20대와 30대 때는 미국인들이 우리보다 훨씬 자주 성행위를 하나 40대에 접어들면서 비슷해지는 것을 알 수 있다.

2. 노년의 성적 적응

여러 가지 면에서 노인의 성생활은 그 중요성이 더 이상 간과되거나 축소해 숨겨놓을 일이 아니다. 따라서 노년의 성적 적응에 관한 인식의 점진적 수정이 불가피하다고 하겠다. 성생활은 혼자만의 독주가 아니라 둘이 함께 만들어 가야 하는 공동의 작품이므로 믿음과 신뢰를 바탕으로 하되 끊임없는 서로간의 노력이 필요하다. 성의 역기능에 대해 이해하고 이에 대한 대처방법을 모색하는 것은 성공적인 성적 적응의 구체적인 실천방안이 될 수 있을 것이다.

1) 성적 역기능

성적 역기능이란 주관적인 고민과 어려움을 야기시키는 성기능 손상을 의미한다. 전통적으로 성문제는 남성의 발기부진이나 여성의 오르가즘의 어려움에 대한 문제들로 인식되어 왔으나 실은 성문제란 개인보다는 성 파트너 당사자들의 문제라고 보아야 한다. 또한 역기능의 원인이 신체적 기관에 기인한 것은 극히 작은 부분이며 거의 대부분은 심리적인 것에 기원을 두고 있다고 볼 수 있다. 성의 생리적 반응과 이에 따른 주기마다의 기능장애를 이해하기 위해 먼저 일반적인 성기능 장애의 종류와 원인에 대하여 살펴보기로 하겠다.

(1) 성의 생리적 반응 특성과 기능장애

[표 11-1]은 앞서 언급한 성 반응 주기와 순기능일 때의 주기마다의 특징, 그리고 역기능일 때의 기능장애 내용을 표로 정리한 것이다.

【표 11-1】 성의 생리적 반응과 기능장애

성반응 주기	특 징	기 능 장 애
① 흥분기	성적 공상이나 성행위 욕구와 동기, 인격 등이 반영됨	성욕 저하 혹은 억제 장애, 성 혐오증
② 고조기	주관적 성적 흥분과 생리적 변화가 수반됨	여성 성적 흥분 장애, 남성 발기 장애
③ 오르가즘기	성적 긴장의 해소와 생리적 변화가 수반되는 성적 쾌감의 극치감을 경험함	여성 극치감 억제, 남성 극치감 억제, 조루증
④ 원상복귀기	정신적 이완감, 평안감, 근육 이완, 남성의 경우 재흥분 불응기임	성교 후 불쾌증, 성교 후 두통

일반적으로 연령증가에 따른 중년기의 성 생리에 남성과 여성간 성 심리 상 차이가 있다. 남성의 성 심리에는 다분히 탐닉성이 존재하지만 일단 오르가즘 도달 후에는 해소기에서 회복기까지 재충전 시기가 필요하며 코를 골고 수면에 빠진다. 그러나 여성의 경우 성반응 과정에서 자극을 받게 되면 첫 회에 연이어서 재충전시기 없이도 낙타 등처럼 다발성 오르가즘을 경험할 수 있으며 이로 인해 남편이 코를 골고 잠에 빠져 들 때 여성은 성행위에 여운을 경험하기도 한다.

남녀 모두 성적 욕구의 감정과 성행위의 불일치로 인하여 좌절을 경험하면 불만과 분노감을 느껴 성적 갈등이 초래된다. 이로 인하여 의처증이나 의부증으로 이어지는 의심을 하게 되고 성에 흥미를 상실하여 불감증자가 되거나, 정반대로 성 호기심이 과도해져 이른바 성의 외도로까지 진전될 수 있다.

(2) 일반적인 성기능 장애

성기능 장애의 원인은 크게 3가지로 구별된다. 첫째, 피로나 당뇨병, 고혈압 등으로 인한 신체질환성 장애와 둘째, 항우울제나 항불안제, 고혈압제 등으로 인한 약물성 장애 셋째, 우울증과 불안, 정신병 등으로 인한 정신 심리성 장애 등이 그것이다. 전문가들은 성기능 장애의 95% 이상은 정신 심리적인 것으로 우연한 말 한마디가 상처가 되어 치명적인 성기능을 초래할 수 있다고 지적한다.

성기능 장애 종류에는 ① 성적 욕구 장애 : 성욕 저하 장애, 성적 혐오증 ② 성적

흥분 장애 : 남성 발기 장애, 여성 성적 흥분 장애 ③ 여성 극치감 장애 ④ 남성 극치
감 장애 ⑤ 조루증 ⑥ 여성 통증 등이 있다. 이 중에서 가장 보편적인 장애는 남성에
게는 조루증과 성수행에 대한 걱정이며, 여성에게는 성에 대한 흥미결여와 오르가즘
을 못 느끼는 극치감 장애이다(Laumann 등, 1994). [그림 11-5]는 정상 부부들의
성문제를 보여 주고 있다.

【그림 11-5】 정상부부들의 성문제

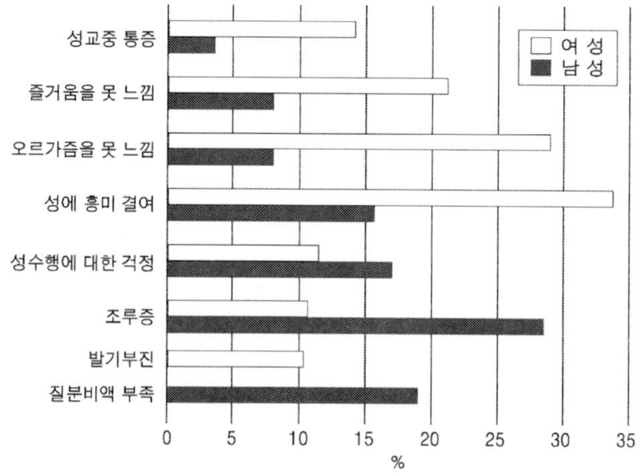

자료 : Laumann 등 (1994)

① 발기 부진(임포턴스)

발기는 신경에 의한 혈관의 작용으로서 연령증가에 따라 성기관 전체에 노화현상
이 서서히 진행되면서 점차 발기력이 둔화되는 경향이 있다. 성치료자들은 임포턴스
라는 전통적인 용어는 사용하지 아니하고 대신에 일차적 발기 장애(한 번도 발기해
본 적이 없음)와 2차적 발기 장애(과거에는 가능했으나 현재 안 됨)로 나누어 후자의
극복에 더 관심을 두고 있다. 이는 성수행에 대한 걱정으로 성적 각성이 없어져 발기
가 어려워진 것으로서, 걱정은 자신의 사내다움에 대한 염려로부터 성욕망의 도덕성
에 대한 갈등까지를 두루 포함한다.

피로나 일, 걱정, 배우자와의 싸움, 침체, 과다 알콜 등의 일시적인 상황들이 발기 부진을 야기시키는데 만일 상대방 여성이 이를 심각히 여기는 경우, 남성은 자신의 성적 반응에 대한 걱정이 더욱 심화된다. 최근 연구들은 심리적인 요인이 발기 부진에 50%의 결정적인 영향력을 행사한다고 보고하고 있으며, 당뇨 같은 일반 질병 역시 그 부작용으로써 발기 부진에 기여하고 있다고 본다.

② 조루증

'너무 빨리'라는 개념을 객관적 시간 측정으로 정의하는 것은 무의미하며 정말 중요한 것은 주관적인 느낌이다. 상대 중 어느 한 쪽에서 성적인 만족을 음미하기엔 너무 사정이 빠르다고 느낀다면 그것이 문제가 될 수 있다. 대개의 남성들은 성교를 연장시키는 것에 별로 신경을 쓰지 않으며 상대 여성이 조루를 느끼는 데에도 당사자는 자신이 조루라고 생각하지 않는 경우도 많다. 상대방을 만족시켜야 한다는 강박관념에 사로잡혀 이를 걱정하는 남성들 가운데 빠른 절정에 대한 열망을 강조하다 보면 조루의 문제가 생길 수 있다. 이러한 실례는 신속한 오르가즘을 시도하게 되는 차 안에서의 성교나 자위행위, 혹은 매춘 등에서의 상황에서 흔히 있는 일이다.

③ 오르가즘(극치감) 장애

성적 각성은 경험하지만 오르가즘을 못 느끼는 경우가 극치감 장애이다. 대개 남성의 경우는 '발기 지체'라 보고, 여성의 경우는 '불감증'이라 일컫는다. 여성의 오르가즘 문제는 '일차적인 오르가즘 장애'와 '2차적인 오르가즘 장애'로 구분한다. 어떤 자극에도 불구하고 한 번도 극치감을 경험치 못한 이는 전자의 경우이고, 질이 아닌 오럴이나 수음 혹은 자위 등으로 극치감을 느낄 수 있는 이들은 후자의 경우이다.

여성이 오르가즘 장애를 가지는 주된 원인 중 하나는 성에 대한 부정적인 태도 때문이다. 즉 성이 추하다고 학습된 이들은 성을 부끄럽고 죄스러운 것으로 접근하기 쉽고, 이 감정이 성적 표현을 금하게 하고 성적 감정을 억제함으로써 오르가즘 반응에 어려움을 초래하는 경우가 많다. 남성에 비하여 여성은 상대 배우자에 대하여 믿을 만한 애정이 결여되었을 때 성 각성이 표출되지 않는 경향이 있다. 그 밖에 임신의 염려나 오르가즘 성취를 위한 지나친 걱정, 성교가 너무 짧거나 상대가 자신의 취향에 신경 써주지 않을 때, 그리고 남성이 질 삽입 전 충분한 성적 자극을 주지 않았을 때 등이 여성 불감의 요인이 되고 있다.

2) 성적 역기능에 대한 대처

성치료(sex therapy)는 시간과 경제적 부담이 크지만 많은 이들이 도움을 받고 있다. 미국 성교육자 상담자 치료자 협회(AASECT)는 신뢰할 만한 성 전문인 기구이다. 성치료에 관한 마스터스와 존슨(Masters & Johnson)의 연구결과는 다른 연구들에 비교해 수치가 지나치게 낙관적이다라는 비판도 있다. 그럼에도 불구하고 성적 역기능은 정규적인 처치로써 극복될 수 있다는 것을 지적하고 있다는 점에서 그 공헌도를 인정받고 있다(Mc Conaghy, 1993).

(1) 발기부진 대처

① **심리적인 요인 제거** : 부부가 드러내 논의하고, 여성은 특히 발기 부진이 곧 애정의 결핍을 의미하는 것이 아니라는 것을 이해할 필요가 있다. 따라서 적대감정이나 일방적인 요구보다는 정서적인 격려와 지지를 보내야 한다.
② **감성초점(sensate focus) 치료** : 교대로 상대 배우자를 단지 누워 있게 하고 지침서 내용대로 자극해 주고 그것을 즐기며 기분이 어떤가를 서로 나누게 하되 처음부터 서로의 성기를 자극하거나 성교를 시도하지 않도록 한다. 이는 잘 수행해야 한다는 압박감을 주지 않기 위해서이며 여러 회기 기간을 이런 식으로 반복하다가 점차 성기 자극도 허락하되 아직 성교는 금한다. 성교를 잘 수행해야 한다는 것에 대한 압박감이 차차 제거되면 자발적으로 발기가 가능해지기 마련이다. 이 방법을 반복시켜 성 각성을 시도하게 되면 남성은 자신의 성교 반응에 대해 자신감을 회복하게 되므로 이때 비로소 성교를 시도하게 한다.

(2) 조루증 대처

순식간에 절정에 도달하는 것으로부터 상대가 요구하는 시간을 끌어 주지 못하는 것까지가 다 조루에 포함된다. 후자의 경우 오르가즘은 성교 중 이뤄져야만 한다는 전통적인 가정을 고집하지 않는다면 해결이 가능하다. 만일 여성이 자위의 손 자극을 즐겼다면 성교 전이나 후에도 오르가즘을 경험할 수 있는 가능성이 있음을 의미한다. 이 전략은 남성에게 성교 수행 압력을 감소시킬 수가 있고 이로써 성교 시간이 보다 길어지게 하기도 한다. 너무 빠르게 사정하는 것에 대한 교정은 다소 어려운데 이에도 역시 감성초점(sensate focus) 치료법을 적용하면 효과적이다. 반복적인 치료는 남성이 오르가즘 직전의 반응을 보다 잘 통제할 수 있게 해준다.

(3) 오르가즘(극치감) 장애 대처

성에 대한 부정적인 태도가 주원인이므로 가치관의 재구성이 절대 필요하다. 성치료학자들은 여성이 자신의 성표현에 대한 혼돈된 감정을 감소시키고 이에 대해 드러내어 토의하도록 제안하고 있다. 오르가즘을 전혀 경험해 보지 못한 경우라면 자위를 통해 오르가즘을 느껴 보게 하여, 결국 자기자극으로 첫 느낌을 가진 후 비로소 성교에서 오르가즘을 성취하게 할 수가 있다(Lopiccole & Lobitz, 1972 ; Lloyd, 1997 재인용).

성적 역기능에 대한 치료를 위해서 때로는 성기능 그 자체보다는 부부관계 문제에 더 역점을 두기도 한다. 무엇보다도 성에 관한 서로간에 감정이나 문제점들을 터놓고 대화할 필요가 있다. 또한 앞서 언급한 바대로 굳이 오르가즘이 성교를 통해서만 이뤄져야 한다는 고정관념을 가지지 않는다면 문제될 것이 없고, 대화로 피드백을 해줌으로써 남성으로 하여금 여성의 특별한 성적 취향을 더 잘 알 수 있게 하는 것도 효과적인 치료의 한 방법이다.

3) 독신노인의 성적 적응

노인들도 인간의 기본적인 성욕을 느끼고 유지하고 있으며 신체기능은 쇠퇴해도 만족스러운 성생활을 영위할 수 있다. 고령화 사회에 배우자 없이 살아가는 노인들이 증가하면서 이들의 재혼문제 이른바 황혼의 결혼(December marriage) 문제가 대두되고 있다.

독신 노인들은 젊어서처럼 이성과의 교제가 현실적으로 어렵기 때문에 성적인 만족감을 제대로 얻지 못한다. 그러나 노년기도 인생의 기쁨을 나누는 순간들의 연속이며 또 한 개인의 존재가 중요함을 인식한다면 평생에 걸쳐 표현할 수 있는 성의 의미를 과소평가 하거나 성욕구에 무관심하기를 기대하는 것은 어려운 일이다.

「한국노인의 전화」에 1996년 한 해 동안 걸려온 상담 중 8.5%가 이성교제에 관한 내용이었다. 대전 「노인의 전화」가 1994년 12월 출범 이후 1996년까지 상담을 의뢰해온 노인 1,883명을 대상으로 상담 내용을 조사분석한 결과가 전체의 67.2%인 1,266명이 이성문제로 상담을 의뢰하였다. 노인들의 이성문제는 대부분 홀로 된 노인들이 이성친구들을 사귀는 데 따르는 고충들이었으며 상담을 통해 재혼을 결심하는 경우가 많았던 것으로 밝혀졌다. 남녀별로는 여성이 711명으로 남성 555명에 비해 의뢰건수가 많았는데 이는 여성의 수명이 남성에 비해 긴 데다 남편을 잃은 뒤 외로움에 시달리는 경우가 많기 때문인 것으로 풀이될 수 있다.

임춘식(1997)의 홀로 된 노인의 이성교제와 재혼태도에 관한 사례연구에 따르면 조사대상자의 97%가 이성교제를 필요하다고 응답하였고 노년기 이성교제의 성질에 대해서는 우정(63%), 애정(17%), 결혼상대(10%), 성적 대상(10%) 등으로 나타났다. 대상자의 절반 이상이 이성을 우정관계로 만나고 싶다고 했으나 이성교제의 한계에 대하여는 할아버지의 94%가 육체적인 관계까지라고 응답하였다. 할머니들도 교제의 한계를 육체관계까지 괜찮다고 여긴 응답이 43%에 달했고 14%는 키스까지 무방하다고 밝혔다. 재혼에 대하여는 60%가 긍정했으나 혼인신고는 80%가 하지 않거나 살아본 뒤 하겠다는 등 신중한 태도를 보였다. 그러나 실제 이성을 사귀고 있는 노인은 경제적 부담(33%)과 기회부족(30%) 등의 이유 때문에 10%에 불과했다.

결론적으로 노인의 성적 표현은 인간 본능의 표현이며 노인에게 있어서 성은 쇠퇴해 가는 생물학적 과정에 마지막으로 즐거움을 줄 수 있는 것인 동시에 이로써 노후의 심리 정서적인 건강을 향상시킬 수 있는 요소가 된다. 따라서 노인의 성적 욕구가 단순히 억압되고 장기간의 금욕생활로 인한 폐용성 위축을 초래시키기보다는, 건설적이고 성숙한 방법으로 표출될 기회가 주어져야 할 것이다. 따라서 적당한 파트너가 없다면 자위행위를 통해서라도 성기능을 계속 유지시키는 것이 바람직하다고 전문가들은 조언한다. 노년기 독신자들이 다양한 형태의 자극을 포함해서 신체적 변화와 성적 욕구에 적응할 수 있는 기회의 폭을 넓혀 주기 위한 방안으로 이성교제와 재혼은 매우 중요한 하나의 대안일 수 있다. 이에 따라 노인기의 성적 적응에 대한 노인 당사자나 가족원, 그리고 사회의 인식이 조정되고, 걸림돌이 되고, 있는 재정적인 문제나 기타 제반여건에 대하여 보다 과감하고 구체적인 개입과 조정이 필요하다고 하겠다.

4) 노년기 성생활의 증진

랍센츠(Lobsenz, 1975)는 노년기에 남성과 여성의 성적 능력이 저하되기는 하나 성적 기쁨은 실제로 증가한다고 말한다. 결혼생활의 성적 즐거움을 나누는 데 있어서 각 배우자는 성이 함께 하는 것이지 결코 상대를 위해 행하는 것이 아님을 깨달아야 한다. 즉 각 부부는 동등한 성적 결합을 위해 능동적으로 임해야 하며 남성과 여성이 동등하게 함께 행하는 성일 때 보다 효과적이고 만족스러운 것이 된다. 특히 노년기의 훌륭한 성관계는 자연적으로 주어지는 것이 아니며 함께 하는 긍정적인 노력의 결과로 가능해진다. 따라서 노년 부부간의 원만한 성적 적응을 위해서는 성에 대한 잘못된 인식에서 벗어나 남녀의 성에 대한 차이를 알고 성 만족감을 방해하는 요소들을 공동으로 제거해 나가는 노력이 필요하다.

일반적으로 부부간의 성적 친밀도는 결혼생활 만족도와 높은 상관관계가 있으며 부부의 결속력을 높이는 데 주요 요인으로 작용하고 있다. [그림 11-6]은 성만족도와 결혼만족감 간의 관련성을 나타내 보이고 있다.

일반적으로 지적되고 있는 노년기의 성(性) 성취감이나 만족감 증진을 위해 알아두어야 할 사항들은 다음 몇 가지로 요약할 수가 있다.

【그림 11-6】 성만족도와 결혼만족도

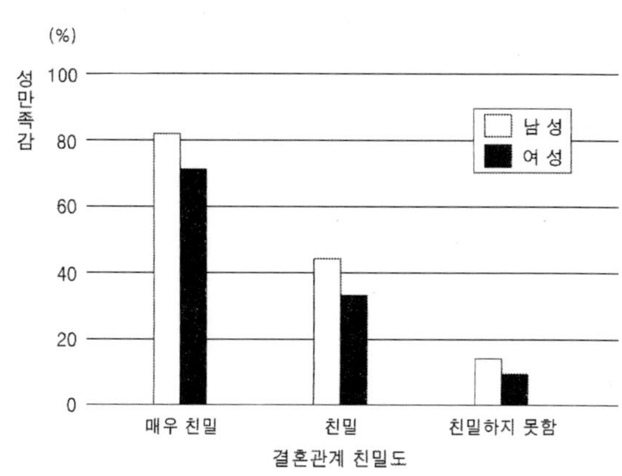

자료 : Hunt (1974) ; Llyod & Weiten (1997) 재인용.

① 생리적인 노화 이해와 이에 대한 대처

생리적으로 남성노인은 성적 반응주기가 길어지고 골반 삽입운동과 사정이 강도 면에서 약해지고 오르가즘 강도도 저하된다. 한편 여성노인은 질 벽의 탄력성이 약화되고 질 분비액이 적어지며 성교시 쉽게 자궁의 피로를 경험한다. 여성노인이 남성의 성행위 변화를 이해하지 못하면 배우자의 느린 사정이나 정규적이지 못한 성행위로 인하여 실망감을 갖게 된다. 따라서 노화로 인한 성행위의 생리적 변화에 대하여 정확히 알고 이를 수용하고 대처할 때 노인기 성적 적응이 가능해진다.

구체적인 대처로서 남성의 조루 증세는 노년기에 사라지게 되나 젊어서보다는 발기와 사정이 활기차지 못하다. 이 때 테스토스테론(testosterone)이라는 호르몬 처방을 통하여 정력을 회복시킬 수 있다. 반면 여성노인의 경우에는 Y-젤리와 같은 수용성 연고제 등을 사용하여 질 분비액이 감소되어 윤활성이 떨어지는 문제점을 해결할 수 있다.

② 정확한 성지식과 정보 가지기

잘못된 성지식은 일반적으로 성에 대하여 잘못된 인식과 과잉기대를 초래하기 쉽다. 오류나 과잉기대로서 다른 이의 성생활과 비교하여 평균적이고 정상적인 것에 대한 개념을 오해하게 되면 자신들은 이루지 못하고 있다는 좌절과 실패, 불행감을 가질 수 있다. 또한 오르가즘이나 성반응의 일반적인 남녀차이에 대한 무지나 부정확한 지식은 어느 한 쪽의 일방적인 주도로서 성행위가 이뤄지게 하며, 그 결과 상대방은 불만족스러움과 불행감을 경험하게 된다. 따라서 남을 흉내 내거나 남의 지시를 따르기보다는 자신에게 맞는 옷을 입듯이 자기 고유의 스타일을 발전시키는 노력이 필요하다.

③ 심리 정서적인 관계의 증진

부부간에 해결되지 못한 갈등이나 적개심, 분노, 심리전, 거절당함, 조롱 혹은 비판 등과 같이 위협적이며 지지적이지 못한 상호작용은 성에 대한 흥미를 잃게 하고 결국 불행한 성생활을 초래한다. 대체로 아내 쪽의 성에 대한 부정적인 생각이나 잠자리 거부 등은 남편에 대한 피해의식이나 애정 결핍, 인정받으려는 욕구, 성격 장애 및 열등감 등에 연유하기 때문에 성 치료자나 성 상담가들은 이 부분에 초점을 두고 치료 상담에 임할 필요가 있다.

만일 남편이 자존감에 상처를 받고 심리적인 연약함을 보이거나 성생활에 자신이 없어 한다면 아내가 만족감의 부족이나 실패 시에도 상대방을 격려하고 칭찬해 줄 필요가 있다.

④ 과로나 스트레스 관리

인간관계나 직장, 그리고 가정에서 과도한 스트레스를 받게 되거나 성격 자체가 스트레스 받는 유형일 경우 항상 긴장하게 되어 심리 신체적인(psycho-somatic) 장애를 가지게 된다. 이 밖에 과로나 피로로 지치게 될 때 성생활에 부정적인 영향을 미치고 성만족이 저하된다. 노소를 막론하고 활기찬 성생활을 위해서는 육체적인 피로를 점검하고 스트레스 관리에 유념해야 한다.

⑤ 신체적 질병 요인에 대한 대처

노년기의 당뇨나 간질병, 호르몬의 불균형, 약물 부작용이나 고혈압 등은 성 욕망이나 성반응을 감소시키며 성의 자발성과 흥미를 저하시킨다. 이에 대한 현실 가능한 치료나 대처책은 노년기 성생활의 활력 유지에 보다 도움이 될 것이다.

⑥ 성적인 관심과 행위를 지속적으로 유지

특히 남성의 성기능은 마치 기계에 비유되어 장기간 방치상태시 기능 마비가 초래된다. 실제로 60세 이상 남성이 2개월 정도 성생활 중단시 완전 발기부진으로 전이될 가능성이 많다고 전문가들은 경고한다.

크룩스 등과 하이드(Crsuks 등, 1996 ; Hyde, 1994)는 보다 구체적으로 다음과 같은 성생활 증진법을 제시하고 있다.

㉠ 적합한 성교육을 받는다 : 성에 대한 정확한 지식과 정보를 수집할 필요가 있으며 이를 위해 성에 관한 대학교재나 교과과목 수강도 바람직하다.
㉡ 성에 관해 대화한다 : 상대의 취향을 묻고 자신의 것을 솔직히 표현한다.
㉢ 자신의 성 가치관을 재고해 본다 : 성 혐오와 같은 부정적인 가치관에 대해 그

원인과 함축 의미 등을 검토할 기회를 가지고 수정한다.
ⓔ **목표 설정을 하지 않는다** : 그저 즐기고 relax하는 것이 최상이다. 반드시 오르가즘을 실현하려고 과도히 마음 쓰지 않는다. 절정 성취에 대한 목표 설정과 같은 것은 자신의 내부에서 성을 즐기기보다는 오히려 외부에서 구경꾼이 되기 쉽고 상대의 성행위를 판단하게 만든다.
ⓜ **자신의 성적 환상을 즐긴다** : 성 환상은 정상적인 것이며 흥분을 증가시키기에 효과적이다.
ⓗ **성에 대해 선별적이도록 한다** : 보다 은밀하고 긴장이 누그러지는 분위기에서 좋은 성 교제가 가능하다. 따라서 일상 침대에서보다는 보다 즐거운 성을 위해 장소나 때 혹은 상황 등에 대하여 서로의 의견을 교환하여 합리적인 합의점을 가질 필요가 있다.

결론적으로 노인들은 신체기능은 쇠퇴해도 만족스러운 성생활을 지속해 나갈 수 있다. 만일 노년부부가 올바른 성 이해와 지식을 가지고 서로를 격려하고 지지하며 서로의 내밀한 성적 요구를 솔직한 대화로 표현한다면, 젊은이 못지않게 노인 자신들만의 잠재능력을 개발하고 성적으로 적응하여, 보다 친밀하고 성공적인 노년기 성생활을 영위할 수 있다.

죽음과 임종

본 장에서는 죽음에 대한 이해와 태도를 정리하고 죽음의 단계와 반응을 살펴보고자 한다. 아울러 사별로 인한 애도에는 어떠한 단계와 반응이 있으며, 이로 인한 가족원의 적응과제는 무엇인가를 알아본다.

삶의 끝은 죽음이며 우리는 매일 조금씩 삶의 현장을 떠나고 있다. 죽음 그 자체는 인간 어느 누구에게나 보편적인 것이나 죽음의 과정은 개별적이며, 일정하거나 보편화된 유형이 없이 다만 예측할 수 있을 뿐이다.

1. 죽음에 대한 이해

1) 죽음의 정의

죽음의 정의를 내리는 데에 기본이 되는 것은 의학적인 죽음이다. 1957년 교황 바오로 2세도 "생명의 연장"이라는 성명에서 대뇌 피질의 죽음을 인간의 죽음으로 규정지으면서 종교적인 측면에서의 죽음도 의학적인 죽음을 기반으로 함을 시사하였다.

죽음에 대한 세계보건기구(WHO)의 정의를 보면 "소생할 수 없는 삶의 영원한 종말"이라고 하였고, 한국어 대사전에는 "사(死), 사망(死亡), 사세(死世), 끝장, 죽는 일, 생명이 없어지는 현상" 등으로 정의되어 있다.

한편 웹스터 사전에는 첫째, 죽음(death)은 동물이나 소생의 가망이 없는 모든 생체기능의 영구적인 정지, 생명의 종결, 죽는다는 사실이나 행동 및 과정으로, 둘째, 임종(dying)은 생명이 끝나가는 것, 죽음이 임박한 것, 점차 소멸되는 것으로 정의되어 있다(김분한, 1997).

2) 죽음을 판단하는 기준

죽음이란 의학적인 죽음뿐 아니라 법적인 죽음과 사회적인 죽음이 따르기 마련인데 특히 의학적 측면에서는 주로 신체적인 죽음을 다루고 있다. 신체적 죽음은 심장 고동이나 호흡과 같은 활력기능이 멈추어 버리는 상태이며 이는 다시 임상적 죽음과 생물학적 죽음으로 구분할 수 있다. 생물학적 죽음과 임상적 죽음의 개념 차이는 생물학적 생명과 인간적 생명의 구분을 전제로 한다. 인간적 생명의 사망이란 환자의 의지에 의해서 생명이 존속되지 못하고 이미 그 생명을 주장하거나 유지될 수 없는 것으로, 인간으로서의 죽음 곧 개체사이다. 임상적 죽음은 호흡이 없고 심장이 정지된 상태이고 뇌의 활동이 중지된 상태이다. 즉 신체의 검사에서 사망의 증상이 나타나는 상태로, 최근에 뇌사를 과연 죽음으로 판단하는지의 논란이 일고 있다. 그러나 불가역적인 경우가 아니고 죽은 지 얼마 되지 않은 경우 소생을 시도하고 치료가 적절히 수행되면 정상적인 뇌기능을 포함하여 모든 신체 장기의 기능이 회복되는 경우도 있다. 그러나 이미 인격은 가졌다 할 수 없고 단지 심장, 폐, 간 등과 같은 조직만의 상태로, 영혼이나 이성 또는 마음 등이 떠난 시신에 더 이상의 배려는 없어야 한다는 주장도 있다.

3) 죽음에 대한 관점

(1) 죽음의 사회심리학적 관점

우리 사회의 많은 노인이 신체적 능력이 감소되기 훨씬 전부터 사회심리적으로 죽음을 시작하고 있다고 볼 수 있다. 커밍과 헨리(Cumming & Henry, 1961)의 은퇴이론에 의하면 나이가 들면서 노인들은 스스로를 사회와 격리시키고 고립 상태로 있으면서 점차 주위 환경이나 활동에 참여하지 않고 살아가게 된다고 한다. 사회적으로 무익하고 쓸모없다고 판정하여 버리는 것이 사회적 죽음이요, 살아는 있되 회복할 가능성 없이 혼수상태에 있거나 정신적으로 죽은 것과 다름이 없는 상태를 심리적인 죽음으로 본다.

(2) 죽음의 인간 상호 관계적 관점

인간 상호 관계적인 관점에서도 죽음이 단지 생물학적이고 임상적인 문제로만 취급되어질 수는 없다 하겠다. 임종을 맞게 되는 사람 자신의 심리적 동요뿐 아니라 주위의 관련된 사람이나 환경까지도 죽음의 현실을 수용하지 못하거나 의식적 혹은 무의식적으로 거부하고 회피하게 되는 것이다.

죽음은 도처에서 누구나가 경험할 것이지만 가족 내의 어린이들이 그렇듯이 대개의 어른들 역시 죽음에 대한 토론을 해보지 못한 것이 사실이어서 이에 대한 통찰력과 전반적인 태도를 논하는 데에 어려움이 따른다.

2. 죽음에 대한 태도

1) 문화적·개인적인 태도

죽음은 타 영역에 비하여 상대적으로 많은 사회에서 금기시된 주제이기 때문에 이에 관한 연구는 최근까지도 비교적 적은 편이다. 대개의 문화들에서 죽음을 다루는 가장 일반적인 책략은 회피이며 인간은 안락하게 죽음을 맞이하지 못한다는 증거들이 많이 있다. 죽음이라는 말 자체를 회피하기 위해 죽음을 떠나간다는 'passed away'라는 완곡한 어구로 표현하기도 한다. 카스텐바움(Kastenbaum, 1986)은 장례 절차를 죽음을 처리하기 위해 그 문화에서 사용하는 의식과 절차를 모은 것(collection)이라고 불렀다. 장례 절차는 문화마다 다르며 서구 사회에서는 부정적이라기보다는 회피하는 경향이 있다.

그러나 부정적인 사고와 회피가 모든 장례 체계에서 보편적인 것은 아니다. 멕시코 문화에서는 죽음에 대해 더 자주 말하고 심지어는 죽음의 날(day of the dead)이라하여 국가축제일로 행사를 한다. 또한 아만파(Amish)들은 죽음을 두려운 대상이라기보다는 자연스러운 본성적인 전이로 본다. 다양한 문화권에 따라 죽음에 대한 두려움의 정도도 다양하다.

또한 죽음을 대하는 태도에는 개개인마다 큰 차이가 있다. 중년 혹은 노년기에 죽음에 관한 생각이 최고조에 달한다는 그간의 연구결과에 대해서는 불일치한 결과들이 나왔다. 그러나 죽음의 공포가 중년기 이후 줄어든다는 것은 명백하게 증명되었다(Kastenbaum, 1986). 노인들은 죽음 자체보다 죽음 전의 불확정한 시간을 더 두려워한다(Marshall and Levy, 1990). 즉 어디에 살 것인지, 누가 그들을 돌볼 것인지, 죽기 전에 경험하게 될 통제력과 독립성의 감소에 대해 어떻게 대처할 것인지 등에 관하여 더 두려움을 느낀다.

종교를 가지는 것은 죽음에 관한 느낌을 갖는 데 특별하게 영향을 미치지 않지만 그러나 강하고 깊은 종교적인 헌신을 하는 것은 죽음의 불안을 낮추는 것과 관련이 있다. 종파에 관계없이 자신에 대해 실망하거나 바라던 일을 모두 성취하지 못한 사람은 다른 사람보다 죽음에 대한 두려움이 더 크다는 결과들이 나왔다. 결국 죽음에 대한 공포는 인성과 가족배경에 크게 영향을 받은 개인적인 문제들로 이해될 수 있다.

우리나라 말기 암환자 30명의 죽음에 대한 태도를 면접 조사한 윤은자 등(1998)의 연구에서 죽음을 눈앞에 둔 환자의 태도는 크게 3가지로 분류되었다. 분류된 비율은 종교의존형 40.0%(12명), 과학신봉형 36.7%(11명), 냉소주의형 23.3%(7명) 등의 순서로 집계되었다([그림 12-1 참조]). 이들은 특히 종교나 학력, 성별, 연령에 따라 각

【그림 12-1】 말기 암 환자들의 죽음에 대한 태도

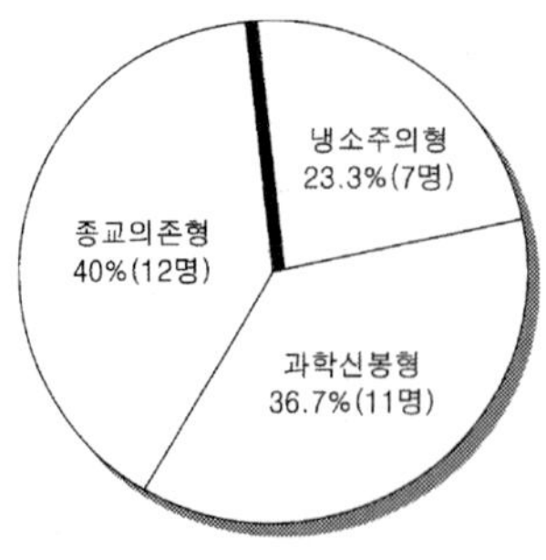

자료: 윤은자 등 (1998)

기 다른 태도를 보였는데 고학력일수록 종교에 의지하는 율이 높았고, 저학력 남성일수록 현대의학을 믿는 과학신봉자가 많았다. 이에 대하여 연구자들은 고학력자들의 경우 암 말기에 이르러 죽음을 눈앞에 두게 되면 현대의학과 의사의 한계를 인정하는데 반해 저학력 환자들은 현대의학과 의사에게 지나치게 의지하고 신봉에 가까운 태도를 갖게 되기 때문인 것으로 해석하고 있다. 또한 무신론자이면서 저학력일수록, 연령은 40대 초반부터 50대 후반까지 죽음에 냉소적이었다. 일반적으로 노년층일수록 삶에 대해 애착적인 태도를 보이는 경향이 많은 데에 비해, 중년층의 말기 암 환자들은 오히려 죽는다는 사실에 그다지 집착하지 않는 현상을 나타냈다.

2) 죽음에 대한 태도 영향요인

그간의 연구들에서는 죽음의 태도와 반응에 영향을 미치는 요인들로서 다음의 4가지 영역을 제시하고 있다.

① **개인적인 특성** : 인격, 나이, 극복의 형태, 종교, 사회 문화적 배경, 성숙도, 지능, 정신건강, 상실과 죽음의 사전경험, 삶의 실현
② **인간관계의 특성** : 환자의 상호관계의 질과 양, 환자의 상호관계가 제공하는 인정과 지지의 정도
③ **환자 질병의 특성** : 통증 지속의 정도와 통증의 크기, 정신과 육체의 약화 정도, 약물의 영향과 투약 정도, 치료 범위의 영향, 조절력 상실의 정도, 죽음 진행 속도
④ **생의 주기별 특성** : 영·유아기, 취학 전기, 학동기, 청소년기, 청·장년기, 중년기, 노년기

3. 죽음의 단계와 반응

1) 퀴블러 로스(Kübler-Ross)의 5단계

죽음 구조의 양면은 죽어가는 이와 생존자들에 의한 개념이다. 비록 검증되지는 않

았지만 일반적으로 널리 알려진 죽음의 과정은 Elizabeth Kübler-Ross에 의해 구분되었다. 200명의 중년 암 환자에 대한 연구를 기초로 한 이 연구는 부인, 분노, 타협, 절망, 순응 등 죽음의 다섯 단계를 제시하고 있다.

① 부인(denial)단계 : 이 단계에서는 죽음의 사실 또는 임박한 죽음을 받아들이지 않는다. 부인은 놀라운 사실을 완충하는 거래의 형태로 볼 수 있는데 환자들은 그들의 진단이 뒤바뀌었다고 느끼거나 의사들이 더욱 양호한 진단을 내려 주기를 바라며 더 많은 검사를 요구한다.

② 분노(anger)단계 : 앞 단계의 부인이 더 이상 유지되지 못할 때 이것은 종종 분노로 바뀐다. 이 단계의 죽음에 대한 생각에서 나온 분노나 격노의 감정은 진료원이나 가족을 대상으로 향해진다.

③ 타협(bargaining)단계 : 이 단계에서는 다시 삶으로 돌아가기 위해, 고통이나 불편을 덜기 위해 죽음의 연기를 신(神)과 타협하고자 하고 어쩔 수 없는 상황을 저지하려고 한다.

④ 절망(depression)단계 : 상실에의 슬픔이 밀려올 때 죽어 가는 사람은 네 번째 단계인 절망으로 들어선다. 이 단계에는 반응적 절망과 준비적 절망의 두 가지 단계가 있다. 반응적 절망은 방사능 치료에 의한 탈모 등 자신의 질병으로 인한 좌절과, 아울러 죽어감에 따른 여러 가지 상실에 의한 절망을 의미한다. 준비적 절망은 모든 사랑하는 것을 잃어가는 것 대한 개인적 준비이다. 이 단계에서 죽어가는 사람은 소중한 것들을 나누어 주거나 가족과 함께 남은 시간을 보낸다.

⑤ 순응(acceptance)단계 : 마지막 순응단계에서 사람들은 적극적으로 죽음에 대응한다. 비록 상황은 불행하지만 죽음이 예상된 결과이거나 혹은 감수해야 하는 것이라고 생각한다.

2) 노인의 죽음과 반응

많은 연구자들이 Kübler-Ross나 또 다른 이들이 제시하는 죽음의 단계가 타당하다고 주장하지만 반면 어떤 이들은 이 단계들이 나이든 노인의 경험에 맞지 않는다고 주장한다. 레치나스(Retsinas, 1988)는 아래와 같은 4가지 요소에 근거하여 노인 죽음의 상대모델을 제안하고 있다.

① 나이든 이들은 그들의 동반자나 친구들이 죽는 것을 오랫동안 보아왔기 때문에 죽음을 부정하는 대신 실제는 더욱 순응하고 두려워하지 않을 수 있다. 또한 노인들은 중년들과는 달리 생존해 온 기간만큼 상대적으로 더 오래 외로움을 경험했을 것이며, 이미 노인이라서 겪게 되는 사회적 죽음을 경험하며 살아왔을 것이다. 따라서 죽음에 대한 부인이나 분노는 노년기 죽음의 단계에서는 나타나지 않을 수도 있다.

② 노인들은 다른 연령층보다 질병에 더욱 익숙하고 일반적으로 오랫동안 죽음의 가능성을 생각해 왔다.

③ 연령 그 자체에 오랫동안의 역할이 재정의되는 시기를 포함한다. 예를 들어 노인들은 병들기 그 이전부터 더 이상 운전이나 정원 가꾸기 계단 오르기 등을 하지 못하였고, 퇴직으로 인하여 사회로부터 더 이상 생산적이지 않다는 판단을 받은 상태이다. 따라서 이미 역할 재조정의 과제를 수행한 터이므로 현실에 절망하지 아니하고 순응이 가능해진다. 이에 반하여 중년은 이러한 역할 재조정의 경험이 없다. 따라서 중년들은 그들의 사회적 위치 상실에 당황해 하고, 특히 가장이라면 가족에게 미치는 경제적 영향에 대해 걱정할 것이다.

④ 중년의 죽음이 시기적절하지 못한 반면 나이가 든 노인의 죽음은 사실 시기적절하다고 할 수 있을지도 모른다. 심지어 담당 의사가 죽음에 대해 순응하지 않으려 해도 노인 환자들이 종종 죽음을 자연의 한 부분으로 보고 의연한 모습을 보이는 경우가 있다. 그들은 죽음을 고통, 슬픔, 사회적 고립, 의지, 외로움의 끝이라고 보고 죽음을 기다리기도 한다.

Retsinas는 Kübler-Ross의 젊은 중년의 암환자가 그들의 임박한 죽음에 대한 사실을 부인하는 반면, 병든 노인들은 그들 몸의 악화를 부인하지 않는다는 것을 지적한다. 중년은 더 많은 시간을 얻기 위해 신과 타협하는 반면, 노인들은 더 많은 즐거움과 평온 혹은 이루지 못한 일에 대한 기회의 시간은 이제 불필요하다는 것을 알고 있다고 말한다.

3) 죽음의 단계이론에 대한 비판

죽음의 과정에 정형적인 단계가 있다고 보는 견해에 대한 주된 비판은, '단계'가 내포하는 다음 차례로의 '기대'라는 점에 집중되어있다. 즉, 간호자는 개인의 특정한 상황에 따른 개별적인 요구로서가 아니라 자신들이 추측하는 단계에 맞춰 환자가 반응하기를 기대하고 그 기대에 부합시켜 해석하려는 경향이 생긴다는 것이다. 모든 이들이 단계의 모든 반응을 경험하지는 않으며 아울러 제시된 단계의 순서대로 반응을 보인다고 말할 수는 없는 것이다.

Kübler-Ross가 죽음의 과정에 대한 우리의 이해를 높였고 계속 지식을 더해 주는 후속 연구들의 자극이 되었다는 것은 확실하다. 그럼에도 불구하고 그녀의 관점은 다음 세 가지 측면에서 비판을 받고 있다. 첫째, 그녀의 연구결과가 거의 전적으로 암환자를 기초로 한 것이라는 점이다. 비판가들은 다른 병으로 죽는 사람들은 다른 죽음의 경험을 하는가에 의문을 갖고 있다. 둘째, 문화마다 죽음을 보는 관점이 다양하기 때문에 Kübler-Ross의 환자들은 모든 문화권에서의 반응이라기보다는, 단지 미국인들을 대표하는 것으로 보아야 한다는 것이다. 셋째, Kübler-Ross가 단계에 기초하여 죽음 과정을 특징화시킨 것을 강하게 비판하는 이들은 죽어가는 환자에 대한 더 체계적인 연구들에서 그녀가 관찰한 것과 같은 5단계의 감정이나 감정의 진행이 항상 관찰되지는 않는다고 주장한다. 5단계가 일반적이라 할지라도 죽어가는 사람들은 단계대로 진행되는 대신 나이, 성, 인종, 민족, 사회적 배경, 인성에 의해 영향을 받는 것이 우선하는 것으로 나타나, 부인부터 수용까지의 전 단계에 걸친 반응이 서로 충돌되거나 교류하면서 뒤섞이는 것으로 보고하고 있다(Butler 등 1982 ; Lloyd, 1997 재인용).

4. 사별과 애도

1) 슬픔과 애도

사별(bereavement)은 죽음이 사랑하는 사람을 빼앗은 상태를 말하며 사별의 초기 징후로는 죽은 이를 찾는 것이다. 또한 사별한 지 얼마 되지 않은 미망인이나 홀아비들은 죄책감을 느끼고 배우자로서의 그간의 실수를 후회하는 경향을 보인다.

슬픔(grief)은 사별에 대한 감정적인 반응이며 슬픔의 반응은 복잡하다. 생존자는 사랑했던 사람의 죽음으로 인해 생겨난 여러 문제들에 대하여 대체로 일 년 후 또는 몇 년 후에는 점차 적응하게 된다. 애도(mourning)는 슬픔의 표현에 대한 문화적으로 유형화된 기대를 의미한다.

슬픔은 부분적 또는 다발적으로 표현되는데 처음의 반응은 일반적으로 쇼크나 마비, 불신감으로 나타나고 점차 죽음의 의미를 찾으려는 강박관념뿐 아니라 죽은 사람의 존재를 찾고 이상화하고자 한다. 또한 고인이나 신(神) 혹은 간병인을 향해 화를 내기도 한다. 슬픔에 잠긴 사람은 혼돈감, 목적 상실 상태, 동기나 흥미 상실의 경험을 하지만 점진적으로 적응하게 되며 새로운 활동과 관계를 통해 그의 행동을 재조직하기 시작한다. 대체로 회복은 죽음 후 6개월에서 2년 혹은 그 이상 여러 해에 걸쳐 이루어지지만 어떤 사람은 일생동안 슬퍼하기도 한다. 슬픔의 정도와 사별은 인간 상호관계의 질, 고인의 나이, 예기치 못한 갑작스러운 죽음과 같은 여러 요소들에 달려 있다.

많은 경우 상을 당한 자의 주위인들은 유가족에게 동정심을 표현하는 것을 어색하게 느낀다. 이들에 슬픔에 잠긴 친구나 친척을 위로할 때 어떤 것이 도움이 될지 알지 못하지만, 도움이 되길 바라면서 조의를 표현하고자 하며 이러한 상황에 신경이 쓰이거나 서투름을 느끼게 된다.

벨스키(Belsky)는 사별을 경험한 가족원이나 친구를 위로하기 위한 다음과 같은 제안을 하고 있다(Benokratis, 1993 재인용).

① "유감이군" 혹은 "안됐군요(I'm sorry)"라고 말하는 것이 종종 최선책이다. 그리고 귀 기울여 들어 주고 미망인에게 말할 기회를 주도록 한다.
② 미망인을 위로하는 것은 민감하고 조심스러운 일이다. 아무리 조심해도 실언을 했다는 생각이 들 때가 있다. 때로 미망인으로부터 거절당하고 있다는 느낌이 들더라도 거기에 계속 머물러 있어 주는 것이 중요하다.
③ 미망인에게 무덤이나 세금 등 실제적인 지식이나 정보를 조언하는 것이 도움이 되더라도 되도록 의견에 대한 충고는 피하도록 한다. "넌 좀 돌아다녀야 해" 혹은 "왜 집을 팔지 않니" 이런 식으로 얘기하고 싶은 충동이 생기면 스스로 자제하도록 노력한다. 상대에게 필요한 것은 이해이며 조언이 아니다. 따라서 상대

에게 제안하고 싶을 때에는 "내가 뭐 도울 게 없을까"라고 질문한다.
④ 회복하기까지 얼마의 시간이 필요할 지에 대해 조급해 하지 않는다. 몇 달 안에
회복할 것이라고 기대하지 않는다.

2) 애도의 단계

죽음과 같은 중요한 인생의 사건을 어떻게 인정하는가 하는 것에는 문화 내, 문화
간에 큰 차이가 있다. 미국에서 사별한 사람은 빨리 고인과의 감정적인 유대를 정리
하고 일상의 생활로 돌아오도록 격려된다. 반면 일본에서는 고인과 감정적 유대를 유
지하도록 조장된다. 거의 대부분의 일본 가정에는 조상을 위한 제단이 있고, 가족원
은 고인과 일상적으로 말을 하고 음식을 바친다. 특별한 유형에 관계없이, 애도하기
위한 이런 모든 의식들은 죽음을 의미 있게 하고 죽음으로 인한 혼란과 고통을 극복
해 가는 데 도움이 되도록 고안된 것들이다.

애도과정을 개념화한 여러 개의 연구가 있는데 보울비(Bowlby, 1980)는 애도를 다
음의 4단계 과정으로 보고 있다.

① **무감각의 단계(numbness)** : 이 단계에서 살아있는 사람은 멍하고 어리둥절해
있으며 메스꺼움이나 가슴이나 목의 긴장과 조임 같은 신체적 반응을 수반하기
도 한다. 이 단계는 며칠쯤 계속되나 예기치 못한 죽음인 경우 몇 주간 계속되
기도 한다.
② **그리워하는 단계(yearning)** : 살아있는 사람은 죽은 사람을 되찾으려는 마음으
로 고인을 보았거나 사랑했던 사람을 찾아 헤맨다. 때로는 좌절감, 분노, 죄의
식을 느끼며 격렬한 슬픔을 경험하거나 통제할 수 없을 만큼 흐느껴 울기도 하
고 식욕 부진과 불면증이 나타나기도 한다.
③ **혼란과 절망의 단계(disorganization and despair)** : 사랑하는 사람을 찾는 일
이 죽음으로 끝났다는 것을 현실로 받아들인다. 그러나 죽음을 현실로 받아들
이는 것은 무력감, 절망, 우울감을 가져 온다. 살아 있는 사람은 혼란과 절망의
단계를 지나면 점차 극단적인 피로를 경험하기도 하고 평소보다 많은 잠을 필
요로 하게 된다.

④ **재조정단계**(reorganization) : 혼란과 절망의 단계를 지나면 점차 집이나 직장에서 정상적인 일상생활을 회복할 수 있다. 우울증이 사라지고 규칙적인 수면 습관을 회복하고 에너지가 증진된다. 사랑하던 사람에 대한 생각은 슬픔을 낳기도 하지만 이런 감정들에 계속 눌려 있지 않는다.

한편 브루베이커(Brubaker, 1985)는 애도과정의 특징적인 단계를 상실기와 과도기 및 회복기의 3단계로 분류한다.

① **위기와 상실단계** : 생존자는 처음 며칠간과 몇 주 동안 무질서한 쇼크의 상태에 있게 된다.
② **과도기 단계** : 이 시기에 생존자는 새로운 생을 창조하려고 노력하기 시작하며 앞으로의 삶의 가능성에 대해 깨닫기 시작한다.
③ **새로운 삶의 단계** : 생존자는 생활유형(life style)을 바꾸고 자신이 홀로 삶을 만족스럽게 살 수 있음을 세상을 향해 증명해 보인다. 대개 회복까지의 기간은 2년 이상이며 고인의 사망 후 미망인의 3년간은 자신이 상중이라는 중요한 역할을 찾는 기간이기도 하다. 미망인이 자율성을 가지고 사회적 관계와 사회의 임무를 수행하기 위한 성공적인 대처요인들은 새로운 자아정체성의 확립과 경제문제 및 건강문제의 해결 등이라 볼 수 있다(Day, 1991 ; Olson 등, 1994 재인용).

3) 애도의 유형

애도과정 분류에 관한 비판에서는 사별에 대한 슬픔이 위에서 제시하는 몇 가지 간단한 단계를 따라 진행되지만은 않는다고 주장한다. 이는 죽음에 관한 사람들의 반응에 변이성이 있는 것처럼 사별에 대한 반응도 변화가 많기 때문이다.

워트만 등(Wortman & Silver, 1990)은 남편이 사망한 후 한 달째에 미망인이 경험한 디스트레스의 양과, 사망 1∼2년 후 경험한 디스트레스의 양을 조사한 4개의 연구들을 수집 조사한 결과 아래와 같은 애도의 4가지 다른 유형이 있음을 밝혀냈다.

① **정상적 애도**(normal) : 사별 직후 즉각적인 디스트레스(부정적인 스트레스)의

수준은 높지만 두 번째 측정시의 디스트레스 수준은 낮아지는 유형.
② **만성적 애도(chronic)** : 사별 직후 즉각적인 디스트레스와 후일의 디스트레스가
   모두 높은 수준으로 나타나는 유형.
③ **유예된 애도(delayed)** : 즉각적인 디스트레스의 수준은 낮으나 후일에 높은 디
   스트레스를 경험하는 유형.
④ **결여된 애도(absent)** : 사별 직후의 단기적인 디스트레스 수준뿐만 아니라, 후일에
   도 디스트레스의 수준이 낮은 것으로 특징지어지는 유형 등이다([그림12-2] 참조).

[그림 12-2]에서 가장 덜 보편적인 유형은 유예된 애도이며 애도자의 1~5%만이
이 범주에 속한다. 반면에 '결여된 애도'는 상대적으로 보편적인 것으로 나타났으며
미망인의 30~78%가 이 유형에 속한다. Wortman 등(1990)에 따르면 애도에 관한
전통적인 관점, 즉 디스트레스는 상실에 따른 필여적인 결과이므로 디스트레스를 경
험하지 않는다면 상실을 슬퍼하지 않음을 의미한다는 견해는 그 지지기반이 약한 것
으로 드러났다. 대신 많은 사람들이 디스트레스 없이도 사별을 의연하게 다룰 수 있
는 것으로 여겨지고 있다. 그럼에도 불구하고 대개 평균적으로 사별한 사람은 사별하
지 않은 사람보다 상대적으로 디스트레스 점수와 병에 걸릴 위험은 더 높고, 생활만
족도는 더 낮은 경향을 보인다는 점에 주목할 필요가 있다.

【그림 12-2】 애도의 4가지 유형

		후기 디스트레스	
		고	저
사별직후 디스트레스	고	만성적 애도 8%-26%	정상적 애도 9%-41%
	저	유예된 애도 1%-5%	결여된 애도 30%-78%

자료 : Wortman 등 (1990)

5. 가족원의 적응

1) 미망인의 적응

배우자의 죽음은 단지 인생의 동반자를 잃은 것뿐 아니라 어떤 경우에는 인생의 모든 것이 끝났음을 의미하기도 하는데, 스트로-브 등(Strobe & et al., 1988)은 사망으로 인한 배우자의 상실이 개인에게 가장 부정적인 영향을 미치는 생활사건이라고 말한다. 노년기 배우자를 사별한 이들에 관한 연구를 보면 여성보다는 남성이 더 고독감이나 사기 저하를 경험하게 된다고 한다. 그러나 대개가 상대 배우자를 일단 잃게 되면 남녀 공히 심각한 슬픔과 걱정과 불행감, 두려움 등을 경험하며, 실제로 혼자된 이들의 사망률과 자살률이 다른 집단에 비하여 높게 나타나고 있다. 예를 들어 한손 등(Hansson et al., 1988, 1993)은 배우자와의 사별은 남은 배우자의 복지를 저하시킬 뿐 아니라 사망의 가능성까지도 증가시킨다는 사실을 일관성 있게 보고해 왔다. 또한 아-버클(Arbuckle, 1995)은 종단연구에서 배우자와의 사별 사건이 발생하고 나서 비교적 짧은 시간 내에 남은 배우자의 적응이 결정된다고 주장한다. 즉 배우자의 사별 후 1~2년간은 신체적·정신적으로 건강이 악화되다가 상실에 대한 적응을 회복하면서 5~7년 이내에 적응집단과 부적응집단이 구분된다는 것이다.

(1) 남녀 성차와 적응

인종에 구분 없이 65세 이상의 연령층에서는 홀아비(widower)보다는 과부(widow)가 더 많은 추세를 보이는데 이는 ① 현재 여성의 예상 수명이 같은 연령층의 남성보다 7~8년 길고, ② 결혼한 남성들의 사망률이 같은 연령층의 결혼한 여성들 보다 2~3배가량 높으며, ③ 전형적으로 부인이 남편보다 3~4세 어리고, ④ 과부보다 홀아비들의 재혼율이 더 높다는 등의 이유들에 근거하고 있다(Benokraitis, 1993).

한국 사회의 인구학적 경향에서도 통계청(1993)은 한국 여성들은 남성들에 비해 사망으로 인한 배우자의 상실을 더 많이 경험하고 있으며, 특히 중·노년기에 배우자 상실이 집중되어 있다고 보고하였다. 연령이 증가할수록 미망인의 성차는 더욱 커져 80세 이상의 연령집단에서 배우자와 사별한 노인들의 절대 다수가 여성 노인들로 나타난다.

대체로 홀로 된 여성과 남성은 슬픔, 불면증, 식욕 감퇴 등과 같은 증상을 나타내며 공통적으로 우울증을 보인다. 배우자 없이 홀로 지내는 시기의 적응은 특히 경제적인 능력에 영향을 받으며 적절한 재정상태는 자아만족감을 유지시키고 의미 있는 활동에의 참여를 지속시킬 수 있다. 그런데 현실적으로 재정적인 결핍은 주로 배우자에게 경제적으로 의존해 왔던 여성에게 큰 타격이 되고 있다.

한편 그간의 연구들은 여성보다는 남성이 배우자의 죽음을 더 못 견뎌 하는 경향이 있고, 따라서 남성은 곧 재혼하거나 아니면 이내 사망하기도 한다고 말한다. 여성에 비해 남성이 곧 바로 재혼하게 되는 이유는 크게 다음과 같은 몇 가지로 요약될 수 있는데, 이는 여성보다는 남성 미망인의 배우자 사망 후 사회적인 고립과 관계 부적응의 가능성을 보여 주는 바라 하겠다.

첫째, 남편과 주위인과의 유대관계상의 문제점 때문이다. 단지 아내를 잃었다는 사실보다는 그에 뒤따르는 사회적 고독과 외로움이 크게 작용하고 있다. 대개 남편은 나이가 들면서 친척과의 유대관계나 기타 사교적 활동에 있어서 부인에게 많은 것을 의존해 왔기 때문에 부인의 죽음은 홀아비가 된 남편의 사회적 접촉 범위나 그가 의지할 수 있는 대상을 갑자기 축소시키게 된다. 대체로 과부들은 곧잘 아주 친밀한 친구관계를 이루어 내는 데 반하여, 홀아비들은 아내 외에 다른 사람들과 친해지는 데에 서툰 게 일반적이다.

둘째, 전통적인 결혼에서의 역할 구조상의 문제점 때문이다. 남편의 적응을 어렵게 만드는 실제적인 또 하나의 요소는 전에 해본 적이 없는 조리나 세탁, 집안 청소 등, 생존을 위해 필수적인 가사 전부를 떠맡아야 한다는 점이다.

셋째, 경제적인 능력 때문이다. 홀아비는 과부보다는 금전적으로 여유가 있고 또 돈 관리에도 더 익숙해져 있다. 이러한 점 등을 고려해 볼 때 홀아비는 곧 바로 재혼하게 된다는 사실이 이해될 수 있다.

(2) 연령 차이와 적응

한편 그 동안의 배우자 상실에 대한 적응 연구에서 연령차에 대한 결과가 상반된 것이었다. 그러나 생애과정적인 관점으로 볼 때 어느 시점에서 배우자를 상실했는가에 따라 상실로 인한 어려움의 유형과 정도, 그리고 극복해야 할 과제가 달라질 수 있다. 이는 미망인의 적응을 결정하는 요소가 연령 자체라기보다는 연령과 관련된 상황적 요인들임을 의미하는 것이다. 그럼에도 불구하고 대체로 연령 증가에 따라 신체적·정서적 기능이 감소하고 경제력이 약화되므로 나이든 미망인들은 대처자원의 부족으로 인하여 사별 후의 적응에 어려움이 클 것으로 유추되고 있다.

최혜경(1998)의 연구에서는 젊은 나이의 미망인들이 나이든 미망인들보다 대체로 어려움을 더 많이 보고하였으며, 이들 어려움 변인들은 미망인들의 적응과 부적인 관계를 보였다. 이는 젊은 여성들에게 배우자 사망이 생애주기상에서 기대되지 않았던 사건이고 삶을 전면적으로 재조직하도록 요구하는 사건이라는 점에서, 나이든 미망인들보다 더 많은 유형의 어려움을 경험할 것이라고 해석될 수 있다.

배우자 사망 후의 적응에 영향을 미치는 또 다른 요인들은 성별과 연령 외에도, 가족이나 자녀 혹은 친구가 지지해 주는 사회적 자원이나 자기복합성(self-complexity)과 같은 심리적 요인 등이 있다.

2) 가족원의 적응과제

한 개인의 죽음을 대기하고 있거나 혹은 떠나보내면서 주위인들은 죽음을 현실적으로 인정하고 감내하며 긍정적인 자세로 물리적, 정신적 준비를 해야 한다. 가족원은 죽음의 사실에 당면하여 변화된 상황에 따른 어려운 용단과 수행해야 할 과제에 도전을 받게 되므로 이제부터 새로운 시작이라는 정리된 마음가짐이 필요하다. 다음은 사별을 겪는 가족원의 적응과제를 정리한 것이다.

① 아직 병상에 누워 있는 이에게 죽음에 대한 공포를 제거시켜 주고 생을 정리할 수 있는 계기를 마련한다. 당사자가 죽음을 준비하고 이를 대비하는 강한 마음을 갖게 하기 위해 절대자와 만남의 계기 등 홀로의 조용한 안식의 시간을 주는 것이 요구된다.
② 장례식의 방법과 규모, 소요비용 등을 계획하고 특히 재정적인 측면에서 보다 합리적인 장례비용이 되도록 계획한다.
③ 가족원이 세상을 떠난 후 가족 전원이 하나가 되어 미망인을 격려하고 위로하는 일에 힘써야 한다.
④ 뒤에 남은 배우자는 재정적인 측면의 대처책을 마련해야 한다.

⑤ 변화된 현실과 바뀌어진 자신의 위치에 적합한 가족 역할을 재정비할 필요가 있다.

⑥ 상황에 새롭게 적응하기 위해 새로운 취미나 역할을 시도해 보고 그것들을 즐기도록 한다.

⑦ 사회생활에서의 활동량이 여느 때보다 줄어들기 쉬우므로 고립되지 않도록 자기 처지를 이해해 줄 친구들을 사귀고 또한 자녀나 친지들과의 유대관계를 더욱 강화시킬 필요가 있다.

⑧ 재혼도 이 시기 적응의 한 방법이 될 수 있다.

⑨ 신앙을 소유하게 될 때 죽음이 결코 끝남이 아니라는 영생의 소망과 위로를 얻을 수 있게 된다. 한 개인의 죽음에 대한 견해가 긍정적 혹은 부정적인 것인지는 종교심의 영향이 실로 크게 작용하고 있다. 서혜경(1987)은 윤회사상으로 내세관이 깊은 한국 노인들이 미국 노인들보다 죽음에 대한 태도가 긍정적이라고 보고하고 있다. 죽음 그 자체는 가슴 아픈 일이지만 넓은 안목에서 볼 때 이로써 또 다른 새로운 생활의 시작을 가질 수 있다 하겠다.

6. 임종간호 (호스피스 케어)

인간의 존엄성은 죽는 순간까지 지켜야 하는 마지막 가치이다. 따라서 임종을 앞둔 환자는 인간적 존엄성을 유지한 채 고통 없이 여생을 보낼 수 있어야 한다. 가족일원을 떠나보내는 남아있는 가족들은 위로와 정신적 지지가 필요하다. 호스피스는 이 같은 요구에 부응하는 '총체적 돌봄(holistic care)'이다.

1) 호스피스 케어의 유래와 정의

'병원(hospital)'이나 '환대(hospitality)'와 동일한 어원에서 온 '호스피스(hospice)'라는 단어는 원래 오랜 여행 중에 지치거나 약해진 여행자들을 위한 대피소와 휴식처를 의미하는 말이었다. 그 단어는 1967년 시셀리 사운더스 박사(Dr. Cicely Saunders)가 런던의 교외에 성 크리스토퍼 호스피스(St. Christophe's Hospice)를 설립하면서 처음으로 죽어가는 환자들을 위한 전문적인 간호용어로 적용되었고 그 후로 근대 호스피스 케어가 시작되었다. 오늘날 호스피스라는 단어는 다양한 환경에서 실행되어질 수 있는 동정 많은 간호의 개념으로 사용되며 호스피스의 대상자는 주로 말기 암환자나 후천성 면역결핍증(AIDS) 환자들이다.

미국 최초의 호스피스는 Connecticut New Haven에서 1974년에 시작되었고, 우리나라는 강릉 갈보리 병원에서 최초의 호스피스 케어가 시도되어 1982년 가톨릭 병원에서, 1988년에는 세브란스병원에서 시작되었다.

이러한 유래를 지닌 호스피스는 완치가 불가능한 말기 환자와 가족들의 고통을 돌보는 활동으로 정의될 수 있다. 구체적으로 첫째, 환자가 남은 생애를 고통 없이 인간답게 삶의 질을 유지하면서 생을 정리하게 하고, 둘째, 가족들에게 고통과 슬픔을 덜게 해주는 총체적인 돌봄이다.

2) 호스피스 케어의 목적

hospice 케어의 목적은 질병 그 자체에 초점을 두고 환자를 치료하는 것이 아니라 환자를 좀 더 편안하게 하고 그의 남은 날들을 좀 더 의미 있게 하고자 하는 것이다. 육체적이고 심리적인 동통의 질에 대처하여 다양한 처방이 이루어져야 하므로 전문가와 서비스 제공자는 동료로서 그들의 상황에 대해 충분하고 정확한 정보로써 죽어가는 사람을 돌보아야 한다.

임종환자를 위한 호스피스 케어의 목적을 다음과 같이 정리할 수 있다.

① 질병에 의한 고통에서의 해방
② 돌볼 수 있는 환경의 보장
③ 편안하고 유능한 경험이 있는 간호사에 의한 간호의 제공
④ 환자와 가족에 대해서 그들이 필요로 하는 원조를 제공해 주는 것 등이다.

이러한 목적을 지니는 호스피스 케어의 의미는 종말기 환자뿐 아니라 가족에게도 쾌적한 생활과 평온한 가운데 가족원의 죽음을 맞이하도록 배려해 주는 것이며, 치유의 전망이 없어졌을 때라도 환자가 쾌히 지낼 수 있도록 하나하나의 증상에 신중히 대처해 나가는 것이다.

3) 호스피스 케어의 유형

호스피스는 간호 프로그램을 의미한다. 호스피스의 간호 프로그램은 가정에서의 간호 프로그램은 물론 완전히 독립된 건물이나 독립된 병원의 진료와 더불어 제공되며, 일반 종합병원 내 각 분야의 전문가에 의해서 만들어진 팀에 의해서 각 병동에 입원해 있는 환자를 care하는 것도 호스피스에 포함된다. 또한 호스피스는 외래서비스와 주간 간호(day care)를 제공하는 경우도 있다. 여기서 주간 간호는 환자가 가정에서 머물고 있는 채로 낮 동안에만 단시간 행해지는 시설보호를 말한다. 이것은 입원이나 수용 보호에서의 서비스만이 아니라 가정에서 서비스를 받는 가정간호를 강조하는 적극적인 의미를 가진 것이다. 또한 이러한 형을 여러 가지로 종합한 유형도 있다. 호스피스 케어를 유형별로 정리하면 다음과 같다.

① 독립형·시설형·병동형 호스피스

독립형 호스피스는 별도의 시설과 건물을 가지고 별도로 호스피스만을 운영하는 것을 의미하며, 병원부설형 호스피스는 병원 내의 호스피스 환자만을 위한 병동이 별도로 설치되어 있는 형태이다.

② 산재형·혼합형 호스피스

호스피스 병동이 따로 설치되어 있지 않아 환자들이 다른 환자와 섞여 입원해 있으면서 호스피스 케어를 제공받는 형태이다. 예를 들어 암환자 관리병동을 다양한 질병을 가진 환자들이 입원하는 혼합된 공동체로 구성하고 그 속에 가족관리 프로그램을 제공하기도 한다.

③ 가정(방문)형 호스피스

정기적으로 환자의 가정을 방문, 상담과 간단한 진료를 통해 환자를 돌보는 형태를 말한다. 많은 사람들이 집에서 죽음을 맞이하는 것을 좋아하므로 이 경우엔 가정간호에 의한 호스피스 서비스가 가장 적절하다고 할 수 있다. 만일 환자의 상태에 따라서 가정 간호 방법이 무리인 경우 수용시설 호스피스에 일정기간 들어가는 것이 좋다.

그러나 전문가들은 임종이 가까운 말기환자인 경우 익숙하고 친숙한 가족이 있는 가정으로 다시 돌아가게 하는 것을 권면하기도 한다.

4) 호스피스 케어의 내용

전문가들은 호스피스는 현대판 고려장이나 '죽는 곳'이 아니라 차분히 생을 정리하고 매듭짓는 곳이라고 말한다. 따라서 임종 직전을 앞둔 환자보다는 임종을 6개월 정도 앞둔 환자가 호스피스 케어를 받도록 하는 것이 바람직하다.

그들이 받을 수 있는 케어의 내용을 다음과 같다.

① 교회 목회자의 영적·정신적인 도움을 받게 한다.
② 각종 치료와 요법(therapy)을 베풀고 진통제 등으로 고통을 덜어주는 일을 담당한다.
③ 관련 사회사업 서비스를 환자 및 그 가족에게 제공한다.
④ 간호와 시중(nursing)을 해 준다.
⑤ 동반자의 역할(companionship)을 수행하여 어려운 상황에 함께 해주고 짐을 나누어 져주고 있다는 정신적인 신뢰감을 심어 준다.
⑥ 환자나 가족을 위로하고 격려해 줄 수 있는 오락 프로그램을 마련한다.

이러한 케어 내용을 외국에서는 주로 무료로 시설로부터 공급받고 있으며, 국가가 전폭 재원을 지원하고 있다.

5) 호스피스 케어 자원봉사자

일반 봉사자와는 달리 인생의 마지막 여정에 있는 환자를 돕는 역할을 해야 하므로, 호스피스 케어 봉사자의 모집과 교육에 섬세한 지도가 필요하다. 다음은 호스피스 케어 자원봉사자의 역할을 정리한 것이다.

① 환자나 그의 가족을 병원 혹은 집으로 방문한다.

② 환자와 가족을 지지하고 안심시키며, 영적인 분위기를 조성하고, 전 가족을 단위로 사랑하며 인간적인 교제를 갖는다.

③ 환자가 용기를 갖도록 격려하며 정서적 지지와 함께 다양한 기회를 제공한다.

④ 환자에게 책을 읽어 주고, 전화를 받아주며, 편지를 써주고, 기도해 주고, 조용히 함께 앉아 있기도 한다.

⑤ 레크리에이션이나 사회적 활동을 보조해 준다.

⑥ 가족들이 휴식시간을 갖도록 주선한다.

⑦ 외래방문이나 상점 등을 가야할 경우 동반해 주고 교통수단을 해결해 준다.

⑧ 환자 주변을 정리 정돈해 주고 사무 처리도 돕는다.

⑨ 장례식에 참석하고 필요하다면 사별 후 가족의 적응을 돕는 사별간호를 제공한다.

⑩ 자신에게 부과된 서비스 활동을 환자와 가족에게 제공하며 다른 서비스도 필요하다면 적절히 돕는다(김분한, 1997).

6) 호스피스 대상자

호스피스 입원 대상자는 다음과 같다.
① 현대의학으로 치료 효과를 기대하기 어려운 환자
② 통증 완화 및 증상관리를 필요로 하는 환자
③ 주치의나 호스피스 담당자가 호스피스 간호를 추천하는 환자(단, 의식이 분명하고 의사소통이 가능한 환자)

호스피스 퇴원 대상자는 다음과 같다.

① 환자나 가족이 원할 때
② 주치의가 가정 호스피스나 주간 호스피스가 가능하다고 인정할 때
③ 집에서 임종을 원할 때
④ 경제적 이유로 더 좋은 가능성을 찾을 때
⑤ 임종

7. 임종 준비

1) 임종시 신체·심리반응

전문가들은 임종이 가까워 오면 환자들에겐 특이한 신체·심리 반응이 나타난다고 말한다. 신체 증상으로는 우선 잠을 자거나 의식을 차리지 못하는 시간이 길어진다. 가족이 누구인지 알아보지 못하거나 다른 사람으로 혼동한다. 호흡도 곤란해져 가슴에서 돌 구르는 것 같은 소리가 들리기도 한다. 물을 잘 삼키지 못하고, 소변이 줄며, 소변이 매우 진한 빛깔을 띠는 수가 많다. 몸은 점점 차가워진다. 손과 발부터 시작해 팔과 다리 순으로 싸늘해진다. 이때 피부색은 하얗게 또는 파랗게 바뀐다. 팔다리 경련이 심해지기도 한다. 이 같은 증상은 대개 임종 48시간 전에 나타난다. 심리적으로는 몹시 위축돼 남과 이야기하지 않으려 하고 대인관계도 꺼려 몇 사람 또는 단 한 사람하고만 있으려 한다. 환상을 보는 수도 많다. 이미 죽은 사람과 이야기를 하거나, 존재하지 않은 것을 보았다고 말한다. 무언가 해결하지 못한 것이 있다는 듯 안절부절못하는 경우도 많다. 환자 절반가량은 죽음이 다가온 것을 느끼고, 가족에게 마지막 인사나 당부를 한다.

2) 임종 준비

한 사람 삶을 마무리하는 임종(臨終)은 환자는 물론 남은 가족에게도 가장 중요한 순간이다. 세상에 묶여 있던 모든 짐을 벗어버리고, 사랑하는 가족들이 지켜보는 가운데 평안히 눈을 감는 임종을 맞으려면 몇 가지 준비가 필요하다.

첫째, 유산이나 채무에 관한 유언은 죽는 이가 이 세상에서 지는 마지막 의무다. 이에 대해 분명한 언급을 하지 않아 가족들이 뜻밖에 손해를 보는 일이 많다. 따라서 재산관계 유언은 되도록 미리 해 두는 것이 좋다. 상태가 급격히 악화되면 정신이 혼미해져 유언 기회를 놓친다.

둘째, 가족화해를 도모한다. 아직 의식이 흐리지 않을 때 가족끼리 가슴 속에 쌓아 두었던 얘기를 털어놓고 서로를 용서하고 용서받는 시간을 갖는 게 필요하다.

셋째, 임종 순간이 다가오면 환자를 깨끗한 옷으로 갈아입히고, 손과 얼굴을 닦아

단정해 보이도록 하는 게 좋다. 주변도 깨끗하게 정리하고 가족이나 가까운 친척들에게 연락하여 늦지 않게 도착하도록 한다. 종교를 지닌 사람이라면 성직자에게 연락해 필요한 종교의식을 베풀 준비를 한다. 임종 순간 가족들이 큰 소리로 운다거나 당황하면 환자의 임종을 방해하게 된다.

[참고 12]는 우리나라 호스피스 현장을 정리한 것이다.

【참고 12】 전국의 호스피스 안내

〈서울〉		
가톨릭대성의교정	02)690-1097	병원연계학생 호스피스
강남성모병원	02)590-1690	병원내 병동
고대구로병원	02)818-6800	병원내 산재형
고대안암병원	02)920-5200	병원내 산재형
광석교회	02)965-2451	가정
남서울교회	02)534-3631	가정
모현호스피스	02)779-8245	가정
무지개	02)736-1928	병원내 호스피스 방문형
방화6복지관	02)666-6181	가정
샘물호스피스	02)536-8614	독립시설, 가정, 주간
서울대병원	02)760-2161	병원내 산재형
성가복지병원	02)916-6111	병원내 병동
성바오로병원	02)958-2035	병원내 산재형
신촌세브란스병원	02)361-7653	병원내 산재형, 가정
여의도성모명원	02)3779-1412	병원내 산재형
이대가정호스피스	02)312-4100	가정
일원동교회	031)716-4587	가정
잠실중앙교회	02)423-5303	가정
한양대교회	02)2290-8103	병원내 산재형
〈인천-경기〉		
부천성가병원	032)340-2435	병원내 병동, 가정
성모자애병원	032)510-5500	병원내 산재형, 가정
성빈센트병원	031)249-7114	병원내 산재형
수원기독호스피스	031)253-1060	가정, 병원내 호스피스 방문팀
아주대병원	031)219-5114	

안양호스피스(중앙병원)	031)384-5060	병원내 산재형
의정부성모병원	031)820-3356	병원내 병동
의정부실로암	031)828-5147	병원내 산재형
인천 CCC	031)872-0211	병원내 산재형
인천호스피스	031)433-0146	가정
평안호스피스(안양병원)	031)467-9259	가정
		병원내 병동
〈대전-충청〉		
공주 CCC	041)854-2397	병원내 호스피스팀 방문형, 가정
대전성모병원	042)220-9400	병원내 산재형
대전실로암	042)489-0596	병원내 병동, 가정
충북대병원	043)269-6114	병원내 호스피스팀 방문형
〈광주-전라〉		
광주 CCC	062)232-4954	가정, 주간
군산호스피스	063)441-1114	병원내 산재형
목포성골롬반병원	061)270-1131	병원내 산재형
성요한가정호스피스	062)510-3152	병원내 호스피스팀 방문형, 가정
진안소망호스피스	063)433-5171	시설, 가정
전주엠마오사랑병원	063)232-8881	병원내 병동
전주예수병원	063)230-8114	병원내 산재형, 가정
〈제주〉		
이시돌의원	064)796-0941	가정
〈부산-경상〉		
고신의료원	051)240-6086	병원내 산재형, 가정
대구가톨릭의료원	053)626-5301	병원내 호스피팀
대구동산병원	053)250-7628	병원내 병동, 가정, 주간
대구파티마병원	053)952-4051	병원내 산재형
부산대병원	051)240-7180	병원내 호스피스팀 방문형, 가정
부산메리놀병원	051)465-8801	병원내 산재형, 가정
〈강원〉		
강릉갈바리의원	033)648-2832	병원내 병동
원주가톨릭병원	033)743-5412	병원내 병동
춘천성골롬반	033)241-3497	가정

자료 : 한국호스피스협회, 가톨릭대 중앙의료원

(http://www.catholic.or.kr/goodnews)

제13장

노인상담과 교육

1. 노인상담

1) 노인상담의 필요성

고령화 사회를 맞이하여 이미 구미 선진 각국은 노인문제에 대한 장·단기적인 정책방안을 방구하고 있다. 어떻게 하면 성공적이고 행복한 노후가 될 수 있을 것인가에 대한 노인문제 각 영역에서의 물음이 우리에게 도전과 기회로 다가오고 있다. 노인들은 가족과 사회의 변화에 대한 적응과 대처에 혼란과 어려움을 경험하고 있다. 노인들은 과거에는 경험하지 못했던 다양한 개인적 문제와 여러 가지 욕구에 직면하게 되었고, 이러한 현상은 개인의 문제라기보다는 가족의 문제이자 사회의 문제로 확대되기 시작하였다. 더욱이 가족의 보호기능이 축소되고, 가족원의 정서적 유대 및 세대 간의 격차가 심화되는 현대의 핵가족은 노인들의 욕구와 필요를 충족시키기에는 역부족인 면이 많다.

상담은 스스로가 해결하지 못하는 욕구와 문제들을 가진 개인들에게 서로 대화를 통하여 자신의 문제나 욕구를 해결할 수 있는 잠재력을 개발해 주고, 적절한 정보를 제공해 주는 적극적인 대인복지 서비스라 할 수 있다. 특별히 노인상담은 노인의 신체적 사회적 및 심리적인 관심사를 특별히 상담적인 방법으로 다루는 것으로서, 정상적인 노화의 영역 못지않게 노인의 병리적이고 의료적인 문제 역시 노인상담의 주요한 영역이 되고 있다(Burlingame, 1995).

그러나 현재 노인상담에 관한 충분한 자료를 발견하기란 쉬운 일이 아니다. 이는 그동안은 노인인구가 수적으로 적었고, 그들이 상담에 소극적이었기 때문에 과연 그들에게 최선의 것이 무엇인지에 대한 문서화된 연구가 부족한 것에 연유한다. 또한 노인상담관련 간행물이나 서적구입이 노인 강좌가 개설된 제한된 대학에서나 가능하고, 이 분야의 연구자도 그리 많지 않기 때문이다. 그럼에도 불구하고 노인복지학 사회복지학 분야에서 노인문제를 해결하는 과정에서 노인상담은 기초적이고 때로는 중추적인 역할을 담당하고 있다. 특히 사회복지기관이나 노인복지기관에서는 노인상담을 기초로 해서 제반 노인문제를 해결하고 완화시키고 있다. 이를 위해서는 전통적인 상담에서의 사후적·치료적 차원에서의 접근으로는 역부족이며, 사전 예방적인 차원까지를 고려하는 계몽적인 교육상담까지의 적용이 이루어져야 한다. 이러한 점에서 노인상담은 적극적 치료로서 뿐만 아니라 노인문제 해결방법의 매개체로서 중요한 역할을 수행하고 있다.

2) 노인상담의 종류

노인상담은 노인의 문제내용별, 내담자의 규모별 그리고 상담매체별로 분류해 볼 수 있다. 본 장에서는 최근에 관심을 받고 있는 문제내용별 노인상담 부문을 보다 심도 있게 다루고자 하였다.

(1) 문제 내용별 노인상담

상담이 스스로가 해결하지 못하는 욕구와 문제들을 가진 이들에게 대화를 통해 문제해결의 잠재력과 정보제공을 해주는 대인복지서비스라면, 특히 노인상담은 기존상담의 정서·심리적인 측면을 강조해 온 틀에서 벗어나 노인의 신체적, 사회적 및 심리적인 다양한 부문의 관심사를 특별히 상담적인 방법으로 다루는 것으로 이해할 수 있을 것이다. 따라서 문제 영역에 따라 상담의 유형과 종류도 다양한 형태를 띠게 된다. 예컨대 노인심리상담, 노인가족상담, 치매가족상담, 노인학대

상담 등이 그것이다.

① 노인심리상담

노년의 심리적인 부적응, 노인성격의 특성, 노인의 심리적인 욕구, 죽음 등은 노년기 심리적 발달과업 상 정상적인 노화의 중요한 주제이다. 그러나 이 영역 못지않게 노인과대망상증이나 건강염려증 및 노인우울과 같은 병리적인 문제 역시 노인심리상담의 주요 영역이 되고 있다.

인간의 심리에 대한 상담과 치료는 내담자의 환경과 증상에 따라 다양한 상담이론과 기법을 사용하는데 이에는 정신역동적 상담, 행동주의적 상담, 인지행동적 상담, 인본주의적 상담 등이 있다. 이러한 다양한 이론과 기법들 중에서 특히 노인을 대상으로 많이 활용되는 기법으로는 회상요법, 현실요법 및 심리극 등이 있다.

㉠ 회상요법

노인은 성격특성상 내면자아에 몰두하고 내적성찰이 깊어지는 경향이 증가한다. 때문에 과거의 경험과 추억을 떠올리고 이를 현재와 연결시켜 노인 내담자 내면의 부정적인 측면(죄의식, 분노, 갈등, 열등의식)과의 화해나 갈등해결을 시도하는 데에 회상요법이 유효하게 사용될 수 있다.

㉡ 현실요법

현실요법은 인간 행동의 선택이 자신에게 있음을 가정하여, 타인의 욕구를 저지하지 아니하면서 자신의 욕구충족을 꾀하는 행동선택 방법을 배우게 하는 치료법이다. 따라서 현실요법에서 상담가는 노인 자신이 스스로의 행동과 수행능력을 우선 자아평가하게 한 후, 자신이 원하는 것을 찾아 현실적이고 실현가능한 긍정적인 행동계획을 세우도록 도와주어야 한다.

㉢ 심리극

심리극은 본인 자신이 가진 심리정서적인 문제나 경험들을 역할극이나 빈의자 기법, 독백 등을 통해 극화시키고, 노인 본인이 실제 연극에 참여해 보게 하는 방법이다. 이로써 노인자신에 대한 통찰의 기회와 내면의 솔직한 표현을 통한 인식의 재구조화, 편견과 인식오류의 정정 및 해소와 극복으로 노인 내담자의 치료를 가능하게 한다.

② 노인가족상담

성공적 노화에 있어서 가족이 지니는 중요성은 훼손된 가족관계가 노인들에게 끊임없는 좌절의 원천이 될 수 있음을 의미하는 것이다. 불만족스러운 배우자와의 관계와 갈등, 노인세대와 젊은 세대와의 세대차이, 자녀들과의 긴장관계, 손자녀로부터의 소원함, 배우자 사별로 인한 고독감, 그로 인한 경제적 어려움 및 거주의 문제 등은 대부분의 노인을 속수무책의 곤경 속에 처하게 한다. 가족생활의 개인화가 심화되고 세대간 연계가 단절될 때, 노년기 적응에 문제가 생길 수밖에 없게 되는 것이다. 한마디로 노년기에서의 가족은 생애만족의 근원이기도 한 동시에 불행의 원인 제공자이기도 한다.

특히 가치 문화적인 특성상 강한 가족유대감과 효 그리고 부모와 자녀의 결속 및 친족관계의 유지 등을 중시하는 한국사회에서는 노인이 일체감과 유대감을 가지며 노년기 삶을 영위하는데 있어서 가족은 특별한 의미를 갖는다.

노인가족상담은 노인이 경험하는 문제를 노인만의 문제가 아니라 전체 가족의 문제로 규정하고, 가족들 간의 상호작용을 통하여 문제해결과 가족관계의 변화를 도모하는 상담방법이다. 이는 전체 가족성원들 사이에서 이루어지는 현재의 상호작용을 관찰하여 이를 변화시킴으로써 가족의 근본적인 문제를 해결하는 방법으로 전체 가족구성원이 참여하는 것이 원칙이다. 그러나 일부 가족성원만을 대상으로 상담을 할 수 있으며 필요에 따라서는 개인상담이나 부부상담의 방법을 동시에 활용할 수 있다.

노인가족 상담에 사용되는 상담접근으로 일반 가족치료이론들이 적용될 수 있으며 특히 해결중심 가족치료와 경험적 가족치료 접근이 활용될 수 있다. 노인 자신과 가족의 체면 유지를 중시하는 노인 내담자에게는 가족의 병리나 역기능 보다는 문제해결을 위해 자원이나 강점 및 성공적인 경험을 개발시킨다는 점에서 해결중심 가족치료 접근이 보다 유효하다. 기법으로는 기적질문, 예외질문, 대처질문, 관계성 질문, 격려와 지지, 재명명 등이 있다.

한편 가족구성원들의 변화를 통해 가족 변화를 도모하는 경험적 가족치료 접근은 개인의 성장과 자아성취를 돕고 그로써 노인가족과의 관계를 순기능으로 전환시킨다는 목표를 가진다. 기법으로는 가족조각, 가족그림, 빈의자 기법, 자신의 생활사 등이 있다.

이 외에 치매가족 상담이나 노인학대상담의 이해를 위해 이하 노인문제 영역을 참고하기 바란다.

(2) 내담자 규모별 노인상담

내담자 규모에 따른 노인상담 종류에는 개인상담과 동일한 문제를 지닌 다수의 노인들을 대상으로 하는 집단상담이 있다. 특히 지역사회나 노인복지시설 등에서는 집단상담이 자주 사용된다. 집단상담 실시 시에는 노인의 성별이나 연령, 지능, 문제의 성격별로 동질적인 노인집단을 구성해 운영하는 것이 효과적이다.

(3) 상담매체별 노인상담

상담매체에 따른 노인상담 종류에는 면접상담, 전화상담 및 인터넷 상담 등이 있다.

이상 살펴본 노인상담의 종류 중 최근에 학자들의 관심을 받고 있는 문제의 내용에 따른 노인상담 이해를 돕고자 아래에서 노인문제의 요인과 노인문제 영역을 보다 자세히 다루고자 한다.

3) 노인문제 요인

노인들이 겪는 어려움 중의 가장 핵심적인 문제는 노인의 지위가 격하되었다는 것이다. 산업 공업사회의 과학과 기술발달은 노인들의 능력을 평가절하 하였으며, 집의 가장으로서 가족을 통솔하고 촌락 공동체 수장으로서의 위치도 역시 도시화, 핵가족화로 인해 약화되었다. 우리나라 노인들의 사회적 지위 격하는 유교문화에서 강력한 지위에 있었던 노인들이었기에 그 상대적인 박탈감은 더욱 큰 것으로 여겨진다.

한편 노인들의 경제적인 빈곤과 의존성은 정년퇴직으로부터 비롯된다. 다양한 전문지식과 고도의 산업기술을 갖춘 젊은 세대에 대한 수요는, 생산성 향상과 경영의 합리화라는 이유로 일터에서 노인의 퇴직을 요구하고 있다. 노인에 대한 국가 사회적인 정책보조가 미흡한 우리나라 노인의 가난과 궁핍은 외국의 상황과 비교하여 상대적으로 더욱 심각하다.

또 다른 노인문제는 역할상실과 고독감과 관련된다. 은퇴와 배우자 사별 및 자녀와의 분거로 인한 역할상실과, 노인의 생활반경이 점차 좁혀 들면서 대인관계의 폭이 축소되는 데에서 오는 소외와 고독감이 노인기에 가중된다. 아울러 우리사회 가치관의 혼재로 인한 전통적 사고와 신세대 사고와의 마찰과 갈등 그리고 기대감의 좌절 등에 관한 연구들은 서구의 노인보다 우리나라 노인의 고독과 소외가 더욱 심각하다고 보고하고 있다.

마지막으로, 생물학적으로 기능이 감퇴하는 추세를 보이는 노인기에는 면역체계며 여러 신체기관들의 가동이 젊어서와 같지 아니하다. 따라서 점진적인 생리적 쇠약과 충분치 못한 영양섭취, 여러 질병의 복합증세 그리고 다양한 약 복용 등은 그 자체의 부작용과 함께 노인기 질병과 건강약화를 초래한다. 연구들에 의하면 과반수 이상의 노인들이 한 가지 이상의 만성질환을 앓고 있으며, 74세 이상 여성 노인의 경우는 90%가 넘게 만성 질환 유병상태에 있는 것으로 나타났다. 특히 노인 질환 가운데 관절염, 요통좌골통, 고혈압 등의 만성질환은 비교적 많이 앓고 있는 질병으로서 완치되기 어렵다는 특징이 있다. 현재 우리나라 65세 이상 노인의 1/3 정도가 일상생활 수행능력(ADL)에 있어서 한 가지 이상의 지장을 가지고 있다고 보고되고 있다.

4) 노인문제 영역

노인이 호소하는 문제영역은 구체적으로 생물 신체적 변화, 심리적 변화, 거주환경 문제, 재정문제, 및 가족관계 문제 등으로 대별할 수 있다.

(1) 생물 신체적 변화와 그에 따른 문제

나이가 들면서 인간의 생물학적 신체 기관들은 대체로 그 기능이 약화되기 시작한다. 그 한 예로써 우리의 오관 중 미각의 감퇴를 들 수 있는데 이미 중년기 이후부터 혀의 돌기인 맛봉오리의 수가 감소하기 때문에 맛을 감지하는 감각이 둔해진다. 맛의 구별 능력이 저하되고 맛의 강도에 대한 느낌도 약해지므로 실제 많은 노인들이 이로 인해 영양실조에 시달리고 있다. 그밖에 근육 및 신체 기동력의 약화, 가는 소변 줄기로 고생하는 전립선 비대증, 방광의 축소, 청력 약화 및 이명 현상, 소화액 감소, 노안으로 인한 시력 감퇴, 백내장, 안구건조증, 피부 건조에 따른 가려움증, REM의 감소로 인한 수면 장애, 뼈가 소실되는 골다공증, 관절염, 요통 그리고 중풍으로 불리는 뇌졸중과 같은 순환기 계통의 질병 등이 이에 속한다. 또한 약에 대한 의존성이 커져서 다양하고 과다한 약 복용으로 인한 그 자체의 부작용만으로도 또 다른 질병을 초래하기 쉽다.

이러한 신체적인 제한 및 질병 호소에 대하여 노인이 적응할 수 있도록 상담자는 대응하여야 한다. 일단 일을 당한 후에 그 처방보다는 미리 예방할 수 있도록 적당한 휴식과 활동, 정규 검진을 통해 치아와 시력관리, 그리고 안경과 보청기, 틀니 등 기능 보조기를 사용하도록 권장해 주도록 한다.

노인상담자는 이 모든 영역에 대해서 전문가가 될 필요는 없지만 어느 정도의 기본적인 지식을 가지고 있어야 한다. 보다 체계적이고 전문적이 도움을 필요로 하는 경우 해당 시설이나 기관 그리고 전문가에게 상담을 의뢰하여야 한다.

(2) 정신건강 및 심리문제

인생 초기의 성격이 중년기까지 변함없이 유지된다 해도 성인 후기인 노인기에 이르면 다소 변화 될 가능성을 고려할 수가 있다. 학자들은 노인이 위와 같이 신체적으로 약화되고 경제적으로 빈곤해지거나 사회 심리적으로 고립되면 이에 반응하는 적응의 한 형태로서 다음과 같은 성격특성을 발전시킬 수 있다고 보고한다.

상담자가 노인기의 공통적 성격특성과 그들의 심리적인 욕구만을 이해하여도 노인이 호소하는 세대 차이나 가족 관계상의 갈등 해결에 큰 도움을 줄 수 있다.

① 자기유용감 및 자존감의 상처

몸과 마음이 약해지고 상실감 속에 처한 노인은 자기 자신의 존재 가치를 인정받고 싶어 하고 이에 대한 자기 확신을 중요시하는 경향이 있다. 이에 따라 다 큰 자녀들이 의논해 오고 자주 물어주기를 노인들은 고대한다. 고부간의 갈등에서 시부모 쪽이 받는 큰 상처 중 하나는, 며느리가 시어머니에게 이런 저런 물음이나 자초지종의 설명 없이 혼자 알아서 일을 처리하는 경우이다. 시부모는 자녀세대가 자신과 의논하거나 일의 과정 등을 통보 받기를 원한다. 또한 노인은 자신이 부담스런 존재가 되고 있다고 느낄 때 큰 상처를 받으며 예컨대 자녀 주머니에서 나오는 용돈을 안 받고라도 자식에게 부담을 주는 존재가 아니기를 바란다.

② 우울해지는 경향(depression)

대체로 노인이 되면 우울해지는 경향이 증가하는데 이는 늙으면 젊은이보다 스트레스의 양은 줄어들지만 부정적인 스트레스(distress)가 증가되기 때문이다. 퇴직으로 인한 정체성 상실, 직장 동료들과의 단절에서 생기는 상실감, 쓸모없는 사람이 되었다는 무력감, 다른 이에게 삶을 의존하는 데 따르는 좌절감, 외로움 그리고 나이가 들면서 REM의 시기가 감소하여 깊은 잠 없이 얕은 잠에서 쉽게 깨는 경향들 역시 노인기 우울 증세와 무관하지 않다. 그러나 개인의 적응능력 정도에 따라 전혀 우울 증세를 안 보이는 노인도 있다.

③ 과대망상의 경향(paranoid)

노인기에는 사람과의 접촉으로부터 멀어지는 소외감이나 청각장애 등으로 인한 과대망상의 경향이 나타나기도 한다. 이것은 감각기능이나 기억능력의 저조현상이나 결핍에 대한 보상심리로 해석될 수 있다.

④ 과민한 건강염려의 경향(hipo-chondria)

노인은 자신의 신체기능에 과도하게 몰두하는 경향을 보이거나 질병에 대해 지나친 염려나 공포를 가지는 수가 있다. 노인이 신체기능의 쇠락이나 호르몬 분비의 변화에서 오는 자연적인 노쇠현상에 예민하게 반응하고 안심하지 못하는 경향을 이른바 건강염려증이라 부른다. 이러한 건강염려증은 의료인들이나 노인주변의 젊은 세대들이 노인이 아픔을 호소하는 노인에게 관심보이기를 소홀히 하는 데에서 비롯되기 쉬운, 일종의 노인자신의 방어심리라 해도 좋을 것이다.

⑤ 내향성의 증가

노인이 되면 내향적인 성격으로 바뀌면서 내면 자아에 몰두하고 자기성찰이 깊어지는 경향을 띄게 된다. 나이가 들면서 내향성이 증가한다는 데에는 거의 모든 학자가 의견일치를 보이고 있다(Neugarten, 1977). 성인 심리학자 뉴가르텐은 남녀 모두가 노인기에 에너지가 외부로부터 내부세계로 이동하게 되며 이로써 노인은 자신의 지난 생을 재평가하고 심도 있는 내적 성찰을 가지게 된다고 말한다.

⑥ 과거 지향적인 경향

젊은이들의 생각이 융통성이 있고 개방적이며 새로운 것에 도전적인데 반하여 노인은 경직된 사고를 하며 옛 것에 집착해 있기 쉽다. 개인차가 있어서 젊은이 못지않게 그 생각에 신축성이 있는 노인들도 많이 있지만 대체로 나이가 들면 과거 지향적이 되어 새로운 것에 마음열기를 주저하는 경향이 있다.

⑦ 조심스럽고 신중함

노인은 많은 세월 시행착오를 거듭하고 학습하면서 연륜이 가져다주는 신중함을 가지게 된다. 이른바 돌다리도 두드려 보고 가는 조심성을 제반 관계나 상황에 적용시키며 노후적응의 특성을 나타낸다.

⑧ 생성감 표현

삶의 흔적으로 무언가 남기고 가야 하지 않나 하는 생각이 나이 들면서 강해지는 경향이 있다. 그것은 '스승 닮은 제자' 일수도 있고, 정작 자신은 못 써보고 죽어도 자식에게 남겨주고 싶은 '일생 번 돈' 일수도 있고, '가계를 잇는 핏줄' 일수도 있다.

⑨ 노인의 애착심

일단 정든 것을 버리지 못하고 오래 간직하고자 하는 노인의 경향은 일상생활 곳곳에서 젊은 세대와 오해와 충돌의 소지를 가진다. 노인을 모시고 사는 이들은 살던 집에서 이사하는 일에 각별히 신경을 써야하는데, 노인은 쓰던 물건을 쉽게 버리지 못하는 것과 마찬가지로 정 들여 살던 집에서 다른 거처로의 이동에 강한 거부감을 가진다. 이는 '더 편리하고 새로운 곳으로' 라기 보다는, '낯선 곳으로' 라는 부정적인 느낌이 더 강하기 때문으로 해석된다.

⑩ 성 역할의 변화

노년기에 이르면 그 동안 자신 속에 내재되어 무시되어 왔던 반대 성(opposit sex)의 속성이 표출하게 된다. 다시 말해서 그 동안 일생 지속되었던 그간의 성 역할에 반대의 성 역할이 가세되어 남성 혹은 여성 어느 한쪽으로 치우치지 아니한, 성의 양성화 경향이 나타난다(Jung, 1933).

(3) 경제문제

노인 빈곤의 주된 원인이라면 은퇴로 인한 소득원 상실, 자신의 노후 대책 미비, 노후 사회보장제도의 불충분 그리고 가족 부양 기능의 약화 등을 들 수 있다. 이러한 요인들은 독립적 혹은 상호 복합적으로 작용하여 노년기 경제적 어려움을 가중시킨다. 우리의 노인들은 사전 노후 준비가 안 되어 있는 상태에서 자녀 부양비로 과다 지출이 있는 시기에 은퇴하게 되고, 소득보장제도 해택 없이 약화된 부양의식에 밀려 경제적 곤란을 겪고 있다.

이러한 퇴직 후 경제적인 압박을 예견하여 퇴직 전 은퇴 대비 계획을 철저히 세워 두어야 한다. 자식 농사가 더 이상 노후대책이 될 수 없고 정부의 대책이 전무한 우리의 현실에서 개인 차원의 자신의 노후 준비는 필수적이다. 따라서 상담자는 노인기 경제 대책에 대한 아래와 같은 구체적인 실천 사항을 제시해 주도록 한다.

① 최소한 은퇴 10년 전부터는 자신이 은퇴 후 필요한 총 자산과 현재의 총 자산을 꾸준히 점검한다.
② 재취업에 관한 정보를 수집해 둔다.
③ 지출의 합리화를 꾀하고 자금의 현명한 투자나 개인연금 혹은 노후 보험에 가입하는 것도 바람직하다.
④ 위험률이 큰 모험을 삼가고 장기 빚을 청산한다.
⑤ 월부금 형식의 물품 구입을 삼간다.
⑥ 질병이 잦은 시기임을 감안해서 건강에 대한 경제적 대책도 마련해두도록 한다.
⑦ 부모는 성인 자녀의 지원 요구를 주저하지 말고, 성인 자녀 가족은 부모의 자존심과 위신의 손상됨 없이 성의 있는 경제적 지원을 해 드리도록 한다.

(4) 거주환경문제

노인기에는 집에 거주하는 율이 그 어느 때 보다 크므로 쾌적한 거주환경과 주택 만족도는 건강증진과 노인기 적응에 유효하다. 노인의 거주지 선택 조건은 노인의 신체적인 제한점에 맞춰 경제능력에 무리가 없고 의료기관이나 오락 시설, 노인정, 종교 기관, 시장과 가깝고 친한 이웃 등이 있는 곳을 고려한다.

거주환경 유형에는 성인 자녀와 동거 외 별거에서도 다양한 대안이 가능하다. 여러 측면에서 진단해 볼 때 점차 자녀와의 동거율이 감소하고 별거하는 1세대 노인 가족 수의 증가는 계속 될 전망이다. '한 지붕 3세대가족' 이라면 나름대로 더불어 살기의 지혜와 긍정적인 태도가 우선시 되고 있고, 자녀와 따로 사는 경우라면, 노인특수 거주형태로서의 저소득층을 위한 집단가정(group home)이 있다. 현재 우리나라에서는 65세 이상 거택보호 혜택자 중 소득이 낮은 자부터 입주가 가능한 소규모 양로원 형태의 '노인의 집'이 그것이다. 이는 같은 필요를 가진 노인들끼리 모여 살면서 서비스 혜택을 효과적으로 받을 수 있다는 장점이 있다. 요즈음 서구에서는 노인과 젊은 세대를 함께 살도록 연결해 줌으로서, 집단가정의 세대 격리 단점을 보완 해 주고 있다. 한편 다소 부유층을 위한 대안인 은퇴센터는 현재 우리나라에서 운영하기 시작한 실버타운으로서 노인에 맞는 여러 특수 시설과 의료진을 고르게 갖춘, 은퇴자들만이 모여 사는 거주형태이다. 더 이상 독립해 살 능력이 없는 노인들을 위한 공공시설에는 무료 및 유료 양로시설, 요양시설, 치매전문 요양시설, 노인전문(요양)병원 등이 있다.

이상 소개한 어떤 형태의 거주지 결정을 내리든지 상담자는 그것이 노인 자신의 요구와 필요에 가장 적합한 것이 될 수 있도록 의사 결정에 도움을 주어야 한다.

(5) 부업 및 여가선용 문제

은퇴로 인하여 역할상실을 경험하는 노년기는 직업 활동과 자녀양육 등 의무적인 일에서 벗어난 시기로 일상의 대부분이 여가시간이라 볼 수 있다. 수명의 연장으로 인하여 보다 길어진 노년의 자유로운 여가 시간을 어떻게 보내느냐의 문제는 노년기 개인의 삶의 질뿐만 아니라 가정과 사회 전체의 안정과 발전에 지대한 영향을 미친다. 노인의 여가생활은 자신의 신체적 · 기능적 · 정신적 능력의 저하와 사회적·가정적 지위의 상실로부터 오는 심리적 소외나 불안 심리를 통제하기 위한 유효한 하나의 해결책이 될 수 있다. 따라서 노인이 될수록 무엇인가를 만들고 일을 찾아서 하고, 다른 사람들과 함께 나눌 필요가 있다. 삶을 긍정적으로 대하는 이들은 노년기 역시 스스로를 교육하고 자신에게 아직 남아 있는 잠재력을 개발하여 할 일을 만들고 유료 혹은 무보수의 역할을 찾는다. 따라서 상담자는 노인 자신의 유익함을 남에게 나누어 주도록 하고 자신을 유용한 존재로서 자각하고 무료함 없이 부단히 노인기의 의미 있는 생활의 적응을 시도할 수 있도록 도와야 한다.

(6) 가족관계 문제

① 노인 부부관계

노인 부부관계는 젊어서 남편과 부인으로서의 상호 도구적 역할로부터, 정서적이고 심리적인 관계에 머무르게 된다. 부부간 동반감이 증대하고 함께 해로하며 쌓아가는 감정적 유대가 깊어지는 시기가 노인기이다. 그러나 남편과 아내가 더욱 많은 시간을 함께 보냄으로써 문제가 발생하기도 한다. 하는 주된 일이 없이 매일 집에서 서로의 일에 관여하게 됨으로 짜증과 귀찮음이 부부갈등을 초래하기 쉽다. 따라서 일의 협력 및 분담에 대해 부부역할을 상황에 맞게 재조정할 필요가 있다. 상담자는 이 시기의 부부가 종래의 전통적인 남녀 역할보다는 유동적인 부부 공동의 협력체제로 가사 일을 해 나가도록 도와야 한다. 이시기의 성적인 만족도는 생물학적 이라기보다는 사회, 심리적인 요인이 더 크다. 따라서 사회적인 저지나 억제, 정신 신체적 피로감이나 실패의 두려움, 무료함 등이 성 생활에 부정적 영향을 줄 수 있으므로 상담자는 이에 대한 세심한 개입을 시도해야 한다.

② 배우자 상실

배우자 상실로 인한 슬픔과 고립감의 위기는, 배우자와 사별하고 난 직후 2-3년 사이에 홀로 남은 이의 사망률이 가장 높은 것으로 나타나는 것으로 미루어 그 심각성을 짐작할 수 있다. 미망인에 대한 연구에서는 홀아비가 과부 보다 더 사별에 적응이 어렵다고 한다. 상담자는 배우자의 죽음을 대기하고 있거나, 이미 떠나보낸 홀로 남은 노인이, 용단을 내려야 하거나 수행해야 할 과제를 실천에 옮길 수 있도록 도와주어야 한다. 무엇보다도 세대를 초월하여 가족 전원이 하나가 되어 미망인을 격려

위로하는 일에 힘써야 한다. 아울러 재정적인 측면의 대처, 적합한 가족 역할의 재정비, 새로운 생활방식의 시도 등에 관심을 가져야 하며, 특히 친밀한 인간 관계망을 유지하기 위하여 생활이 고립되지 않도록 이해해 줄 친구들을 사귀게 하고, 자녀와 친지들과의 유대 관계를 더욱 강화시킬 필요가 있다.

③ 재혼 / 이혼

재혼도 이 시기 적응의 한 방법이 될 수 있다. 황혼기의 결혼(December Marriage)으로써 새로운 상대와의 유대 관계가 형성되고 다시 가정과 사랑과 성 그리고 동반감 등 새로운 흥미와 관심을 가질 수가 있다. 노인의 재혼은 단지 성적인 욕구만으로 설명될 수는 없다. 사랑과 성, 건강상의 이유, 경제적인 독립 및 자녀에게 얹혀살지 않아도 되는 자립의 이유 이외에, 누군가와 남은 생을 함께 할 수 있다는 동반감 역시 노인기 재혼의 큰 의미가 될 것이다. 따라서 상담자는 긍정적으로 홀로된 이들의 이성 교제와 노혼을 수용하고 추진시키는 노력을 해야 한다. 이를 위해 상담자는, 노인 주위의 자녀나 친지 친구들이 가진 노인 재혼에 대한 부정적인 견해를 바로잡는 교육의 장도 계획해야 할 것이다.

노년 부부의 갈등과 이혼에 대하여 상담자는 행복한 노년의 핵심이 부부관계임을 이해시켜 이 시기 부부관계의 재정립을 도와줄 수 있어야 한다. 상담을 통하여 노부부가 동료나 동반자로서의 상호 정서적 지지를 보낼 수 있게 하고, 부부는 당연한 관계라는 생각에서 벗어나, 서로를 배려하고 관심을 보이며 화초를 가꾸듯 일구어 가는 관계임을 이해하게 한다.

④ 치매가족 문제

치매는 뇌의 질환으로 인해 기억력 등 지적 능력이 감퇴하는 질병이다. 세 살짜리 유아이면서 등치는 어른인 것이 치매환자라고 표현될 만큼 노인 의존성이 가장 높은 자는 바로 치매 노인이라고 말할 수 있다. 환자의 치매 정도에 따라 생활환경 조성에 대한 의사결정이 달라질 수 있으며 중증이 되면 가족 보호가 어렵고 치매전문 요양시설이나 단기 보호시설, 탁노시설 등을 이용할 수 있다. 그러나 모실 수 있는 범위 내에서는 가족이 모시면서 따뜻한 인간관계를 갖는 것이 좋다.

이때 상담자는 최대한으로 가족이 보호할 수 있는 힘을 키워 주어야 한다. 가벼운 치매라면 신문, 바둑, 장기 등 취미 생활을 통해 뇌세포의 활동을 자극하는 것이 좋다. 상담자는 치매 예방을 위하여 젊어서 부터의 지속적인 건강관리와 편식, 고단백 저지방 저 칼로리 음식 습관 및 스트레스 관리, 운동의 생활화 및 긍정적인 사고방식과 신념을 가질 수 있는 예방 교육도 담당해야 한다. 특히 정년퇴직 후 육체. 정신적 자극 없이 조용히 지내는 것은 좋지 않으며 적극적으로 사회에 봉사하고 폭 넓은 인간관계를 유지하는 것을 권면한다. 상담자는 의사소통법 등 치매환자의 가정간호 요령을 알고 치매가족의 정신 신체적인 어려움에 대응할 수 있어야 한다. 치매환자의 주 담당자는, 치매인 뿐 아니라 다른 가족원과도 불화하기 쉽고 사회 활동에 제한 받으며 재정적 부담감에 시달리고, 우울과 불안 등의 심리적 고통 그리고 부양자 자신의 만성두통 같은 건강상의 어려움을 자주 호소하고 있다(권중돈, 1997).

아직 치매가족 서비스가 전무인 우리나라 실정에서 상담자는 치매 당사자보다도 치매 부양가족이나 담당자를 돕는 것이 더 급선무인지도 모른다. 간호자가 우선 자기 자신을 관리하게 하며 동시에 신뢰할 수 있는 사람이나 지지 집단을 활용하게 한다. 또한 단기 보호 서비스 시설이나 간병인을 이용하여 간병의 의무로부터 벗어나 적절한 휴식을 취할 수 있도록 배려해야 한다.

⑤ 세대(고부) 갈등

사회와 일터로부터의 은둔 과정은 노인으로 하여금 가족 내부에 깊이 참여하도록 하고 그 가족에게 의존하게 만든다. 이때 부모와 장성한 자녀들 간에 견해의 차이가 존재한다. 부모는 자녀를 자기들의 분신으로 취급하고 동일시하는 반면, 자식들은 자신들이 독립적이고 고유한 실체임을 주장하려는 경향이 있는데, 이로 인하여 서로 간에 공통점보다 상이점을 확대하여 파악 할 가능성이 높다. 세대갈등 중에서도 고부 사이에서 서로 상치되는 가정 내의 위치와 견해 및 이해의 차이로 인해 일어나는 충돌을 고부 갈등이라고 말하며, 한국 가정에서 고부간의 갈등은 고질적인 문제로 지적되고 있다. 전통 사회의 철저한 위계질서와 상하 관계 하에서는 자녀 세대의 자율성과 독립성이 인정되지 않았지만, 변화를 거듭하는 현대사회 가정에서의 효 개념상의 가치는 변모하고 있다. 새로운 가족 윤리를 요청되고 있는 현 시점에서 더불어 살아야 하는 고부의 존재와 위치는 더 이상 일방적이면 서로 불행해질 수밖에 없게 되었다.

가족 성원들 간의 주도권 싸움이 아닌, 상호 존중이 중요시되는 현대 가정의 고부

갈등 문제에 상담자는 가족의 민주화를 우선시하여 양 세대에 적절한 조언과 상담을 해주어야 한다. 고부 갈등 상담을 위해서 우선 상담자는 노인기의 성격 특성과 심리적 욕구 그리고 노화를 숙지하여 아들 며느리 세대에 노인의 정서와 상황을 알려 줄 필요가 있다. 아울러 노인에게는 며느리들이 겪는 발달단계상의 심리 신체적인 어려움에 대해 알리고 젊은 세대를 인정, 격려하고 칭찬해 주며, 상호협조 관계를 유지하도록 하는 조언을 해야 할 것이다. 다시 말해서 이 문제 영역에서 상담자는 젊은 세대와 노인세대와의 교량 역할을 담당해야 한다. 젊은 세대가 곧 미래의 노인 세대임을 주지시켜 공감대를 확장시킬 때, 상담의 효율성을 극대화 할 수 있다.

구체적인 시모 측의 노력, 며느리 측의 노력을 제시함과 더불어 아들(남편)측의 노력 역시 간과해서는 안 된다. 실상 고부관계를 조정하는 가장 중요한 역할자는 아들인 만큼 그가 중간자의 지혜로운 역할을 담당하게 해야 한다.

① **며느리의 노력**

㉠ 자신이 시집오기 전에 시어머니가 해놓은 업적을 인정해 준다.

㉡ 시댁 쪽의 친척들과 사이좋게 지내도록 노력한다.

㉢ 음식을 준비할 때 시부모의 식성과 기호를 고려한다.

㉣ 시부모의 친구들을 자주 집에 모신다. 가능한 자주 시어머니와 상의하도록 노력한다.

㉤ 시부모나 시댁 쪽의 경조사, 기념일, 축하해야할 일들을 기억한다.

㉥ 시부모 앞에서 남편을 깍듯이 존중해 주고 가능한 애정표시를 삼간다.

㉦ 시부모의 일용품이나 선물을 대신 구입할 때에는 사전에 의논하고 상대방의 취향을 상세히 타진하여 결정한다.

㉧ 노인 성격특성과 욕구를 헤아려 시부모의 입장을 이해하려고 노력한다.

㉨ 갈등 발생 시 지혜로운 대화로써 시부모께 자신의 입장을 표현하고 이해와 타협점을 모색한다.

㉩ 시부모의 생활습관을 존중해 드리고 적절한 역할을 마련해 드린다.

㉪ 노부모의 주머니 사정에 성의 있는 관심을 보이고 정기적으로 용돈을 드린다.

② **남편(아들)의 노력**

㉠ 시집 식구들 앞에서 지혜롭게 아내의 방패막이가 되어준다.

㉡ 장인 장모에게 친부모에게 하듯 효도한다.

㉢ 처가의 애경사를 빠짐없이 기억한다.

㉣ 부모 앞에서 아내와 처가 식구들을 비판하지 않는다.

㉤ 부모와 아내 사이에서 방황하거나 회피하지 않는다.

㉥ 아내가 시댁일로 마음이 답답해할 때 그 이유를 끝까지 들어주고 이해시키고 위로한다.

㉦ 부모 앞에서 아내를 존중해 준다.

㉧ 부모 앞에서 부부싸움을 하지 않는다.

㉨ 부모님이나 아내가 궁금해 하는 일에 충분한 설명을 제공한다.

㉩ 부모님의 불만과 문제점을 경청하고 이해시키고 위로한다.

㉪ 시댁일로 분주한 아내에게 감사한다,

㉫ 수고한다는 말을 자주 한다. 부모님과 아내에게 적절한 역할과 소일거리를 만들어 드린다.

㉬ 가끔 고부관계를 단합시키기 위해 어머니와 아내 모두에게 미운 짓을 한다.

㉭ 시부모와 아내 사이에 문제가 생겼을 때 한쪽 편을 들지 않고 성숙한 중립적 입장을 견지하되 융통성 있게 반응한다.

③ **시(부)모의 노력**

㉠ 이웃 또는 친척의 다른 며느리들과 비교하지 않는다.

㉡ 일마다 간섭하지 않는다.

㉢ 집안의 크고 작은 일을 며느리와 의논한다.

㉣ 권위보다는 편의에 따라 가사분담을 한다.

㉤ 딸처럼 애정과 신뢰를 가지고 상대방의 인격을 존중한다.

㉥ 며느리와 속마음을 털어놓을 수 있는 기회를 만든다.

㉦ 적당한 때 며느리에게 일반적인 가사운영의 주도권을 이양하고 자신은 취미생활이나 자원봉사 및 종교생활을 통한 마음의 안정과 새로운 역할을 가진다.

㉧ 평생교육이나 사회교육에 피교육생으로 참여하여 가족생활 향상을 도모한다.

ㅈ 아들내외의 가정관리 문제에 참견하거나 그들의 사생활을 침해하지 않는다.
ㅊ 손자녀 양육문제에 필요할 때 조언을 해줄 수 있으나 가능한 아들내외에게 맡
   긴다.
ㅋ 독립된 생활영역 및 생활공간을 가진다.

5) 노인상담 실제

노인상담은 훈련을 쌓은 상담가가 노인으로 하여금, 그가 처한 현 상황을 이해하고
명료화 하도록 도우며 의미 있는 현명한 선택과 문제 해결을 통하여 성공적인 노인기
생활을 할 수 있게 하도록 계획된 하나의 과정인 동시에 관계형성이라고 볼 수 있다.
따라서 노인상담가는 상담을 통하여 노인이 경험하는 은퇴와 노화로 인한 제반 문제
에 대하여, 불가피한 상실은 받아들이게 하고, 피할 수 있는 것은 막아주며, 서로 위로
하고 격려하는 기회를 가지게 하여 문제를 쉽게 극복할 수 있도록 도와주는 이들이다.

(1) 노인문제 상담의 접근

상담에 대한 전통적인 시각은 내담자의 역기능적인 문제증상을 치료적인 차원에서
접근하여 정상으로 회복시키는 것이었다. 그러나 현대사회에서는 문제양상이나 갈등
과 위기의 다양성에 대하여 사후적 치료뿐이 아닌 사전 예방적인 차원까지를 염두에
둔 접근이 이루어지고 있다. 따라서 과거에는 문제 중심적이고 해결과 치료 중심적이
었던 상담이 점차 발달과제적인 성취나 예방적이고 계몽적인 교육상담으로까지 확장
되고 있다.

이에 따라 상담의 대상도 예전의 개인내적인 변화나 심리치료로부터, 최근에는 개
인이 처한 생활환경의 변화나 개선까지로 확대되고 있으며 이에는 가정환경이나 가족
원, 지역사회, 다양한 집단과 조직체 등의 변화가 포함된다. 상담실시와 상담현장 참
여 역시 최근에는 상담전문가들 뿐 아니라 비전문가나 준전문가들의 개입과 중재가
폭 넓게 이루어지고 있다(홍숙자, 2003). 이러한 오늘날의 상담접근 변화 추세는 노
인상담에도 그대로 적용될 수 있다.

노년기의 노인상담은 크게 치료적인 차원에서와 예방적인 차원에서 이루어진다.

첫째, 노인기의 인생위기와 관련해서 현재 노인이 당면하고 호소하는 문제에 대한

시도는 치료적 접근에서 이루어진다. 즉 노인이 자주 경험하는 우울증 등 심리영역을 다룰 수 있는 정신건강 상담은 치료적인 노인상담이다. 우울증은 주로 고독감, 사랑하는 사람의 상실, 소외, 타의에 의한 시설기관 입주 등으로 생긴다. 이 밖에 노화나 신체적인 질병에 대한 상담 그리고 노인기 적응상담 역시 치료적인 차원에서 접근된다.

둘째, 치료적 접근 못지않게 노인상담은 문제의 예방에 더 적극적인 역할을 담당해야 한다. 이는 노인과 관련된 많은 문제들이 상담을 통해서 예방되거나 제거될 수 있기 때문이다. 예방에는 두 가지 목표가 있는데 즉 '개입'과 '교육'이다. '예방적 개입'은 문제가 일어나기 전에 문제를 예상하고 잘못되지 않도록 막기 위해 우리가 할 수 있는 일을 하는 것이다. 예컨대 퇴직 전 상담은 퇴직하는 사람으로 하여금 건강과 보험에서부터 부업과 여가에 이르기까지 모든 영역에 대해서 계획을 하도록 도와준다.

'예방적 교육'은 저항할 수 없는 난관을 예상하고 극복하며 피할 수 있도록 살아가는 법을 가르치는 것이다. 예컨대 평생을 통한 건강교육은 영양, 운동, 건강진단 등을 포함한 신체적 정신적 건강에 관한 정보를 제공해 준다. 또한 지역사회 자원에 대한 정보는 노인에 대한 봉사업무를 더 가능하게 한다. 노인 상담자는 교육을 통하여 노인에 대한 일반인의 부정적인 고정관념이나 편견, 왜곡된 견해를 시정할 수도 있다. 아울러 가족 상담을 통하여 가족구성원 간의 의사소통을 증진시키며 현재의 젊은 이가 미래의 노인임을 주지시켜 노화과정을 이해하고 수용할 수 있게 한다.

(2) 상담 목표 정하기

노인상담의 목표는 내담자가 가지고 오는 문제영역에 따라 다양하다. 그러나 기본적으로는 노인의 성격특성이나 노년기 환경특성을 고려하여 노인 자신의 역량강화(empowerment)에 초점을 둔 목표설정이 요구되어진다.

첫째, 노인 내담자의 잠재력을 촉진시킨다. 상담자는 노인에게 개인적인 문제나 심리 정서적인 문제, 의사결정 기술 등을 도울 수 있다. 예컨대 상담을 통하여 노인이 자아통제감이나 자발성의 계기를 가지게 하며 나아가 노인기 문제 환경을 잘 극복하게 함으로써 개인의 효율성을 확대시켜준다.

둘째, 심리적 협력관계를 개선시킨다. 대부분의 인간생활은 타인과의 사회적 상호관계 속에서 이루어지고 있는데 노인 내담자들은 세대나 고부갈등 등 타인과의 관계에 심각한 문제를 지니고 있다. 따라서 관계형성에 역기능적인 방어적 행동이나 부적절한 사회적 기술을 감소 혹은 지양시키고 수준 높은 질적인 관계형성을 이룰 수 있도록 돕는다.

셋째, 행동변화를 촉진시킨다. 노인내담자가 보다 생산적이고 만족한 삶을 영위할 수 있는 행동의 변화를 가지도록 돕는다. 이는 노인상담을 통하여 내담자가 문제영역에 따라 인식의 조정을 거쳐 결국 변화된 행동을 할 수 있게 하는 것이다.

넷째, 은퇴 후 개인이나 가족관계 상의 새로운 환경과 요구에 적응할 수 있도록 필요한 기술 습득을 돕는다.

다섯째, 노인으로 하여금 정보를 얻고 내담자 자신의 개인차 및 특성을 이해하여 본인에게 가장 현명한 의사결정을 하도록 돕는다.

(3) 노인상담에서의 절차와 기술

노인상담에서는 일반상담에서 보다 더 내담자의 자기통제와 문제대처, 능동적인 지지 및 삶에의 실제 적용을 강조한다. 노인상담에서 방어기제를 다루는 방법 역시 일반상담 때와 다르다. 즉 젊은이에게 역기능으로 간주되는 행동들이 노인들에게는 때로 권장 될 수 있는데 예컨대 젊은이에게는 자기연민에 빠지는 것을 금하면서도 노인의 경우라면 공감을 해 줄 필요가 있다. 상담자는 일반적으로 젊은 내담자에게는 현실을 직시해야 하는 직면을 권고한다. 그러나 노인 내담자에게는 에릭슨이 말한 '통합(integrity)'이 아니면 '절망(despair)'이라는 과제를 말하기에 앞서 노인의 인생경험에 대해 합리화시킬 필요도 인정해야 한다는 것이다. 또한 노인들은 자신들이 느끼는 감정과 정반대의 감정을 과장해 보이는 '반동형성(reaction formation)'을 사용함으로써 과거의 오류와 그릇된 일들을 처리해 나갈 수도 있다. 따라서 노인기에는 지금 당장 위험이 따르는 일이 아니라면 굳이 과거의 그러한 행동들을 분석 평가 할 필요가 없다. 이는 노인이기 때문에 연민의 정으로 과잉보호하거나 혹은 필요시에 도움을 거절하는, 역 노인차별주의(ageism)를 제안하는 것이 아니라, 때로 노인상담은 일반상담에 비해 다른 강조점을 가지고 있음을 의미한다(Burlingame, 1995).

다음은 일반적인 노인상담의 절차와 기술을 정리한 것이다.

① 상담환경을 조성한다. 노인상담가는 자신의 복장, 머리모양, 말투, 상담실 실내장식 등이 보수적이고 권위적인 노인내담자의 자존심을 상하게 할 수 있음을

염두에 두고 거부감 없는 수용적이고 친밀한 상담환경이 되도록 유의한다.

② 분위기를 조성한다. 분위기 조성(rapport)을 위해 일상적인 대화로 시작하여 내담자의 상담 의뢰여부를 확인한다. 자진해서 온 경우가 아닌 의뢰 된 노인내담자는 불안과 저항감을 가지고 있으므로 세심한 배려가 필요하다.

③ 상담을 구조화 한다. 상담자와 내담자의 역할, 내담자의 목표, 비밀보장, 시간적 요인 등에 관해 상담을 구조화 한다.

④ 내담자의 비밀을 보장한다. 비밀보장은 상담자와 노인과의 신뢰감 형성에 우선시 되는 가치다. 만일 상담도중 노출된 것을 아들이나 며느리 등 타인에게 공개해야 할 상황이라면 이를 구체적으로 내담자에게 알려 주어야 한다.

⑤ 내담자를 존중한다.

⑥ 언쟁이나 과잉 연루, 편들기, 구출한다거나 침묵 깨기 등을 삼가 한다.

⑦ 내담자가 처한 그 현실에서 시작한다.

⑧ 내담자가 해결점을 찾게 하고 결정하게 한다.

⑨ 정보를 제공하여 내담자의 힘을 키운다.

⑩ 내담자에게 공감과 신실성을 보여준다.

⑪ 상담종결에 관련해 내담자와 의논하고 상담의 지속여부를 결정한다. 만일 노인이 필요로 하는 상담이 불가능하여 내담자를 이전시켜야 하는 경우, 노인전문병원이나 지지모임 등 해당 유관 전문시설에 의뢰하도록 한다.

(4) 노인상담가의 역할과 자질

첫째, 노인상담가가 관여해야 하는 상담활동의 범위는 타 상담에 비해 상대적으로 광범위하다. 상담가는 예방과 치료적인 상담을 위하여 노인기의 사회심리적인 특성 외에 법적, 경제적, 지역사회의 서비스와 자원, 의료와 건강 등의 문제에 관해서도 대처할 수 있어야 한다.

둘째, 노인상담가는 다양한 노인관련 문제영역에 대해 전문가가 될 수는 없지만 어느 정도의 기본적인 정보와 지식은 가지고 있어야 한다.

셋째, 무엇보다도 노인상담가는 노인내담자와의 상담 관계형성에 세심한 주의를 기울여야 한다. 노인내담자의 가치관이 상담자와 다를 수 있고 성 문제나 재혼, 이성문제 혹은 재정문제 등에 관하여 솔직하게 드러내기를 거부할 수 있다. 이때 상담가는 믿을 만하고 공감적이고 개방적인 관계를 형성하도록 분위기를 조성하고, 충분한 시간적 여유를 가지고 상담에 임하도록 하며, 특히 비밀보장에 관해서 명료히 해야 한다.

넷째, 발달단계상 노인기는 노화에 따르는 제반 적응의 어려움을 가지고 있기 때문에 이들이 당면하는 다양한 문제를 다룰 수 있기 위하여 노인상담가는 보다 세심하고 내담자 배려의 상담을 해야 한다.

다섯째, 노년기는 가족관계적인 측면의 적응에 관심이 집중되는 시기인 만큼 노인상담가는 노부부관계나 배우자 상실 및 치매가족의 상담에 준비되어 있어야 한다. 예컨대 상담가는 이 시기의 부부가 종래의 전통적인 남녀역할 보다는 유동적인 부부공동의 협력체제로 가사 일을 해나가도록, 일의 협력 및 분담에 대해 부부역할의 재조정을 도와야 한다.

2. 노인교육

가족공동체의 해체 현상과 더불어 가족구조 변화는 노인부양에 대한 의무감의 의식변화로 노인들은 더욱 외롭고 고립된 생활을 하고 있다. 여기에 점차 노년의 기간이 장기화되면서 우리사회 급증한 노인들의 여가시간의 효율적인 활용문제가 대두되고 있고 그 구체적인 영역으로 노인 학습활동에 관심이 모아지고 있다.

1) 노인교육의 필요성과 목적

노인의 학습활동 즉 노인교육은 노인 스스로가 자신에게 적합한 역할을 찾아 수행하게 하고, 다양한 노인문제에 대하여 자발적이고 능동적으로 대처하게 하는 능력을 키우게 한다. 또한 변동하는 사회를 올바르게 이해하고 그 사회에 동참하여 고립되지 아니하고 적응하고 자립해 나갈 수 있게 해 준다. 시대의 진전에 따라 노인교육의 필요성은 점차 그 의미를 더하고 있다.

1970년대의 맥크러스키(McClusky, 1974)는 노인교육의 필요성을 세 가지 관점에서 정리하고 있는데 ① 사회적·육체적인 건강의 심리적 건강을 위해서 젊은 사람보다 훨씬 더 노력해야 하고, ② 자신이 소속된 사회에서 남에게 영향을 미칠 수 있는 능력을 계속해서 가지고 있는 것이 중요하며, ③ 무엇에든지 공헌을 해야겠다는 필요성으로 이런 류의 공헌들 중 가장 중요하게 생각되는 것은 역시 자손을 위한 공헌이라고 말한다.

1980년대의 변순옥(1980)은 노인교육의 필요성을 ① 노인이 현대 사회로부터 소외되지 아니하고 동참할 수 있게 하기 위하여, ② 노인에게 생존에 대한 존재가치를 높여 주고 역할 상실을 방지하기 위하여, ③ 새로운 지식의 습득과 변동사회에 대한 이해를 통하여 세대간의 이질감을 해소하기 위하여, ④ 새로운 지식 습득으로서 변화하는 사회에 대한 적응력 향상을 위하여 등으로 정리하였다.

1990년대에 들어와서 권이종(1991)은 다음의 6가지로 노인교육의 필요성을 강조하고 있다.

① 현대 사회의 급격한 변동에 따른 산업구조의 변화, 가치갈등, 인간소외, 기술의 변화 등에 적응, 대처할 수 있는 능력을 길러주기 때문에
② 모든 국민을 위한 교육기회의 불균형 현상을 해소할 수 있으므로
③ 학습사회, 교육사회 및 지식산업의 구현에 대비하기 위해서 사회의 교육강화 및 사회의 학교화가 곧 노인교육을 통해 실현될 수 있으므로
④ 노인들이 주체적, 독립적으로 살아가기 위해서 끊임없는 자기성장을 통한 개인 삶의 질을 향상시켜야 하므로
⑤ 도시화, 거주지 이동, 지리적 이동의 확대로 새로운 환경에서의 적응과 문화와 새로운 생활방식을 습득하게 하므로
⑥ 노인교육 활동은 여가시간을 순기능적이 되도록 돕기 때문에

2) 노인의 학습 욕구

학습자의 욕구를 무시한 교육은 실효성이 없다. 따라서 노인교육에 있어서는 노인들의 교육적 욕구를 올바로 판단하여 교육내용이나 방법에 충분히 반영하여야 한다. 이 분야에 관심을 가져온 관련 학자들은 다양하게 노인의 학습욕구 혹은 교육욕구에 접근하고 있다.

나울스(Knowles, 1977)는 교육적 욕구란 현존의 학습과 배움에 관한 능력수준이나 상태, 개인 및 사회적으로 기대되는 바람직한 학습의 능력수준 및 상태간의 실체적

관념적 간격과 차이를 뜻하는 것이라고 조작적으로 정의를 내리고 있다. 그는 성인들 특히 노인들은 그들이 살아온 인생을 통한 경험을 가진 특성 있는 개체들로서 그들이 즉시 필요로 하는 것을 배우려는 욕구를 가진 동시에 그들이 배운 정보와 지식을 즉각 활용하기를 원하는 이들이라고 특징짓고 있다.

홀(C., Houle, 1960)은 성인교육에 참여하는 성인 학습자를 목적 지향적 학습자, 활동 지향적 학습자, 배움 지향적 학습자의 세 가지 유형으로 구분하고 있다. ① 목적지향적(goal oriented learning) 학습자는 명확히 설정된 어떤 목표를 달성하기 위해 교육에 참여하는 경우, ② 활동지향적(activity oriented learning) 학습자는 배움의 내용이나 활동의 양에는 별로 상관하지 않고 배우는 환경에 의미를 부여하기 때문에 배우는 활동에 계속 참가하는 경우, ③ 배움지향적(learning oriented learning) 학습자는 단지 배우는 것이 좋기 때문에 계속해서 배움의 기회에 참가하는 경우이다 (김정희, 1995 재인용). 노인교육에 참여하는 노인학습자는 위와 같은 유형에 따라 그 유형 나름대로 교육욕구를 가지고 있다 할 것이다.

McClusky(1974)는 노인들의 교육적 욕구를 다음 5가지로 분류하고 있다.

① 환경 적응에 대한 대처욕구(coping needs) : 변화에 대응하는 학습을 통하여 노년기의 제반 문제점 해결
② 표현하고자 하는 욕구(expressive needs) : 사회참여를 통한 대인관계 개발로써 고립과 소외에서 탈피
③ 공헌하고자 하는 욕구(contributive needs) : 헌신과 봉사로써 자아개념 충족 성취
④ 영향을 미치고자 하는 욕구(influencial needs) : 지역사회나 종교단체, 정치 및 사회적 단체의 일원으로서 영향력을 행사
⑤ 인간 유한성에 대한 욕구(transcendental needs) : 죽음을 인정 수용하고 인생의 의미를 깨달음

우리나라의 한준상(1985)은 노인의 5가지 교육적 욕구를 다음과 같이 분류한다.

① 사회적응에 대한 욕구
② 많은 사람들과 친교를 하고자 하는 욕구

③ 사회에의 공헌 욕구

④ 자신의 존재를 돋보이게 하고 또한 타인에게 영향력을 행사하고자 하는 욕구

⑤ 노인이라는 생물학적·심리학적 상황과 조건을 인지하고 수용하려는 인간 존재 초월성에 관한 욕구로 분류한다.

이와 같이 노인의 학습욕구 및 교육적 욕구에 따라 노인교육의 영역과 구체적인 내용이 설정될 수 있다.

3) 노인교육의 내용

앞에서 살펴보았던 노인교육의 필요성, 학습욕구에 따라 노인교육의 영역은 노인들의 삶의 질을 높이는 방법으로서 자기개발 과정과 더불어 이타적인 삶을 추구하는 삶의 의미를 재조명하는 기회를 제공할 수 있는 것이어야 함을 알 수 있다.

1980년대 우리나라의 연구들을 소개하면 노인교육 영역을 크게 ① 지적 영역, ② 정서적 영역, ③ 취미·오락활동 영역, ④ 건강관리 영역, ⑤ 사회활동 영역, ⑥ 경제활동과 관련된 영역 등으로 제시하고 있다(김종서, 1982 ; 김동일, 1985). 한편 노인의 교육적 욕구는 노인 스스로 학습에 대한 흥미가 전개되면서 더욱 구체화된다고 주장하는 백창현(1988)은 노인의 교육적 흥미는 얻고 싶어하는 것, 되고 싶어하는 것, 하고 싶어하는 것, 아끼고 싶어하는 것 등 4가지 영역으로 확대되면서 보다 세분화된다고 보았다. 세분화된 교육적 흥미를 노인교육의 내용으로 연결시킨다면 ① 직업과 관련된 기능, ② 취미와 오락, ③ 도덕과 윤리, ④ 일반교과, ⑤ 가정생활, ⑥ 개인발달 관련내용, ⑦ 일반관심사와 시사문제, ⑧ 농업 또는 기술관련 내용 등을 들 수 있다.

1990년대에 들어와서 한정란(1993)은 노년기에 필요한 지식은 전체적으로 사회적 변화와 대응(33.9%)에 관한 지식을 가장 필요로 하는 것으로 보고하였다.

이외의 관련 연구들을 고려하여 노인의 학습활동을 위한 노인교육 영역과 내용을 다음과 같이 정리해 볼 수 있을 것이다.

- 노인교육 영역과 내용

① **건강관리 영역** : 노화과정 이해와 적응, 노인질병에 대한 이해, 성인병과 식이요법, 균형 있는 영양과 식사, 생활습관, 식습관, 와상노인 및 치매노인 간호법

② **경제관련 영역** : 노후경제준비, 소비생활, 노년기 재테크, 용돈관리, 재취업

③ **사회심리 영역** : 자기유용감 증진, 우울증 등 정신건강관리, 사회적 지원체계 정보와 활용

④ **가족관계 영역** : 고부관계 향상, 아들, 며느리, 손자녀 등 세대화합과 유대감 증진, 자녀의사 소통법, 갈등해결법, 친척간의 우애

⑤ **여가활동 영역** : 적당한 운동과 레크리에이션, 자원봉사활동, 전통음식 만들기와 전수, 건강요리실습, 화초재배, 생활용품 만들기, 환경오염과 예방활동

⑥ **기타 가정생활관련 영역** : 노년기의 주생활, 어울리는 옷맵시, 실내장식 및 미화, 의복관리, 전기설비시설의 손질, 주택 매매시 유의사항 등

4) 노인교육의 활성화

현재 우리나라에서 볼 수 있는 노인들을 위한 모임이나 교육의 형태를 가진 노인기관의 명칭으로는 노인대학, 노인학교, 노인교실, 사회교육원, 평생교육원 등으로 불리는 다양한 형태의 교육기관이 있다. 이들 2,000여 개의 기관에서 실시되고 있는 노인교육은 종교단체 및 사회단체에서 운영하는 노인학교가 대부분이고 주 1회 2시간 정도의 교육 프로그램을 중심으로 운영하는 것이 보편적이다. 실시되고 있는 프로그램들은 노인교육 이론에 근거한 것이라기보다는 비전문적이고 비조직적인 단지 프로그램 운영자의 식견에 따른 것들이 대부분인 실정에 있다. 조사연구에 의하면 현재 노인학교나 노인정에서 배우는 교육내용은 노인의 역할, 노년기 적응, 건강관리, 교양, 취미나 오락, 교우관계, 인간관계 등으로 나타나고 있다. 이러한 노인교육자의 비전문성과 산발적인 교과내용, 그리고 학교설비의 미비나 불량 등의 영세성 등의 요소는 노인교육의 요구도를 전혀 반영하지 못하고 노인들이 필요로 하는 교육욕구를 전혀 반영하지 못하며 노인들이 필요로 하는 교육욕구를 충족시켜주지 못하고 있는 실정임을 보여주고 있다.

이웃나라 일본의 노인교육은 여가선용을 위한 교양 정도로 그치지 않고 생애 교육

을 바탕으로 전문적이고 다양한 주제들을 단계별로 연속해 실시함으로써 수료 후에는 노인 인재를 사회에 환원할 수 있도록 유도하고 있다. 또 노인인재 은행이라는 제도적 장치를 마련하여 이를 관리하고 있다. 중국은 1996년 10월 공포된 '노인권익 보장법'에 '노인은 계속적으로 교육을 받을 권리가 있다. 국가는 노인교육을 발전시키며 사회가 각종 노년학교를 창립하는 것을 격려한다'고 규정, 노인교육을 장려하고 있다. 또한 1985년 이래 노인의 다양한 계층과 다양한 욕구를 충족하기 위해 시(市), 구(區), 가(街)에 교육 수준을 구분해 노인학교를 운영해 오고 있으며 1995년 노인방송대학을 창립해 노인교육의 발전 속도를 가속화하였다.

이제 우리도 진정한 노인교육의 정착과 그 활성화를 위하여 다음의 몇 가지 사항에 유의할 필요가 있을 것이다.

● 노인교육의 정착과 활성화 방안

(1) 전문성과 조직적인 노인학교 운영을 위하여 우선되어야 할 사전 준비사항을 고려한다.
   ① 노인교육에 대한 기본목표 설정
   ② 학습자들의 수업욕구가 반영된 교과과정 마련
   ③ 수업계획, 즉 시간표의 작성
   ④ 카운슬링체제의 구비
   ⑤ 교육에 필요한 재원의 확보
   ⑥ 강사진의 구성계획
   ⑦ 기타 도구적인 편의제공 계획(예 : 교통편의 제공, 교육공간 편의시설)

(2) 일단 사전 준비사항이 점검되고 나면 다음 단계로 노인의 교육적 욕구가 보다 현실적으로 충족되기 위한 교육방법 절차상의 원리(Agruso, 1978)를 적용시킨다.
   ① 노인들의 오랜 경험을 활용해서 새로운 것들을 습득하고 이를 내면화시킬 수 있는 학습조건 마련
   ② 제공되는 학습과제는 단순 또는 친숙한 과제로부터 시작하여 점진적으로 복잡하거나 적용력을 요구하는 과업으로 진행시킴

③ 체계화되거나 단일화된 정보를 노인학습자에게 제공

④ 연령 그 자체에 의해 크게 영향을 받지 않는, 능력의 활용을 필요로 하는 학습활동 강조

⑤ 쉽게 분별될 수 있는 특징을 가진 학습자료 활용

⑥ 가볍고 즐거운 분위기 장려

(3) 교육내용으로 담을 프로그램 개발에 역점을 둔다.

① 다양한 학습욕구에 부합하는 개별화되고 단계적으로 심화된 교육 프로그램의 개발로서 노인의 잠재력을 개발하고 노인문제에 대한 예방 및 치료적인 차원에서의 기능을 수행케 함

② 노인 단독세대의 증가 및 젊은 세대의 부양의식 약화 경향 등, 현대 사회와 가족의 특성을 감안하여 노인부양 가족을 위한 교육이나 노인 돌보는 이(caregiver)를 위한 전문적인 교육 프로그램을 개발

③ 대상의 다양한 개인차를 고려한 다각적인 접근의 교육프로그램은 노인상담, 노인전화, 노인정, 노인학교 및 평생교육원의 교육내용 등 다양한 형식으로 적용될 수 있게 함

(4) 전문지식을 가진 노인들을 교육, 훈련하고 양성하여 그들로 하여금 직접 또래의 노인들을 가르치게 함으로써 적극적인 사회 참여의 장을 마련하고 이것이 제도화될 수 있도록 사회적 차원에서 뒷받침한다.

(5) 학교 운영자나 강사 또는 프로그램 기획자 등 전문직 종사자를 중앙정부 지방정부의 차원에서 뒷받침한다.

(6) 교육학자, 노인문제 전문가, 노인 병리학자 및 노인학자 등으로 연계된 노인교육 전담기구를 설치하여 각종 노인교육사업을 운영 감독하도록 한다.

[참고 13-1]은 현재 우리나라 일부 대학에서의 일반인 대상 노인교육 지도자과정 프로그램의 예를 정리한 것이다.

【참고 13-1】 대학의 노인교육 프로그램

실시기관	대상 및 정원	수업시간 및 시간	교과과목
고려대 사회교육원 (노인복지전문가과정)	각종 노인복지시설 및 기관을 운영하거나 종사하고 있는 분 / 노인복지에 관심있는 일반인(30명)	1년과정 주 2회 4시간/1회	1학기 : 노년학특강, 노인과 인간관계, 노인복지시설운영론, 노인의 여가와 레크리에이션 2학기 : 노인사회학, 노인건강학, 노인심리학, 노인의 자원봉사론
이화여대 평생교육원 (노인교육지도자 평생교육과정)	노인대학, 노인교실 등의 노인교육시설의 지도자 / 노인학을 연구하고자하는 분 (10~25명)	2년과정 주 1회 4시간	1기 : 성공적인 노후의 삶, 노인심리와 정신건강 2기 : 생활의학, 노인과 법률 3기 : 노인과 사회, 노인과 가족관계 4기 : 노인상담, 자원봉사론
연세대 사회교육원 (은퇴준비교육)	관심있는 사람 모두(정원 70명)	1년과정 주 1회 3시간	1학기 : 건강관리와 여가선용, 성병예방, 단전호흡, 수지요법, 노년기 정신건강, 노인과 성 2학기: 재무계획과 인간관계, 재산관리중소점포 창업, 부동산투자, 증권투자, 성인심리
서강대 사회교육원 (교수요원 교육과정)			노인학개론, 노인심리, 노인과 건강, 노인상담, 호스피스
경희대 사회교육원 (노인복지전문가 양성과정)	노인복지시설종사자나 뜻이 있는 사람, 은퇴를 전후한 자신의 노후대책을 준비 혹은 교육을 받고자 하는 사람	1년과정 주 2회 3시간/1회	1학기 : 노인학개론, 노인심리와 정신건강, 노인복지시설 운영과 법률 2학기 : 건강의학, 노인과 인간관계, 노인상담, 죽음과 호스피스
성신여대 사회교육원 (노인복지전문가과정)	노인복지시설 및 기관운영에 종사하거나 뜻이 있는 분, 노인복지에 관심있는 사람 20명)	1년과정 주 2회 3시간/1회	1학기 : 노인학개론, 노인심리, 노인복지시설운영 2학기 : 노인과 인간관계, 노인과 건강, 노인여가와 자원봉사
대구대학 (노인복지대학)			노인복지, 교양, 건강관리, 가족관계, 시사문제, 법률, 종교, 사회봉사, 직업생활, 취미, 종합학습, 노인자치활동

3. 은퇴준비교육

1) 은퇴준비교육의 필요성

인간은 누구나 언젠가는 노인이 된다. 따라서 노후생활에 대한 준비교육은 누구에게나 필요하고 유용한 사안이 아닐 수 없다. 좁은 의미의 은퇴교육은 물론이고, 이를 좀 더 일반화시킨 노후생활준비교육은 이러한 의미에서 어느 적정 연령에 있다기보다는 누구나가 그 대상이 될 수 있다.

급속하게 진행되는 인구고령화 현상은 관련 영역별로 다음과 같은 여러 가지 문제점을 야기할 수 있을 것으로 예상된다. 즉 노인인구율의 증가는 ① 개인의 자율성을 감소시키고 의존성을 증대시키는 심리학적인 문제, ② 노동력의 노후화와 노소세대간의 갈등, 연금을 비롯한 노인복지 및 부양 등의 경제적인 문제, ③ 잠재력 있는 선거세력 등 다수의 노인이 집결하여 조성할 수 있는 노인집단력의 행사 및 자원봉사, ④ 한 사회가 가지는 통념상의 노인에 대한 관념이나 노인의 지위 변화, ⑤ 신체·생물학적인 관점에서 노인기 질병과 건강상의 문제 등을 불러일으키게 될 것이다.

그야말로 21세기 우리 사회가 직면할 가장 심각하나 도전 중 하나가 바로 실버사회의 문제이다. 노인들의 삶의 질 향상을 위한 다각적인 노력을 경주해야 할 이유가 바로 여기에 있다. 그 다양한 노력들 중 노후생활준비교육 혹은 은퇴교육은 노인문제해결에 가장 유력한 방안 중 하나가 될 수 있다. 구체적인 노후생활준비교육을 통하여 앞서 제기된 문제들에 대한 사회적 이해의 폭을 넓히고 예상되는 문제들에 대하여 사전에 예방적인 조치를 취하도록 하는 것이 무엇보다도 필요하다. 또한 개인적인 차원에서는 교육을 통하여 노인 개개인의 문제해결 능력과 잠재력을 키움으로써 자신의 노후문제를 스스로 해결해 나가도록 돕는 것이 필요하다.

현재 노후생활준비를 위한 교육프로그램에는 우선 가족학적인 입장에서 개발된 노부모 부양가족 교육 프로그램, 성인자녀를 위한 노인부양 교육 프로그램, 중년 며느리를 위한 고부관계 향상 프로그램, 젊은 며느리를 위한 고부관계 향상 프로그램, 치매노인 가족을 위한 교육프로그램 등이 있고, 이 외에 노년기의 사회적 적응을 위한 퇴직준비교육 프로그램, 세대공동체교육 프로그램 등등이 있다. 이들 대부분의 프로그램들은 노인대학 및 노인관련 단체에서 수시 또는 항시적으로 시행되고 있다.

2) 노후생활준비와 교육 요구

선진국의 경우 은퇴는 제2의 인생이라는 인식이 강하고 이에 따라 사전에 은퇴준비를 하는 것이 일반적이다. 우리나라는 급속히 고령화 사회에 접어들고 있음에도 불구하고, 사회적으로나 개인적으로 미리 은퇴에 대비하는 은퇴문화가 확립되어 있지 못하다. 직장인 600명을 대상으로 현대중공업(1999)은 노후대책을 구체적으로 마련했는지를 연령별로 질문하였다. 연구결과 20대는 17%, 30대는 29%, 40대는 31%가 마련했다고 답하였다. 이로써 노년기에 가장 임박한 중년의 70%가 되는 대다수가 전혀 노후의 은퇴준비가 되어 있지 않음을 알 수 있다. 청소년의 노인부양 의식과 중년기 부모의 노후생활준비도를 조사한 연구(이희자, 1996)에서도 중년기 부모의 노후생활준비도는 전반적으로 저조하게 나타나 대체로 우리나라 중년세대가 아직 40대 부모로서 노후준비계획을 제대로 세우지 못하고 있는 실정임을 알 수 있다. 아울러 부모들은 노후부양 책임이 부모 자신에게 있다고 생각하며, 다른 연구들에서와 마찬가지로(김경신, 1998) 장차 자녀들과 별거하면서 경제적으로 독립할 의사를 강하게 나타내, 노후에 스스로 책임 있고 독립적인 생활을 가능하게 하는 노후준비를 위한 교육 프로그램의 개발이 필요한 것으로 드러났다.

[참고 13-2]는 은퇴준비정도 척도이다.

【참고 13-2】 당신의 은퇴준비를 알아봅시다

▼ 응답방법 : 그렇지 않다 0점, 보통 1점, 그렇다 2점	
문 항	점 수
1. 배우자나 자녀, 친구들과 정년에 대해 거리낌 없이 이야기한다.	
2. 은퇴시기에 대해 자주 생각한다.	
3. 갑자기 회사를 그만둘 수 있다는 생각을 한다.	
4. 은퇴 후 나의 자산이 얼마가 될지를 생각해 봤다.	
5. 은퇴 후 한 달 생활비가 얼마 정도 필요한지 생각해 봤다.	
6. 연금 등 은퇴 후 생활비 충당을 위해 대비책을 갖고 있다.	
7. 은퇴 후 직장생활을 대체할 만한 일을 생각하고 있다.	
8. 은퇴 후 하루일과를 어떻게 보낼지 생각하고 있다.	
9. 현재 테니스, 등산 등 정기적으로 레저활동을 하고 있다.	
10. 새로운 취미활동을 배우고 있다.	

11. 봉사활동이나 사회활동 모임에 가입해 있다.	
12. 은퇴 후 여행 등을 함께 할 소모임이 있다.	
13. 배우자와 함께 하는 일이나 레저활동이 있다.	
14. 정기적 의료검진을 받고 의사의 지시에 따른다.	
15. 가벼운 운동이라도 규칙적으로 계속 하고 있다.	
16. 은퇴 후 건강관리 방법을 준비하고 있다.	
17. 자기만의 휴식방식이 있다.	
18. 자녀와 함께 살지 여부에 대해 생각을 정리했다.	
19. 운전이나 컴퓨터 등 새로운 기술을 배우고 있다.	
20. 유언을 생각하고 있다.	

▼ 평가 : △ 0~15점 : 준비 미비
　　　　　△ 16~25점 : 어느 정도 준비하고 있다.
　　　　　△ 26~40점 : 거의 완벽한 준비

3) 목적과 대상

노후생활준비교육은 크게 3가지 목적을 가지고 접근할 수 있으며, 이 목적들에 따라 교육대상이 달라질 수 있다. 첫 번째 대상은 아직 노인이 아닌 젊은 세대로서 젊은이는 예방적인 차원에서, 중년은 자신의 노화관리와 대비, 그리고 간이세대 부양자(caregiver)로서 입장에서 노후준비 혹은 은퇴교육이 필요하다. 두 번째 대상은 노인복지 시설이나 상담기관 등에서 일하게 될 인력자원들이다. 즉 노인들에게 직접적인 서비스를 제공할 인력의 양성에 있어서 노후준비교육은 중요한 한 요소가 된다. 세 번째 대상은 이미 노인이 된 당사자로서 사회·심리적 치료를 위해서, 또는 과거보다 길어진 노년기간의 생을 늦게나마 재정비하고 준비하도록 돕는 입장에서 이 교육이 필요하다.

4) 교육내용과 실시

노후준비교육 내용은 주로 앞서 언급한 고령화 조망에서 제기된 노인문제로부터 추출될 수 있다.

① **경제적 측면**: 노후경제 대책과 관리(예: 재취업교육, 연금 및 노후쟁점 관련 사항, 재정적 비축과 관리방법, 소규모 창업 가이드, 재테크기법 등)
② **신체·생물학적 측면**: 노화과정의 이해와 적응, 건강관리를 위한 생활습관, 치매예방 등
③ **심리적 측면**: 우울감 등 정신건강관리, 의존성과 자율감의 통제, 자기유용감의 증진, 노인성격 특성과 심리적 욕구 이해 등
④ **사회·문화적 측면**: 사회지원체계의 활용, 역할 가지기(예: 자원봉사 문화인식과 적용), 집단소외와 노인통념 인식의 재구조화, 효 가치의 전수 등
⑤ **가족학적 측면**: 노년기 가족간 유대감 증진, 세대갈등해소(예: 의사소통, 갈등해결법, 고부관계 향상), 역할 전환과 적응, 부부관계 및 노부부 역할 조정, 노년의 성, 황혼이혼과 재혼, 치매가족적응, 호스피스와 죽음 등
⑥ **여가활용 측면**: 적당한 운동과 취미생활, 자원봉사활동, 노인학습 활동 등

위의 교육내용은 평균수면 연장을 고려하여 노령전기와 노령후기 혹은 Neugarten 소노(少老), 중노(中老), 노노(老老)를 염두에 두고 계획해야 한다. 이상의 교육내용 중 어느 특정분야와 영역에 역점을 두느냐 혹은 전반적인 노후적응에 관련한 것이냐에 따라 교육대상의 규모와 내용의 심도가 달라질 수 있다. 일반적으로 지식과 정보제공 차원의 교육이라면 대규모 강연식도 가능하지만, 특정기술의 습득이나 향상, 피교육자간의 원활한 상호작용, 그리고 참가자의 지지와 격려의 효율성을 중시해야 할 교육이라면 소규모집단의 크기가 바람직할 것이다.

교육기간과 횟수, 적합한 요일 등은 교육내용이나 피교육자의 성별과 연령 및 직업유무에 따라 결정된다.

5) 은퇴교육 대책

노인의 문제는 더 이상 개인과 가족의 차원에 맡겨 둘 수 있는 문제가 아니다. 노

인문제 해결을 위한 구체적인 노후생활준비교육 방안들이 정책적 차원에서 추진되고 개발·홍보되어야 하며, 이미 개발된 프로그램들이 적극 활용될 수 있는 장(場)의 개척에 관심과 배려가 있어야 한다.

한편 노후생활준비교육을 담당할 노인복지 전문인력의 양성이 시급하다. 우리나라와 미국이 노인인구 14%선인 고령화된 사회에 진입하게 되는 2020년경이 되면 이미 미국은 대학에서 노인학자와 노인복지 전문인력을 배출하기 시작한 지 80여 년의 역사를 가지게 된다. 물론 서구나 미국의 고령화는 우리보다 빨랐고, 그로 인해 전문인력을 일찍 배출하기 시작했음을 감안하더라도, 우리의 상황은 인력 양성에 너무 소극적이었다고 볼 수 있다.

현재 노인복지시설 종사자들에 대한 노후생활준비교육 및 재교육 또한 필요하다. 우선 그들이 노후생활준비자가 되어야 하며, 동시에 바로 그들이 노후준비를 위한 교육의 장에 서야 할 인력자원 중 하나이기 때문이다.

결론적으로 인간이 그 어느 때보다도 길어진 생의 마지막 부분을 의존적이고 걸림돌이 되는 존재로서가 아니라 보다 적극적이고 긍정적이며 생산적인 존재로서 살게 하는 것이야말로 우리 사회가 해결해야 할 가장 중요 과제 중 하나라고 할 수 있다. 이러한 관점에서 노인들이 노후를 미리 준비하고 대비하는 것을 돕는 사회적 기회와 장치를 마련하는 일은 무엇보다 중요하다. 연장되어 가는 노년기의 삶의 질은 많은 경우 은퇴 이후 삶에 대한 준비 정도에 의해 좌우되기 때문이다. 은퇴 이후 삶에 대한 준비는 은퇴에 대한 긍정적인 태도를 함양하고, 경제적·사회적·심리적 준비를 통해 은퇴 이후의 생활에 대한 적응능력을 증진시키며, 이를 통해 바람직한 은퇴생활을 영위할 수 있게 한다. 고령화문제에 대한 경험과 지식을 이미 많이 축적하고 있는 서구의 경험을 길잡이 삼고, 여기에 우리의 사회문화적인 특성을 감안하여 우리 실정에 맞는 종합적 대비책을 마련해야 하며, 이 중 특히 단기적으로는 노후생활준비 교육 및 교육을 시급히 활성화할 필요가 있다고 하겠다.

참고문헌

강기선 (1997). 유료노인 간호요양원 모델개발에 관한 연구, 중앙대학교 대학원 박사학위
　　　논문.
경제기획원 (1990). **경제기획 사망원인 통계**, 경제기획원.
고경필·윤재웅 (1995). 중년층의 노년기 주거환경계획에 관한 연구.
고정자 (1988). **가정학 연구의 최신정보 Ⅲ**.
고정자·김갑숙 (1993). 고부관계 연구에 대한 고찰, **한국가정관리학회지** 제11권 1호.
공보처 (1996). 한국인의 의식과 가치관 조사, 공보처.
곽인숙 (1998a). 노인의 취업여부와 건강상태에 따른 주거선호, **대한가정학회지** 제36권 11호.
　　　 (1998b). 노인이 인지하는 주거문제와 주거 만족도에 관한 연구, **한국가정관리학회
　　　지** 제16권 3호.
교육부 (1997). **노인복지**, 교육부.
구자순 (1985). 한국노년학의 위치, **한국노년학** 제5호, 한국노년학회.
권이종 (1991). 노인교육의 이론적 접근, **평생교육과 노인교육**, 이화문화사.
권중돈 (1997). 치매환자가족의 갈등과 스트레스관리, **치매조호의 실제**, 사단법인 한국치
　　　매협회.
권태환 등(1997). **한국 인구구조의 변화와 사회정책적 과제**, 통계청.
김경신 (1998). 가족가치관의 세대별 비교연구, **대한가정학회지** 제36권 10호.
김경신·이선미 (1998). 중년부부의 노부모부양부담과 관련변인 연구, **대한가정학회지** 제36
　　　권 9호.
김동배 (1996). "여성노인문제 어떻게 볼 것인가?", 노년신문 1996, 7, 27일자.
　　　 (1999). 노인과 여가서비스, 21세기 고령화 사회의 노인복지과제, 한국노년학회 학
　　　술세미나.

김동일 (1984). 세대간의 가치관 차이, 노인문제 그 현주소, 중앙일보사 53.

김명자 (1997). 노년기 가족관계, 건강생활과학연구소, **현대노년학**, 숙명여자대학교 출판부.

김명자·안선영·한정화 (1996). 신세대와 중년기 부부의 노부모 부양에 따른 부담감 및 보상감 분석, **한국가정관리학회지** 14(2).

김분한 (1997). 호스피스와 죽음, **치매조호의 실제**, 사단법인한국치매협회.

김상균 (1996). 무기여 노령연금제도 도입에 관한 연구, 무각출 노령연금제 입법추진 모임 공청회.

김성윤 (1997). 치매의 원인과 진단, **치매조호의 실제**, 사단법인한국치매협회.

김순기·유영주 (1994), 기혼여성의 시어머니 및 친정어머니와의 상호지지에 관한 연구, 한**국가정관리학회지** 12(1).

김승권 (1988). 노인만 사는 빈 둥지 기간 변화추이, 보건사회 연구원.

김영모 (1990). **한국노인복지 정책연구**, 한국복지정책연구소 출판부.

김옥암 (1993). 인구고령화와 복지정책, **경제학연구** 제42집 제3호.

김익기 (1995). 한국의 인구변천과 노령화, **동서양의 노령화 : 인구학적 측면, 사회문화적 환경 정책적 함의**, 서울대학교 사회발전연구소.

김자인·홍순억 역 (1986). **노화예방**, 서울 : 정음문화사.

김정희 (1995). 노인교육 프로그램의 활성화를 위한 방안, **노후복지** 통권 제4호.

김종갑 (1985). 한국노인문제에 관한 윤리적 고찰, 경상대학교 대학원 석사학위논문.

김태헌(2007). **고령인구 증가에 따른 사회적 충격, 고령사회의 밝은 미래**, 한국노인과학학술단체연합회 편.

김태현·전길양 (1995). 치매노인 가족부양자를 위한 프로그램 개발에 관한 기초연구, 한국가족학연구회.

김형수 (1996). 자살 관념을 통하여 본 노인문제의 심각성과 그 정책적 대응, **국민보건연구소 연구논총** 제6권 1호, 서울대학교 보건대학원.

김혜연·김성희 (1999). 노인의 부양유형 선호와 영향요인, **대한가정학회** 제37권 2호.

남정자 (1995). **국민건강조사 : 순환기계 질환보유 분석**, 한국보건사회연구원.

노동부 (1995). **장애인 고용과 내부 자료**, 노동부.

노영섭 (1994). **건강백세와 실버산업 : 성·노인의 건강관리**, 아카데미서적.

노후복지개발연구소 (1995a). 소외받는 노인들에게 관심을, **노후복지** 제7호.

───────────── (1995b). 지방자치시대의 노인복지, **노후복지** 제9호.

________________ (1995c). 표로 알아보는 노인복지 정책, **노후복지** 제9호.

대우경제연구소 (1998). **한국인의 상속형태와 상속자산 규모**, 대우경제연구소.

대한무역진흥공사 (1991). **일본의 실버산업**, 대한무역진흥공사.

문윤상 (1996). 우리나라 노인산업의 추이와 노인복지대책, 한국개발연구원.

민무숙 (1994). 노인동거 가정의 성인 여자녀의 부양 부담도에 관한 연구, **노인동거 가정의
    현재와 미래**, 한국가정 발전연구소.

민제성 등 (1993). 한국의 노령화 추이와 노인복지대책, 한국개발 연구원.

박경호 (1997). 국가치매 종합대책 10개년 계획, 치매노인 복지대책의 이론과 실제, 제6회
    한국치매협회 학술 심포지움.

박숙자 (1995). 가족관계의 변화, 여성한국사회연구회 편, **한국가족의 오늘과 내일**, 서울 :
    사회문화연구소.

박순영 (1996). 현대인의 건강관리, 한강포럼 창립총회 특강요지.

박재간 (1995). 노인주거산업의 현황과 과제, **고령화사회의 위기와 도전**, 서울: 나남출
    판사.

박재홍 (1986). 재미한인노년층의 적응에 관한 기초연구, 해방 후 한국의 사회변동, **한국사
    회사연구회 논문집** 제5집.

배철영 (1995). 기획보고: 치매(노망)에 대한 12가지 의문사항, **노후복지** 통권 제7호, 노후
    복지개발연구소.

백창현 (1984). **현대사회의 노인문제**, 서울 : 대조사.

______ (1988). 노인교육의 현황과 대책에 관한 연구, **한국노년학** 제8호.

변순옥 (1986). 노년기 교육의 이론과 정책에 관한 연구, 숙명여대 석사학위 논문.

변용찬 (1999). 노인의 소득 보장을 위한 정책개발연구, **사회복지** 제140호, 한국사회복지
    협의회.

보건사회부 (1991) **보건사회통계연보**, 보건사회부.

________ (1994). **보건복지 사업지침**, 보건사회부.

________ (1997). **노인보건백서**, 보건복지부.

________ (1998). **노인복지회관현황**, 보건복지부.

________ (1998). **노인복지시설현황**, 보건복지부.

________ (1999). **노인복지사업지침**, 보건복지부.

________ (2006a). **통계청 자료 및 저출산고령사회 기본계획 대비 심층 분석**, 보건복지부.

________ (2006b). **노인보건복지사업안내**, 보건복지부.

__________ (2008). 전국 치매유병률 조사, 보건복지부.

서미경 (1999). 노인의 건강대책, 노인복지연구. '99 여름호.

서동인 (1996). 친조부모, 손자녀에 대한 모의 관점 및 중재에 관한 연구 : 10대 자녀들 둔 부모를 중심으로, 대한가정학회지 제34권 2호.

서선희 (1998). 90년대 한국가족의 변화와 가족생활의 방향, 국가경제위기에 한국가정은 어떤 생활 규범과 생활표준으로 살아야하는가?, 한국가정관리학회 23차 총회 및 학술대회, 한국가정관리학회.

서소영·김명자 (1998). 며느리의 시부모 부양에 따른 보상, 부양의식, 부양행동 분석, 한국 가족관계학회지, 제3권 2호.

석재은 (2000). 노인의 소득원 구성과 공사 역할 분담 분석, 사회보장연구 16-1, pp. 51-78.

선우덕 (2000). 일본 노인복지의 현황과 향후 전개 방향, 21세기 노령화 사회를 대비한 노인복지 현황과 실버케어 전공, 경희대학교.

성규탁 (1995). 부모부양의지의 비교문화적 고찰 : 한국인과 미국인의 경우, 동서양의 노령화, 서울대학교 사회발전연구소.

송건용 등 (1993). 1992년도 국민건강 및 보건의식 형태조사, 한국보건사회연구원.

송현애 (1993). 며느리의 시부모 부양 스트레스에 관한 연구. 동국대 대학원 박사학위 논문.

신은숙 (1994). 한국청년의 노인에 대한 태도연구, 노인동거 가정의 현재와 미래, 한국가정 발전연구소 학술세미나.

신일진 (1991). 한국 도시주부의 고부갈등에 대한 연구, 한양대학교 대학원 박사학위논문.

안병철 (1997). 사회변동과 가족, 서울 : 미래인력연구센타.

안치민 (1995). 가족변화와 노인복지 정책, 한국가족복지학 제 2권 1호.

오병훈 (1994). 치매의 원인 및 감별진단, 대한의학협회지 제37권 제7호.

오진주·신은영 (1998). 노인의 성적요구에 대한 시설 종사자들의 태도에 대한 조사연구, 한국노년학 Vol. 18, No. 2.

옥선화·이형실·이춘희 (1994). 노인부양가족을 위한 가족생활교육 프로그램 개발에 대한 기초 연구 : 부양자요구를 중심으로, 대한가정관리학회지.

우종인 (1994). 노인성 치매 : 정의, 분류 및 임상양상, 대한의학협회지 제37권 제7호.

유병팔 (1996). 운동이 노화와 질병에 어떤 영향을 미치는가, '96 한국노화학회 학술대회.

유영주 (1986). 가족관계학, 서울 : 교문사.

유영주·이정연 (1994). 가정학원론, 서울 : 신광출판사.

유일호 (1992). 인구노령화의 경제적 효과와 노인소득 보장, 인구노령화 문제와 대책, 한국
　　　사회보장학회 추계학술 발표회.

유호신 (1985). 우리나라 주부의 노인부양의식과 태도에 관한 연구, **인구보건론집.**

윤순덕·한경혜 (1992). 도시기혼여성이 지각한 부모와의 동거에 따른 혜택 비용, **한국노년
　　　학 14(2).**

윤은자 등(1998). 죽음의 이해 : 코오리엔테이숀 시각, 건국대학 간호학과.

윤종주 (1998). 한국노년학회 20년사, **한국노년학** Vol. 18, No. 2.

윤　희 (1994). 한국노인의 사회적 지원망으로서 현재 및 친구관계에 대한 연구, 서울대학
　　　교 석사학위 논문.

이가옥 (1990). 노인부양에 관한 연구, 한국보건사회연구원.

＿＿＿ (1993). 노인복지 정책 개발을 위한 연구, 한국보건사회연구원.

＿＿＿ (1994). 한국노인보호시설 정책, 노인을 위한 보호시설과 부양체계의 한국적 모형
　　　개발, 한국노년학회 국제학술세미나.

＿＿＿ (1995a). 한국노인의 가족관계 및 사회활동, **동서양의 노령화,** 서울대학교 사회발
　　　전연구소.

이가옥 등 (1994). 노인생활 실태분석 및 정책과제, 한국보건사회연구원.

이경희 (1988). 고부간의 갈등에 대한 연구, 숙명여대 대학원 석사학위논문.

이경희·곽인숙(1998). 노인의 주거공간에서의 프라이버시 인지. **한국가정관리학회지.**

이기숙 (1985). 한국 가정의 고부갈등 발생원에 대한 요인 분석, 부산대학교 대학원 박사학
　　　위 논문.

이광규 (1982). **문화인류학 개론,** 서울 : 일조각.

이선옥 (1996), 치매환자 가정 간호요령, 한국일보, 1996, 5, 9일자.

이성희 등 (1993). **치매노인과 가족의 생활실태 및 복지요구,** 북부노인종합 복지관.

이성희 (1995). 우리나라 치매노인 복지실태, **노후복지** 통권 제7호, 노후복지 개발연구소.

이연숙·신화경 등(1992). 실증적 관점에서 본 삼대 아파트 개발의 타당성. **한국주거학
　　　회지.**

이완재 (1985). 한국전통 사회의 효와 경로의 사상 : 노인문제와 관련하여, **노화노인문제 :
　　　비교문화론적 고찰,** 영남대학교. 미쉬건대학교.

이윤수 (1997). **남성의 성의식과 성생활 현주소,** 한국성의학 연구소.

이윤숙 (1983). **노인과 성 : 성과 문화,** 아산사회복지사업재단.

이은경 (1999). 대학생의 가족주의 가치관과 부모노후의 부양의식에 관한연구, 대한가정학

회지 제37권 1호.

이익섭 (1996). 국내외 자원봉사자 활용 현황, **복지시대**, 대한사회복지개발원.

이정덕·최영아 (1997). 사별 및 이혼한 노인의 재혼에 관한 연구 Ⅰ, **대한가정학회지** (35)2.

이정섭 (1997). 가족간호, **치매조호의 실제**, 사단법인한국치매협회.

이정희 (1994). 치매의 유병율 및 위험요인, **대한의학협회지** 제37권 제7호.

이희자·김영미 (1996). 청소년의 부모 부양의식과 중년기 부모의 노후준비도, **대한가정학회지** 제34권 2호.

임의섭 (1986). **사회변동과 가치관**, 서울 : 정음사.

임춘식 (1992). **현대사회와 노인문제**, 서울 : 예풍출판사.

임춘희·박경란 (1997). 노년기의 재혼가족생활 스트레스에 대한 경험적 연구, **한국가정관리학회지** 15(4).

장선주 (1989). 노부모와 성인자녀간의 생활감정 및 교류 : 아들 동거노인의 차이를 중심으로, 한양대학교 대학원 석사학위 논문.

장영석 등 (1996). 신인구추계에 의한 인구규모 및 구조 변동과 정책과제, 한국보건사회연구원.

장인협 (1988). **사회복지개론**, 서울대 출판부.

장인협·최성재 (1987). **노인복지학**, 서울대학교 출판사.

장영식 등 (1996). 신 인구추계에 의한 인구규모 및 구조변동과 정책과제, 한국보건사회연구원.

장현갑·강성군(1996). **스트레스와 정신건강**, 서울 : 학지사.

전길양 등 (1999). 풍요로운 노후 가꾸기 : 노년기 준비교육 프로그램, 사단법인 한국가족상담교육단체 협의회.

정경배 (1999). 21세기 생산적 노인복지 정책 방향, **노인복지연구**, '99 겨울호.

정경희 등 (1998). 1998년도 전국노인생활실태 및 노인 욕구 조사. 한국보건사회연구원.

정경희 (1999). 노인과 사회적 서비스, 21세기 고령화 노인복지과제, 한국노년학회 학술세미나.

정옥분 등 7인 (1996). 한국인의 효인식 및 실천정도에 대한 연구, **대한가정학회지** 34 (6).

정옥분·김동배·정순화·손화희(2008). **노인복지론**, 학지사.

정인과 (1996). **한국형 노인우울 척도 개발**, 대한노인정신의학회.

정혜정·서병숙(1998). 3세대 가족내 성인자녀 부부가 지각한 보상과 대가 및 적응에 대한 연구, 한국가정관리학회지 제16권 2호.

조맹제·홍진표 (1998). 한국노인의 수면습관, 조선일보 1999.

조병은·신화용 (1992). 사회교환이론적 관점에서 본 맞벌이가족의 성인 딸 / 며느리와 노모의 관계, 한국노년학 12 (2).

조석미 (1980). 조부모로서의 역할에 대한 노년층의 의식 편, 영남대학교 대학원 석사학위 논문.

조흥식 (1994). 사회복지 서비스와 가족, 가족학논집 제6권.

중앙리서치 (1999). 노령화 사회에 대한 전국민 의식 조사, 중앙일보 1999. 9. 30자.

차흥봉 (1998). 재가노인복지사업의 실태와 과제, 사회정책연구 제 20집, 한국복지정책연구소.

______ (2008). 고령사회와 노인장기요양보험의 과제, 고령사회 노인문제와 장기요양보험의 과제, 한국노년학회 30주년 기념 국제학술대회.

최성재 (1993). 노인주택 개발과 노인주도적 정책, 고령화사회의 노인주택 정책 및 개발방향 설정, 한국노인문제연구소.

______ (1995). 한국의 노령화와 사회정책, 동서양의 노령화 : 인구학적 추세, 사회문화적 환경, 정책적 함의, 서울대학교 사회발전 연구소 창립 30주년 기념 국제학술회의.

천성수·박종순(1999). 노인의 소득 보장 정책 확충 방안, 노인복지연구 통권 4호, 한국노인복지학회.

최정혜 (1992). 노부모가 지각하는 성인자녀와의 결속도 및 갈등에 관한 연구, 성신여자대학교 박사학위 논문.

______ (1998). 기혼자녀의 효의식, 가족주의 및 부모부양의식, 한국노년학 Vol. 18, No. 2.

최혜경 (1998). 중노년기 여성의 배우자 사망에 대한 적응 : 사회적 지지와 자기복합성의 중재적 효과, 한국가정관리학회지 제16권 3호.

통계청 (1991, 1996) 한국의 사회지표, 통계청.

______ (1995). 1995년 인구주택 센서스.

______ (1995). 장래인구추계 (1980-2020).

______ (1998). '98년 한국의 사회지표, 통계청.

______ (2004). 사회통계조사, 통계청.

______ (2006a). 장래인구통계, 통계청.

______ (2006b). 고령자통계, 통계청.

______ (2007a). 인구·가구/생명표, 통계청.

______ (2007b). 사회통계 조사 - 복지, 문화와 여가, **소득과 소비부문**, 통계청.

______ (2008a). **인구 · 가구/생명표**, 통계청.

______ (2008b). **고령자통계**, 통계청.

하상락 · 김성이 (1986). **정년퇴직인의 생활실태**, 한국정년 퇴직인 협회.

하양숙 (1997). 치매환자를 위한 환경관리, **치매조호의 실제**, 사단법인한국치매협회.

한국갤럽조사연구소 (1990). 한국노인의 생활과 의식구조, 한국갤럽조사 연구소.

한국노인문제연구소 (1993). 전국노인정의 65세 이상노인 1500명 설문조사, 한국노인복지
연구소.

______ (1996). 노인생활정보 1996. 7. 1일자, 한국노인문제연구소.

한국노인복지시설협회 (1994). 노인복지시설 건강실태조사 집계, 한국노인복지시설협회.

한국보건사회연구원 (1994). 노인생활 실태분석 및 정책과 과제, 한국보건사회연구원.

______ (1998). 1998년도 노인생활실태 및 복지욕구 조사, 한국보건사회연구원.

한국사회복지협의회 (2005). **사회복지 자원봉사 통계연보**, 한국사회복지협의회.

한국여성개발원 (1991). 가족상담 사업 활성화 방안에 대한 연구, 한국여성개발원.

______ (1995). **여성 통계 연보**, 한국여성개발원.

한남제 등 (1994). **한국가족관계의 문제 : 방황하는 자녀, 소외된 노인**, 서울 : 다산출판사.

한달선 (1995). 노인의료보장, 21세기 노인문제와 복지정책, 한국보건사회연구원.

한성수 (1985). 생물학적인 관점에서 본 인간의 성장과 노화, **노화노인문제**, 영남대학교.
미쉬건대학교.

한일우 (1997). 치매의 증상과 치료, **치매조호의 실제**, 사단법인 한국치매협회.

허길남 (1996). 자원봉사자 진흥을 위한 정부대책, **복지시대**, 대한사회복지개발원.

현외성 (1998). **노인상담 : 이론과 실제**, 서울 : 예풍출판사.

홍숙자 (1992). 한국거주노인과 재미교포노인의 생활만족도 비교연구, 경희대학교 대학원
박사학위 논문.

______ (2003). 복지실천으로서의 노인문제상담 및 실제에 대한 소고, **우송대학교 논문집
제7집**.

홍숙자 · 유은희 · 전길양 (1996). 중년 며느리를 위한 고부관계 향상교육프로그램, **대한가정
학회지** 제34권 5호.

홍순혜 (1997). 치매환자를 위한 사회복지서비스, **치매조호의 실제**, 사단법인 한국치매
협회.

홍여신 · 이선자 · 박형배 · 조남옥 · 오진주 (1994). 노인성치매 발생요인과 돌보는 가족원의

스트레스에 관한 조사연구, 간호학회지 24(3).

홍형옥·지은영 (1999). 도시 여성노인의 주거환경 선호, 대한가정학회지 제37권 5호.

AARP (1999), Modern Maturity, http://www.aarp.org/maturity.

Adachi, Kiyoshi & et al. (1999). *Comparative study on volunteer activities for the elderly in Japan & Korea*, 6th Asia / Oceania Regional Congress of Gerontology.

Adams, B. N. (1968). *Kinship in an urban setting*, Chicago : Markham Publishing.

__________ (1970). Isolation, function and beyond : American kinship in the 1960s, *Journal of Marriage and the family 5*.

Agruso, V. M. (1978). *Learning in the later years*, N. Y : Academic Press.

Arbuckle, N. W. & Vries, B. (1995). The long-termning. *The Gerontologist 35(5)*.

Arling, G. (1976). The elderly widow and her family effects of later life spousal and parental bereavement on personal functioy, neighbors and friends, *Journal of Marriage and Family 38*.

Atchley (1980). *The social forces in later life*, Belmant, C. A : wadsworth Pub. co.

Avioli, P. S. (1989). The social support function of siblings in lates life — A theoretical model, *American Behavioral Scientist 33*.

Bengtson, V. L. & Cutler, N. E (1978). "Generation and intergenerational relations on perspectives on age groups and social change", *Handbook of Aging and the Social Science, eds.,* R. M. Binstock and E.Shanas, N.Y : Vann Nostrand Reinhold Co.

Bengston, V. L. & Parot, T. (1995). Aging of America in the end of 20C, *Aging of Eastern and Western Society,* Society Development Institute of Seoul National Univ.

Benokratis, N. Y. (1993). *Marriage and families : changes, choices, and constrain,* Prentice Hall, Inc. Englewood Cliffs, N. J.

Berg, S. (1987). Intelligence and terminal decline. In G. L. Maddox & E. W. Busse (Eds.), *Aging : the universal human experience.* New York : Springer.

Birren, J. E. (1957). Principles of research on aging, In *Handbook of Aging and the Individual, edited by J. E. Birren.,* Chicago : University of Press.

Birren, J. E., & Fisher, L. M. (1995). Aging and speed of behavior : Possible consequences for psychological functioning. *Annual Review of Psychology* 46.

Birren, J. E. & Schaie, K. W. (1977). *Handbook of the psychology of aging*, N.Y. : Van Nostrand Reinhold.

Blau, Z. S. (1973). *Old age in a changing society*, N. Y. : New Viewpoints.

Blenkner, M. (1965). Social work and family relations in later life with some thoughts on filial maturity, In E. Shands & G. Streib (eds.), *Social Structure and the Family*, N.Y. : Prentice – Hall.

Botwinick, J. (1977). Intellectual abilities, In J. E. Birren & K. W. Schaie (eds.), *Handbook of the Psychology of Aging*, N.Y. : Van Nostrand Reinhold.

Breen, L. B. (1976). *Aging and the field of medicine*, N.Y. : Wiley.

Brody, E. M. (1977) Long–term care of older people : A practical guide, New York : Human Science Press.

Bromley, D. B. (1966). *The psychology of human aging*, Baltimore, Md. : Penguin.

Brubaker, T. H. (1985). *Later life family*, Beverly Hills, CA : Sage

_______________ (1991). Families in later life : A burgeoning research area. In A. Booth (ed.), *Contemporary families : Looking forward, looking back*, Minneapolis : National Council on Family Relations.

Burgio, M. R. (1987). "Friendship patterns and friendship expectancies among the successful aging," Ph. D. dissertation, New York University.

Burlingame, V. S. (1995). Gerocounseling, N. Y. : Spring Publishing Comp.

Buvat, J. & et. al. (1990). Recent developments in the clinical assessment and diagnosis in erectile disfunction, *Annual Review of Sex research 1*.

Cho, Byung Eun (1988). "International relationship and life satisfaction among Korean aged parents," Ph. D. dissertation, University of Delaware.

Chung, H. (1992). Effects of conflict with mothers–in–law on psychology well–being and marital adjustment among Korean daughter–in–law, Unpublished Ph. D. dissertation. Texas Tech University, Lubbock, TX, U. S. A.

Costa, P. T. Jr. & McCrae, R. R. (1988). Personality in adulthood : A six–year longitudinal study of self–reports and spouse ratings on the NEO Personality Inventory, *Journal of Personality and Social Psychology 54*.

_______ (1994). Set like plaster? Evidence for the stability of adult personality. In

T. F. Heatherton & J. L. Weinberger (Eds.), *Can personality change?*, Washington, DC : American Psychological Association.

Cox, F. D. (1990). *Human intimacy, marriage, the family and its meaning.* 5th ed., St. Paul, N. Y. San Francisco : West Pub. Comp.

Crohan, S. E, and Antonucci, T. C. (1989). Friends as a source of social support in old age, In Rebecca G. Adams & Rosemary Blieszner (eds.), *Older Adult Friendship,* Newbury Park, CA : Sage.

Crooks, R. & Baur, K. (1996). *Our sexuality* (6th ed.), Pacific Grove, C. A. : Brooks / Cole.

Cuypach, W. R. & Comstock, J. (1990). Satisfaction with sexual communication in marriage, *Journal of Social and Personal Relationships 7.*

Dowler, D. & et. al. (1996). Caregiving for parents-in-saw : Is gender important? *The Gerontogist Vol. 36, No. 4.*

Drachman, D. A. (1986). Memory and cognitive function in normal aging, *Developmental Neuropsychology 2.*

Furstenberg, F. (1982). Conjugal succession : Reentering marriage after divorce, In M. S. Strobe & et. al. (eds.), *Handbook of Bereavement,* N. Y. : Cambridge University Press.

Glen, N. D. & Mc Lanahan, S. (1981). The effects of offspring on the psychological wellbeing of older adults, *Journal of Marriage and the Family 43.*

Goetting, A. (1986). The development tasks of siblings over the life cycle, *Journal of Marriage and the Family 48.*

Gutmann, D. (1975). Parenthood : A key to the comparative study of the life cycle, In N. Datan & L. H. Ginsberg (eds.), *Life-Span Developmental Psychology : Normative Life Crisis,* N. Y. : Academic Press.

Haley, W. E. & et. al. (1987). Experimental evaluation of the effectiveness of group interention for dementia caregivers, *The Gerontologist Vol. 27, NO. 3.*

Han, S. H. (1987). "Social interaction and life satisfaction among the Korean elderly," Ph. D dissertation, St. Louis University.

Hansson, R. O., Remondet. J. H., & Galusha, M. (1993). Old age widowhood. In M. S. Strobe & et. al. (eds.), *Handbook of Bereavement,* N. Y. : Cambridge

University Press.

Hansson, R. O., Strobe, M. S., & Strobe, W. S. (1988). In conclusion : Current themes in bereavement and widowhood research, *Journal of Social Issues 44(3)*.

Harris, D. K. & Cole, W. E. (1986). Strobe, M Handbook. S, (1988). In conclusion : Current themes in bereavement and widowhood research, *Journal of Social Issues 44(3)*.

Harris, D. K. & Cole, W. E. (1986). *Sociology of aging* (노년사회학), 최신덕 역, 서울 : 경문사.

Helson, R. & Moane, G. (1987). Personality change in women from college to midlife, *Journal of Personality and Social Psychology 53*.

Hertzog, C. & Schaie, K. W. (1988). Stability and changes in adult intelligence: Simultaneous analysis of longitudinal means and covariance structures, *Psychology and Aging 3*.

Holmes, T. H & et. al. (1967). The social readjustment rating scale, *Journal of Psychosomatic Research 11*.

Horn, J. L. & Cattell, R. B. (1968). Reinforcement and test of the theory of fluid and crystalized intelligence, *Journal of Educational Psychology 58*.

Hyde, J. S. (1994). *Understanding human sexuality (5th ed.)*, N. Y. : Mc Graw-Hall.

Jendrek, M. P. (1994). Grandparents who parent their grandchildren : Circumstances and decisions, *The Gerontologist Vol. 34, No. 2*.

Jung, C. G. (1933). *Modern man in search of a soul*, N. Y. : Harcourt, Brace & World.

Kahn (1973). *Social policy and social services*, N. Y. : Random House.

Kausler, D. H. (1985). Episodic memory : Memorizing performance, In N. Charness (ed.), *Aging and Human Performance*, Chichester, England : Wiley.

Knowles, M. (1997). The modern practice of adult education, Chicago Association Press.

Kornhaber, A. & Woodward. K. L. (1985). Grandparenthood and the social contract, In V. L. Bengtson & F. F. Robertson (eds.). *Grandparenthood*.

Laumann, E. O. & et. al. (1994). *The social organization of sexuality : sexual practices in the U.S.*, Chicago : Univ. of Chicago Press.

Leigh, B. C. (1989). Reasons for having and avoding sex, *Journal of Sex Research 26*.

Leitener, M. J. & Leitner, S. F. (1985). *Leisure in later life*, Binghamton, NY : Haworth Press.

Liang, J., Dvorkin, L., Kahana, E. & Mazian, F. (1980). Social integration and morale : A re-examination, *Journal of Gerontology 35*.

Litwak, E. (1959). The use of extended family groups in the achievement of social goals : Some policy implications, *Social Problems 7* (1959-1960).

Lloyd, M. A. & Weiten, W. (1997). *Psychology applied to modern life. 5th ed.*, Pacific Grove : Brooks / Cole Publishing comp.

Mancini, J. (1980). Social network interaction among older adults: Implications for life satisfaction, *Human Relation 33(8)*.

Marsh, G. R. & Thornpson, L. W. (1977). Psychophysiology of aging, In J. E. Birren & K. W. Schaie, *Handbook of Mental Health and Aging*, N. Y. : Van Nostrand Reinhold.

Martin, C. E. (1974). Aging and society study, Reported by J. Gourlay in Sarasota Herald-Tribune, March 1.

Matthews, S. H. & Rosner T. T. (1988). Shared filial responsibility : The family as the primary caregiver, *Joumal of Maniage and the Family 50(Feb)*.

McClusky, H. W. (1974). Education for aging : The scope of the field and perspectives for the future, Washington Education Association.

Moody, H. R. (1994). Aging : Concepts and controversies, Pine Forge press, Sage Pub. Comp.

Neugarten, B. L. & Weinstein, K. (1964). The changing American grandparent, *Journal of Marriage and Family 26*.

Neugarten, B. L. (1973). Personality changes in later life : A developmental perspectives, *The Psychology of Adult Development and Aging*.

______ (1977). Personality and aging, In J. E. Birren & K. W. Schaie (eds.), *Handbook of Psychology of Aging*, N.Y. : Van Nostrand Reinhold.

Olson, D. H. & Defrain, J. (1994). *Marriage and the family : Diversity and strengths*, London : Mayfield Pub. Comp.

Poon, L. W. (1989). Sibling relationship in adulthood : A life span perspective, In *Aging in the 1980s : Psychological Issues*, Washington D. C. : APA.

Pfiner, K. J. (1995). Aging of eastern and western industrilized society, *Aging of Eastern and Western Society*, Society Development Institute of Seoul National Univ.

Pruchno, R. A. & Potashnik, S. L. (1989). Caregiving spouses : Physical and mental health in perspective, *JAM Geriatric Soc. 37*.

Quinn, W. H. (1983). Personal and family adjustment in later life, *Journal of Marriage and the Family 45(1)*.

Rabbit, P., & McGinnis, L. (1988). Do clever old people have earlier and richer first memories? *Psychology and Aging 3*.

Rabins, P. V., Mace, N. L. & Lucas, M. J. (1982). The impact of dementia on the family, *JAMA, 248 (3)*.

Retsinas, J. (1988). A theoretical reassessment of the applicablility of K bler—Ross : stages of dying, *Death studies 12*.

Rosow, I. (1967). *Social integration of the aged*. New York : Free Press.

Rosenmayer, L. & Kockeis, E. (1963). Propositions for a sociological theory of aging and family, *International Social Science Journal XV (3)*.

Rossi, A. S. & Rossi, P. H. (1990). *Of human bonding : Parent—child relations across the life course*, N.Y : Aldine de Gruyter.

Schaie, K. W. & Willis, S. L. (1966). *Adult development and aging , 4th ed.*, N.Y. : Harper Collins Pub. Inc.

Schaie, K. W. (1990). Intellectual development in adulthood. In J. E. Birren & K. W. Schaie (Eds.), *Handbook of the Psychology of Aging (3rd ed.)*. San Diego : Academic Press.

Schaie, K. W. & et. al. (1996). *Adult development and aging. 4th ed.*, N. Y. : Harper Collins Publisher Inc.

Seelbach, W. C. & Sauer, W. J. (1977). Filial responsibility expectations and morale among aged parents, *Gerontologist 17*.

Sharon Begley & et. al. (1990). *The search for the fountain of youth*, Newsweek, March.

Sheehy, G. (1992). *The silent passage : Menopause*, N. Y. : Random House.

Silverstein, Chen & Heller (1996). Too much of a good thing?, Intergenerational social support and the psychological well-being of older parents, *Journal of Marriage and the Family 58.*

Simonton, D. K. (1990). Creativity and wisdom in aging, In J. E. Birren & K. W. Schaie (Eds.), *Handbook of Psychology of Aging.* San Diego : Academic Press.

Strobe, M. S., Strode, W. S. & Hansson, R. (1988). Bereavement research, *Journal of Issues 44(3).*

Suh, Mee Kyung (1989). "Social support and the elderly's mental well-being in modernizing Korea," Ph. D. dissertation, University of South Carolina.

Suitor and Pillemer (1988). Explaining intergenerational conflict when adult children and elderly parents live together, *Journal of Marriage and the Family 50(4).*

Sweeney, J. (1982). Taking the long view of marriage : Why do some endure?, L. A. Times, 1982. 6. 21.

Timiras, P. S. (1995). Physiology of aging, In M. S. J. Pathy (ed.), *Principles and practice of geriatric medicine,* N.Y. : Wiley.

Travis, S. S. (1994). Older adults' sexuality and remerriage, In R. B. Enright (eds), *Perspectives in Social Gerontology,* Allyn and Bacon, Inc.

Troll, L. E., Miller, S. J. & Atchley, R. C. (1979). *Families in later life*, Belmont, Calif. : Wadsworth.

UN, OECD (1998). 인구통계연감, UN인구통계와 경제협력개발기구.

Webb, W. B. (1982). Sleep in older person : Sleep structure of 50 to 60 years old men and women, *Journal of Gerontology 37.*

Whitbourne, S. K. & et. al. (1992). Psychological development in adulthood : A 22-year sequential study, *Journal of Personality and Social Psychology 63.*

Woodruff, D. S. (1972). Age changes and cohort differences in personality, *Developmental Psychology, 6(2).*

Wortman, C. B & Silver, R. C. (1990). Successful mastery of bereavement and widowhood : A life-course perspective, In P. B. Baltes & M. M. Baltes (eds.), *Successful Aging,* Cambridge, M. A : Cambridge University.

찾아보기
(용어)

찾아보기
(인명)